CARLO SANSOTTA

Nozioni di Informatica

AD USO DEI CORSI DI LAUREA IN AREA BIOMEDICA

IV edizione, riveduta, corretta ed ampliata
con i contributi di Giuseppe Totaro e Salvatore Gorgone

Il materiale presentato in questo testo è coperto da diritti d'autore ai sensi della vigente normativa italiana ed internazionale ed è stato rilasciato secondo i termini della *Creative Commons Attribution-ShareAlike 2.5 Italy License* (*Licenza Creative Commons Attribuzione - Condividi allo stesso modo 2.5 Italia [CC BY-SA 2.5]*); per leggere una copia della licenza si può spedire una lettera a Creative Commons, 171 Second Street, Suite 300, San Francisco, California, 94105, USA, oppure consultare il seguente sito web

http://creativecommons.org/licenses/by-sa/2.5/it/

e viene comunque di seguito riportata:

Tu sei libero: di riprodurre, distribuire, comunicare al pubblico, esporre in pubblico, rappresentare, eseguire e recitare quest'opera , di modificare quest'opera , di usare quest'opera per fini commerciali

Alle seguenti condizioni:

    Attribuzione — Devi attribuire la paternità dell'opera nei modi indicati dall'autore o da chi ti ha dato l'opera in licenza e in modo tale da non suggerire che essi avallino te o il modo in cui tu usi l'opera.

    Condividi allo stesso modo — Se alteri o trasformi quest'opera, o se la usi per crearne un'altra, puoi distribuire l'opera risultante solo con una licenza identica o equivalente a questa.

Prendendo atto che:

    Rinuncia — E' possibile rinunciare a qualunque delle condizioni sopra descritte se ottieni l'autorizzazione dal detentore dei diritti.

    Pubblico Dominio — Nel caso in cui l'opera o qualunque delle sue componenti siano nel pubblico dominio secondo la legge vigente, tale condizione non è in alcun modo modificata dalla licenza.

Altri Diritti — La licenza non ha effetto in nessun modo sui seguenti diritti:

    Le eccezioni, libere utilizzazioni e le altre utilizzazioni consentite dalla legge sul diritto d'autore;

    I diritti morali dell'autore;

    Diritti che altre persone possono avere sia sull'opera stessa che su come l'opera viene utilizzata, come il diritto all'immagine o alla tutela dei dati personali.

Nota — Ogni volta che usi o distribuisci quest'opera, devi farlo secondo i termini di questa licenza, che va comunicata con chiarezza.

Ogni violazione alle presenti condizioni sarà considerato un reato a norma di quanto previsto in merito dalla Normativa vigente, e come tale sarà perseguito.

Nozioni di Informatica
di Carlo Sansotta

ISBN: 978-1-4709-2502-4

© 2011- Carlo Sansotta
I edizione ottobre 2011
II edizione agosto 2012
III edizione settembre 2014
IV edizione settembre 2016

Indice

Introduzione..1

Cenni Introduttivi..I.1
    Bit & Bytes, I.1; Sistema Numerico Binario, I.4; Sistema Numerico Esadecimale, I.7; Sistema Numerico Ottale, I.9; Algoritmo, I.10; Diagrammi a blocchi, I.11

George Boole E La Logica Booleana.........................II.1
    I Concetti Dell'Algebra Di Boole, II.2; *variabili booleane*, II.3; *operatori booleani*, II.3; *tabelle di verità*, II.3; *porte logiche*, II.8; *circuiti logici*, II.9; L'Elettronica Digitale, II.10

Com'è Fatto Un Computer..III.1
    Sistema Informatico, III.1; Il Computer, III.2; Le architetture di Von Neumann e di Harvard, III.3; La Macchina di Turing, III.6; Tipologie Costruttive Dei Computer, III.12; *mainframe*, III.13; *minicomputer*, III.15; *workstation*, III.16; *microcomputer*, III.17; *personal computer*, III.19; *consolle portatili per videogiochi*, III.22; *palmare*, III.26; *supercomputer*, III.29; I Componenti Del Computer, III.32; *scheda madre*, III.32; *BIOS*, III.36; *CPU*, III.39; *Memoria*, III.45; Periferiche, III.50; *tastiera*, III.51; *mouse*, III.51; *trackball*, III.54; *touchpad o trackpad*, III.55; *penna ottica*, III.56; *tavoletta grafica*, III.57; *joystick*, III.58; *hard disk*, III.58; *unità a stato solido*, III.64; *floppy disk drive*, III.66; *lettori di dischi ottici*, III.67; *memory card e lettori di memory card*, III.77; *chiave USB*, III.78; *unità ZIP*, III.80; *monitor CRT*, III.80; *monitor e schermi LCD*, III.82; *schermi a LED*, III.84; *schermo al plasma*, III.85; *schermi OLED*, III.88; *schermi Touchscreen*, III.89; *Smart Glasses*, III.93; *stampante plotter*, III.96; *stampante ad aghi*, III.97; *stampante a getto di inchiostro*, III.98; *stampanti laser*, III.99; *stampante termica*, III.100; *stampanti a sublimazione*, III.101; *stampanti braille*, III.102; *stampanti 3D*, III.102; *modem*, III.115; *scanner*, III.117

Software..IV.1

Software di base, IV.2; *sistemi operativi*, IV.3; *compilatori e interpreti*, IV.19; *librerie*, IV.22; driver, IV.23; firmware, IV.25; software applicativo, IV.26

Le Reti..V.1
Modelli di rete basati sull'estensione geografica, V.3; Modelli di rete basati sul canale trasmissivo, V.10; Modelli di rete basati sulla topologia, V.12; Modelli di rete basati sulla connessione, V.13; Alcune Tecnologie Wireless di Particolare Interesse, V.14; RFID, V.14; Bluetooth 802.15.1, IV.17; L'ISO ed il Modello Open System Interconnection, IV.18; Il Sistema dei Nomi A Dominio, IV.26; Nomi A Dominio di Primo Livello (TLD), IV.28; Cloud Computing, IV.31

Reti Sociali...VI.1
Netiquette, VI.1; Newsgroup, VI.5; Forum, VI.7; mailing-list, VI.9; chat, VI.11; blog, VI.13; gergo nei social networks, VI.19

E-mail..VII.1
"at" ("@"), VII.3; Password, VII.4; Architettura del sistema di email, VII.6; SMTP, VII.7; POP, VII.9; IMAP, VII.9; Webmail, VII.11; costituzione di un messaggio email, VII.11; funzionamento dei client, VII.15; abusi, VII.16; privacy, VII.17; posta elettronica certificata (PEC), VII.19; emoticons, VII.23

Motori Di Ricerca...VIII.1
Google, VIII.5; Motori di ricerca per immagini, VIII.10; PubMed, VIII.12

Licenze...IX.1
Le Licenze del Software, IX.1; La Licenza ECDL, IX.7

Truffe & Altre Storie..X.1
La frode elettronica nelle aste online, X.3; il phishing, X.5; ,metodi di ingegneria sociale - lo scamming, X.7; la bufala (hoax), X.12; la catena di S. Antonio, X.16; *ransomware*, X.18

Sicurezza Informatica..XI.1
Exploit, XI.3; Buffer Overflow, XI.4; shellcode, XI.4; cracking, XI.5; backdoor, XI.6; port scanning, XI.7; sniffing, XI.8; keylogging, XI.9; spoofing, XI.11; trojan, XI.11; virus, XI.13; DoS e DDoS, XI.17; ingegneria sociale, XI.18; *Kevin Mitnick*, XI.19; pharming, XI.21; skimmer, XI.23

I Sistemi Informativi Nella Sanità XII.1
D.I.CO.M., XII.3; P.A.C.S., XII.6; R.I.S., XII.12; Scheda di Dimissione Ospedaliera (SDO), XII.15; Centro Unico di Prenotazione, XII.15

La Firma Digitale XIII.1
Cos'è la Firma Digitale, XIII.1; Definizione, XIII.5; Firma Elettronica, XIII.14

Appendici
- Appendice A: Hackers & Crackers A.1
- Appendice B: Spam B.1
- Appendice C: Napster C.1
- Appendice D: ccTLD D.1
- Appendice E: Stupidario da Esami E.1

Bibliografia & Fonti iconografiche

Premessa

Con l'introduzione dei Corsi di Laurea "triennale + specialistica" e con la trasformazione di alcuni Corsi di Laurea esistenti in Laurea Magistrale, lo studio delle nozioni introduttive di informatica nei Corsi di Laurea ha subito un impulso non indifferente, dal momento che è presente in quasi tutti i corsi di area biomedica, in genere come materia di studio prevalentemente nel primo anno / primo semestre. Inoltre negli ultimi anni si è assistito sempre più ad una diffusione pressoché totale di dispositivi e gadgets più o meno personali che basano il loro funzionamento su questa scienza (uno per tutti: l'onnipresente *telefonino*), diventando sempre più pressante la necessità di avere un riferimento pratico, ancorché chiaro ed aggiornato, sugli aspetti tecnici ed i principi di funzionamento che governano questi dispositivi.

In considerazione di questo notevole incremento nella sua diffusione come materia di studio e/o curiosità, si sente sempre più la necessità di disporre di un manuale semplice, completo, agevole ed il più possibile aggiornato, col cui ausilio accedere alle nozioni più importanti e basilari di questa disciplina che, oggigiorno, ha raggiunto una pervasività tale da essere presente in maniera diretta od indiretta in ogni aspetto della vita quotidiana. Da queste considerazioni nasce la stesura di questo testo, organizzato originariamente come una raccolta personalizzata di altri scritti già presenti sul web ed aggiornati con notizie ed esperienze specifiche dell'autore, usata durante le lezioni in aula.

Per sua natura, l'informatica non è una materia *statica*, anzi è in continua evoluzione, ne' può intendersi legata più o meno forzatamente ad una particolare azienda produttrice del software più o meno largamente impiegato per il funzionamento dei computer; per questi motivi, le informazioni raccolte e presentate in questo testo sono, per quanto possibile, il più possibile aggiornate ma svincolate dal particolare periodo storico nel quale sono state organizzate e, per quanto non specificatamente legato ad un produttore esclusivo, si è cercato di non fare riferimento a particolari marche o aziende del settore.

Dal punto di vista della presentazione del materiale, questo testo, giunto alla IV revisione, è stato corretto, ampliato ed aggiornato anche grazie alle segnalazioni dei numerosi lettori delle edizioni precedenti, ed integrato dai preziosi contributi di Giuseppe Totaro e Salvatore Gorgone, per rifinire ed allargare il panorama degli argomenti trattati ma cercando di rimanere in linea con le esigenze dei Corsi di Laurea.

Ideale completamento degli Insegnamenti che prevedono come modulo l'Informatica insieme alla Fisica, è naturalmente collegato al sito del WebLab, all'URL http://ww2.unime.it/weblab/, Laboratorio Web dove sono disponibili altri documenti e testi di informatica ma anche *applet* ed esercitazioni sia di fisica che di matematica ed informatica, e che rendono il WebLab stesso un punto di riferimento per lo studio di tali discipline del primo anno dei corsi di laurea ad indirizzo biomedico.

Anche in questa nuova revisione editoriale, così come nelle precedenti, è stata fatta la scelta di non ricaricare il prezzo finale e mantenerlo allineato al solo costo dei materiali di stampa (oltre alla minima quota richiesta delle commissioni di stampa e distribuzione da parte dell'Editore, grazie alla formula del *print on demand*) e senza pretendere di ricavarne un guadagno economico per gli estensori dell'opera. L'arrotondamento alla cifra intera superiore, che comporta un guadagno di qualche centesimo per copia, sarà devoluto ad Associazioni Umanitarie di tutela dei bambini. Per le edizioni passate i proventi derivanti dalle copie di questo libro sono stati donati ad ActionAid Italia per l'adozione a distanza di un minore in Africa od in Asia.

INTRODUZIONE

L'informatica è una scienza interdisciplinare che riguarda tutti gli aspetti del trattamento dell'informazione mediante procedure automatizzabili.

L'etimologia italiana della parola "informatica" proviene dalla lingua francese, dalla compressione di *information electronique* (o, secondo alcuni autori, da *information automatique*), e sicuramente Philippe Dreyfus[1], che per primo utilizza nel 1962 il termine *informatique* (informatica) voleva indicare la gestione automatica dell'informazione mediante calcolatore (naturale o artificiale).

Da notare come tale definizione implichi un distacco tra il concetto di scienza e l'area di studio di tale disciplina quando in lingua inglese viene utilizzato il termine *computer science* che presuppone l'esistenza della figura dello scienziato e quindi dell'uomo, ovvero del ricercatore interessato all'approfondimento della conoscenza della tecnologia dell'elaborazione.

È importante anche notare il differente significato di origine tra queste tre lingue nel denominare lo strumento base dell'informatica:

- *elaboratore*, in italiano, che sottintende un processo prossimo all'intelligenza umana
- *ordinateur*, in francese, a sottolineare le sue capacità di organizzare i dati (oggi le informazioni)
- *computer*, in inglese, letteralmente *calcolatore*, in diretta discendenza delle calcolatrici, prima meccaniche, poi elettromeccaniche, poi elettroniche.

---

1 Philippe Dreyfus è un pioniere dell'informatica in Francia. Laureatosi nel 1950 in fisica alla facoltà di Fisica e Chimica a Parigi, fu professore alla facoltà di Informatica all'Università di Harvard ed usò Mark I, il primo computer automatico mai costruito. Viene ricordato in informatica soprattutto perché, nel 1962, ha inventato e definito il *linguaggio di programmazione francese* e nel 1990 ha introdotto il concetto di *informativity*.

2 - Nozioni di Informatica - Introduzione

Oggi *informatica* è un termine di uso comune ma dai contorni ben poco definiti.

Come *scienza* si accompagna, si integra, oppure è di supporto a tutte le discipline scientifiche e non; come *tecnologia* pervade pressoché qualunque "mezzo" o "strumento" di utilizzo comune e quotidiano, tanto che tutti siamo in qualche modo utenti di servizi informatici, consapevoli o meno.

La valenza dell'informatica in termini socio-economici ha scalato in pochi anni la *piramide di Anthony*[2], passando da *operativa* (in sostituzione o a supporto di compiti semplici e ripetitivi), a *tattica* (a supporto della pianificazione o gestione di breve termine), a *strategica*.

A questo proposito è importante ricordare che l'informatica è diventata talmente strategica nello sviluppo economico e sociale delle popolazioni che il non poterla utilizzare (uno status battezzato con il termine *digital divide*[3]), è un problema di interesse planetario.

In termini pratici, sostanzialmente la descrizione dell'informatica viene eseguita a partire dalla differenza tra *hardware* e *software*, dalla descrizione del *sistema informatico* stesso e nella descrizione ed uso delle *applicazioni*.

Nell'informatica pionieristica degli anni sessanta il termine inglese *hardware*[4], letteralmente "ferramenta" o "ferraglia", ben si prestava a indicare le macchine utilizzate. Anche con la sostituzione delle valvole termoioniche in favore dei transistor e poi dei primi circuiti integrati[5], tali macchine erano composte da telai e pannelli metallici robusti tutti rigorosamente assemblati mediante bullonature vistose, per contenere i preziosissimi e delicatissimi circuiti elettronici che erano il cuore degli elaboratori e delle prime periferiche di base. Oggi, che risulta mentalmente piuttosto difficile ritenere *ferramenta* un mouse o una webcam, il termine è rimasto più che altro per distinguere tutto ciò che è *macchina*, *strumento* da tutto ciò che è *intelligenza* (il software) per far funzionare la macchina o lo strumento.

---

2 La Piramide di Anthony è una comoda rappresentazione grafica in cui viene indicata una classificazione delle attività aziendali. Alla base della piramide sono collocate le *attività operative* (conduzione a regime delle attività aziendali), subito sopra sono collocate le *attività tattiche di programmazione e controllo* (programmazione delle risorse disponibili per un uso efficace) ed in cima alla piramide vengono poste le *attività strategiche* (scelta degli obiettivi aziendali, scelta delle risorse per il loro conseguimento, definizione delle politiche di comportamento aziendale). Lo studio della piramide di Anthony costituisce argomento

Si è definito il software[6] come la parte intelligente[7], quella che fornisce le istruzioni per fare; è importante distinguere immediatamente il *software di base* dal *software applicativo*:

- il primo serve a far funzionare le varie parti dell'elaboratore;
- il secondo rende l'elaboratore utile.

In altri termini possiamo dire che l'elaboratore usa:

- il *software di base* per se stesso, come servizio interno;

---

di *Sistemi Informativi Aziendali*. Robert N. Anthony è *Professore Emerito* presso la Harvard Business School; il lavoro scientifico che ha introdotto il concetto della piramide è: Anthony R.N., *Planning and Control Systems: a Framework for Analysis*, Harvard Business School Press, Boston (MA), 1965.

3 Con *digital divide* (divario digitale, spesso abbreviato in DD) si intende il divario esistente tra chi può accedere alle nuove tecnologie (internet, personal computer) e chi no. Le cause sono ad oggi oggetto di studio. Tuttavia vi è consenso nel riconoscere che condizioni economiche, di istruzione e, in molti paesi, l'assenza di infrastrutture siano i principali motivi di esclusione. Il termine Digital Divide è stato utilizzato inizialmente dalla amministrazione americana Clinton-Gore per indicare la non omogenea fruizione dei servizi telematici tra la popolazione statunitense. Nonostante si sia fatto riferimento al Digital Divide come un problema interno al contesto americano, oggi è più comune definire con questi termini il divario esistente nell'accesso alle nuove tecnologie in una prospettiva globale. Tuttavia le analisi sull'argomento sono orientate in entrambe le prospettive, nazionali e transnazionali. Nell'ambito della Network Society, le cause di tale divario sono da ricercare in diversi fattori socio-economici, ed introducono effetti che sono tutt'ora oggetto di indagine.

4 Hardware è un vocabolo creato a partire da due termini della lingua inglese, *hard* (duro) e *ware* (manufatto, oggetto). In particolare è la parte fisica di un personal computer, ovvero tutte quelle parti magnetiche, ottiche, meccaniche ed elettroniche che gli consentono di funzionare (nel qual caso è anche detto *strumentario*). Generalmente è anche riferito a qualsiasi *componente fisico* di una periferica o di una apparecchiatura elettronica.

5 Un circuito integrato, in sigla IC (acronimo del corrispondente termine inglese *Integrated Circuit*), anche chiamato *chip*, è un componente elettronico al cui interno è inserito un circuito elettronico (costituito da poche unità a molte decine di milioni di componenti elettronici elementari come transistor, diodi, condensatori e resistori) su un substrato di materiale semiconduttore (in genere silicio ma a volte anche GaAs -arseniuro di gallio- o altro) e chiamato *die*.

6 Il termine software è una vocabolo creato a partire da due termini della lingua inglese, *soft* (morbido) e *ware* (manufatto, oggetto) e sta ad indicare un *programma* o un *insieme di programmi* in grado di funzionare su un elaboratore.

7 In verità molti autori definiscono il computer come *macchina assolutamente stupida*: è l'unica macchina costruita dall'uomo che, dopo l'accensione, non fa nulla di utile se non opportunamente programmata. Alcuni arrivano a definire (in questo senso) molto più *intelligente* una lavatrice od una lavastoviglie.

4 - Nozioni di Informatica - Introduzione

- il *software applicativo* per fornire un servizio alle persone che lo utilizzano.

Nei primi elaboratori il software di base non esisteva. Si fornivano tutte le istruzioni necessarie, ad esempio, per acquisire una serie di dati, facendo funzionare un lettore di schede, compiere un'elaborazione sui dati acquisiti, fornire il risultato su carta stampata facendo funzionare una macchina molto simile alle gloriose telescriventi.

Ma appena la tecnologia lo permise, soprattutto con maggiori capacità di memoria, si separarono le istruzioni per i servizi interni da quelle di elaborazione vera e propria. Questa separazione portò ai primi rudimentali ma efficaci sistemi operativi e quindi ai primi sistemi di elaborazione dati cosiddetti *general purpose* (cioè di uso generale, non specifico per le particolari esigenze di questo o quel centro di calcolo aziendale specifico), come ad esempio l'IBM/360.

Oggi, se si escludono i sistemi dedicati a particolari servizi critici come l'avionica, la chirurgia assistita, il controllo di impianti a ciclo continuo, mezzi in movimento, ecc. il rapporto tra software di base e software applicativo è sempre superiore a uno, ovvero si hanno disponibili molti più software di base di quanti (presumibilmente) ne servano realmente. Si consideri che nel caso dei personal computer domestici, ad esempio, tale rapporto sale anche a 10 a 1.

Hardware e software formano un *sistema informatico*, formano, cioè, uno strumento utile per fare qualcosa. Questa generica definizione, apparentemente banale, in realtà denota il fatto che oggi con un sistema informatico ci si fa di tutto e che ogni giorno ci si fa qualcosa di più.

A parte il classico *personal computer* o il *server di rete*, pensiamo ad esempio al telefono cellulare, alla fotocamera digitale, alla playstation, al cruscotto dell'auto con il navigatore satellitare, al monitoraggio in sala di rianimazione, ecc. Questi sono tutti sistemi informatici, che ci forniscono servizi specifici. Se poi pensiamo ad un moderno aereo, al suo interno possiamo trovare non uno, ma molti sistemi informatici, ciascuno con un preciso compito.

Anche Internet, nel suo insieme, è un sistema informatico, formato a sua volta da una rete di sistemi informatici che lavorano per un obiettivo comune: permettere a chiunque di connettersi e scambiare informazioni con chiunque, in qualsiasi parte del globo.

Ma, se il sistema informatico è uno strumento utile per fare qualcosa, la domanda successiva da porsi è: cos'è questo *qualcosa*? La risposta è semplice: questo qualcosa è l'*applicazione*.

Il termine "applicazione informatica" è nato quando il computer è uscito dalle mani degli scienziati e dalle stanze degli istituti di ricerca ed è entrato nel resto del mondo. Naturalmente il computer era utile anche prima (e lo è di certo ancor di più oggi, in quegli ambienti), ma in ingegneria, e così in informatica, si distingue l'attività della ricerca pura da quella applicata. Le prime applicazioni pratiche si ebbero, negli anni sessanta e inizio settanta, nelle grandi aziende, e in generale nelle grandi organizzazioni pubbliche o private, laddove soluzioni informatiche abbastanza semplici permettevano significativi risparmi di tempo nelle operazioni quotidiane e di routine. Basti ricordare Banca d'Italia, Alitalia, Eni, Montedison, Enel.

Con gli anni, e con uno sviluppo sempre più veloce delle capacità di elaborazione in parallelo all'abbassamento dei costi, l'informatica ha pervaso qualsiasi settore, fino alla vita quotidiana e all'intrattenimento personale. Con l'informatica che cominciava a diffondersi al di fuori del ristretto mondo della ricerca e all'interno di grandi strutture operative, sorse la necessità di nuove figure professionali che "curassero" l'oggetto ancora misterioso che era l'elaboratore elettronico. E sorse anche la necessità di dare un nome e includere nella struttura operativa quell'unità a cui veniva demandato il compito di elaborare i dati.

Il primo nucleo riconosciuto di persone addette alla elaborazione dei dati fu il cosiddetto *Centro Meccanografico*. Era dotato di elaboratori della seconda generazione (circuiti elettromagnetici, pannelli di programma somiglianti alle consolle telefoniche dei centralini di inizio secolo, in cui le istruzioni erano connettori a doppio spinotto introdotti in prese unipolari, ciascuna col suo scopo), schede perforate per i dati di massa, macchine perforatrici, macchine selezionatrici e stampatrici a barre verticali. Il centro era gestito da un *capo centro* che governava sui primi *programmatori*, sugli *operatori*, sulle *perforatrici* (che, per lo più, erano donne).

All'inizio degli anni sessanta, con l'avvento della terza generazione degli elaboratori (del tipo IBM/360), le cose non cambiarono molto, tranne che l'unità organizzativa, soprattutto in ambienti nuovi, si chiamava *Centro Elaborazione Dati* (CED)[8]. Con l'aumento della pervasività dell'informatica via via in ogni

---

8 La definizione di "centro meccanografico" è stata dura a morire, soprattutto nella Pubblica Amministrazione. Ancora oggi, in molte Amministrazioni, si tende ad indicare con questo nome un reparto che, di fatto, non esiste quasi più a causa delle peculiarità proprie dei personal computer e del nuovo modo di organizzare e razionalizzare le applicazioni informati-

settore aziendale e di servizio, il CED è diventato una unità strategica, spesso anche scomoda e comunque costosissima. Già negli anni settanta alcune aziende hanno dato il via a quel processo che negli anni ottanta si chiamerà *outsourcing*[9], estraendo il Servizio Elaborazione Dati (ex CED) dalla struttura dell'azienda e facendone una società a sé stante (ad esempio Datamont, dalla Montedison, ed Enidata, dall'ENI).

La diffusione del personal computer ha dato il colpo di grazia alla maggior parte di queste strutture, costrette a cedere il potere di unici depositari delle capacità di gestire i mezzi informatici. Oggi le grandi aziende tendono ad avere un nucleo interno dedicato all'informatica, composto solo da personale di alto livello e, generalmente, dipendenti direttamente dalla Direzione generale. Tutta la parte operativa è gestita in outsourcing da società specializzate. Tutto questo riguarda soprattutto l'informatica gestionale delle medie o grandi aziende del settore privato, quella governata con i sistemi ERP[10]. Alcune isole di applicazioni *mission critical* (determinati processi o determinati servizi) sono rimaste sotto la piena responsabilità interna. Nel settore Pubblico il processo di esternalizzazione è stato molto più lento ed è tuttora in corso.

Le piccole e medie aziende, non avendo a disposizione risorse finanziarie sufficienti, hanno iniziato a fruire delle opportunità offerte dall'informatica solo in tempi relativamente recenti, quando le case costruttrici di elaboratori hanno creato macchine *ad hoc* (vedi ad esempio il system/38 IBM, diventato poi AS/400), dotate anche di applicazioni software adatte a quelle realtà, sia con il diffondersi sul territorio di aziende specializzate nel fornire servizi orientati a tali tipi di azienda.

Nell'accezione moderna, il termine informatica fa un continuo riferimento all'*informazione* in senso tecnico, che è completamente diverso dal senso che attribuiamo comunemente alla parola, ma che sopratutto non ha nulla a che fare con il suo significato. Ciò ha dato luogo ad una confusione senza fine.

Secondo Heinz von Foerster[11], che partecipò regolarmente alle Conferenze della Macy[12] e che ne curò la pubblicazione degli atti, tutto il problema trae origine da uno sfortunato errore linguistico: la confusione tra "informazione" e "se-

---

che e le attività produttive in un'azienda.
9 *Outsourcing* è una parola inglese traducibile letteralmente come "approvvigionamento esterno"; è un termine usato maggiormente in economia per riferirsi genericamente alle pratiche adottate dalle imprese di *esternalizzare* alcune fasi del processo produttivo, cioè ricorrere ad altre imprese per il loro svolgimento.
10 L'acronimo ERP significa Enterprise Resource Planning (letteralmente: "pianificazione delle risorse d'impresa"). Si tratta di un sistema di gestione, chiamato in informatica *siste-*

gnale", che portò i cibernetici a definire la loro teoria una "teoria dell'informazione" piuttosto che una "teoria dei segnali".

C. E. Shannon[13], nel suo celebre articolo del 1948 sul "Bell System Technical Journal"[14], definì come "informazione" una scelta tra n possibili messaggi, messaggi il cui significato (e questo vale anche per quello scelto) non è rilevante. Un esempio: noi, scrivendo, "scegliamo" parole, il cui significato è definito da un vocabolario, è socialmente condiviso e *non definito dall'autore*. La *scelta* viene formalizzata come una successione di scelte binarie: tra due alternative (due *metà* del contenuto informativo), ne adotto una e scarto l'altra. Sul gruppo scelto torno ad operare una scelta binaria, e così via fino alla selezione del messaggio vero e proprio.

Shannon studiò la probabilità che i messaggi venissero selezionati (ad esempio: parole senza senso sono messaggi a probabilità nulla, non verranno mai selezionati per l'invio di messaggi), e in tal modo poté *misurare l'informazione* sulla base del numero e della probabilità dei messaggi, definendola inoltre come *entropia*, in relazione all'identità di struttura di tale formula rispetto a quella che

---

ma informativo, che integra tutti gli aspetti del business e i suoi cicli, inclusa la pianificazione, la realizzazione del prodotto, le vendite, gli approvvigionamenti, gli acquisti, la logistica di magazzino e il marketing. Con l'aumento della popolarità dell'ERP e la riduzione dei costi per l'ICT (*information and communication technologies*), si sono sviluppate applicazioni che aiutano i business manager a implementare questa metodologia nelle attività di business come: controllo di inventari; tracciamento degli ordini; servizi per i clienti; finanza e risorse umane.

11 Heinz von Foerster (1911 – 2002) è stato uno scienziato statunitense che ha combinato fisica e filosofia. Ha lavorato nel campo della *cibernetica* ed è stato essenziale per lo sviluppo del *costruttivismo radicale* e della cosiddetta *seconda cibernetica* (che estende e rende più completa e complessa la tradizionale prima cibernetica di Norbert Wiener e John von Neumann).

12 La cibernetica nacque e si sviluppò all'inizio della seconda guerra mondiale, quando si pose il problema dei sistemi di puntamento automatico per i cannoni antiaerei: l'obiettivo consisteva nella creazione di un sistema che, oltre a rilevare la posizione dell'aereo, fosse in grado di simulare il comportamento del pilota e le sue reazioni per evitare il fuoco nemico. I primi cibernetici si proposero di capire i meccanismi neurali che regolano i processi mentali e di tradurli in un linguaggio matematico esplicito. Per risolvere la questione furono chiamati a collaborare esperti di diverse discipline: fisici, matematici, ingegneri, medici, fisiologi ed esperti di scienze sociali che tennero, dal 1946, una serie di riunioni a New York note come *conferenze della Macy*.

13 Claude Elwood Shannon (1916 – 2001) è stato un ingegnere e matematico statunitense, spesso definito "il padre della teoria dell'informazione".

14 Claude E. Shannon: *A mathematical theory of Communication*, Bell system Technical Journal, vol 27, 1948

misura l'entropia in un sistema fisico. A messaggi equiprobabili equivale il loro massimo contenuto informativo.

Da questo punto di partenza furono definiti la "capacità" e la "velocità" di canali trasportanti l'informazione e si concepì una "teoria della comunicazione" destinata allo studio degli effetti del rumore sul trasporto dell'informazione e delle possibilità di un miglioramento di tale trasporto attraverso tecniche di modulazione.

Nell'ambito della comunicazione umana, il "senso" della comunicazione è *sempre* definito dal ricevitore del messaggio e non da chi lo trasmette. É nel mondo generato dal sistema nervoso centrale della persona che riceve il messaggio che ad esso viene attribuito un significato.

I calcolatori non sono macchine per *l'elaborazione di informazioni*, ma macchine per *l'elaborazione dei segnali* e non si prestano a fare da modello per il funzionamento di strutture biologiche del livello di complessità dei sistemi nervosi centrali, dei sistemi sociali, degli ecosistemi, tanto meno rispetto a funzioni come l'intelligenza, la coscienza, il pensiero, la mente.

Perché, dunque, accostarsi all'informatica come potenzialmente in grado di offrire modelli utili alla comprensione del mondo della medicina?

Perché la convergenza di "teoria dell'informazione" e di "teoria della comunicazione" possono essere immaginate come un grande ed ulteriore passo avanti nella capacità di coordinamento comportamentale di gruppi umani, la cui vastità è ormai planetaria. Molto del successo riproduttivo della specie umana è legato a progressi in questo ambito: lo sono stati l'introduzione del linguaggio e poi quello della scrittura; potremmo aggiungere che nella stessa direzione sono andate l'introduzione della stampa e dei mezzi di comunicazione di massa. In tutti i casi, quello che trasmettiamo sono le modalità attraverso cui non il sistema nervoso centrale ma il linguaggio produce una "rappresentazione del mondo": icone, indicazioni e simboli hanno una diversa potenzialità informativa. In tutti i casi, diventano significativi solo quando sono dotati di un contesto.

Nella vita di tutti i giorni, intercettare una comunicazione tra due individui che si scambino un messaggio non ci darà pressoché alcun contenuto informativo, in quanto il messaggio, privato del contesto, è, appunto, senza senso.

Ciò che rende così potente la convergenza tra calcolatori e comunicazione è proprio la capacità di trasmissione di icone ed analogie, oltre che di simboli. La "multimedialità", con il suo utilizzo di suoni ed immagini, è più immediata e diretta della descrizione verbale.

É solo in questo senso che i calcolatori e le reti, e Internet soprattutto, configurano una svolta epocale. Si propongono come il più vasto sistema di coordinamento comportamentale mai realizzato, ed in tal senso assolvono ad una vera e propria "funzione biologica" tra i diversi appartenenti alle strutture sociali.

Dopo il linguaggio l'umanità non è stata più la stessa; dopo la scrittura, la stampa, il telefono, la radio e la televisione l'umanità non è stata più la stessa. Ben oltre le mere possibilità di calcolo e di archiviazione, dopo l'avvento dei calcolatori e di Internet, l'umanità non sarà più la stessa.

Il computer non "disumanizza". É solo l'equivoco di un computer capace di emulare le funzioni umane a comportare un simile timore, ma questa è stata solo l'illusione della cosiddetta "intelligenza artificiale".

Concetti Introduttivi

Prima di affrontare lo studio dell'informatica in senso esteso è bene stabilire con chiarezza alcuni concetti di base, indispensabili per poter uniformare il linguaggio che verrà usato nel corso del testo e, soprattutto, stabilire con certezza le definizioni, che troppo spesso sono usate fuori luogo.

Bit & Bytes

In informatica ed in teoria dell'informazione, la parola bit ha due significati molto diversi, a seconda del contesto in cui rispettivamente la si usa:

1) un bit è l'<u>unità di misura dell'informazione</u> (dall'inglese "**b**inary un**it**"), definita come la quantità minima di informazione che serve a distinguere tra due possibili alternative equiprobabili;

2) un bit è una <u>cifra binaria,</u> (in inglese "**b**inary dig**it**") ovvero uno dei due simboli del sistema numerico binario, classicamente chiamati zero (0) e uno (1).

Come *quantità di informazione*, un bit rappresenta l'*unità di misura* della quantità d'informazione. Questo concetto di bit è stato introdotto dalla teoria dell'informazione di Claude Shannon nel 1948, ed è usato nel campo della compressione dati e delle trasmissioni numeriche.

Intuitivamente, equivale alla scelta tra due valori (sì/no, vero/falso, acceso/spento), quando questi hanno la stessa probabilità di essere scelti. In generale, per eventi non necessariamente equiprobabili, la quantità d'informazione di un evento rappresenta la "sorpresa" nel constatare il verificarsi di tale evento; per esempio: se un evento è certo il suo verificarsi non sorprende nessuno, quindi il suo contenuto informativo è nullo; se invece un evento è raro il suo verificarsi è sorprendente, quindi il suo contenuto informativo è alto.

Matematicamente, la quantità d'informazione in bit di un evento è l'opposto del logaritmo in base due della probabilità di tale evento. La scelta del numero 2 come base del logaritmo è particolarmente significativa nel caso elementare di scelta tra due alternative (informazione di un bit), ma è possibile usare anche e (numero di Nepero), usando dunque il logaritmo naturale; in tal caso l'unità di misura dell'informazione si dice "Nat" piuttosto che bit.

Nel caso di due eventi equiprobabili, ognuno ha probabilità 0,5 e quindi la loro quantità di informazione è $-log_2(0,5) = 1$ bit. Se la probabilità di un evento è *zero*, cioè l'evento è praticamente impossibile, la sua quantità di informazione è infinita. Se la probabilità di un evento è *uno*, cioè l'evento è praticamente certo, la sua quantità di informazione è $-log_2(1) = 0$ bit.

Come *cifra binaria*, invece, il bit rappresenta l'unità di definizione di uno stato logico, definito anche *unità elementare dell'informazione trattata da un elaboratore*. La rappresentazione logica del bit è data dai soli valori {0, 1}. Ai fini della programmazione è comune raggruppare sequenze di bit in entità più vaste che possono assumere valori in intervalli assai più ampi di quello consentito da un singolo bit. Questi raggruppamenti contengono generalmente un numero di valori binari pari ad una potenza (binaria), pari cioè a 2^n; il più noto è il **byte** (chiamato anche *ottetto*), corrispondente ad 8 bit, che costituisce l'unità di misura più utilizzata in campo informatico.

Altri raggruppamenti di questo tipo molto usati sono:

- *nibble* 4 bit, la metà di un byte
- *word* di lunghezza variabile, corrisponde a 16, 32 o 64 bit a seconda del tipo di macchina
- *double word* pari a 2 word (DWORD o LONGWORD)
- *quad word* pari a 4 word (QWORD)

cui si possono aggiungere anche i seguenti:

- *kibibyte* 1024 byte, indicato con KiB
- *mebibyte* 1024 kibibyte, indicato con MiB
- *gibibyte* 1024 mebibyte, indicato con GiB

- *tebibyte* 1024 gibibyte, indicato con TiB

- *pebibyte* 1024 tebibyte, indicato con PiB

- *exbibyte* 1024 pebibyte, indicato con EiB

- *zebibyte* 1024 exbibyte, indicato con ZiB

- *yobibyte* 1024 zebibyte, indicato con YiB

Le espressioni *word*, *double-word* e *quad-word* vengono inoltre usate come tipo di dato in programmazione (prevalentemente in linguaggio *assembly* e in linguaggio *C/C++*).

Il termine byte è stato coniato da Werner Buchholz nel luglio 1956, all'inizio del progetto del computer IBM *Stretch*. Deriva dalla parola inglese *bite* (boccone, morso) ed è stato coniato anche per assonanza col termine "bit" ma rinominato per evitare confusioni accidentali di pronuncia con questo.

Storicamente, un byte era il numero di bit utilizzati per codificare un "singolo carattere di testo" in un computer, ed è perciò divenuto l'elemento base dell'indirizzabilità nelle architetture dei computer e come unità di misura delle capacità di memoria. Dal 1964 il byte è tipicamente formato da 8 bit, ed è pertanto in grado di assumere $2^8 = 256$ possibili valori (indicizzati da 0 a 255). Gli informatici di lingua francese utilizzano il termine *octet* (ottetto); nel linguaggio tecnico, invece, quest'ultimo termine viene utilizzato, anche nella lingua inglese, per denotare una generica sequenza di otto bit e non necessariamente un byte.

Ovviamente, per come viene definito, il bit non ammette sottomultipli.

Per quanto riguarda i multipli, invece, sebbene la nomenclatura ufficiale debba obbligatoriamente seguire le indicazioni del Sistema Internazionale (S. I.)[1], nell'uso tecnico vengono spesso utilizzati i multipli *gergali* propri del settore informatico e derivati direttamente dal sistema binario.

Si faccia particolare attenzione a non confondere i multipli del bit espressi secondo le regole del S.I. con quelli espressi nel sistema binario: nel primo caso i fattori moltiplicativi sono potenze del 10, perché il sistema di numerazione è de-

---

1 Il Sistema Internazionale, che inizia la sua storia nel 1790 in Francia, è stato adottato ufficialmente in Italia ai sensi del Regio Decreto 23 agosto 1890 n. 7088 e della Direttiva del Consiglio CEE del 18 ottobre 1971 71/1354/CEE modificata il 27 luglio 1976 (76/770/CEE); il suo utilizzo è obbligatorio nella stesura di atti e documenti con valore legale; pertanto il mancato rispetto della sua adozione e/o delle sue norme di scrittura potrebbe comportare l'invalidazione di tali atti.

cimale; nel secondo caso, invece, i fattori moltiplicativi sono potenze del 2, perché il sistema di numerazione è binario.

É prassi comune usare gli stessi prefissi (sia S.I. che binari) sia quando ci si riferisce al bit che al suo multiplo più conosciuto: il byte. Pertanto i prefissi ed i fattori di scala possono tranquillamente essere utilizzati sia con riferimento al bit che con il suo multiplo *byte*. D'altro lato, però, questo comporta una certa (voluta?) confusione nell'uso pratico comune, dove spesso e volentieri viene indicato il nome correttamente formato e riferito ad uno dei due (tipicamente: il bit) ma poi associandoci il significato pratico ed il valore dell'altro, facendo così nascere equivoci e sottintesi con relativa facilità. Ne sia un esempio per tutti le modalità con cui vengono indicate le velocità di up/download di una linea ADSL: benchè tecnicamente ovvio che tali velocità si riferiscono al bit, nelle discussioni *tra amici* ed in alcune pubblicità poco corrette vengono facilmente riferite al byte.

Nella tabella seguente vengono riepilogati i nomi ed i fattori di scala nei due sistemi di numerazione.

MULTIPLI DEL BIT					
PREFISSI SI			PREFISSI BINARI		
kilobit	kb	10^3	kibibit	Kib	2^{10}
megabit	mb	10^6	mebibit	Mib	2^{20}
gigabit	gb	10^9	gibibit	Gib	2^{30}
terabit	tb	10^{12}	tebibit	Tib	2^{40}
petabit	pb	10^{15}	pebibit	Pib	2^{50}
exabit	eb	10^{18}	exbibit	Eib	2^{60}
zettabit	zb	10^{21}	zebibit	Zib	2^{70}
yottabit	yb	10^{24}	yobibit	Yib	2^{80}

Sistema Numerico Binario

Il sistema numerico binario è un sistema numerico posizionale in base 2, cioè che utilizza 2 simboli, tipicamente 0 e 1, invece dei 10 del sistema numerico decimale tradizionale. Di conseguenza, la cifra in posizione N (da destra) si considera moltiplicata per 2^N (anziché per 10^N come avverrebbe nella numerazione decimale). Attenzione al fatto che in binario i numeri vengono letti cifra per cifra: il numero 1101_2, ad esempio, si legge "*uno – uno – zero – uno in base due*" e non "millecentouno", ovviamente; inoltre, come chiaramente dedotto dall'esempio, in presenza della possibilità di confusione tra i due sistemi numerici, occorre specificare in chiaro anche la base di conteggio, apponendola come pedice al numero scritto ("*in base due*").

È usato in informatica per la rappresentazione interna dei numeri, grazie alla semplicità di realizzare fisicamente un elemento con due stati anziché un numero superiore, ma anche per la corrispondenza con i valori logici *vero* e *falso*.

Il sistema binario è considerato tra le più grandi invenzioni del matematico tedesco G. Leibniz[2]; purtroppo però essa cadde nel vuoto e solo nel 1847 verrà riscoperta, grazie al matematico inglese G. Boole, che aprirà l'orizzonte alle grandi scuole di logica matematica del '900 e soprattutto alla nascita del calcolatore elettronico.

L'espressione matematica per convertire un numero da binario a decimale (dove con d_n si indica la cifra d in posizione n all'interno del numero, partendo da 0 per la cifra più a destra) è la semplice espressione seguente:

$$d_{(n-1)}2^{(n-1)} + ... + d_0 2^0 = N \qquad [1]$$

Ad esempio:

$$1001_2 = 1 \times 2^3 + 0 \times 2^2 + 0 \times 2^1 + 1 \times 2^0 = 9_{10}$$

Per eseguire invece la conversione inversa, cioè da decimale a binario, occorre eseguire divisioni successive per 2 della quantità decimale di partenza; ogni volta che la divisione è esatta il riporto sarà zero mentre in caso contrario il riporto sarà 1. Al termine delle divisioni basterà leggere il numero ottenuto dalla sequenza di 0 ed 1 per ottenere il corrispondente binario del numero decimale di partenza. Ad esempio, per convertire in binario il numero decimale 210 le operazioni da compiere saranno le seguenti:

$210:2 = 105$ *con resto 0*
$105:2 = 52$ *con resto 1*
$52:2 = 26$ *con resto 0*
$26:2 = 13$ *con resto 0*

---

[2] Gottfried Wilhelm von Leibniz, scritto anche Leibnitz (1646 – 1716) è stato un filosofo, scienziato, matematico e glottoteta, diplomatico, bibliotecario e avvocato tedesco. A lui si deve il termine *funzione* (coniato nel 1694) che egli usò per individuare una quantità la cui variazione è fornita da una curva e per individuare la pendenza di tale curva e un suo punto particolare. Leibniz viene generalmente accreditato, assieme a Isaac Newton, dei maggiori contributi allo sviluppo del calcolo infinitesimale moderno, con particolare accento sul calcolo integrale.

13 : 2 = 6   con resto 1
6 : 2 = 3   con resto 0
3 : 2 = 1   con resto 1
1 : 2 = 0   con resto 1

Pertanto, leggendo i resti dal basso verso l'alto, si otterrà la quantità 11010010_2, che rappresenta l'equivalente binario del numero decimale di partenza.

I numeri binari, in campo informatico, non sono utilizzati esclusivamente per memorizzare numeri interi positivi ma, mediante alcune convenzioni, è possibile scrivere numeri binari con segno e parte decimale senza introdurre nuovi caratteri (come la virgola e il segno meno, non memorizzabili su di un bit). I metodi più utilizzati sono riportati di seguito.

Rappresentazione in modulo e segno: questo è il modo più semplice per rappresentare e distinguere numeri positivi e negativi: al numero binario vero e proprio viene anteposto un bit che, per convenzione, assume il valore 0 se il numero è positivo ed assume il valore 1 se il numero è negativo. Il grande difetto di questa rappresentazione è quello di avere due modi per scrivere il numero zero: 00000001 e 10000001 significano infatti +1 e -1.

Rappresentazione in complemento a 2[3]: questo metodo di rappresentazione ha notevoli vantaggi, soprattutto per effettuare somme e differenze: in pratica ai numeri viene anteposto un bit di valore zero; se poi il numero è negativo è necessario convertirlo in complemento a 2: per farlo è sufficiente leggere il numero da destra verso sinistra e invertire tutte le cifre a partire dal primo bit pari a 1 (escluso).

---

3 Il complemento a due (in inglese *two's complement*) è il metodo più diffuso per la rappresentazione dei numeri relativi in informatica. Esso è inoltre una operazione di negazione (cioè di cambiamento di segno) nei computer che usano questo metodo. La sua enorme diffusione è data dal fatto che i circuiti di addizione e sottrazione non devono esaminare il segno di un numero rappresentato con questo sistema per determinare quale delle due operazioni sia necessaria, permettendo tecnologie più semplici e maggiore precisione. Col complemento a due, il bit iniziale (più a sinistra) del numero ne indica il segno: se è 0, il numero è un numero binario in forma normale; se è 1, il numero è negativo, e se ne ottiene il valore assoluto complementando (*invertendo*) il valore dei singoli bit e aggiungendo 1 al numero binario risultante. Un numero binario di n cifre può rappresentare con questo metodo i numeri compresi fra -2^{n-1} e $+2^{n-1}-1$, così un numero binario di 8 cifre può rappresentare i numeri compresi tra -128 e +127. Da notare che esiste una sola rappresentazione dello zero: quando tutti i bit sono zero. Questo metodo consente, dunque, di avere un'unica rappresentazione dello zero, e di operare efficientemente addizione e sottrazione sempre avendo il primo bit a indicare il segno.

Rappresentazione a virgola fissa: dato che in un bit non è rappresentabile la virgola, il metodo più semplice per rappresentare numeri frazionari è quello di scegliere arbitrariamente la posizione della virgola (ad esempio: se si sceglie di usare 4 bit per la parte intera e 4 per la parte frazionaria: 10100101_2 significa $1010,0101_2$).

Rappresentazione in virgola mobile: esistono innumerevoli modi per rappresentare numeri in virgola mobile ma il sistema più utilizzato è lo standard *IEEE P754*; questo metodo comporta l'utilizzo della notazione scientifica[4], in cui ogni numero è identificato dal segno, da una mantissa ($1,xxxxx$) e dall'esponente (n^{yyyyy}).

Sistema Numerico Esadecimale

Il sistema numerico esadecimale (spesso abbreviato come *esa* o *hex*) è un sistema numerico posizionale in base 16, cioè che utilizza 16 simboli invece dei 10 del sistema numerico decimale tradizionale. Per l'esadecimale si usano in genere simboli da 0 a 9 e poi le lettere da A a F (dove: $A_{16}=10$, $B_{16}=11$, $C_{16}=12$, $D_{16}=13$, $E_{16}=14$ e $F_{16}=15$), per un totale, appunto, di 16 simboli. Ad esempio: il numero decimale 79 in esadecimale diventa 4F. Attenzione al fatto che in esadecimale i numeri si leggono cifra per cifra: 48_{16}, ad esempio, si legge "quattro otto in base 16" e non "quarantotto in base 16", ovviamente.

Il sistema esadecimale è molto usato in informatica, per la sua relazione diretta tra una cifra esadecimale e quattro cifre binarie. È spesso usato come intermediario, oppure come sistema numerico a sé stante. Per esempio, è possibile esprimere un byte con esattamente due cifre esadecimali (invece che con 3 decimali, lasciando gran parte dell'intervallo non utilizzato). È interessante, infatti, notare come ogni cifra esadecimale corrisponda a un *nibble*, cioè a un numero binario di quattro cifre.

Ci sono numerosi modi per denotare un numero come esadecimale, usati in differenti linguaggi di programmazione, ma non esiste un simbolo standard perciò tutte le convenzioni possibili possono essere utilizzate; a volte uno stesso articolo può contenere due convenzioni diverse, ma ciononostante non si crea confusione perché tutte le notazioni correntemente utilizzate sono non ambigue. Il metodo più comunemente usato consiste nel porre la quantità "16" come pedice

---

4 La notazione scientifica è un modo conciso di esprimere i numeri reali utilizzando le potenze intere di dieci, ed è usata per numeri molto grandi o molto piccoli. La notazione permette di esprimere quantità fisiche senza includere lunghe file di zeri. Ad esempio la quantità 100.000.000.000.000.000.000 in notazione scientifica diventa semplicemente 10^{20}.

I.8 - Nozioni di Informatica - Concetti Introduttivi

del numero stesso, come in questo testo, oppure nello scrivere, sempre come pedice, la sigla "hex". Un altro metodo molto usato consiste nell'anteporre "0x" al numero esadecimale.

Per convertire un numero da esadecimale a decimale può essere usata la stessa espressione generale già vista per la conversione nel caso del sistema numerico binario [1], con l'accortezza di sostituire opportunamente la base di conteggio; pertanto l'espressione generale di conversione diventa:

$$d_{(n-1)}16^{(n-1)} + \ldots + d_0 16^0 = N \qquad [2]$$

Ad esempio, volendo verificare la quantità $4F_{16}$ vista poco più sopra:

$$4F_{16} = 4 \times 16^1 + 15 \times 16^0 = 64_{10} + 15_{10} = 79_{10}$$

dove si è operata la conversione dal simbolo F alla quantità 15.

Analogamente a quanto visto nel caso del sistema binario, per la conversione inversa da decimale ad esadecimale è sufficiente eseguire una divisione del numero decimale di partenza per 16, prendere la parte intera del quoziente tralasciando il resto e moltiplicare il quoziente per il divisore; il valore ottenuto occorrerà sottrarlo al dividendo e, se minore di 16, indicherà la fine delle operazioni, altrimenti occorrerà ripetere la sequenza. I numeri ottenuti, letti in sequenza (prima l'ultimo quoziente ottenuto, poi i resti, dall'ultimo al primo) e trasformati in base 16, saranno la rappresentazione dello stesso numero in base 16. Seguendo lo stesso esempio numerico di poco sopra, si ha dunque:

$79 : 16 = 4$ *con resto maggiore di 0*

$79 - (16 \times 4) = 15$ *minore di 16 => fine delle operazioni*

A questo punto sarà sufficiente prendere, nell'ordine, i numeri ottenuti (cioè: 4, che è l'ultimo quoziente, e 15, che è il resto) e convertirli in base 16 (cioè: $4_{10} \to 4_{16}$; $15_{10} \to F_{16}$) per avere il numero finale scritto in esadecimale (nel nostro caso: 4F).

Per meglio comprendere il meccanismo della conversione, si segua un altro esempio: si voglia scrivere il numero decimale 4.019 in base 16. Le operazioni da compiere sono le seguenti:

$4.019 : 16 = 251$ *con resto maggiore di 0, quindi:*

4.019 - (251x16) = 3   *resto (da segnare a parte)*

Dal momento che il risultato ottenuto dalla prima divisione (251) è maggiore della base (16), occorre ripetere la procedura di divisione:

251 : 16 = 15 *minore di 16 => fine delle operazioni*

251 - (15x16) = 11 *resto (da segnare a parte)*

A questo punto i numeri che ci interessano sono: l'ultimo quoziente ottenuto (15), i singoli resti ottenuti, a partire dall'ultimo (11 e 3); convertiamoli in base 16 ed otteniamo:

$15_{10} \rightarrow F_{16}$
$11_{10} \rightarrow B_{16}$
$3_{10} \rightarrow 3_{16}$

Pertanto il numero 4.019 in base 10, convertito in base 16 si scriverà FB3.

Sistema Numerico Ottale

Il sistema numerico ottale (spesso abbreviato come *ott* o *oct*) è un sistema numerico posizionale in base 8, cioè che utilizza solo 8 simboli (tipicamente le cifre decimali da 0 a 7) invece dei 10 del sistema numerico decimale usato comunemente. Ad esempio, il numero 79_{10}, scritto in ottale diventa 117_8, che si legge "uno – uno – sette" (e non centodiciassette, ovviamente).

I numeri ottali (insieme ai numeri binari e esadecimali) vengono diffusamente utilizzati in svariati campi della scienza e della tecnica ed in particolare nell'informatica (visto che una cifra ottale rappresenta esattamente tre cifre binarie). Il suo punto di forza consiste nel fatto che normalmente non vengono convertiti in decimale (come istintivamente saremmo portati a fare) ma vengono usati tali e quali dai programmatori perché le tre cifre binarie che esso rappresenta di solito sono utilizzate a livello, per esempio, di permessi da assegnare ad un determinato file.

Tuttavia, a scopo di completezza, si riporta la regola per convertire un numero da ottale a decimale: può essere usata la stessa espressione già vista per i numeri binari o esadecimali ([1] o [2]), avendo l'accortezza di cambiare opportunamente la base di conteggio. L'espressione generale di conversione da ottale a decimale, pertanto, diventa:

I.10 - Nozioni di Informatica - Concetti Introduttivi

$$d_{(n-1)}8^{(n-1)} + \ldots + d_0 8^0 = N \qquad [3]$$

dove, al solito, con d si indica la cifra di posizione n all'interno del numero.

Ad esempio: la conversione del numero 543_8 viene calcolata nel modo seguente:

$$543_8 = 5 \times 8^2 + 4 \times 8^1 + 3 \times 8^0 = 320_{10} + 32_{10} + 3 = 355_{10}$$

Per la sua completa similitudine ai casi precedenti di conversione con altre basi, non si riporta la conversione da decimale ad ottale.

Algoritmo

Con il termine *algoritmo* si intende un metodo per la soluzione di un problema adatto a essere implementato sotto forma di programma.

Intuitivamente un algoritmo si può definire come un procedimento che consente di ottenere un risultato atteso eseguendo, in un determinato ordine, un insieme di passi semplici corrispondenti ad azioni scelte solitamente da un insieme finito.

Il termine deriva dal nome del matematico persiano Muhammad ibn Mūsa 'l-Khwārizmī[5], che si ritiene essere uno dei primi autori ad aver fatto riferimento esplicitamente a questo concetto, nel libro *Kitāb al-djabr wa 'l-muqābala* ("Libro sulla ricomposizione e sulla riduzione"), dal quale tra l'altro prende anche le origini la parola *algebra*. Tuttavia gli algoritmi erano presenti anche nelle antiche tradizioni matematiche, ad esempio la matematica babilonese, quella cinese o del Kerala trasmettevano le conoscenze in forma algoritmica.

Nel senso più ampio della parola, *algoritmo* è anche una ricetta di cucina, o la sezione del libretto delle istruzioni di una lavatrice che spiega come programmare un lavaggio. Di norma, comunque, la parola viene usata in contesti matemati-

---

[5] Mohammad-e Kharazmi (780 circa – 850 circa) è stato un matematico, astronomo, astrologo e geografo persiano. Visse a Baghdad presso la corte del califfo al-Ma'mūn, che lo nominò responsabile della sua biblioteca, la famosa *Bayt al-Hikma*, "Casa della Sapienza", di Baghdad. Sotto la sua direzione furono tradotte in arabo molte delle principali opere matematiche dell'antichità. È l'autore dell'*al-Kitāb al-mukhtaṣar fī ḥisāb al-ğabr wa al-muqābala*, il primo libro che tratta soluzioni sistematiche di equazioni lineari e di secondo grado. Viene considerato pertanto il padre dell'algebra, titolo che divide con Diofanto. La parola "algebra", infatti, deriva da *al-jabr*, una delle due operazioni usate per risolvere le equazioni di secondo grado come descritto nel suo libro.

ci (fin dalle origini) e soprattutto informatici (più recentemente). Un esempio più appropriato di algoritmo potrebbe essere, quindi, il procedimento per il calcolo del massimo comune divisore o del minimo comune multiplo.

Definiamo, pertanto, l'algoritmo come "la sequenza logica di istruzioni elementari (univocamente interpretabili) che, eseguite in un ordine stabilito, permettono la soluzione di un problema in un numero finito di passi".

Da questa definizione si evincono le quattro proprietà fondamentali dell'algoritmo:

a) la sequenza di istruzioni deve essere <u>finita</u>;

b) la sequenza di istruzioni deve portare ad un <u>risultato</u>;

c) le istruzioni devono essere <u>eseguibili</u> materialmente;

d) le istruzioni devono essere espresse in modo <u>non ambiguo</u>.

Affermando che i passi costituenti di un algoritmo debbano essere "semplici" si intende soprattutto che essi siano specificati in modo non ambiguo, ovvero immediatamente evidenti a chi sarà chiamato ad applicare l'algoritmo, cioè il suo esecutore. Così, "rompete le uova" può essere un passo legittimo di un algoritmo di cucina, ma potrebbe non esserlo "aggiungete sale quanto basta", se possiamo assumere che l'esecutore non sia in grado di risolvere da solo l'ambiguità di questa frase oppure che il gusto della sapidità sia estremamente personale.

Al contrario, un passo come "preparate un pentolino di crema pasticciera" non può probabilmente considerarsi semplice (sottintende una procedura a parte, non necessariamente semplice e/o conosciuta all'esecutore); potrebbe però essere associato a un opportuno rimando a un'altra sezione del ricettario (un'altra ricetta), che fornisca un algoritmo apposito per questa specifica operazione. Infine, una ricetta (intesa come algoritmo) che preveda la cottura a microonde non può essere preparata da chi è sprovvisto dell'apposito elettrodomestico.

DIAGRAMMI A BLOCCHI

I diagrammi a blocchi (detti anche *diagrammi di flusso*, o *flow chart* in inglese) sono un linguaggio di modellazione grafico per rappresentare algoritmi (in senso lato). Esso consente di descrivere le differenti operazioni sotto forma di uno schema in cui le diverse fasi del processo e le differenti condizioni che devono essere rispettate vengono rappresentate da simboli grafici, detti *blocchi elementari*. I blocchi sono collegati tra loro tramite frecce che indicano la cronologia, o sequenza temporale di esecuzione.

É chiaro che ogni singolo blocco, oltre a rappresentare un passo *fisico* dell'algoritmo, rappresenta anche un passo *logico*. Per questa loro connotazione topologica i diagrammi di flusso possono essere ricondotti alla classe più ampia delle *mappe concettuali*[6].

I diagrammi trovano la loro applicazione in diversi ambiti: in campo industriale schematizzano i processi di lavorazione, in campo economico vengono usati a supporto delle presentazioni per aiutare i destinatari a visualizzare meglio i contenuti, in ambito medico vengono sempre più spesso adoperati per aiutare il medico nello schematizzare i passi logici necessari ad emettere una diagnosi, etc. Ma storicamente sono sempre stati molto usati in informatica, dove, in tempi recenti, sono stati soppiantati dall'introduzione dello *pseudocodice*[7].

I blocchi elementari principali utilizzati nei diagrammi a blocchi sono essenzialmente i seguenti:

- *blocco iniziale e blocco finale:*

---

6 Le *mappe concettuali* sono uno strumento grafico per rappresentare informazione e conoscenza, teorizzato da Joseph Novak, negli anni '70. Servono per rappresentare in un grafico le proprie conoscenze intorno ad un argomento secondo un principio cognitivo di tipo costruttivista, per cui ciascuno è autore del proprio percorso conoscitivo all'interno di un contesto, e mirano a contribuire alla realizzazione di apprendimento significativo, in grado cioè di modificare davvero le strutture cognitive del soggetto e contrapposto all'apprendimento meccanico, che si fonda sull'acquisizione mnemonica.
7 Per *pseudocodice, pseudolinguaggio* o *linguaggio di progetto* si intende un linguaggio di programmazione fittizio, non direttamente compilabile o interpretabile da un programma compilatore o interprete, il cui scopo è quello di rappresentare algoritmi. Lo pseudolinguaggio può essere utilizzato alternativamente al diagramma di flusso e non è soggetto a molte limitazioni intrinseche di quest'ultimo tipo di rappresentazione.

- *blocco di input/output:*

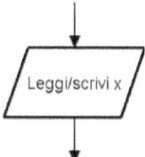

- *blocco di elaborazione:*

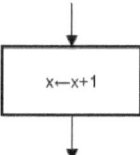

- *blocco di controllo o condizionale:*

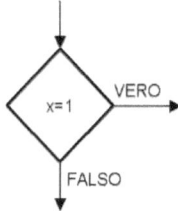

Una combinazione di blocchi elementari descrive un algoritmo se:

- viene usato un *numero finito* di blocchi
- lo schema inizia con un *blocco iniziale* e termina con un *blocco finale*
- ogni blocco soddisfa delle *condizioni di validità*

Le condizioni di validità sono applicabili sui blocchi, sulle frecce e sui percorsi, e sono definibili come:

- *condizioni sui blocchi*:
    - blocco azione e blocco lettura/scrittura: ogni blocco di questi due tipi ha una sola freccia entrante e una sola freccia uscente
    - blocco di controllo: ogni blocco di questo genere ha una sola freccia entrante e due frecce uscenti

- *condizioni sulle frecce*:
    - ogni freccia deve essere uscente da un blocco e poi: o entra in un altro blocco o confluisce in un'altra freccia
- *condizioni sui percorsi*:
    - dal via dev'essere possibile raggiungere ogni blocco presente
    - da ogni blocco dev'essere possibile raggiungere il blocco finale

GEORGE BOOLE E LA LOGICA BOOLEANA

George Boole (1815 – 1864) è stato un matematico e logico britannico ed è considerato il fondatore della logica matematica. La sua opera influenzò anche settori della filosofia. Fu praticamente un autodidatta e studiò la matematica fin da giovane sui testi di Laplace e Lagrange. Morì all'età di soli 49 anni per una grave forma febbrile causata da un banale raffreddore.

Incoraggiato ed indirizzato da Duncan Gregory, curatore del *Cambridge Mathematical Journal*, Boole si dedicò allo studio di metodi algebrici per la risoluzione di equazioni differenziali e la pubblicazione dei suoi risultati su quella rivista gli fece ottenere una medaglia della Royal Society e, successivamente, nel 1849, la nomina alla cattedra di matematica al Queen's College di Cork. In quella sede egli insegnò per il resto della sua vita.

George Boole in un disegno dell'epoca

Dopo *The Mathematical Analysis of Logic* (del 1847), nel 1854 pubblicò la sua opera più importante, indirizzata alle leggi del pensiero: *An Investigation of the Laws of Thought, on Which are founded the Mathematical Theories of Logic and Probabilities*. Con quest'opera propone una nuova impostazione della logica: dopo aver rilevato le analogie fra oggetti dell'algebra e oggetti della logica, egli ricondusse le composizioni degli enunciati a semplici operazioni algebriche. Con questo lavoro fondò la teoria di quella che attualmente viene detta algebra di Boole (o, semplicemente, algebra booleana).

Successivamente si dedicò alle equazioni differenziali, argomento cui dedicò nel 1859 un testo che ebbe molta influenza in materia. Studiò anche il calcolo delle differenze finite, pubblicando nel 1860 il trattato *Treatise on the Calculus of Finite Differences*, e problemi generali del calcolo delle probabilità. Inoltre fu tra i primi ad esaminare proprietà fondamentali dei numeri, come la proprietà distributiva, in quanto proprietà in grado di caratterizzare alla base alcune teorie algebriche.

I suoi lavori matematici gli procurarono molti riconoscimenti. Coltivò anche molti interessi nella letteratura e nella filosofia: Aristotele, Cicerone, Dante e Spinoza erano i suoi autori preferiti. Primo estimatore e continuatore della sua opera fu Augustus de Morgan[1]. L'opera maggiore di Boole è stata la base per gli studi sui circuiti elettronici e sulla commutazione e ha costituito un passo importante verso la concezione dei moderni computer.

Il lavoro di Boole è particolarmente importante perché sostanzialmente consente di trattare in termini esclusivamente algebrici le operazioni insiemistiche dell'intersezione, dell'unione e della complementazione; inoltre permette di trattare in termini algebrici questioni riguardanti singoli bit, sequenze binarie, matrici binarie e altre funzioni binarie.

I Concetti Dell'Algebra Di Boole

Il calcolatore può essere visto come una *rete logica*, cioè come un insieme di dispositivi chiamati *porte logiche* opportunamente connessi. Le porte logiche sono dispositivi capaci di eseguire *operazioni logiche* su segnali binari, i quali, a loro volta, altro non sono se non livelli di tensione. Il valore esatto della tensione del segnale non è significativo: conta l'appartenenza ad un livello contrassegnato *alto* e/o ad un livello contrassegnato *basso*.

---

1 Augustus De Morgan (1806 – 1871) è stato un matematico e logico britannico. A lui si devono i *teoremi* che portano il suo nome, che sono alla base dei sistemi logici elettronici ed informatici. Per primo introdusse il termine *induzione matematica* e ne rese rigoroso il concetto. Sua è anche la scoperta dell'algebra relazionale, presentanta in una pubblicazione del 1860. In suo onore è stato denominato un gruppo di crateri lunari oggi noti con il nome di *crateri di De Morgan*.

Questi livelli sono identificati tramite una coppia di simboli: {0, 1}, {Low, High}, {False, True}, {Open, Close}, ecc. Comunque li si voglia chiamare, l'importante è fare una distinzione tra i due livelli.

Le tecniche di composizione delle porte logiche in una rete sono derivate da una particolare algebra operante su variabili binarie e chiamata *Algebra di Commutazione* (o *Switching Algebra*), ma è certamente più nota come *Algebra di Boole* o *Booleana*. Nel 1938 C. E. Shannon ha dimostrato come l'algebra booleana potesse essere presa a fondamento per la progettazione di circuiti logici digitali.

Per poter comprendere le basi logiche dell'algebra booleana occorre definire alcuni concetti di base:

variabili booleane

Una variabile booleana è una *variabile binaria* che può assumere esclusivamente due valori logici, che saranno denotati con 0 e 1. Se x è una variabile booleana, può essere fornita la seguente definizione formale:

$$x = 0 \text{ se } x \neq 1$$
$$x = 1 \text{ se } x \neq 0$$

operatori booleani

Gli operatori booleani, o operatori logici fondamentali, sono: NOT (negazione logica), AND (prodotto logico) e OR (somma logica).

tabelle di verità

Una tabella di verità fa esattamente quello che dice il nome: dice la verità sul comportamento logico dell'espressione rappresentata. Si tratta di una comoda rappresentazione tabellare di tutti i casi possibili che possono presentarsi allorquando si legano le variabili presenti tramite gli operatori nell'espressione. Di conseguenza la tabella sarà composta da tante righe quante sono le combinazioni di valori in cui possono presentarsi le variabili (quindi, in un sistema binario, il numero totale di righe sarà dato dalla potenza del 2 che ha per esponente il numero di variabili) e, al minimo, tante colonne quante sono le variabili stesse più la colonna del risultato finale. Tuttavia è prassi comune aggiungere delle colonne "di comodo" in cui inserire eventuali risultati parziali.

Se volessimo, ad esempio, sapere "come si comporta" l'espressione booleana:

A AND B OR C = D

II.4 - Nozioni di Informatica - George Boole E La Logica Booleana

sarebbe sufficiente costruire una tabella che abbia una colonna per ogni variabile citata (quindi: 4 colonne) ed aggiungendo (eventualmente) una colonna per ogni valore intermedio che vogliamo rappresentare (quindi: una colonna aggiuntiva per il risultato parziale del primo AND, portando il totale delle colonne presenti a 5), più tante righe quante ne servono per rappresentare tutti i possibili valori che possono essere assunti dalle variabili A, B e C (quindi: avendo 3 variabili, $2^3 = 8$ righe, dato che la quarta variabile rappresenta il risultato finale); dovremmo poi iniziare col riempire le righe scrivendo i valori possibili assunti dalle variabili A, B e C (preferibilmente in maniera ordinata, per evitare possibili ripetizioni e/o omissioni).

Solo a questo punto è possibile iniziare ad eseguire materialmente i calcoli, immettendo nelle colonne dei risultati parziale e finale i risultati calcolati dell'espressione.

Tenendo presente le regole di calcolo, il risultato finale dovrebbe essere qualcosa di simile alla seguente tabella:

A	B	C	A AND B	D
0	0	0	0	0
0	0	1	0	1
0	1	0	0	0
0	1	1	0	1
1	0	0	0	0
1	0	1	0	1
1	1	0	1	1
1	1	1	1	1

La colonna D, ovviamente, è il risultato finale cercato.

L'operatore logico NOT, definisce un'operazione unaria (che agisce su un solo elemento) che restituisce il valore logico opposto a quello della variabile d'ingresso. Per rappresentare l'applicazione dell'operatore NOT alla variabile binaria x vengono utilizzate varie notazioni, tra cui le più comuni sono: *not(x)*, $\underline{x}$,

x' e $-x$. Tra le sue proprietà, la più notevole è senz'altro la seguente: $not(not(x)) = x$, che corrisponde all'asserto comune "*due negazioni affermano*".

Per riassumere il comportamento di un operatore logico si fa ricorso alle cosiddette *tabelle di verità* di quell'operatore. La tabella di verità dell'operatore logico NOT è indicata a fianco.

A	-A
0	1
1	0

Tabella di verità per l'operatore logico NOT

L'equivalente circuitale di un operatore logico NOT si ottiene considerando un semplice circuito elettrico in cui sono presenti una lampadina, due generatori non in serie, le cui uguali polarità non si fronteggiano, ed un interruttore, secondo lo schema della figura seguente:

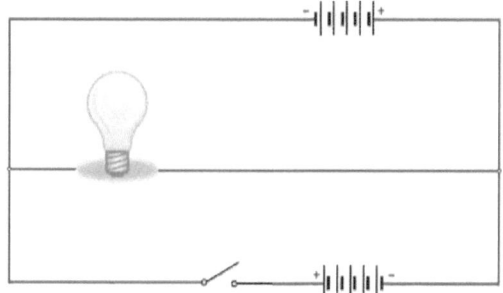

In figura viene mostrato lo stato prima dell'applicazione dell'operatore NOT: la corrente che fluisce dal generatore superiore è libera di scorrere attraverso il filo conduttore seguendo il percorso che si chiude tornando al polo positivo del generatore superiore e la lampadina viene conseguentemente accesa. La parte inferiore del circuito, in cui è presente l'interruttore ed il secondo generatore, non prende parte al funzionamento.

Nel momento in cui viene chiuso l'interruttore la corrente del generatore superiore incontra la corrente del generatore inferiore nel nodo del circuito immediatamente prima della lampadina; semplicemente applicando la Legge di Kirchhoff delle correnti si ricava immediatamente che la lampadina non può illuminarsi.

La condizione della seconda figura rappresenta graficamente l'applicazione dell'operatore NOT al circuito elettrico: la chiusura dell'interruttore ha negato la condizione iniziale.

II.6 - Nozioni di Informatica - George Boole E La Logica Booleana

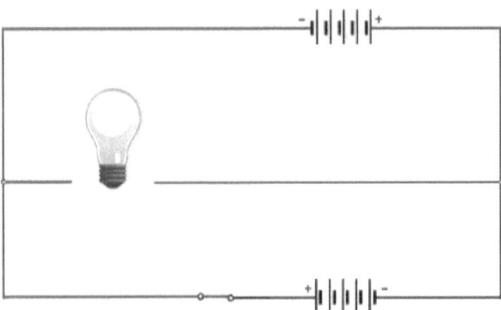

L'operatore logico AND, definito come il prodotto (logico) fra due o più variabili, è un operatore binario che fornisce come risultato il valore logico 1 solo se *tutte* le variabili assumono il valore logico 1. Per rappresentare il prodotto logico fra le due variabili x e y si usano varie notazioni, fra cui le più usate sono: x and y, x AND y, xy.

A	B	AB
0	0	0
0	1	0
1	0	0
1	1	1

Tabella della verità per l'operatore logico AND

La tabella della verità per l'operatore AND, nel caso di due ingressi, è riportata a fianco.

L'equivalente circuitale (elettrico) dell'operatore logico AND si ottiene considerando semplicemente un circuito composto da una lampadina, un generatore

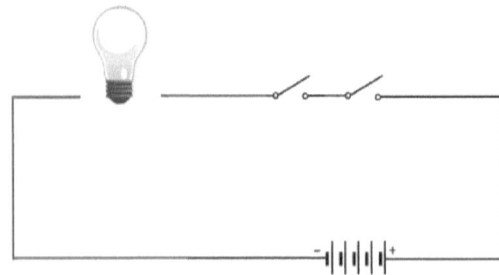

(di cui non interessa la polarità, a dispetto della figura) e due interruttori posti in serie, come nella figura seguente:

In condizioni ordinarie, con gli interruttori aperti, il circuito è aperto e le condizioni del circuito non consentono dunque il fluire della corrente; di conseguenza non è possibile accendere la lampadina. Affinché questo sia possibile è necessario che ambedue gli interruttori, contemporaneamente, vengano chiusi:

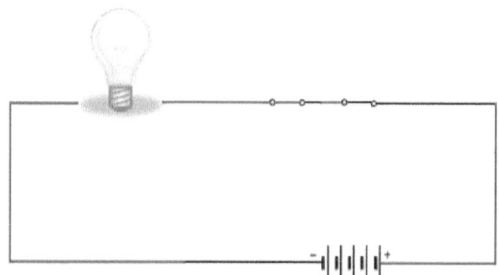

Si noti che in questo caso, a differenza di quello che succede per l'equivalente circuitale dell'operatore NOT, la polarità del generatore non è importante.

L'operatore logico OR, definito come la somma (logica) fra due o più variabili, è un operatore binario che fornisce il valore logico 1 se e solo se *almeno una* tra le variabili assume valore logico 1. Per rappresentare la somma logica fra le due variabili x e y si usano varie notazioni, tra cui le più usate sono: *x or y*, *x* OR *y*, *x+y*.

La tabella della verità per l'operatore logico OR è mostrato nella tabella a fianco.

A	B	A+B
0	0	0
0	1	1
1	0	1
1	1	1

Tabella di verità per l'operatore logico OR

L'equivalente circuitale (elettrico) dell'operatore OR può essere rappresentato da un circuito in cui siano presenti una lampadina, un generatore (di cui non interessa la polarità, a dispetto della figura) e due interruttori posti in parallelo tra loro, secondo lo schema della figura a fianco:

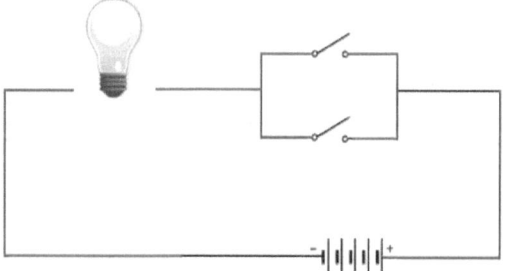

In condizioni ordinarie, con entrambi gli interruttori aperti, il circuito non consente alla corrente di fluire e, di conseguenza, la lampadina non può accendersi. Non appena viene chiuso almeno uno dei due interruttori il circuito viene chiuso e, quindi, la lampadina può illuminarsi:

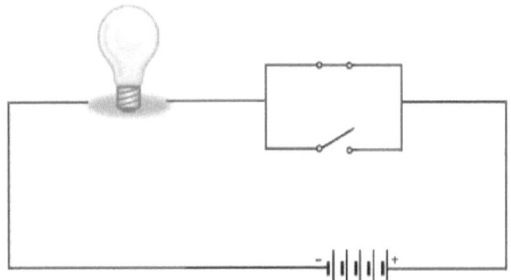

Si noti che anche in questo caso la polarità del generatore è ininfluente sul funzionamento del circuito.

Anche se ridondante, è utile ricordare che quella booleana è pur sempre un'algebra, per cui occorre seguire le regole dell'algebra applicabili che abbiamo già appreso sin dalla scuola elementare! In particolare, occorre prestare attenzione che somme e prodotti presentano fra loro delle priorità (prima si eseguono i prodotti e poi le somme), quindi anche nel caso booleano prima si eseguiranno i prodotti (logici) e poi le somme (logiche).

porte logiche

Una volta definiti gli operatori logici fondamentali, possiamo definire le porte logiche. In elettronica digitale e informatica, una porta logica è un circuito digitale in grado di implementare una particolare operazione logica di una o più variabili booleane. In linea generale le porte logiche sono la trasposizione pratica degli operatori logici, ma a quelli fondamentali appena visti occorre aggiungerne degli altri, ottenuti combinando tra loro in maniera opportuna gli operatori logici.

Definiamo, dunque, le porte logiche come quei dispositivi capaci di eseguire operazioni logiche su variabili booleane, ovvero come quei dispositivi *fisici* (elettronici) in grado di realizzare le operazioni logiche elementari con i valori che gli si presentano in ingresso.

Proprio perché derivano dagli operatori logici, essi sono costituiti da uno (per gli operatori unari) o due (per gli operatori binari) ingressi e sempre e comunque da una sola uscita.

La simbologia utilizzata per rappresentarli è rappresentata nella tabella che segue.

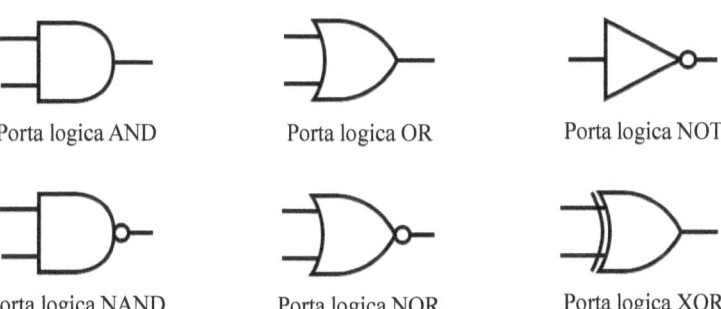

Porta logica AND   Porta logica OR   Porta logica NOT

Porta logica NAND   Porta logica NOR   Porta logica XOR

Naturalmente le porte logiche AND, OR e NOT hanno le stesse tabelle della verità e lo stesso significato già visti per gli operatori logici corrispondenti, mentre la porta logica NAND è la combinazione delle porte NOT e AND (e quindi nega la tabella della verità della porta AND), la porta logica NOR è la combinazione delle porte NOT e OR (e quindi nega la tabella della verità della porta OR) e la porta logica XOR (eXclusive OR) è una porta logica che restituisce il valore logico 1 in uscita se e solo se il numero di ingressi che presentano il valore logico 1 è dispari (supponendo pari il numero degli ingressi, ovviamente).

Queste porte logiche, inoltre, possono ulteriormente essere combinate tra loro per ottenerne di più complesse oppure dei veri e propri *circuiti logici*.

circuiti logici

Un circuito logico è un circuito digitale, ovvero un circuito elettronico il cui funzionamento è basato su un numero discreto di livelli di tensione elettrica.

Nella quasi totalità dei casi ci sono due livelli di tensione, che corrispondono all'1 e allo 0 della logica binaria. Attualmente i circuiti di questo tipo vengono realizzati con componentistica integrata, che mette a disposizione del progettista innumerevoli funzioni logiche anche complesse, già assemblate in un unico chip; va osservato che è possibile realizzare lo stesso circuito anche impiegando componenti discreti (transistor), soluzione obsoleta da tempo e attuata solo a livello didattico o sperimentale.

I due livelli di tensione usati nei circuiti digitali rappresentano i numeri binari 0 e 1, detti livelli logici. Generalmente si associa il livello basso (rappresentato solitamente con la lettera L, da *low*) allo 0 e il livello alto (rappresentato solitamente con la lettera H, da *high*) all'1, anche se è possibile utilizzare la rappresentazione opposta. È usuale permettere una certa tolleranza nella tensione utilizzata; per esempio una tensione tra 0 e 2 volt può rappresentare lo 0 logico, mentre una tensione tra 3 e 5 volt può rappresentare l'1 logico. Una tensione tra 2 e 3 volt sarebbe quindi non valida e potrebbe esistere soltanto in condizioni di errore oppure durante una transizione di livello logico, dato che, come noto, ogni transizione tra due livelli non può avvenire mai in modo istantaneo.

L'elaborazione dei segnali viene realizzata seguendo le regole dell'algebra di Boole. I blocchi elementari di elaborazione sono le porte logiche. Esse permettono di effettuare le operazioni base quali AND, OR, NOT e combinazioni di queste come NOR, XOR e XNOR[2]. Combinando opportunamente le porte logiche si realizzano circuiti logici via via sempre più complessi, quali per esempio i flip-flop[3], circuiti in grado di memorizzare informazioni elementari.

L'ELETTRONICA DIGITALE

L'*elettronica digitale* è quella branca dell'elettronica che si occupa di gestire ed elaborare informazioni di tipo digitale.

Il termine *digitale* deriva dall'inglese *digital,* a sua volta derivato da *digit* (cifra) che, per inciso, deriva dal latino *digitus* (dito - perchè si usavano le dita per contare). Il termine si usa per il fatto che i calcolatori elettronici operano mediante l'elaborazione di quantità numeriche; nella loro forma più elementare, queste quantità numeriche sono i *bit*. L'elettronica digitale ebbe praticamente inizio nel 1946 con un calcolatore elettronico digitale chiamato ENIAC, realizzato con circuiti a valvole. Tuttavia, l'idea che sta alla base di un computer digitale può risalire a Charles Babbage che costruì un dispositivo meccanico di calcolo. Il primo computer digitale venne costruito nel 1944 alla Harvard University, ma era ancora di tipo elettromeccanico e non elettronico. Anche se per molti

---

2 L'operatore XNOR (cioè la negazione del risultato dell'operazione XOR) nella sua versione a due elementi restituisce 1 se tutti gli elementi sono veri (sono uguali a 1), oppure se tutti gli elementi sono falsi (sono uguali a 0).
3 I flip-flop sono circuiti elettronici molto semplici, utilizzati nell'elettronica digitale come dispositivi sincroni di memoria elementare. Essi prevedono due soli stati logici possibili e utilizzano ingressi di comando sincroni, ovvero regolati con un ingresso dinamico detto *clock*. Il nome "Flip-Flop" deriva dal rumore caratteristico che facevano i primi circuiti di questo tipo, costruiti con relè, quando cambiavano di stato.

anni il digitale rimase nel settore dei computer, oggi le tecniche digitali trovano impiego in moltissime aree: dalla telefonia, all'elaborazione dei dati, ai radar, ai sistemi militari, agli strumenti di uso medico, fino a prodotti di largo uso nel mercato *consumer*. Negli ultimi anni la tecnologia digitale ha fatto passi da gigante, passando dalle valvole ai circuiti integrati e ai microprocessori.

Ciò che è *digitale* è contrapposto a ciò che invece è *analogico*, cioè non numerabile, non analizzabile entro un insieme discreto di elementi. *Digitale* è riferito dunque alla *matematica del discreto*, che lavora con un insieme finito di elementi, mentre ciò che è analogico viene modellizzato con la *matematica del continuo*, che tratta un'infinità (numerabile o non numerabile) di elementi.

È possibile convertire un segnale analogico in uno equivalente digitale, dunque costituito da una serie di numeri, ed il processo è chiamato digitalizzazione (o, più italianamente ma anche più arcaico e meno usato, *numericizzazione*). A seconda degli scopi a cui è destinata la conversione, questa può essere effettuata in modo grossolano e approssimativo oppure in modo molto accurato e preciso; in ogni caso il segnale digitalizzato perde sempre qualcosa rispetto all'originale analogico, pertanto non sarà mai identico all'originale.

Un tipico esempio di digitalizzazione è la conversione di un'onda sinusoidale (più o meno regolare). Se il circuito di conversione usa un numero di bit insufficienti essa risulta visibile geometricamente ed evidenzia una notevole differenza fra il segnale analogico originale ed il segnale digitalizzato, il quale ultimo risulta costituito da un insieme di spezzate, cioè segmenti di rette pari a valori costanti dell'insieme discreto, tipicamente *0* e *1*.

L'uso attuale più comune del digitale è nel campo audio, in cui un segnale analogico può venire approssimato sufficientemente bene. In alcune applicazioni la qualità del segnale digitale riprodotto risulta indistinguibile dall'originale analogico. Tale conversione è frequente quanto la discretizzazione di variabili continue in matematica o statistica (aspetto più generale di un problema soprattutto pratico).

Un orologio con le lancette è analogico, perché la posizione di ognuna delle sue 3 lancette (ore, minuti e secondi) può indicare uno qualsiasi degli infiniti punti che formano la circonferenza del quadrante dell'orologio stesso, punti che quindi non sono numerabili. Al contrario in un orologio digitale le cifre che compongono l'ora, i minuti e i secondi indicano solo e soltanto gli 86.400 possibili momenti in cui può essere suddiviso, in secondi, un giorno (24 ore x 60 minuti x 60 secondi).

Un oggetto viene digitalizzato, cioè reso digitale, se il suo stato originario (analogico) viene "tradotto" e rappresentato mediante un insieme numerabile di elementi. Per esempio una foto, normalmente formata da un infinito numero di punti, ognuno dei quali formato di un'infinita gamma di colori, viene digitalizzata, e quindi tradotta in foto digitale, allorché la sua superficie la si rappresenti divisa in un numero discreto di "punti" (in genere piccoli quadrati o rettangoli, detti *pixel*, da *pic*ture *el*ements, elementi d'immagine) ognuno dei quali formato da uno tra i 16.777.216 possibili colori (se codificati in RGB, e cioè in una combinazione di 256 sfumature di rosso, 256 di verde e 256 di blu; incidentalmente si noti che $2^8=256$, quindi occorrono 3 bytes da 8 bit l'uno -un byte per ogni colore primario- per ottenere quella quantità di colori; questa condizione viene in genere indicata come *profondità di colore* dell'immagine).

Molte tecnologie ricorrono al digitale per ottenere la riproduzione di un'onda (sonora o luminosa) che è analogica: il modem converte un segnale analogico inviabile attraverso i doppini telefonici in un segnale richiesto dal pc o altro dispositivo elettronico che funziona tramite bit (0/1) e richiede quindi un segnale digitale. I moderni televisori LCD funzionano principalmente con segnali digitali, mentre i televisori della precedente generazione (CRT) avevano un funzionamento basato primariamente su segnali analogici.

L'elettronica digitale ha a che fare con circuiti e sistemi che agiscono sfruttando due possibili stati di funzionamento, ad esempio due livelli di tensione, oppure due diversi livelli di corrente. Nei sistemi digitali i due diversi stati servono a rappresentare numeri, simboli, caratteri e altre informazioni. Nei sistemi numerici a due stati (i sistemi binari), le due cifre sono 1 e 0 e ciascuna di esse costituisce ciò che viene appunto chiamato bit.

Come si vede nella figura a fianco, un segnale analogico può assumere, in un determinato istante di tempo, tutti i valori appartenenti ad un certo intervallo. Un segnale digitale, invece, può assumere solo determinati valori, ad esempio uno alto e uno basso come nella figura a lato che riporta un segnale analogico di partenza (in alto) ed uno digitale (in basso).

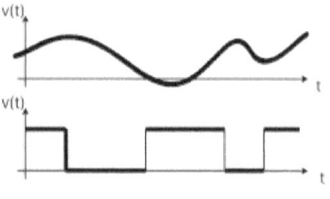

La differenza fondamentale tra i due tipi di segnale è che mentre nei segnali analogici l'informazione è contenuta nella "forma" stessa del segnale, nei segnali digitali l'informazione da elaborare è codificata in serie di simboli (1 e 0). La forma del segnale quindi non ha importanza, basta che sia possibile discernere in ogni istante a quale valore logico corrisponde il segnale (alto o basso). Non va trascurato, però, il fatto che anche un segnale digitale è fisicamente un segnale analogico, ovvero è ottenuto discretizzando un *continuum* di valori.

Nella realtà, comunque, le cose non stanno esattamente come mostrato in figura, poiché il rumore[4] farà "fluttuare" il segnale ottenuto attorno ad un valore di equilibrio. Inoltre è fisicamente impossibile che le transizioni da un valore logico all'altro siano istantanee, dato che comunque necessiterà un tempo, per quanto piccolo, per transitare da uno stato all'altro. Tuttavia quello che conta è che le fluttuazioni si mantengano entro un certo margine, in modo che non si perda l'informazione.

Un sistema elettronico digitale può essere visto a diversi livelli di astrazione, ognuno con un proprio scopo e significato.

LIVELLO DI SISTEMA. A questo livello è noto ciò che il sistema deve fare ma non la sua struttura fisica. Il sistema è composto da vari elementi di processo (*processing elements*) che interagiscono tra di loro utilizzando i protocolli di comunicazione. A questo livello un linguaggio formale per descrivere i sistemi è il *SystemC*: una serie di librerie *C++* open source per la modellazione e simulazione di sistemi elettronici HW/SW.

LIVELLO ARCHITETTURALE. Il sistema elettronico viene visto come un insieme di componenti più o meno standard (registri, ALU, multiplexer) connessi fra di loro. A questo livello si utilizzano linguaggi detti HDL (*hardware description language*) come il *VHDL* o il *Verilog*.

LIVELLO LOGICO. Ogni componente dell'architettura è una rete logica che svolge il compito previsto. Una rete logica è un insieme di connessioni di porte logiche (AND, OR, XOR, NOT, etc).

LIVELLO CIRCUITALE. Ogni porta logica viene realizzata tramite un circuito (il cui elemento base è il transistor). Si possono avere vari stili di realizzazione delle porte logiche a seconda del tipo di transistori che vengono usati.

---

4 Il rumore, in elettronica, è l'insieme di segnali in tensione o corrente elettrica indesiderati che si sovrappongono al segnale utile. Di solito si distingue tra *rumore* e *disturbo*; per rumore si intendono segnali di origine interna, mentre per disturbo segnali che provengono dall'esterno. Il rumore consiste in "fluttuazioni" dovute a proprietà fondamentali della materia e, in quanto tali, di origine interna e non eliminabili. Queste fluttuazioni che si osservano a livello macroscopico derivano da fluttuazioni a livello microscopico. Si manifestano nella forma di segnali casuali il cui andamento nel tempo non è descrivibile analiticamente, ma solo in termini statistici.

LIVELLO DI LAYOUT. É il livello più basso, in cui vengono specificate nel dettaglio le dimensioni di ogni singolo transistor e di ogni connessione.

Com'è Fatto Un Computer

Sistema Informatico

Per *sistema informatico* si intende un insieme di computer, composti da hardware e software che elaborano dati e informazioni per restituire altri dati ed informazioni utili. Il Personal Computer, o PC, è un esempio di un sistema relativamente semplice, mentre internet è un esempio molto più complesso.

Non va confuso con il *Sistema Informativo* che è l'insieme delle attività di gestione delle informazioni, delle relative modalità e degli strumenti tecnologici usati a tale scopo. Ne consegue quindi che il sistema informatico ne costituisce soltanto una parte.

In teoria anche il più semplice dei computer può essere definito sistema, perché il suo funzionamento richiede la presenza combinata di hardware (HW) e software (SW). Tuttavia il termine *sistema* in informatica prende significato prevalentemente in presenza di interconnessioni fra diversi computer, che, insieme, formano un sistema più grande. Interconnettere computer può essere difficile a causa di incompatibilità, presenti sia nell'hardware che nel software installato.

I progettisti dei sistemi non sempre si preoccupano di progettarli prevedendo la futura necessità di collegarli ad altri sistemi. Per questo motivo gli amministratori di sistema (in inglese "sysops", da *SYStem OPeratorS*) sono spesso obbligati a riconfigurare i sistemi per poterli far comunicare, usando un set di regole e vincoli chiamati *protocolli*, che, in sostanza, descrivono come il sistema "è visto dal mondo esterno" e che definiscono le condizioni necessarie perché i sistemi possano dialogare. Quando due sistemi sono "visti dal mondo esterno" nello stesso modo, allora possono essere interconnessi per formare un unico sistema più grande.

Questa "immagine dall'esterno" viene di solito codificata da uno standard, che è un documento che descrive tutte le regole che un dispositivo o un programma devono rispettare. Esistono organismi internazionali, come l'IETF e l'IEEE, che si occupano della preparazione e dell'approvazione di questi standard. Quando un sistema rispetta tutte le regole di un certo standard, si dice che "è conforme" (in inglese: *compliant*) a quello standard.

A causa della complessità dei sistemi informatici (dovuta alla sovrapposizione di più strati di HW e SW), della conseguente non-linearità dei fenomeni coinvolti e dell'interazione che alcuni sistemi hanno con input provenienti da decisioni umane, non risulta ancora formalizzata una Teoria dei Sistemi Informatici intesa come formalizzazione matematica (Ingresso-Stato-Uscita) delle relazioni causa-effetto tra gli input (dati) e gli output (dati elaborati) di un sistema informatico. Pertanto, diversamente da quanto accade in altre specializzazioni dell'Ingegneria, non risulta ancora formalizzato l'analogo di una Tecnica delle Costruzioni (sotto quali leggi e fenomeni fisici i vari sottosistemi informatici interagiscono).

Risultano invece standardizzati *de facto* i procedimenti di realizzazione di singoli sistemi isolati, attraverso metodologie consolidate, come ad esempio ER ("Entity-Relationship"), UML ("Unified Modelling Language") e RUP ("Rational Unified Process"). Sono formalizzati alcuni procedimenti, basati sulla Teoria delle code, utili per il dimensionamento degli Impianti di Elaborazione Dati e per l'allocazione dei task sulle CPU. Tali procedimenti modellizzano il fenomeno per mezzo delle classi di servizio delle pratiche da elaborare e delle distribuzioni delle frequenze di arrivo delle stesse all'impianto di elaborazione (ad esempio: distribuzione *poissoniana*). Esistono metodi basati sull'utilizzo di "best practice" ITIL ("Information Technology Infrastructure Library") che vengono proposti per la gestione di processi tipici delle configurazioni dei sistemi informatici.

Il Computer

Il computer (termine mutuato dalla lingua inglese ma di origine latina), detto anche "calcolatore", "elaboratore", oppure "ordinatore" (dal francese *ordinateur*), è un dispositivo fisico che implementa il funzionamento di una *macchina di Turing*.

Questa definizione, anche se rigorosa, non dice molto su quello che in pratica un computer è o può fare: in effetti esistono molti tipi diversi di computer, costruiti e specializzati per vari compiti: da macchine che riempiono intere sale, capaci di qualunque tipo di elaborazione a circuiti integrati grandi pochi millimetri che controllano un minirobot o un orologio da polso. Ma a prescindere da quanto sono grandi e da che cosa fanno, possiedono tutti due cose: (almeno) una

CPU e (almeno) una memoria; inoltre, per poter essere chiamati *computer*, oggi come oggi devono essere progettati e costruiti secondo il modello dell'architettura di von Neumann.

Un computer nasce per eseguire programmi: un computer senza un programma da eseguire è inutile (sarebbe una calcolatrice!). Tutti i computer hanno quindi bisogno di programmi. Il programma di gran lunga più importante per un computer è il *sistema operativo*, che si occupa di gestire la macchina, le sue risorse e i programmi che vi sono eseguiti, e fornisce all'utente un mezzo per inserire ed eseguire gli altri programmi, comunemente chiamati *applicazioni* o *software applicativo*.

LE ARCHITETTURE DI VON NEUMANN E DI HARVARD

L'architettura[1] di von Neumann è una tipologia di architettura hardware per computer digitali programmabili la quale condivide i dati del programma e le istruzioni del programma nello stesso spazio di memoria. Per tale caratteristica l'*architettura di von Neumann* si contrappone all'*architettura Harvard*, nella quale invece i dati del programma e le istruzioni del programma sono memorizzati in spazi di memoria distinti. Un computer basato sull'architettura di von Neumann è detto "macchina di von Neumann". L'architettura di von Neumann prende nome dal matematico e informatico John von Neumann il quale inizialmente ha contribuito a svilupparla per l'*EDVAC* e successivamente l'ha adottata per la *IAS machine*.

John von Neumann (Budapest, 1903 - Washington, 1957) è stato un matematico, fisico e informatico ungherese naturalizzato statunitense. E' stato una delle menti più brillanti e straordinarie del XX secolo. Insieme a Leó Szilárd, Edward Teller ed Eugene Wigner, faceva parte del "clan degli ungheresi" ai tempi di Los Alamos e del Progetto Manhattan. Oltre ad essere ungheresi, tutti e quattro erano di origini ebraiche ed erano stati costretti a rifugiarsi negli USA per sfuggire alle persecuzioni naziste.

L'importanza dell'architettura di von Neumann è notevole in quanto è l'architettura hardware su cui sono basati la maggior parte dei moderni computer programmabili. Se si pensa che è stata sviluppata negli anni quaranta del XX secolo, si può comprendere quanto erano notevoli anche le capacità di chi l'ha conce-

---

1 Il termine "architettura" viene qui usato come sinonimo di "modello", che, nel linguaggio scientifico, indica una costruzione schematica, puramente ipotetica o realizzata materialmente, di origine anche intuitiva, con cui viene rappresentato globalmente o soltanto in parte l'oggetto di una ricerca.

pita, primi fra tutti J. Presper Eckert e John Mauchly, principali progettisti anche dell'ENIAC (primo computer elettronico *general purpose* della storia).

John von Neumann non è stato il principale progettista dell'EDVAC, ma è stato colui che ha descritto l'architettura dell'EDVAC nella relazione *"First draft of a report on the EDVAC"* datata 30 giugno 1945. In seguito il tenente Herman Goldstine, supervisore alla Moore School of Electrical Engineering per l'Ordinance Department, ha fatto distribuire copie di tale relazione in molte università degli Stati Uniti d'America. L'architettura hardware dell'EDVAC è così diventata di dominio pubblico e *First draft of a report on the EDVAC* è diventato il testo di riferimento per una nuova generazione di computer basati sull'architettura hardware dell'EDVAC. Di conseguenza tale architettura è diventata nota come "architettura di von Neumann", suscitando malcontento tra gli altri progettisti dell'EDVAC.

Lo schema di base prevede cinque componenti fondamentali:

- **CPU** (o unità di lavoro) che si divide a sua volta in

  - *Unità operativa*, nella quale uno dei sottosistemi più rilevanti è l'*unità aritmetico-logica* (o *ALU*)

  - *Unità di controllo*

- **Unità di memoria**, intesa come memoria di lavoro o memoria principale (RAM, Random Access Memory)

- **Unità di input**, tramite la quale i dati vengono inseriti nel calcolatore per essere elaborati

- **Unità di output**, necessaria affinché i dati elaborati possano essere restituiti all'operatore

- **Bus**, un canale che collega tutti i componenti fra loro

All'interno dell'ALU è presente un registro, detto *accumulatore*, che fa da buffer (cioè: da *memoria tampone*) tra input e output grazie a una speciale istruzione che carica una *parola* dalla memoria all'accumulatore e viceversa. È importante sottolineare ancora una volta che tale architettura, a differenza di altre, si distingue per la caratteristica di immagazzinare all'interno dell'unità di memoria sia i dati dei programmi in esecuzione che il codice di questi ultimi.

Bisogna comunque precisare che questa è una schematizzazione molto sintetica, sebbene molto potente: basti pensare che i moderni computer di uso comune sono progettati secondo l'architettura Von Neumann. Difatti essa regola non solo gli insiemi, ma l'intera architettura logica interna degli stessi, ovvero la disposizione delle porte logiche, perlomeno per quanto riguarda la parte elementare, sulla quale si sono sviluppate le successive progressioni.

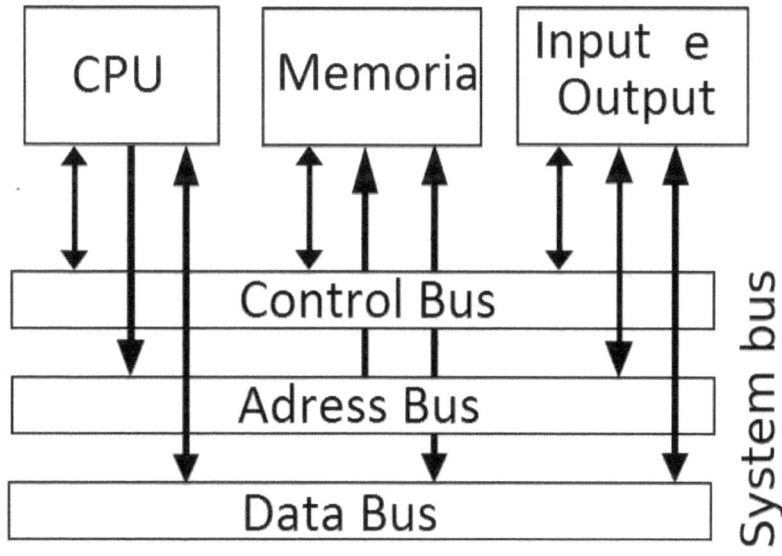

schema dell'architettura di von Neumann

Inoltre, quando si parla di unità di memoria si intende la memoria primaria, mentre le memorie di massa sono considerate dispositivi di I/O. Il motivo di ciò è innanzitutto storico, in quanto negli anni quaranta del secolo scorso, epoca a cui risale questa architettura, la tecnologia non lasciava neanche presupporre dispositivi come hard disk, CD-ROM, DVD-ROM o anche solo nastri magnetici, ma anche tecnico, se si considera che in effetti i dati da elaborare devono comunque essere caricati in RAM, siano essi provenienti da tastiera o da hard-disk.

L'*architettura Harvard*, invece, è tipicamente utilizzata nei DSP (*Digital Signal Processor*, "processore di segnale digitale"), che altri non sono se non un microprocessore ottimizzato per eseguire in maniera estremamente efficiente sequenze di istruzioni ricorrenti, come ad esempio somme, moltiplicazioni e traslazioni, nel condizionamento di segnali digitali. I DSP utilizzano un insieme di tecniche, tecnologie, algoritmi che permettono di trattare un segnale continuo dopo che è stato campionato.

L'architettura Harvard è un'architettura che separa la memorizzazione e la trasmissioni dei dati da quella delle istruzioni. Il termine inizialmente indicava l'architettura del computer *Harvard Mark I*, un computer basato su relè che memorizzava le istruzioni su un nastro perforato mentre i dati venivano memorizzati in un contatore elettromeccanico a 23 cifre. Questa macchina non era dotata di un'unità di immagazzinamento dei dati, questi erano interamente memorizzati dalla CPU e il loro caricamento e salvataggio era un processo eseguito in modo manuale agendo sui contatori.

In un'architettura classica di von Neumann la CPU legge le istruzioni e i dati dalla memoria utilizzando lo stesso bus, quindi quando la CPU carica un'istruzione non può contemporaneamente caricare anche un dato. In un'architettura di Harvard il processore è in grado di accedere in modo indipendente a dati e istruzioni dato che questi sono separati e memorizzati in memorie separate. Un'architettura Harvard quindi può eseguire più compiti in parallelo dato che può parallelizzare le operazioni di lettura e scrittura della memoria. L'aumento di velocità viene compensato dalla presenza di circuiti più complessi all'interno del processore.

Negli ultimi anni la velocità dei processori è aumentata in modo considerevole, ma lo stesso non è accaduto al tempo di accesso delle memorie. Le memorie oramai sono decine di volte più lente dei processori. Se il microprocessore dovesse accedere per ogni istruzione alla memoria si avrebbe un calo terribile delle prestazioni. Per evitare questo i processori integrano al loro interno una memoria molto veloce chiamata *cache* ("temporanea", "tampone"). Dentro la cache vengono copiati i dati e le istruzioni utilizzate più di frequente in modo da ridurre in modo determinante gli accessi alla memoria principale. Praticamente tutti i moderni processori internamente seguono l'architettura Harvard dividendo la cache in *cache dati* e *cache istruzioni* in modo da poter accedere in parallelo alle due cache e migliorare le prestazioni. Esternamente comunque i processori accedono con un solo bus alla memoria principale e quindi si comportano come la classica architettura di von Neumann.

La Macchina di Turing

Una macchina di Turing è una **macchina formale**, cioè un sistema formale che può descriversi come un meccanismo ideale, ma in linea di principio realizzabile concretamente, che può trovarsi in stati ben determinati, opera su stringhe[2] in base a regole ben precise e costituisce un modello di calcolo.

Alan Mathison Turing (1912 – 1954) è stato un matematico e logico britannico. Considerato uno dei padri dell'informatica, introdusse la macchina ideale ed il test che portano il suo nome. Al di fuori dell'indiscussa grandiosità di pensiero, egli fu processato nel 1952 per omosessualità, fu condannato alla castrazione chimica e due anni dopo fu trovato morto accanto a una mela appena morsicata e intrisa di cianuro di potassio. La cosa ha creato un alone di mitologia: secondo alcune fonti il logo della Apple Computer vuole ricordare -tra le altre possibilità, da Adamo a Biancaneve- proprio Alan Turing, tuttavia questa cosa è stata smentita in un'intervista dallo stesso Steve Jobbs. In più, nel 1962 la psicologa Elaine White, collaboratrice di Marshall McLuhan, identificò una fobia dell'infanzia, che chiamò "Sindrome di Turing" o "Turingfobia", caratterizzata dal timore di mangiare mele avvelenate.

Alan Mathison Turing

La macchina di Turing ha la particolarità di essere retta da regole di natura molto semplice, ovvero di potersi descrivere come costituita da meccanismi elementari molto semplici; inoltre è possibile presentare a livello sintetico le sue evoluzioni mediante descrizioni meccanicistiche piuttosto intuitive. D'altra parte essa ha la portata computazionale che si presume essere la massima: si dimostra infatti che essa è *equivalente*, ossia in grado di effettuare le stesse elaborazioni di tutti gli altri modelli di calcolo di più ampia portata. Tra questi modelli di calcolo ricordiamo le *funzioni ricorsive* di Jacques Herbrand e Kurt Gödel, il *lambda calcolo* di Alonzo Church e Stephen Kleene, la *logica combinatoria* di Moses Schönfinkel e Haskell Curry, gli *algoritmi* di Markov, i *sistemi di Thue*, i *sistemi di Post*, le *macchine di Hao Wang* e le *macchine a registri elementari* o *RAM astratte* di Marvin Minsky.

---

2 Per stringa si intende una sequenza composta da un certo numero di oggetti che ci si aspetta venga sottoposta ad elaborazioni come analisi, composizioni e trasformazioni in altre stringhe o strutture discrete come grafi o configurazioni numeriche, senza modificare gli oggetti componenti. Gli oggetti costitutivi possono essere semplici (come bit, caratteri o simboli) o composti, ma da trattare come se fossero semplici (come parole, espressioni, frammenti di testo o contrassegni di oggetti composti ma che non si vogliono analizzare o decomporre).

Di conseguenza si è consolidata la convinzione che *per ogni problema calcolabile esista una Macchina di Turing in grado di risolverlo*: questa è la cosiddetta *congettura di Church-Turing*[3], la quale postula in sostanza che per ogni funzione calcolabile esista una macchina di Turing equivalente, ossia che l'insieme delle funzioni calcolabili coincida con quello delle funzioni ricorsive.

La Macchina di Turing come modello di calcolo è stato introdotta nel 1936 da Alan Turing per dare risposta all'*Entscheidungsproblem* ("problema della decisione") proposto da Hilbert nel suo programma di fondazione formalista della matematica[4].

Per le sue caratteristiche, il modello della Macchina di Turing è un efficace strumento teorico che viene largamente usato nella teoria della calcolabilità e nello studio della complessità degli algoritmi. Per definire in modo formalmente

---

3 Nella teoria della calcolabilità, la *congettura di Church-Turing* è un'ipotesi che afferma: "se un problema è intuitivamente calcolabile, allora esisterà una macchina di Turing (o un dispositivo equivalente, come il computer) in grado di risolverlo (cioè di calcolarlo)". Più formalmente possiamo dire che la classe delle funzioni calcolabili coincide con quella delle funzioni calcolabili da una macchina di Turing.

4 L'*Entscheidungsproblem* è il secondo dei "Problemi di Hilbert", la lista di problemi aperti in matematica stilata dal matematico tedesco nel 1900. Nell'agosto del 1900, il matematico tedesco David Hilbert (1862 – 1943) partecipò al Congresso internazionale di matematica di Parigi e, nel suo intervento, presentò una lista di problemi che la matematica era chiamata a risolvere. La lista contava 23 problemi che apparivano irrisolti secondo l'allora stato della scienza matematica. Il secondo di questi problemi era appunto l'Entscheidungsproblem (letteralmente "problema della decisione"): dimostrare, come si era fatto per gli assiomi della geometria euclidea, che gli assiomi dell'aritmetica dei numeri reali erano anch'essi coerenti. Questa questione coinvolgeva direttamente i fondamenti stessi della matematica. Fino ad allora le prove di *non-contraddittorietà* erano sempre state prove di coerenza relativa, cioè avevano semplicemente ridotto la coerenza di un certo sistema di assiomi a quella di un altro. Hilbert si rese conto che con l'aritmetica non si poteva più fare riferimento a un altro sistema di assiomi, si era giunti cioè al fondamento logico della matematica e a quel punto bisognava affrontare il problema in termini del tutto generali, non più relativi. Il lavoro di Gödel dimostrò di fatto l'impossibilità del programma di Hilbert. Con il suo *teorema di incompletezza*, Gödel dimostrava l'esistenza di una proposizione indecidibile all'interno di un sistema logico formale. È importante sottolineare che questa indecidibilità è soltanto interna al sistema. Da un punto di vista esterno, la proposizione è chiaramente vera. Gödel dimostra quindi che è impossibile provare la coerenza di sistemi formali, come i *Principia Mathematica*, al loro interno. Il programma di Hilbert, almeno nella forma originaria, era morto. Dopo il lavoro di Gödel era difficile pensare che potesse esistere un algoritmo che fornisse regole esplicite per dimostrare, all'interno di un sistema formale e in tutti i casi, che da un insieme di premesse si potesse derivare tramite la logica del primo ordine un'ipotetica conclusione. Alan Turing, riducendo il concetto di calcolabilità effettiva a quello di procedura meccanica, con la sua *Macchina di Turing*, mostrò che un simile algoritmo in effetti non esisteva.

preciso la nozione di algoritmo oggi preferenzialmente si sceglie di ricondurlo alle elaborazioni effettuabili con macchine di Turing.

Della Macchina di Turing vengono considerate molteplici varianti (in inglese "models") che si dimostra avere tutte la stessa portata. In questa sede consideriamo una variante piuttosto semplice che può essere chiamata *macchina di Turing deterministica a un nastro e con istruzioni a cinque campi*.

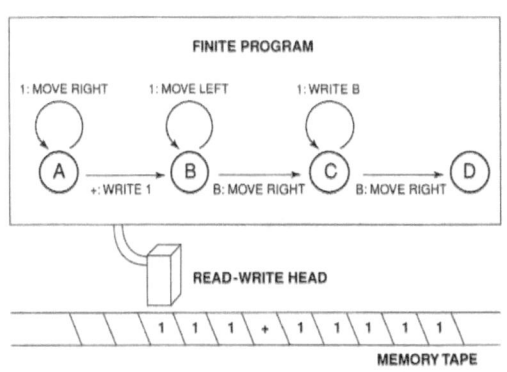

funzionamento di una macchina di Turing

La macchina può agire sopra un nastro (*Memory Tape*) che si presenta come una sequenza di caselle nelle quali possono essere registrati simboli di un ben determinato alfabeto finito; essa è dotata di una testina di lettura e scrittura (*Read-Write Head*) con cui è in grado di effettuare operazioni di lettura e scrittura su una casella del nastro. La macchina si evolve nel tempo e ad ogni istante si può trovare in uno stato interno ben determinato facente parte di un insieme finito di stati. Inizialmente sul nastro viene posta una stringa che rappresenta i dati che caratterizzano il problema che viene sottoposto alla macchina. La macchina è dotata anche di un repertorio finito di istruzioni che determinano la sua evoluzione in conseguenza dei dati iniziali. L'evoluzione si sviluppa per passi successivi che corrispondono a una sequenza discreta di istanti successivi. Le proprietà precedenti sono comuni a molte macchine formali (automa a stati finiti, automa a pila, ...). Caratteristica delle Macchina di Turing è quella di disporre di un nastro potenzialmente infinito, cioè estendibile quanto si vuole qualora questo si renda necessario.

Ogni passo dell'evoluzione viene determinato dallo stato attuale s nel quale la macchina si trova e dal carattere c che la testina di I/O trova sulla casella del nastro su cui è posizionata e si concretizza nell'eventuale modifica del contenuto della casella, nell'eventuale spostamento della testina di una posizione verso destra o verso sinistra e nell'eventuale cambiamento dello stato. Quali azioni vengano effettuate ad ogni passo viene determinato dall'istruzione, che supponiamo unica, che ha come prime due componenti s e c; le altre tre componenti dell'istruzione forniscono, nell'ordine: il nuovo stato, il nuovo carattere e una richiesta di spostamento verso sinistra, nullo o verso destra.

Un'evoluzione della macchina consiste in una sequenza di sue possibili configurazioni, ogni configurazione essendo costituita dallo stato interno attuale, dal contenuto del nastro (una stringa di lunghezza finita) e dalla posizione sul nastro della testina di I/O. Nei casi più semplici l'evoluzione ad un certo punto si arresta in quanto non si trova nessuna istruzione in grado di farla proseguire. Si può avere un arresto in una configurazione "utile" dal punto di vista del problema che si vuole risolvere; in tal caso quello che si trova registrato sul nastro all'atto dell'arresto rappresenta il risultato dell'elaborazione. Si può avere però anche un arresto "inutile" che va considerato come una conclusione erronea dell'elaborazione. Va detto che può anche accadere che un'evoluzione non abbia mai fine.

L'ampiezza della portata della Macchina di Turing viene constatata con discorsi che dovrebbero essere molto estesi, ma che fortunatamente possono anche essere abbreviati con considerazioni piuttosto intuitive. Innanzi tutto si individuano Macchine di Turing relativamente semplici che effettuano le operazioni aritmetiche di base e schemi di composizione di queste macchine che garantiscono la possibilità di calcolare tutte le funzioni concernenti numeri naturali corrispondenti a espressioni ottenute combinando come si vuole le suddette operazioni. Inoltre si individuano versioni della Macchina di Turing più ricche di prestazioni e di risorse le quali consentono di descrivere più agevolmente le elaborazioni via via più complesse e che riguardano entità discrete dei generi via via più vari (numeri razionali, grafi, stringhe, espressioni simboliche di varia natura, ...), ma tutte riconducibili a numeri naturali; le elaborazioni e le entità dei tipi più vari devono essere prese in considerazione per sostenere la *congettura di Church-Turing*.

Proseguendo in questa direzione si introducono Macchine di Turing dotate di memorie come sequenze di nastri, memorie bidimensionali e tridimensionali assimilabili ai dischi e alle pile di dischi e che sono dotate di istruzioni in grado di organizzare combinazioni di operazioni assimilabili ai richiami di sottoprogrammi disponibili nei linguaggi di programmazione in uso effettivo. Queste estensioni portano a disporre di macchine formali che in linea di principio si possono ricondurre alla Macchina di Turing introdotta inizialmente, ma per le quali l'ampiezza della portata si può descrivere abbastanza agevolmente, anche per il fatto di potersi avvalere dei risultati che esse in precedenza hanno permesso di conseguire. Tra queste macchine formali vanno considerati anche gli attuali elaboratori elettronici programmabili con linguaggi di programmazione dei vari livelli, fino a quelli in grado di effettuare calcoli simbolici ed elaborazioni parallele; tali sistemi informatici in linea di principio si possono considerare varianti estremamente articolate della macchina di Turing.

A questo punto si deve aggiungere che della Macchina di Turing risulta opportuno anche considerare varianti non deterministiche, macchine formali che sono in grado di portare avanti contemporaneamente diverse elaborazioni, in numero illimitato. Anche queste macchine formali, a prima vista lontane da modelli di meccanismi concretamente realizzabili, possono considerarsi idealizzazioni di sistemi di computer che operano in parallelo, sistemi che la odierna tecnologia consente di realizzare abbastanza comunemente (i cosiddetti *cluster*).

Facendo riferimento agli strumenti di crescente portata prospettati, si procede a constatare che con la Macchina di Turing in linea di principio si riescono a simulare le elaborazioni effettuabili mediante tutte le macchine formali che si sono conosciute e tutte le elaborazioni che si vanno continuamente eseguendo con gli odierni computer. Queste elaborazioni si possono chiamare *Turing eseguibili*. Esse dunque comprendono non solo tutte le elaborazioni su numeri interi, ma anche quelle del calcolo approssimato riguardanti approssimazioni finite di numeri reali (eventualmente ottenibili con sistemi per il calcolo parallelo fino a quelli per il *grid computing*), le elaborazioni eseguibili con i sistemi per la dimostrazione automatica di teoremi e le stesse dimostrazioni matematiche che sono state condotte nel corso della sua storia, diciamo a partire da Euclide.

Tutte queste considerazioni rendono ragionevole sostenere la *congettura di Church-Turing*.

Lo sviluppo precedente ha anche il merito di mostrare una certa sostanziale unitarietà delle elaborazioni che sanno eseguire operatori umani o materiali (meccanici o, più modernamente, elettronici), cioè agli sviluppi algoritmici. Questa unitarietà ha l'importante conseguenza di aprire la strada a un sistematico riutilizzo degli strumenti e delle esperienze computazionali, riutilizzo che può realizzarsi sia sul piano dello studio delle realizzazioni precedenti, sia mediante programmi scritti in un linguaggio nuovo che richiamano effettivamente procedure scritte in un linguaggio precedentemente sperimentato. Accade però che quando si precisano le accennate equivalenze fra sistemi computazionali di costituzione differente, risulta evidente che sistemi diversi hanno efficienze molto diverse. Un calcolo che un odierno computer esegue in pochi secondi, ad un meccanismo dotato di dispositivi operativi estremamente semplici come la Macchina di Turing sopra definita richiederebbe un numero enorme di passi. Quindi insieme alla unitarietà e alla riutilizzabilità delle procedure algoritmiche, risulta evidente la necessità di organizzare le conoscenze sugli algoritmi tenendo ben conto delle preoccupazioni sulla complessità computazionale.

Tipologie Costruttive Dei Computer

Come già scritto, un computer non è altro che l'implementazione fisica, pratica, di una Macchina di Turing, secondo l'architettura ideata da von Neumann; quindi tutti i computer hanno almeno una CPU, un BUS di connessione ed una certa quantità di memoria RAM di lavoro e una certa quantità di memoria non volatile (ROM, PROM, EPROM, EEPROM o Flash) in cui è scritto il primo programma da eseguire all'avvio del computer stesso: a seconda dei casi, questo programma può essere l'unico che la macchina eseguirà (*firmware*) oppure fare da trampolino di lancio per caricare il sistema operativo vero e proprio in memoria di lavoro; in questo caso si parla di *loader* (o di *BIOS* se assolve anche altre funzioni oltre a questa). In genere questi tre componenti si trovano fisicamente insieme nello stesso circuito integrato o sulla stessa scheda elettronica, che in questo caso viene detta *scheda madre* o *mainboard* o *motherboard*.

É importante ricordare che, attualmente, vi è una piccola quantità di memoria, detta *cache*, all'interno della CPU; questo perché la velocità del Bus di collegamento fra CPU e memoria è troppo bassa, quindi la CPU è "frenata" dal collo di bottiglia della RAM; ciò non avviene naturalmente se si ha una piccola quantità di memoria all'interno della CPU stessa, nella quale possano essere caricate le informazioni che vengono elaborate più spesso.

Oltre ad eseguire programmi, un computer deve anche poter comunicare con l'esterno: per questo sono sempre presenti anche un certo numero di interfacce verso vari dispositivi (dispositivi di I/O). Quasi sempre, tranne i casi dei microcontrollori molto semplici, è prevista la possibilità di collegare almeno una tastiera ed almeno un dispositivo di visualizzazione (schermo, stampante, display). Inoltre, in genere, un computer fa uso di memorie di massa (esterne) per registrare i dati e i programmi liberando la memoria RAM, e quasi sempre è possibile collegare ad esso periferiche esterne e schede di espansione.

Una delle schede di espansione più importanti è la scheda video: questa scheda si occupa di gestire tutte le immagini e di visualizzarle sullo schermo o sul display. Un'altra scheda importante, anche se meno necessaria di quella video, è la scheda audio: è difficile oggi trovare un computer che non consenta di ascoltare i suoni.

Dal punto di vista della tipologia costruttiva, i computer possono essere divisi in alcune categorie molto generali, a seconda delle loro caratteristiche salienti, dell'uso che in generale se ne fa, del software e dei sistemi operativi che fanno girare e dell'epoca in cui sono comparse. Le definizioni nel tempo sono molto cambiate e i confini non sono mai così netti. Tra i principali tipi di computer ricordiamo:

MAINFRAME

un mainframe IBM degli anni '50

I mainframe, o Sistemi Centrali, sono computer utilizzati per applicazioni critiche soprattutto da grandi aziende e istituzioni, tipicamente per elaborare con alte prestazioni ed alta affidabilità grandi moli di dati, come quelle in gioco nelle transazioni finanziarie, nei censimenti, nelle statistiche di industrie e clienti, nelle applicazioni ERP, etc.

Negli anni 40 i computer occupavano stanze intere, l'energia richiesta per il funzionamento ed il raffreddamento era elevata e, naturalmente, erano costosissimi; per questo motivo li si tendeva a sfruttare il più possibile e, quindi, l'utilizzo era suddiviso generalmente fra un numero di utenti piuttosto grande. I mainframe, oggi, sono dei computer non molto più grandi del normale PC di casa ma, nonostante le misure, questi computer sono molto potenti e possono sopportare centinaia di terminali e utenti connessi. Questi sistemi sono molto onerosi sia in termini di investimento iniziale che di costi di gestione. Pertanto vengono utilizzati nelle grandi aziende, nelle banche, in società di assicurazioni, nella pubblica amministrazione ed in altre strutture che hanno bisogno di una potenza di elaborazione molto elevata per gestire i terminali che gli utenti usano per lavorare.

In origine il termine *mainframe* si riferiva al grande assemblato che conteneva il processore centrale e il complesso dei dispositivi di ingresso/uscita. Nel seguito il termine fu usato per distinguere gli elaboratori di fascia alta da quelli meno potenti che erano spesso contenuti in involucri più piccoli. Oggigiorno il termine mainframe si riferisce principalmente ai sistemi IBM System z9/z10, i discendenti in linea diretta del System/360, sebbene sia adoperato anche per i discendenti in linea diretta dei mainframe Burroughs Large Systems e della serie UNIVAC 1100/2200.

I moderni mainframe si distinguono dagli altri computer non tanto per la velocità di esecuzione di un singolo task[5] (dipendente principalmente dalla frequenza del clock interno) ma piuttosto per le loro caratteristiche di progetto interno, il quale punta sull'alta affidabilità, sulla sicurezza, sul bilanciamento delle prestazioni, e sulla compatibilità binaria dei programmi applicativi scritti anche tanti anni fa garantita con le nuove macchine, caratteristica che garantisce nel tempo la protezione degli investimenti applicativi dei clienti. Questi elaboratori sono in grado di funzionare per anni senza interruzione e sono progettati in modo da consentire molte attività di riparazione e manutenzione senza richiedere il fermo della produzione (lo spegnimento della macchina). I mainframe sono apprezzati anche per l'alta disponibilità che offrono, una delle ragioni principali della loro longevità e dell'utilizzo per applicazioni dove un'interruzione del servizio sarebbe molto costosa o catastrofica. L'acronimo RAS (Reliability, Availability and Serviceability, ovvero Affidabilità, Disponibilità e Livello di Servizio) definisce le caratteristiche peculiari di disponibilità dei mainframe.

un mainframe di ultima generazione prodotto da IBM

Negli anni '60, la maggior parte dei mainframe non aveva un'interfaccia utente. I mainframe accettavano i programmi sotto forma di insiemi di schede perforate e l'esecuzione di tali programmi avveniva solamente in modalità *batch*[6]. Unità di tipo telescrivente erano altrettanto comuni, specialmente per gli opera-

---

5 Il task, detto anche *processo*, è un' istanza di un programma in esecuzione in modo sequenziale. Più precisamente è un'attività controllata da un programma che si svolge su un processore.

6 In informatica, il termine batch viene utilizzato con significati specifici, tipicamente riferentisi a uno o più dei seguenti aspetti: la non interattività dei programmi; l'esecuzione "accorpata" di più programmi; l'esecuzione non immediata ma rimandata nel tempo dei programmi; la modifica di più dati contemporaneamente. L'uso più diffuso del termine è probabilmente quello riferito a un insieme di comandi o programmi, tipicamente non interattivi, aggregati per l'esecuzione, come in uno *script* o un *comando batch*.

tori di sistema. All'inizio degli anni '70, molti mainframe acquisirono interfacce utente interattive e potevano funzionare in modalità timesharing[7], supportando le attività di centinaia o migliaia di utenti in contemporanea con l'elaborazione batch. Gli utenti accedevano alle macchine attraverso terminali specializzati o, successivamente, attraverso personal computer dotati di programmi di emulazione dei terminali. I mainframe cominciarono a supportare terminali grafici (e di emulazione del terminale) dai primi anni '80 (se non prima). Nel 1990 un mainframe IBM divenne il primo server per applicazioni di tipo Web posizionato in un luogo fisico al di fuori dell'organizzazione CERN. Oggigiorno la maggior parte degli accessi ai mainframe avviene tramite interfacce web, progettate secondo i più moderni standard delle interfacce utente.

Storicamente i mainframe erano famosi per via delle loro *generose* misure d'ingombro e per i requisiti ambientali (condizionamento e alimentazione elettrica). Quei requisiti non furono più necessari a partire da metà degli anni 1990, con la progettazione dei mainframe basata su tecnologia CMOS che rimpiazzava la vecchia tecnologia bipolare. I più grandi mainframe moderni hanno misure relativamente contenute e sono caratterizzati da consumi energetici ridotti se confrontati con rack di server di altre tecnologie che occupano la stessa superficie.

MINICOMPUTER

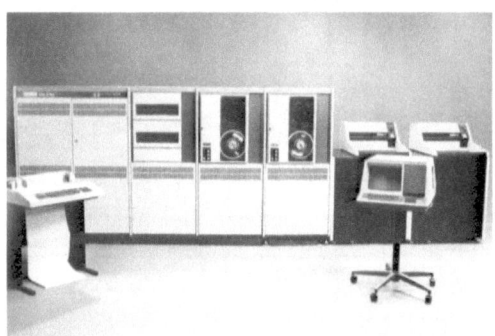
un minicomputer Digital completo di telescrivente

Negli anni sessanta, in particolare da Digital e da HP, vennero introdotti elaboratori dal costo abbastanza ridotto da poter essere comprati anche da piccole aziende o da singoli dipartimenti di ricerca e di misure paragonabili ad un armadio o poco più. Questo permise un utilizzo più flessibile dei calcolatori e quindi le prime sperimentazioni in cam-

---

7 Il *time-sharing* (letteralmente: "condivisione di tempo") è un approccio all'uso interattivo del processore. L'esecuzione della CPU viene suddivisa in *quanti temporali*. Il time-sharing è l'estensione logica della multiprogrammazione e non implica che il sistema sia multi utente, ma se lo è più utenti possono interagire con i programmi in esecuzione ciascuno con un proprio terminale. La CPU del computer centrale viene utilizzata per rispondere alle richieste dei singoli utenti, passando rapidamente da uno all'altro (*context switch*) e dando l'impressione che ognuno abbia a disposizione il computer centrale interamente per sé.

po informatico. Per distinguerli dai mainframe, che erano enormi nei loro confronti, per loro venne coniato il termine *minicomputer*.

Molte innovazioni fondamentali dell'informatica moderna sono state concepite e sperimentate per la prima volta su minicomputer: Unix, il linguaggio C, il mouse e le interfacce utente grafiche GUI per esempio.

Con l'avvento e la concorrenza dei microcomputer e dei PC e il loro costante progresso, il minicomputer ha subito un processo di trasformazione, evolvendosi in *workstation*, cioè una versione di personal computer molto potente e con un'architettura fatta su misura per scopi professionali, spesso con programmi e sistemi operativi proprietari.

WORKSTATION

Il generico termine *workstation* (o spesso, in italiano, *stazione di lavoro*) indica un computer da scrivania ad alte prestazioni, utilizzato da professionisti per il lavoro su disegno tecnico (CAD), ricerca scientifica, o produzioni audio/video. Dato che le prestazioni dei computer sono in continuo aumento, la potenza delle workstation è sempre relativa ai computer in commercio in quel determinato periodo. Le workstation di quindici anni fa sono ben inferiori, come potenza, ai computer portatili di oggi. In verità, una workstation è semplicemente un computer ordinario, con l'unica differenza da quest'ultimo che alla workstation viene fatto svolgere un solo compito (od un insieme molto ridotto), quindi a differenza dei normali computer hanno "meno dispersioni" e l'unico compito che svolgono lo fanno "benissimo".

workstation Sun Microsystem

Le prime workstation apparvero all'inizio degli anni '80, vendute da Sun Microsystems e dotate di un processore Motorola 68000 a 32/16 bit. Durante gli anni '90, una workstation era definita da:

- uno o più processori a 64 bit, capace di indirizzare una grande quantità di memoria, basati su architettura RISC.

- sistema operativo Unix
- un sistema di dischi SCSI, ad elevate prestazioni, spesso uniti in un sistema RAID.
- una veloce scheda di rete (Ethernet a 10, 100 e poi 1.000 mbit/s)
- una scheda grafica molto potente (per i tempi), specie sulle workstation Silicon Graphics
- un monitor di grandi misure per comodità di visione.

Da queste caratteristiche derivava anche un prezzo molto elevato per le workstation, equivalente al cambio odierno a circa 20 o 30.000 euro, spesso di più.

I Personal Computer, già in vendita, erano molto più economici ma proprio per questo non potevano fornire nessuna di queste caratteristiche. La situazione cominciò a cambiare alla fine degli anni '90, quando le prestazioni dei PC salirono abbastanza da poter eseguire quei programmi (CAD, grafica 3D, simulazioni scientifiche, ecc.) che fino ad allora avevano bisogno di una workstation per poter funzionare. La fascia bassa del mercato workstation passò quindi ai personal computer.

Al giorno d'oggi il mercato workstation è diviso tra i personal computer più potenti e le workstation tradizionali, che nel frattempo sono aumentate anch'esse di prestazioni, anche se la differenza non è più marcata come prima. Le armi principali delle workstation risiedono nei processori a 64 bit, indispensabili per compiti che richiedono più di 4 GB di RAM, nella disponibilità di sistemi multiprocessore e nel sistema operativo basato su Unix, più robusto di Microsoft Windows e che lascia più libertà all'utente esperto. Proprio queste due caratteristiche stanno ora passando anche ai personal computer, con i nuovi processori a 64 bit di AMD e Intel, anche multiprocessore, e con le nuove versioni, sempre migliori, di Linux.

MICROCOMPUTER

Un microcomputer è un computer generalmente dotato di un singolo microprocessore, di costo abbastanza limitato da poter essere acquistato e utilizzato da un singolo utente, ed occupa generalmente poco spazio.

Di questa famiglia fanno parte anche personal computer, console per videogiochi, tablet PC e quelli che una volta erano detti *home computer*.

La maggior parte dei componenti di un microcomputer è altamente integrata in modo da poter essere ospitata in un singolo contenitore. Altri componenti come monitor, tastiera, mouse possono essere anch'essi integrati o posti a breve distanza. Le misure effettive possono essere abbastanza varie ma mai superiori a quanto può essere ospitato da una scrivania, mentre minicomputer, mainframe e supercomputer occupavano (e occupano) uno spazio variabile, grossomodo, da quello di un grosso armadio ad un'intera stanza.

La maggior parte dei microcomputer sono adatti ad essere utilizzati da un un singolo utente per volta anche se alcuni PC e workstation con il sistema operativo adatto possono supportare più utenti contemporaneamente. Il microprocessore svolge la maggior parte dei compiti di elaborazione; oltre ad esso sono presenti una certa quantità di memoria volatile RAM e altre periferiche di memorizzazione non volatili.

Apple II

Questa famiglia di computer destinati ad uso personale è stata introdotta a partire dalla metà degli anni '70.

Nel 1971, la Intel costruì il primo microprocessore, l'Intel 4004. Nel 1974, con l'introduzione del modello Intel 8080, iniziò una rivoluzione straordinaria che a partire dall'Altair 8800 modificò il mondo dell'informatica, così come fino ad allora era conosciuto. Gli *home computer* propriamente detti erano tutti basati su processori a 8 bit.

Commodore 64

Costruttivamente erano molto semplici: il corpo era formato principalmente da una voluminosa tastiera al cui interno trovavano posto tutti i dispositivi del computer. Dotati di interfacce utente esclusivamente testuali e con memorie di massa a cassette audio, erano sfruttati prevalentemente come consolle per videogiochi, oppure per i primi approcci con la programmazione; più raro era il loro utilizzo come strumenti di lavoro, magari associati da una unità esterna di memorizzazione a floppy disk; a questa regola faceva eccezione l'Apple II, che nasceva con unità a disco integrata ed era già fornito di un sistema operativo DOS caricabile da disco.

Gli home computer contribuirono largamente a diffondere a livello popolare l'uso del computer e all'alfabetizzazione informatica di vasti strati di popolazione (specie giovanile) nei paesi sviluppati. Con oltre dieci milioni di macchine vendute, il più rappresentativo computer di questa categoria fu sicuramente il Commodore 64; tra gli altri, merita una menzione anche lo ZX Spectrum della Sinclair che ebbe una buona diffusione.

Sinclair ZX-Spectrum

Il sistema operativo di un home computer, salvo poche eccezioni, era proprietario e incompatibile con tutti gli altri: consisteva di una serie di subroutine di servizio e in un interprete in un linguaggio ad alto livello (generalmente il BASIC) che fungeva anche da shell per i comandi, ed era scritto in una memoria ROM da cui veniva anche eseguito. Era rigorosamente monoutente e monotask, e non prevedeva driver o altro software di sistema.

Attualmente gli home computer sono stati ormai completamente sostituiti, nelle case, dai personal computer; volendo trovare un erede odierno di questa classe di macchine, per l'uso prevalente e la dotazione hardware si potrebbero considerare tali le console per videogiochi, come le PlayStation e simili.

PERSONAL COMPUTER

Per *Personal Computer* si intende un microcomputer economico destinato, prevalentemente, a un utilizzo personale da parte di un singolo individuo. Si distingue da un *home computer* principalmente perché si prestano - grazie alle maggiori risorse hardware e software a disposizione - a utilizzi maggiormente produttivi rispetto a questi ultimi, destinati a un utilizzo ludico o didattico.

il personal computer originario IBM

Dato che la definizione di Personal Computer nacque con la diffusione dei computer PC IBM, oggi per Personal Computer spesso si intende un computer da essi derivato, ma inizialmente il termine andrebbe riferito a macchine con sistemi operativi e tipi di microprocessori del tutto diversi, quali la prime versioni dell'Apple (Apple I e soprattutto l'Apple II).

Nel significato originale del termine, "Personal" computer dovrebbe essere un qualsiasi computer che sia stato progettato per l'uso da parte di una singola persona (in opposizione per esempio ai mainframe a cui interi gruppi di persone accedono attraverso terminali remoti). Al giorno d'oggi il termine personal computer è invalso ad indicare una specifica fascia del mercato dell'informatica, quella del computer ad uso privato, o casalingo, per uffici, o per la piccola azienda. In alcuni contesti, "personal computer" o "PC" assume un significato ancora più specifico, ristretto alla sola gamma delle macchine "IBM compatibili" (per esempio, in opposizione a Macintosh).

Nell'ottobre 1965 veniva presentato all'esposizione *Bema Show* di New York, quello che si ritiene essere il primo vero e proprio Personal Computer, l'*Olivetti Programma 101*, progettato per l'azienda italiana dall'Ing. Piergiorgio Perotto.

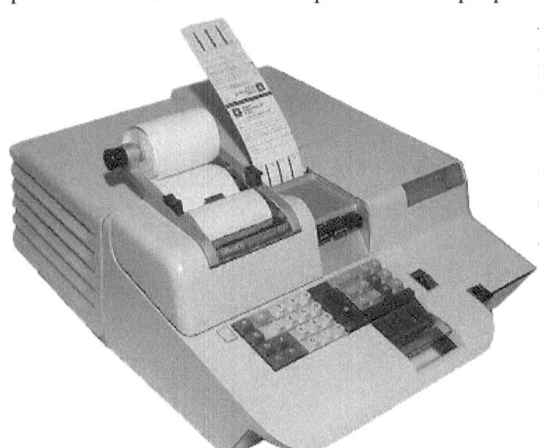

Olivetti Programma 101

L'Olivetti P101 viene considerato il primo personal computer perchè era programmabile direttamente dall'utente, in un epoca in cui l'utente "ordinario" poteva solo utilizzare i programmi redatti da altri e, in genere, la macchina era programmabile solo in condizioni speciali e dietro specifica autorizzazione del costruttore.

Sin dalla sua presentazione nel 1965 riscosse un notevole interesse ed ebbe un buon successo di vendita grazie anche al suo costo relativamente limitato (3.200$ contro i 25.000$ di un PDP-8) e programmabile senza l'intervento di tecnici, in pochi anni ne furono venduti 44.000 in tutto il mondo, il 90% dei quali negli Stati Uniti. Le caratteristiche della macchina, potenzialmente rivoluzionarie, non vennero però percepite dai vertici aziendali, orientati ancora al rilancio della propria tecnologia meccanica.

La denominazione di *Personal Computer* non va ovviamente intesa secondo l'accezione odierna, ma con il significato di *macchina da calcolo per uso personale;* possiede un set di istruzioni interne ben definito (che lo classificano, appunto, come computer), ma la memoria per i dati temporanei e le costanti è molto limitata e l'informazione minima che può gestire è un numero a 11 digit e non un valore binario. Era in grado di fare le 4 operazioni, oltre alla radice quadrata. La memoria era organizzata in 10 registri, 3 dei quali di calcolo, 2 di memoria ed altri 3 di memoria dati e/o memoria di programma (ripartibili a seconda dell'esigenza). Gli ultimi due erano riservati alla memorizzazione del programma.

La stampa avveniva su un nastro di carta ed i programmi potevano essere registrati su schede delle misure approssimative di 10x20 cm che recavano due piste magnetiche leggibili una alla volta, inserendo la scheda prima in un senso, poi nell'altro.

Il progetto della carrozzeria, in un primo tempo affidato a Marco Zanuso, fu riaffidato a Mario Bellini, all'epoca giovane architetto, e il risultato fu talmente ergonomico ed innovativo per i tempi, che valse all'azienda l'*Industrial Design Award*. Alcuni esemplari di P101 sono tutt'oggi esposti in musei come esempi di design innovativo.

Un altro dei primi modelli di computer per cui, secondo alcune teorie, sarebbe stato coniato il termine "personal" computer fu il Commodore PET nel dicembre 1977. Sul suo chassis era già presente la decalcomania recante la scritta personal computer. Attualmente il Commodore PET è tuttavia incluso tra gli *home computer*, ovvero la generazione che precedette i personal computer, mentre il primo vero personal computer riconosciuto come tale fu l'Apple II, introdotto nel giugno dello stesso anno.

Commodore PET

Apple McIntosh

Pochi anni dopo l'esplosione degli home computer, fece la sua comparsa una nuova generazione di computer più sofisticati (si segnalano in particolare Amiga, Atari e Macintosh) basati prevalentemente su CPU a 16 bit, che venivano vendute con unità a disco incorporate (floppy disk in genere, ma a volte anche hard disk) ed erano anche corredate di sistemi operativi in grado di gestirle in modo completo ed affidabile, senza contare la dotazione di applicativi che li resero delle postazioni di lavoro produttive.

Alcune di queste macchine implementavano infatti architetture del tutto originali sia in hardware che software: in particolare, i sistemi operativi presenti su macchine come il Macintosh e l'Amiga, implementavano già il multitasking. Il Mac OS ebbe inizialmente un multitasking senza prelazione, o *cooperative* fino al rilascio di Mac OS X (2001), nel computer Amiga venne invece implementato fin dalla prima versione dell'AmigaOS rilasciato nel 1985.

CONSOLLE PORTATILI PER VIDEOGIOCHI

Una console portatile (in inglese *handheld console*) è uno strumento elettronico programmabile, utilizzato principalmente per l'esecuzione di videogiochi e pensato per essere facilmente trasportato durante il suo utilizzo. Per questo motivo i controlli, lo schermo e la fonte dell'audio sono integrati in una stessa unità.

L'idea di utilizzare un apparecchio elettronico portatile con cui giocare ha le sue radici nelle prime calcolatrici programmabili. Nonostante ciò, l'aspetto ludico era limitato a semplice sperimentazione artigianale, e non aveva assunto un carattere commerciale.

Con la nascita del videogioco moderno, dopo il 1970, diverse compagnie del settore come Coleco, Milton-Bradley o Nintendo hanno iniziato a produrre apparecchi da gioco elettronico (che venivano definiti al tempo come "portatili", seppur non lo siano secondo gli standard attuali), sia per creare un nuovo mercato, sia per incontrare la domanda di chi am-

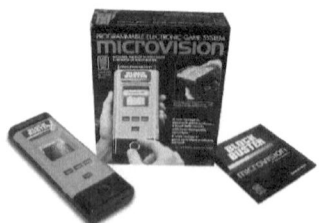

Milton-Bradley MicroVision

biva a possedere un surrogato di cabinato da sala giochi (infatti molti di questi apparecchi ne mimano l'aspetto). Questi compatti dispositivi da tavolo (che venivano detti in gergo tecnico *tabletop*) non sono definibili console, poiché non sono programmabili e sono pensati per far funzionare tramite circuiti logici solo il gioco per cui sono stati progettati. Il loro successo in ogni caso è andato via via accrescendosi, raggiungendo l'apice nella metà degli anni '80, per poi scomparire quasi del tutto con l'avvento di apparecchi di nuova concezione.

Si ritiene, quindi, che la prima vera console portatile sia stata il Microvision, poiché era un apparecchio programmabile tramite cartucce vendute a parte ed era di foggia tale da consentire di essere tenuto in mano durante l'azione di gioco. Progettato e costruito da Smith Engineering e distribuito da Milton-Bradley nel 1979, non era una console basata su microprocessore e le sue cartucce erano dotate di un piccolo schermo integrato. A causa di una ridotta selezione di giochi (solo tredici) e di un cattivo sistema dei controlli, il progetto è naufragato soltanto due anni più tardi. Oggi questi apparecchi sono piuttosto rari e ricercati tra i collezionisti, considerando che i pochi esemplari rimasti sono quasi tutti inutilizzabili per i danni subiti col passare degli anni (per esempio, per via della tecnologia LCD poco avanzata del tempo, lo schermo tendeva a scurirsi progressivamente nell'utilizzo).

Naufragato l'esperimento del Microvision, per le esigenze di gioco in movimento rimanevano i già diffusi giochi elettronici tascabili, come ad esempio i *Game & Watch* della Nintendo, che però essendo basati sulla stessa tecnologia dei tabletop avevano lo svantaggio di non essere programmabili.

Dieci anni dopo, nel 1989, la Nintendo realizzò il *Game Boy*. Il design fu affidato al team interno capeggiato da Gunpei Yokoi, che era stato responsabile anche dei Game & Watch e dello sviluppo dei primi giochi per il Nintendo Entertainment System. Accompagnato da critiche circa le sue misure troppo ridotte per alcuni, il Game Boy fu comunque un grande passo in avanti nella categoria e fu da subito un grande successo commerciale grazie al gioco *Tetris*, che funzionò da killer application[8] vendendo 25 milioni di

Nintendo Game Boy

---

8 La locuzione inglese *killer application* (o *killer app*), spesso utilizzata in gergo, significa letteralmente *applicazione assassina*, ma si intende nel senso di *applicazione decisiva, vincente*. Si riferisce a un prodotto di successo, grazie al quale la tecnologia penetra nel mercato, imponendosi rispetto alle tecnologie concorrenti e aprendo la strada alla commercializzazione di altre applicazioni secondarie.

unità in due anni e rendendo il Game Boy la console portatile più venduta in assoluto.

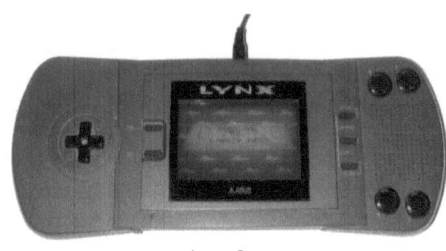

Atari Lynx

Nel 1989 fu anche lanciato l'*Atari Lynx*, la prima console portatile a colori, con un display retroilluminato e con la possibilità di connessione all'*Atari Jaguar*. Per via del suo prezzo elevato e dell'alto consumo di batterie, la console non è mai riuscita ad imporsi sul mercato.

Visto il successo della console di Nintendo, altri apparecchi similari vennero ideati negli anni successivi, macchine da gioco che cercavano di superare il leader del mercato proponendo una veste grafica superiore o funzionalità esclusive.

Nel 1990 nacque il *Game Gear*, prodotto da Sega: console che, pur avendo una grande selezione di giochi e la possibilità di poter essere convertito in televisione portatile grazie all'apposito accessorio, non ebbe lo stesso successo del Game Boy.

Nel 1997 la Tiger Electronics, azienda giapponese di giocattoli e giochi elettronici, ha prodotto il *Game.com*, la prima console portatile dotata di schermo tattile e possibilità di collegamento ad Internet. Nonostante queste innovazioni, e pur avendo l'iniziale supporto di Capcom, Sega e altre note case giapponesi, non ha avuto lo sperato successo di pubblico, per via dell'imputata bassa qualità di molti dei suoi giochi.

Nel 1999 la Bandai inizia a vendere nel solo Giappone la console portatile *Wonderswan*, ideata da Gunpei Yokoi, inventore del Game Boy che aveva lasciato la Nintendo per lavorare in proprio. La console incontra un buon successo, seppur molto inferiore a quello della prima "creatura" di Yokoi, e vi vengono convertiti svariati J-RPG come Final Fantasy e videogiochi tratti da cartoni animati di cui la Bandai detiene i diritti.

Negli anni il Game Boy è stato commercializzato in diverse varianti estetiche e anche hardware (nel caso del Game Boy Color), portando ad esempio lo schermo a misure maggiori e la grafica da monocromatica a quella a colori. Il punto di forza che lo ha mantenuto la console portatile più venduta è stata la sua retrocompatibilità e l'alta autonomia.

Nel 2001 Nintendo ha rilasciato sul mercato il *Game Boy Advance*, con pulsanti extra, schermo più largo e una potenza di calcolo maggiore rispetto al suo predecessore. Sono seguite due riedizioni della stessa console: il Game Boy Advance SP e il Game Boy micro.

Nel 2003 Nokia ha commercializzato l'*N-Gage*, una console che è per metà un telefono cellulare e permette il gioco on-line tramite rete telefonica mobile GPRS e un servizio di gioco dedicato.

Nel 2004 è uscito il *Nintendo DS* (arrivato in Italia l'11 Marzo 2005), caratterizzato da due schermi LCD (uno dei quali sensibile al tatto) e capace di grafica a tre dimensioni. Retrocompatibile con i soli giochi per Game Boy Advance, è dotata di interfaccia Wi Fi senza fili per partite multigiocatore in locale oppure online sfruttando il sistema *Nintendo Wi-Fi Connection*. È possibile, inoltre, interagire attraverso un microfono built-in; Nintendo DS ha preinstallato il software PictoChat che permette ai giocatori, nel raggio coperto dalla connessione wireless, di chattare in tutta libertà. In aggiunta, la possibilità di giocare la modalità multiplayer di alcuni giochi, o di scaricare delle demo, grazie alla funzione Download DS. Nel 2006 è uscita una versione più piccola e luminosa del DS chiamata Nintendo DS Lite.

Nintendo DS

La *PlayStation Portable*, venduta in Giappone nel 2004, è stata lanciata l'1 Settembre 2005 sul suolo italiano ed è considerata il maggiore sfidante al monopolio di Nintendo sui portatili da gioco. Più costosa del suo rivale ha dalla sua una ben maggiore potenza di calcolo e sfrutta un nuovo tipo di dischi ottici chiamati UMD, ideati dalla stessa Sony per un potenziale utilizzo anche in altri suoi dispositivi portatili.

Sony Playstation Portable

La PSP può inoltre collegarsi ad Internet senza fili tramite router, funzionare da lettore mp3 usando le schede flash memory stick e riprodurre film e musica distribuita su supporto UMD.

Il *Gizmondo* della multinazionale Tiger Telematics (esperta in navigatori satellitari) è stata l'altra console portatile ad essere commercializzata a fine 2005. Dotato di una camera fotografica digitale integrata e un navigatore GPS per i pedoni (potenziabile per l'uso in automobile tramite una scheda venduta a parte), supporta anch'esso il gioco online tramite rete GPRS. Il progetto è fallito, con la sola uscita della console nel Regno Unito.

La *GP2X*, della GamePark Holdings, riprende il concetto di console opensource, nato dalla precedente GP32 di proprietà della GamePark (oggi apparentemente fallita a causa di progetti troppo ambizioni come la XGP, che ambivano a competere direttamente con la PSP). Utilizza il sistema operativo Linux (kernel 2.4), e questo permette il porting di software da PC a GP2X in modo relativamente semplice, specialmente se fanno uso delle librerie SDL. Inoltre sono presenti emulatori installabili per rivivere le esperienze videoludiche passate (*retrogaming*). La GP2X dispone di una comunità italiana attiva a seguire lo sviluppo delle applicazioni sostenendo progetti videoludici amatoriali.

Nel mese di agosto 2007, la Nokia ha annunciato l'uscita della nuova piattaforma N-GAGE 2.0. Questa nuova piattaforma installata in telefoni compatibili, quali Nokia N81 il successore del vecchio N-GAGE, N73 N95. Farà diventare questi telefoni delle vere e proprie console portatili. Per ora i giochi verranno sviluppati da GIU mobile, EA, Vivendi, Capcom. Ma non è da escludere che in futuro anche altre case di videogiochi svilupperano titoli per questa nuova console. Il livello grafico di questi nuovi videogiochi è nettamente superiore a quello del vecchio n-gage. Cosi da rendere anche Nokia una rivale della Nintendo e Sony, data l'alta qualità dei giochi e la grande multimedialità che questi telefoni hanno.

PALMARE

Un computer palmare (detto anche semplicemente *palmare*), spesso indicato in lingua inglese con l'acronimo *PDA* (Personal Digital Assistant), o con l'ormai desueto termine *palmtop*, è un computer di misure molto contenute, tali da essere portato sul palmo di una mano, dotato di uno schermo sensibile al tocco (o *Touch Screen*).

Originariamente fu concepito come una sorta di agenda elettronica (*organizer*), ovvero come un sistema non particolarmente evoluto e dotato di un orologio, di una calcolatrice, di un calendario, di una rubrica dei contatti, di una lista di impegni/attività e della possibilità di memorizzare note e appunti (anche vocali), per cui a volte viene ancora oggi indicato anche con l'acronimo *PIM* (*per-*

sonal information manager). In realtà, invece, e' stato prodotto inizialmente da Apple Computer Inc. come un vero *minicomputer* completo da portare in palmo di mano e, nel corso degli anni, si è arricchito di funzioni sempre più potenti ed avanzate.

Apple Newton

Il concetto di palmare e il termine di *personal digital assistant* (PDA) fu coniato dal dirigente della Apple John Sculley, nel 1992, nel corso di una conferenza stampa presso la mostra informatica *Consumer Electronics Show* di Las Vegas (Nevada, USA). La prima volta che è apparso un PDA è stato nel 1993 con l'uscita del progetto *Newton* di Apple. Il primo palmare prodotto, infatti, fu il PDA *Newton Message Pad* nel 1993. Questo palmare poteva contare su importanti prestazioni hardware (processore strongArm RISC, slot PCMCIA, infrarossi, audio e schermi touchscreen), era all'avanguardia per l'epoca pure sul fronte software (dal riconoscimento della scrittura a quello vocale, dalla navigazione in internet agli applicativi base), tuttavia non ricevette dal pubblico il successo sperato, anche a causa del costo elevato, rimanendo ai margini del mercato fino a scomparire. Anni dopo, quando il mercato era ormai maturo, altri produttori si sono affacciati su questo settore proponendo palmari con caratteristiche generalmente inferiori al Newton originale, ma con un prezzo e misure più contenute, ricevendo ampi riscontri economici.

Normalmente questi dispositivi sono dotati della capacità di collegarsi e sincronizzare dati con i personal computer, sia con un collegamento a infrarossi che con una connessione seriale, USB o Bluetooth. Inoltre spesso è possibile caricare programmi appositamente sviluppati che permettono di aggiungervi le più diverse funzionalità: fogli elettronici, calcolatrici scientifiche, client di posta elettronica, MP3 e video player, giochi, ecc.

Infine alcuni palmari integrano o possono collegarsi a dispositivi esterni (telefono cellulare, GPS) aumentandone le possibilità d'uso. Bluetooth è una tecnologia sviluppata in questo senso.

Ultimamente i palmari stanno diventando sempre più potenti e accessoriati: alcuni modelli integrano in sé direttamente la connettività telefonica GSM/GPRS/EDGE/UMTS/HSDPA e, quindi, sono in grado di fare anche da telefono cellulare in modo autonomo. Il maggiore limite che si riscontra, finora, è quello della memoria disponibile, che raramente supera i 128MB, pur essendo estendibile in modo limitato con *memory card*. Per ovviare a questo inconveniente alcuni produttori hanno lanciato sul mercato dei dispositivi dotati di un hard disk interno (la cui capacità varia dai 2 agli 8 GB).

L'utilità di un palmare appare evidente: è possibile portarlo sempre con sé (molto più facilmente di un portatile) e quindi di essere sempre in grado di lavorare dovunque ci si trovi; la funzione di navigatore satellitare, grazie al GPS, consente di risparmiare cifre consistenti che si spenderebbero per un equivalente integrato nell'auto; infine è anche un ottimo strumento di intrattenimento al livello di una console portatile come il *Game Boy Advance* o di un *mini-Divx player* (pur con i limiti di spazio). Un concentrato di funzionalità a cui probabilmente in futuro sarà sempre più difficile rinunciare.

La differenze più macroscopiche rispetto ad un PC riguardano le misure d'ingombro e il peso (un PDA ha in media una grandezza 120x80x17mm, e pesa intorno ai 180 grammi). Queste caratteriste influenzano l'estetica e la portabilità, ma allo stesso tempo hanno un ruolo significativo nella realizzazione di applicativi per questi dispositivi. Infatti i programmi usati sui normali PC sono studiati per degli schermi con risoluzione di 800x600 pixel o 1024x768 pixel, mentre i palmari più recenti arrivano al massimo a 640x480 pixel, di conseguenza le applicazioni per PDA devono essere appositamente studiate e progettate per tali dispositivi.

Anche l'hardware dei PDA presenta delle differenze rispetto a quello dei PC. Innanzi tutto, di regola, i palmari non dispongono di Hard Disk ma memorizzano le informazioni permanenti sulla ROM, o sulle schede di memoria (solitamente SD o CF). I palmari, fatta eccezione per quelli più recenti, non dispongono di porte USB, quindi per collegare delle periferiche (come una tastiera o un modulo GPS) si ricorre allo slot CF, o alla connessione Bluetooth.

La maggior parte dei palmari dispone di una connessione wireless e di un browser. Questo significa che è possibile visitare i siti internet, ma anche in questo caso le ridotte misure del PDA provocano dei fastidi. Infatti anche i siti internet vengono studiati per essere visionati con una risoluzione 800x600, che non è adatta allo schermo dei palmari. Alcune pagine web, nonostante i sistemi di riduzione dei pocket-browser, risultano quindi difficilmente leggibili. Per ovviare a questo problema molti portali offrono una versione adatta alla visualizzazione su PDA.

SUPERCOMPUTER

Il supercomputer è un tipo di sistema di elaborazione progettato per ottenere potenze di calcolo estremamente elevate, dedicato ad eseguire calcoli particolarmente onerosi. I supercomputer sono ovviamente strumenti costosi, normalmente di proprietà di società o enti di ricerca che condividono il loro utilizzo tra molti dipendenti/ricercatori. Vista la velocità attuale dello sviluppo tecnologico nel campo dell'informatica e dei microprocessori, di solito perdono l'aggettivo "super" dopo pochi anni dalla loro nascita, superati da macchine ancora più potenti.

Un supercomputer della Sun Microsystem

In passato, i supercomputer erano dotati di architetture più sofisticate e componentistica migliore degli usuali computer al fine di poter svolgere con maggior efficienza le elaborazioni assegnate. Tuttavia in tempi recenti (a partire dagli anni '90) il divario fra la potenza delle CPU per supercomputer e i normali microprocessori commerciali è andato assottigliandosi progressivamente, e l'architettura dei supercomputer ha visto crescere progressivamente il numero di CPU impiegate. Attualmente la maggior parte dei nuovi supercomputer in progetto e di quelli in funzione sono basati su cluster di migliaia o addirittura centinaia di migliaia di unità di calcolo non molto più potenti di un buon personal computer, connesse da reti locali ad alta velocità e coordinate da estensioni apposite del sistema operativo adottato, generalmente una versione di Unix.

Il parallelismo sempre più massiccio dei supercomputer e in generale delle macchine nate per garantire elevate capacità di calcolo ha stimolato molte ricerche in campo software per esplicitare il parallelismo intrinseco nelle operazioni e nei programmi: queste ricerche hanno portato alla definizione di alcuni linguaggi di programmazione paralleli, come l'Occam, che è senz'altro il più diffuso del gruppo.

Ciò che differenzia un supercomputer da un computer classico non è solo la maggior potenza di calcolo ma anche le architetture utilizzate per sviluppare queste macchine. I classici computer sono progettati secondo l'architettura di von Neumann dato che le operazioni che l'utente esegue usualmente con la macchina possono essere svolte in modo efficiente da questa architettura. I supercomputer invece spesso analizzano molti dati senza una vera interazione dell'utente dato che usualmente devono eseguire un numero ridotto di operazioni su un elevato numero di dati. Quindi i supercomputer utilizzano architetture alternative che sono in grado di assolvere questi compiti con maggiore efficienza rispetto all'architettura di Von Neumann.

Negli ultimi anni questa distinzione comunque si è affievolita dato che il diffondersi dei giochi tridimensionali ha costretto i computer classici e le loro schede grafiche ad adottare soluzioni sviluppate per i supercomputer. Contestualmente l'aumento della potenza di calcolo dei microprocessori per computer e problemi di carattere tecnico legati alla difficoltà di elevare le frequenze di funzionamento delle CPU hanno spinto il settore del supercalcolo verso l'utilizzo di soluzioni classiche in modo da abbattere i costi senza penalizzare le prestazioni. Infatti l'attuale supercomputer più potente del pianeta, il Blue Gene/L, utilizza moltissimi componenti standard e le sue CPU sono dei derivati delle CPU IBM PowerPC 440 con l'aggiunta di un'unità in virgola mobile addizionale per aumentarne le prestazioni.

Usualmente si ritiene che i supercomputer siano i più potenti computer del pianeta; questa classificazione comprende tutti i primi computer a partire dalla macchina analitica di Babbage passando per i vari modelli di Zuse (i primi computer funzionanti) fino ad arrivare ai supercomputer dei giorni nostri.

Molti esperti dell'informatica invece fanno risalire i supercomputer agli anni cinquanta e in particolare al NORC prodotto da IBM per via delle soluzioni particolari adottate per ottenere una macchina con le migliori prestazioni e quindi con soluzioni tecniche diverse da quelle utilizzate per i modelli precedenti.

Il termine *super computing* venne utilizzato per la prima volta dal quotidiano *New York World* nel 1920, in un articolo che descriveva una macchina elettromeccanica costruita dall'IBM per la Columbia University

Tra gli anni '60 e la metà degli anni '70 la società CDC con i suoi supercomputer fu l'azienda leader del settore. I tecnici della CDC per ottenere elevate prestazioni di calcolo svilupparono diverse soluzioni tecnologiche come l'utilizzo di processori specializzati per i diversi compiti (CDC 6600) l'utilizzo di pipeline (CDC 7600) e l'utilizzo di processori vettoriali (CDC STAR-100). Scelte strategiche della CDC rischiarono di far fallire la società e alcuni tecnici insoddisfatti dei dirigenti della società abbandonarono la CDC per tentare nuove strade. Tra questi il più famoso fu Seymour Cray che con il *Cray-1* segnò una nuova strada per le soluzioni tecnologiche utilizzate e per l'elevata potenza di calcolo sviluppata.

Dalla meta degli anni '70 fino alla fine degli anni '80 la Cray Research rappresentò il leader nel settore del supercalcolo. Cray estese le innovazioni utilizzate nelle macchine della CDC portandole al loro estremo ed utilizzando soluzioni innovative come il raffreddamento a liquido o delle strutture a torre ove alloggiare le schede con le unità di calcolo in modo da ridurre la lunghezza media delle connessioni.

Durante gli anni '80 si assistette alla nascita di molte società che svilupparono sistemi di calcolo ad alte prestazioni. Queste piccole società entrarono in concorrenza con realtà affermate come IBM o Cray e le costrinsero a effettuare radicali riduzioni di prezzo dei sistemi per rimanere competitive. Alla fine degli anni '80 e anni '90 i supercomputer divennero macchine a parallelismo massivo basate su centinaia se non migliaia di processori elementari. Inizialmente questi processori erano ancora dei processori sviluppati esplicitamente per il supercalcolo come quelli utilizzati dal CM-5/1024 ma verso la fine degli anni '90 oramai si era passati definitivamente a processori generici che fornivano elevate prestazioni e costi ridotti per via della produzione in serie attuata da ditte come Intel o AMD. Le piccole ditte nate durante gli anni '80 erano fallite o erano state assorbite dalle grosse società; la stessa Cray fallì e fu acquisita dalla Silicon Graphics.

Negli ultimi anni i supercomputer sono macchine sempre più parallele e dotate di un numero sempre maggiore di processori elementari. Esempio eclatante è il Blue Gene/L che con i suoi 212.992 processori è attualmente la più potente macchina del pianeta. Lo sviluppo di questi sistemi oramai è svolto da grandi società di informatica come IBM o HP per via degli elevati costi di realizzazione dei sistemi di calcolo. I supercomputer oramai sono macchine costruite su ordinazione, sono *pezzi unici* progettati per le specifiche necessità dell'acquirente e realizzati assemblando componenti standard in modo da contenere i costi di sviluppo e produzione.

È da notare che l'Europa, dopo un inizio promettente, non ha mai trainato la ricerca dell'ambito dei supercomputer e in generale dei computer. Dalla seconda guerra mondiale fino agli anni '90 gli Stati Uniti d'America hanno praticamente posseduto sempre i più potenti computer del pianeta. Ma dagli anni '90 in poi il Giappone ha iniziato ad imporsi come competitore credibile all'egemonia Statunitense grazie a cospicui finanziamenti pubblici a progetti di supercalcolo svolti da società nipponiche in cooperazioni con le locali università; particolarmente significativo è stato lo sforzo di NEC nel settore. Negli ultimi anni il progetto

Blue Gene (finanziato dal Dipartimento della Difesa Statunitense) ha rinsaldato la posizione Statunitense ed al momento non sono noti progetti in grado di intaccare la posizione Statunitense nel settore del supercalcolo.

I Componenti Del Computer

SCHEDA MADRE

La scheda madre (detta anche *motherboard, mainboard, mobo* o *M/B*) o *scheda di sistema*, è una parte fondamentale di un moderno personal computer: raccoglie in sé tutta la circuiteria elettronica di interfaccia fra i vari componenti principali e fra questi e i bus di espansione e le interfacce verso l'esterno. È responsabile della trasmissione e temporizzazione corretta di molte centinaia di segnali diversi, tutti ad alta frequenza e tutti sensibili ai disturbi: per questo la sua buona realizzazione è un fattore chiave per la qualità e l'affidabilità dell'intero computer.

Una tipica scheda madre

È costituita da un circuito stampato estremamente complesso, ricavato da un *sandwich* di strati di vetronite e rame; generalmente una scheda madre può avere da quattro a sei strati di rame. In questi sono ricavate le piste che collegano i componenti, che devono essere calcolate con molta cura: alle frequenze normalmente adoperate dalle CPU e dalle memorie RAM in uso oggi, infatti, la trasmissione dei segnali elettrici non si può più considerare istantanea ma deve tenere conto dell'impedenza propria della pista di rame e delle impedenze di ingresso e di uscita dei componenti connessi, che influenzano il *tempo di volo* dei segnali da un punto all'altro del circuito.

Su questo circuito stampato vengono saldati una serie di circuiti integrati, di zoccoli e di connettori; gli integrati più importanti sono il *chipset* che svolge la gran parte del lavoro di interfaccia fra i componenti principali e i bus di espansione, la ROM (o PROM, EEPROM o simile) il *Socket* per il processore e i connettori necessari per il montaggio degli altri componenti del PC e delle schede di espansione. La struttura attuale delle schede di sistema dei computer è il frutto di un'evoluzione tecnologica che ha portato a definire una architettura di sistema valida, in linea di massima, per tutti i sistemi di classe personal computer o di potenza paragonabile.

Il processo di standardizzazione della scheda madre ha interessato non solo il progetto elettronico ma anche e soprattutto la forma, le misure e il posizionamento dei componenti: nel tempo si sono affermati alcuni formati standard a cui si sono conformati tutti i produttori. Nel campo dei personal computer IBM compatibili è stata la Intel a giocare un ruolo chiave, imponendo i due formati ATX e BTX, che nelle loro varie versioni sono adottati da tutte o quasi le schede madri per PC prodotte oggi.

I componenti presenti in una scheda madre possono variare molto a seconda del tipo di computer che si sta considerando; nel seguito di questa descrizione faremo riferimento a una generica scheda madre per personal computer.

CPU SOCKET: è uno zoccolo ZIF (*Zero Insertion Force*) che accoglie la CPU. Nelle schede embedded[9] (o in quelle vecchie e molto economiche) è assente, e il processore è saldato direttamente sullo stampato. Lo zoccolo (socket) può essere di tipo PGA o LGA. Il primo tipo PGA (acronimo di Pin Grid Array) è quello adottato per molti processori AMD (Socket A, 754, 939 e AM2) e dai primi processori moderni Intel (PIII, Celeron). Nel caso di processori di tipo PGA, i piedini (pin) di interconnessione tra la CPU stessa e i contatti presenti

zoccolo per CPU

sul socket risiedono sulla parte inferiore della CPU. Se il socket è di tipo LGA (acronimo di Land Grid Array) i pin risiedono direttamente sul socket stesso anziché sulla CPU ed è necessaria una piastra di caricamento per tenere in posizione la CPU dato che, a differenza delle CPU PGA, non è tenuta in posizione dai piedini che vanno ad incastrarsi nel socket. La soluzione LGA è adottata da diverso tempo da Intel con molti dei suoi processori Pentium IV e ora con la serie Core, entrambi interfacciati con 775 pin. A differenza di Intel, la rivale AMD ha adottato solo ultimamente soluzioni LGA con l'avvento dei processori Athlon FX serie 7x interfacciati con 1207 pin alla scheda madre.

---

9 Con il termine *sistema embedded* (sistema incapsulato, dedicato) si identificano genericamente dei sistemi elettronici a microprocessore progettati appositamente per una determinata applicazione, spesso con una piattaforma hardware *ad hoc*, integrati nel sistema che controllano e in grado di gestirne tutte o parte delle funzionalità. In questa area si collocano sistemi di svariate tipologie e dimensioni, in relazione al tipo di microprocessore, al sistema operativo, ed alla complessità del software che può variare da poche centinaia di byte a parecchi megabyte di codice. Contrariamente ai computer generici (*general purpose*), un

ROM: può essere anche PROM, EEPROM, flash o altro; contiene il BIOS della scheda madre; è un tipo di firmware dalle funzionalità molto limitate. Le sue funzioni sono essenzialmente tre: eseguire il controllo dell'hardware all'accensione (il POST, Power On Self Test), caricare il sistema operativo e mettere a disposizione di questi alcune primitive (routine software) per il controllo dell'hardware stesso.

NORTHBRIDGE: è un circuito integrato che connette il processore con la memoria RAM e con i bus di espansione principali (PCI, PCI express e AGP); i modelli più recenti incorporano anche le interfacce ATA e/o SATA per gli hard disk, che sono i componenti più critici per le prestazioni di un personal computer. È l'elemento più importante del chipset e il suo buon funzionamento è cruciale per la stabilità e la velocità della macchina. Le CPU AMD a 64 bit, integrando al loro interno il controller

della RAM a cui quindi si collegano direttamente, hanno bisogno di un northbridge meno complesso e costoso.

SOUTHBRIDGE: è il secondo componente del chipset e il suo compito è quello di gestire tutte le interfacce a bassa velocità: è connesso al northbridge tramite il bus di espansione e gestisce le porte seriali e parallele, l'interfaccia per la tastiera e il mouse, l'interfaccia Ethernet, le porte USB e il bus SMB.

BATTERIA: in genere al litio, è in grado di alimentare per anni l'orologio di sistema e una piccola quantità di memoria RAM in tecnologia CMOS in cui il BIOS memorizza alcuni parametri di configurazione dell'hardware.

---

sistema embedded ha dei compiti conosciuti già durante lo sviluppo, che eseguirà dunque grazie ad una combinazione hardware/software specificamente studiata per la tale applicazione. Grazie a ciò l'hardware può essere ridotto ai minimi termini per ridurne lo spazio occupato, i consumi ed il costo di fabbricazione. Inoltre l'esecuzione del software è spesso in tempo reale (*real-time*), per permettere un controllo deterministico dei tempi di esecuzione. Un esempio diffuso di sistema embedded sono le centraline elettroniche installate a bordo degli autoveicoli per il controllo del motore e dell'ABS.

SLOT D'ALLOGGIAMENTO DELLA MEMORIA RAM: possono essere di diversi tipi, tanti quanti sono i tipi di RAM diffusi dalle industrie sin dai primi anni ottanta. Attualmente le schede madri in commercio adottano prevalentemente slot DDRAM, evoluzione delle precedenti SDRAM, che a loro volta erano derivate dalle SIMM e SIPP presenti sulle macchine che montavano processori compatibili con l'Intel 80386.

BUS DI ESPANSIONE: si tratta di un collegamento dati generico punto-multipunto, progettato per permettere di collegare alla scheda madre delle altre schede di espansione alloggiate su connettori (slot d'espansione, differenti dagli slot della RAM), che ne estendono le capacità.

Attualmente il tipo di bus più diffuso è il bus PCI, destinato nel tempo a lasciare strada alla sua estensione PCI Express, più veloce e più semplice elettricamente. In linea di principio ad un bus può essere collegato hardware di ogni tipo: schede video aggiuntive, schede audio professionali, schede acquisizione dati, unità di calcolo specializzate, coprocessori; nella pratica si ricorre ad una scheda di espansione su slot interno solo per hardware che ha bisogno di una collaborazione estremamente stretta con la CPU o con la memoria RAM; per le espansioni hardware meno critiche si sfruttano le connessioni "lente" (USB, seriali ecc.). Fa parte del bus PCI anche lo slot AGP, dedicato alla scheda video, che è uno slot PCI dotato di alcuni comandi aggiuntivi separati e di una trasmissione dati privilegiata; anche le interfacce AGP sono destinate ad essere sostituite dagli slot PCI Express, perfettamente in grado di fare da ponte fra la scheda grafica e il resto del sistema.

UNA SERIE DI INTERFACCE STANDARD: seriali RS232, parallela Centronics, PS/2 per mouse e tastiera, USB per altri dispositivi; sono solitamente tutte raggruppate sul lato posteriore alto della scheda madre.

INTERFACCE PER UNITÀ A DISCO: Shugart, ATA, SATA e/o SCSI per la gestione delle unità a disco (Disco rigido, CD e DVD).

In molte schede madri, specie se compatte, possono inoltre essere incluse direttamente la scheda video, la scheda audio, l'interfaccia di rete Ethernet e le porte Firewire e USB.

BIOS

Il *Basic Input-Output System*, o BIOS, è il primo programma che viene eseguito da un personal Computer IBM compatibile dopo l'accensione, ed ha tre funzioni principali:

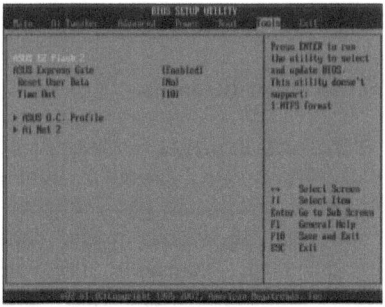

- eseguire una serie di test diagnostici per controllare lo stato di funzionamento dell'hardware (POST, Power-On Self-Test) e segnalare eventuali guasti rilevati tramite un codice sonoro (beep code) emesso dall'altoparlante di sistema (o da un cicalino, se questi è assente);

- localizzare il sistema operativo in una delle periferiche presenti e caricarlo nella RAM per consentirne la sua esecuzione;

- fornire una interfaccia software a basso livello per l'accesso alle periferiche e all'hardware del PC.

Nei primi PC IBM il BIOS supportava tutte le periferiche e il DOS (Disk Operating System, il sistema operativo su disco) faceva completo affidamento su di esso per le operazioni a basso livello, ma con l'evoluzione tecnologica successiva le capacità offerte dalle routine di gestione del BIOS (all'epoca non aggiornabili, perché scritte in ROM) divennero rapidamente insufficienti. Attualmente i moderni sistemi operativi (MS Windows e Linux) non usano più il BIOS per le loro operazioni di I/O ma accedono direttamente all'hardware. Il BIOS è scritto di solito nel linguaggio *assembler*[10] nativo della famiglia di CPU utilizzata.

---

10 Un *assembler* (assemblatore in italiano) è un software opportuno che trasforma le istruzioni mnemoniche (scritte in un particolare linguaggio, detto *assembly*) in linguaggio macchina. Si tratta dunque di un compilatore per un particolare linguaggio. Il termine assembler deriva dal fatto che le istruzioni vengono convertite e montate una affianco all'altra come se fossero in fila. Ci sono molti tipi di linguaggi assembly e di conseguenza diversi assemblatori: esistono gli assembler per programmare i microchip, per creare programmi sul PC,

Attualmente il BIOS dei PC è scritto su memorie EEPROM riscrivibili, quindi può essere modificato e aggiornato: generalmente i costruttori mettono a disposizione nuove versioni di BIOS per correggere difetti o aggiungere supporto a periferiche hardware non previste inizialmente. Tuttavia non è consigliabile aggiornare il BIOS di un PC senza un motivo ben preciso, perché l'operazione di aggiornamento, se non va a buon fine, può rendere il PC inutilizzabile.

Il termine apparve per la prima volta con il sistema operativo CP/M e descriveva quella parte di CP/M che veniva caricata all'avvio e che si interfacciava direttamente con l'hardware. I computer che utilizzavano il CP/M avevano infatti solo un semplicissimo *boot loader* nella ROM. Anche le successive versioni del DOS avevano un file chiamato IBMBIO.COM o IO.SYS del tutto analogo.

Pur essendo il termine BIOS un acronimo, poeticamente c'è un richiamo alla parola greca βιος (bios), che significa *vita*.

A partire dall'introduzione dei primi IBM PC XT e compatibili, nell'agosto del 1981, è il BIOS che ha il compito di dare i primi comandi al sistema durante la fase di avvio, detta *boot process*. In questa fase, dopo i controlli preliminari sulla funzionalità dei componenti fondamentali (interrupt, RAM, tastiera, dischi, porte), il BIOS si interfaccia con la memoria CMOS, una memoria non volatile capace di mantenere anche a computer spento i parametri di configurazione che possono essere oggetto di modifica. La memoria CMOS è alimentata dalla stessa pila che fa funzionare l'orologio del PC.

In questa memoria, il BIOS è in grado di scrivere per memorizzare le necessarie modifiche alla configurazione e di leggere per stabilire su quale periferica si trovi il sistema operativo da caricare per l'avvio.

Nelle moderne implementazioni del BIOS possono essere selezionati i più diversi tipi di supporto per l'avvio e sono presenti numerose funzioni per la diagnostica e la personalizzazione di importanti funzioni relative all'utilizzo della RAM, alle opzioni per l'overclocking[11] e sono presenti segnali di allarme in caso di malfunzionamenti delle ventole o eccessivi aumenti della temperatura.

---

per telefoni cellulari, ecc. Questo perché un assemblatore produce codice assembly per una specifica famiglia di processori. (intel 8086, 80386, Motorola 68000, ecc.).

11 La pratica dell'*overclocking* consiste nel perseguire il miglioramento delle prestazioni di un componente elettronico (in genere una CPU) mediante l'aumento della frequenza di clock rispetto a quella prevista dal produttore, marchiata sul package della CPU. A livello pratico si tratta di una operazione perfettamente legale ma che invalida istantaneamente la garanzia del prodotto oggetto della manipolazione, anche se in caso di rottura di un componente è

Il BIOS a volte viene anche chiamato *firmware*, dal momento che è una parte integrante dell'hardware, pur essendo composto da istruzioni software. Prima del 1990 il BIOS veniva memorizzato su una o più ROM, chiaramente non riprogrammabili. Man mano che la complessità è aumentata, di pari passo con la necessità di aggiornamenti, si è diffusa la memorizzazione del firmware BIOS prima su EPROM, poi su EEPROM o flash memory così da permettere un rapido aggiornamento anche da parte dell'utente finale. La presenza di BIOS aggiornabili anche dall'utente, permette di ottenere ad esempio il supporto per CPU più aggiornate o dischi fissi più capienti.

Per effettuare tali operazioni è indispensabile consultare il manuale d'uso della scheda madre e/o il sito web del produttore. Dal momento che eventuali errori nell'aggiornamento del BIOS rendono il computer inservibile, alcune schede madri sono dotate di un doppio BIOS. Sono noti alcuni virus che sono in grado di sovrascrivere il BIOS, tuttavia la maggior parte dei sistemi è dotata di un'opzione nel BIOS stesso per disabilitare le funzioni di scrittura e - spesso - di un ponticello che disabilita le tensioni di programmazione necessarie per l'alterazione della EEPROM.

Il bios è normalmente in grado di caricare un sistema operativo da diversi dispositivi di memorizzazione di massa, come dischi fissi, floppy, CD-ROM, memorie USB, e spesso anche di eseguire un boot da rete attraverso PXE[12].

Questo permette di caricare un sistema operativo diverso da quello previsto dall'amministratore di sistema, e quindi di eludere qualsiasi politica di sicurezza basata sul sistema operativo. Per questa ragione, se si suppone che persone non di fiducia possano avere accesso fisico al calcolatore, è opportuno configurare il BIOS per non consentire il boot da dispositivi diversi da quello previsto e proteggere questa configurazione con una password.

Tuttavia, avendo accesso fisico al calcolatore ed anche la possibilità di aprirne il case, è normalmente possibile azzerare le impostazioni del BIOS, tra cui la password. Quindi possono essere opportune anche misure per prevenire l'apertura del calcolatore.

---

difficile dimostrarne la causa reale.
12 Preboot Execution Environment (PXE), ovvero ambiente di esecuzione pre-boot, è un metodo per eseguire il boot di un computer utilizzando una connessione di rete ethernet ed il supporto di un server, senza bisogno di una unità di memoria di massa.

CPU

La CPU, acronimo dell'inglese Central Processing Unit, che si può tradurre letteralmente come *unità centrale di elaborazione* e che viene anche chiamata, nella sua implementazione fisica, *processore* o *microprocessore*, è uno dei due componenti della macchina di Turing (l'altro è la memoria).

Compito della CPU è quello di leggere le istruzioni e i dati dalla memoria ed eseguire le istruzioni; il risultato dell'esecuzione di una istruzione dipende dal dato su cui opera e dallo stato interno della CPU stessa, che tiene traccia delle passate operazioni.

In base all'organizzazione della memoria si possono distinguere due famiglie di CPU:

- con *architettura Von Neumann* classica, in cui dati e istruzioni risiedono nella stessa memoria (è dunque possibile avere codice automodificante). Questa architettura è la più comune, perché è più semplice e flessibile.

- con *architettura Harvard*, in cui dati e istruzioni risiedono in due memorie separate. Questa architettura garantisce migliori prestazioni poiché le due memorie possono lavorare in parallelo ma è più complessa da gestire. È tipicamente utilizzata nei DSP[13].

Per la differenza tra le due architetture si rimanda all'inizio di questo stesso capitolo. Invece, in base al set di istruzioni contenute nei processori, si distinguono ulteriormente in CISC e RISC.

---

[13] Un Digital Signal Processor (traduzione letterale: "processore di segnale digitale"), in sigla DSP, è un microprocessore ottimizzato per eseguire in maniera estremamente efficiente sequenze di istruzioni ricorrenti (come ad esempio somme, moltiplicazioni e traslazioni) nel condizionamento di segnali digitali. I DSP utilizzano un insieme di tecniche, tecnologie, algoritmi che permettono di trattare un segnale continuo dopo che è stato campionato.

Con *complex instruction set computer* (**CISC**) si indica un'architettura per microprocessori formata da un set di istruzioni contenente istruzioni in grado di eseguire operazioni complesse come la lettura di un dato in memoria, la sua modifica e il suo salvataggio direttamente in memoria tramite una singola istruzione.

L'acronimo **RISC**, dall'inglese *reduced instruction set computer*, indica una filosofia di progettazione di architetture per microprocessori che predilige lo sviluppo di un'architettura semplice e lineare. Questa semplicità di progettazione permette di realizzare microprocessori in grado di eseguire il set di istruzioni in tempi minori rispetto a una classica architettura CISC.

L'architettura CISC prevede un set esteso di istruzioni con metodi di indirizzamento complessi. Una definizione semplicistica dei microprocessori RISC parla di microprocessori con un set di istruzioni ridotto (semplificato) rispetto a quello dei classici processori CISC. La definizione attualmente più diffusa in ambito informatico considera che le architetture RISC permettono di accedere alla memoria unicamente tramite delle istruzioni specifiche (load e store) che provvedono a leggere e scrivere i dati nei registri del microprocessore, mentre tutte le altre istruzioni manipolano i dati contenuti all'interno dei microprocessori. Nei microprocessori CISC è l'esatto opposto: praticamente tutte le istruzioni possono accedere ai registri o alla memoria in modo indifferente.

L'idea che ha ispirato l'architettura RISC è la constatazione che i progettisti impiegavano molte risorse e molto tempo per realizzare istruzioni molto potenti, che però i programmatori in realtà ignoravano. Gli sviluppatori tendevano a utilizzare le istruzioni e i metodi di indirizzamento più semplici ignorando tutti gli altri metodi e le istruzioni specializzate. Inoltre negli anni '80 del secolo scorso il divario tra la velocità dei processori e delle memorie aumentava e quindi i progettisti iniziarono a studiare tecnologie che riducessero gli accessi alla memoria e che aumentassero la velocità dei processori, ma queste tecnologie erano molto difficili da implementare con set di istruzioni molto estesi.

I termini CISC e RISC con il passare degli anni sono diventati meno importanti per comprendere l'architettura interna dei processori moderni. Il primo processore CISC dotato di pipeline è stato *Intel 80486* che implementava le istruzioni più comuni in modo nativo mentre le istruzioni meno utilizzate venivano tradotte in istruzioni più semplici. Le istruzioni più semplici invece erano implementate con un'architettura in tipologia RISC. I processori moderni basati su architetture *x86* traducono le istruzioni CISC in micro operazioni che poi elaborano come fossero processori RISC.

Tornando a descrivere la CPU, la sua struttura interna generica contiene:

una **ALU** (Arithmetic Logic Unit) che si occupa di eseguire le operazioni logiche e aritmetiche;

una **Unità di Controllo** (CU, Control Unit) che legge dalla memoria le istruzioni, se occorre legge anche i dati per l'istruzione letta, esegue l'istruzione e memorizza il risultato se c'è, scrivendolo in memoria o in un registro della CPU.

dei **registri**, speciali locazioni di memoria interne alla CPU, molto veloci, a cui è possibile accedere molto più rapidamente che alla memoria: il valore complessivo di tutti i registri della CPU costituisce *lo stato* in cui essa si trova attualmente. Due registri sempre presenti sono:

- il *registro IP* (Instruction Pointer) o PC (Program Counter), che contiene l'indirizzo in memoria della prossima istruzione da eseguire;
- il *registro dei flag*: questo registro non contiene valori numerici convenzionali, ma è piuttosto un insieme di bit, detti appunto flag (bandiera), che segnalano stati particolari della CPU e alcune informazioni sul risultato dell'ultima operazione eseguita. I flag più importanti sono:
  - i Flag di stato:
    - Overflow: indica se il risultato dell'operazione precedente era troppo grande per il campo risultato e produce come risultato 0 (assenza di overflow) oppure1 (presenza di overflow);
    - Zero: vale 1 se l'ultima operazione ha avuto risultato zero, altrimenti vale 0.
    - Segno: indica il segno del risultato dell'operazione precedente: 0 risultato positivo,1 risultato negativo
  - i Flag di controllo:
    - Interrupt: se a questo flag viene assegnato valore 1, la CPU smette di rispondere alle richieste di servizio esterne delle periferiche (i segnali delle linee IRQ) finché non viene ripristinato al valore 0, o finché non arriva dall'esterno un segnale di RESET.

Oltre a queste unità possono esserne presenti altre, per esempio:

una **FPU** (Floating Point Unit) che si occupa di eseguire calcoli in virgola mobile;

una **MMU** (Memory Management Unit) che si occupa di tradurre gli indirizzi di memoria logici in indirizzi fisici, supportando la protezione della memoria e/o uno o più meccanismi di memoria virtuale.

Una generica CPU deve eseguire i suoi compiti sincronizzandoli con il resto del sistema: perciò è dotata, oltre a quanto visto sopra, anche di uno o più bus interni che si occupano di collegare registri, ALU, unità di controllo e memoria: inoltre all'unità di controllo interna della CPU fanno capo una serie di segnali elettrici esterni che si occupano di tenere la CPU al corrente dello stato del resto del sistema e di agire su di esso. Il tipo e il numero di segnali esterni gestiti possono variare ma alcuni, come il RESET, le linee di IRQ e il CLOCK sono sempre presenti.

Per quanto riguarda i registri, le CPU possono gestirli in molti modi: i più comuni sono registri nominativi (CPU CISC classiche), file di registri (RISC) e stack di registri (Transputer e simili).

Registri nominativi: ogni registro è identificato singolarmente e le istruzioni che usano registri specificano di volta in volta quale registro devono usare. Spesso alcuni registri sono dedicati a scopi particolari (registri indice, accumulatori, registri di segmento ecc.) imponendo la non ortogonalità del set di istruzioni. La gran maggioranza delle CPU generiche degli anni '70 e '80 è di questo tipo.

File di registri: I registri sono organizzati come una memoria interna della CPU e indicizzati: la CPU "alloca" un certo numero di registri per ogni processo e/o subroutine in esecuzione, eliminando la necessità di accedere alla RAM per salvare gli stack di chiamata delle funzioni e i dati di task switching nei sistemi multitask.

Stack di registri: i registri sono organizzati in una struttura a stack (pila); questa architettura ha il vantaggio di non dover specificare su quale registro interno operare (è sempre quello in cima allo stack) ottenendo istruzioni più corte e più semplici da decodificare. Il rovescio della medaglia è che nel caso sia necessario un dato "sepolto" in fondo allo stack, il suo recupero è un'operazione molto lenta.

Una CPU è un circuito digitale sincrono: vale a dire che il suo stato cambia ogni volta che riceve un impulso da un segnale di sincronismo, detto *clock*, che ne determina di conseguenza la velocità operativa, detta *velocità di clock*: quindi il tempo di esecuzione di una istruzione si misura in *cicli di clock*, cioè in quanti impulsi di clock sono necessari perché la CPU la completi. In effetti, una parte importante e delicata di ogni CPU è il sistema di distribuzione che porta il segnale di clock alle varie unità e sottounità di cui è composta, per fare in modo che siano sempre in sincronia: tale sistema si dirama in una struttura ad albero con divisori e ripetitori che giunge ovunque nella CPU.

Nei processori più moderni (Pentium, Athlon, PowerPC) questa "catena di ingranaggi" elettronica arriva ad impiegare circa il 30% di tutti i transistor disponibili. La velocità di questa distribuzione determina in maniera diretta la massima frequenza operativa di una CPU: nessuna CPU può essere più veloce del suo *critical path*, cioè del tempo che impiega il clock per percorrere il tratto più lungo in tutto l'albero di distribuzione del clock. Per esempio, se il segnale di clock di una data CPU impiega un nanosecondo per attraversare tutto il chip ed arrivare fino all'ultima sottounità, questa CPU potrà operare a non più di 1 GHz, perché altrimenti le sue componenti interne perderebbero la sincronizzazione, con risultati imprevedibili (per avere un margine di sicurezza, il limite pratico sarà anzi ben minore di 1GHz).

Le istruzioni di una CPU (*instruction set*) sono semplicemente dei numeri, detti *opcode* o *codici operativi*: in base al loro valore l'unità di controllo intraprende delle azioni predefinite, come per esempio leggere la successiva locazione di memoria per caricare un dato, oppure attivare la ALU per eseguire un calcolo, oppure scrivere il contenuto di un registro in una certa locazione di memoria o in un altro registro, oppure una combinazione di queste.

Per una persona stendere programmi scrivendo direttamente gli opcode è estremamente noioso e prono all'errore. Per questo motivo si utilizza l'assembly, che associa un simbolo mnemonico ad ogni istruzione della CPU e introduce una sintassi che permette di esprimere i vari metodi di indirizzamento in modo più intuitivo.

Una caratteristica importante dell'insieme delle istruzioni di una CPU è la sua ortogonalità, vale a dire il fatto che ogni istruzione che usi i registri possa usarli tutti indifferentemente (tranne quelli "speciali" come l'IP) e che nessun registro sia in qualche modo privilegiato rispetto agli altri perché su di esso si possono compiere operazioni particolari. É stato dimostrato che un set di istruzioni ortogonali, a parità di tempo di esecuzione delle istruzioni e di numero dei registri, è più efficiente di uno non ortogonale.

Tipicamente la CPU è l'interprete del linguaggio macchina. Come tutti gli interpreti, si basa sul seguente ciclo:

- *Acquisizione dell'istruzione:* il processore preleva l'istruzione dalla memoria, presente nell'indirizzo (tipicamente logico) specificato da un registro "speciale" ("speciale" opposto di "generico"), il PC

- *Decodifica:* una volta che la word è stata prelevata, viene determinata quale operazione debba essere eseguita e come ottenere gli operandi, in base ad una funzione il cui dominio è costituito dai codici operativi (tipicamente i bit alti delle word) ed il codominio consiste nei brani di microprogramma da eseguire

- *Esecuzione:* viene eseguita la computazione desiderata. Nell'ultimo passo dell'esecuzione viene incrementato il PC: tipicamente di uno se l'istruzione non era un salto condizionale, altrimenti l'incremento dipende dall'istruzione e dall'esito di questa

Questo ciclo elementare può essere migliorato in vari modi: per esempio, la decodifica di una istruzione può essere fatta contemporaneamente all'esecuzione della precedente e alla lettura dalla memoria della prossima (*instruction prefetch*) e lo stesso può essere fatto con i dati che si prevede saranno necessari alle istruzioni (*data prefetch*). La stessa esecuzione delle istruzioni può essere suddivisa in passi più semplici, da eseguire in stadi successivi, organizzando la unità di controllo e la ALU in stadi consecutivi, come delle catene di montaggio (*pipeline*): in questo modo più istruzioni possono essere eseguite "quasi contemporaneamente", ciascuna occupando ad un certo istante uno stadio diverso della pipeline.

Il problema di questo approccio sono le istruzioni di salto condizionato: la CPU non può sapere a priori se dovrà eseguire o no il salto prima di aver eseguito quelle precedenti, così deve decidere se impostare la pipeline tenendo conto del salto o no e in caso di previsione errata la pipeline va svuotata completamente e le istruzioni in corso di decodifica rilette da capo, perdendo un numero di cicli di clock direttamente proporzionale al numero di stadi della pipeline. Per evitare questo i processori moderni hanno unità interne (*"Branch prediction unit"*) il cui scopo è tentare di prevedere se, data una istruzione di salto condizionato e quelle eseguite in precedenza, il salto dovrà essere eseguito o no.

Inoltre i processori possono implementare al loro interno più unità di esecuzione per eseguire più operazioni contemporaneamente. Questo approccio incrementa le prestazioni delle CPU ma ne complica notevolmente l'esecuzione, dato che per poter eseguire in modo efficiente più operazioni in parallelo la CPU deve poter organizzare le istruzioni in modo diverso da come sono organizzate dal programmatore (esecuzione fuori ordine). Una ulteriore evoluzione di questo concetto è stata implementata nei processori multicore *Itanium*, che implementano delle istruzioni predicative che possono o meno essere eseguite a seconda del risultato di altre, eseguite in precedenza o contemporaneamente.

MEMORIA

Il termine *memoria* si riferisce alle parti di un computer che conservano informazioni per un certo tempo. La memorizzazione di dati in memoria e il successivo recupero dei medesimi sono funzioni fondamentali nel funzionamento degli elaboratori.

Una memoria può essere considerata astrattamente come una sequenza finita di celle, in cui ogni cella contiene una sequenza finita di *bit*. Normalmente i bit sono gestiti a gruppi di otto, detti *byte*. Pertanto lo spazio fisico della memoria può essere pensato una sequenza di locazioni, ognuna contenente un byte. Ogni locazione è individuata da un preciso indirizzo normalmente indicato da un numero intero positivo.

Le memorie per computer possono usare varie tecnologie, che forniscono prestazioni e costi molto variabili. Spesso, per le memorie veloci ma dall'alto costo unitario si usa l'espressione "memoria centrale" o "memoria primaria", mentre per le memorie dal basso costo unitario ma lente si usa l'espressione "memoria di massa" o "memoria secondaria".

Le memorie dei computer si possono classificare secondo i seguenti criteri:
    a) ordine di accesso ;
    b) possibilità di scrittura;
    c) velocità di accesso;
    d) volatilità;
    e) tecnologia.

Secondo il criterio dell'**ordine di accesso**, le memorie possono essere:

MEMORIE AD ACCESSO SEQUENZIALE: possono essere lette e scritte solamente all'indirizzo immediatamente successivo a quello in cui è avvenuto l'accesso precedente; i principali esempi di memorie ad accesso sequenziale sono i nastri magnetici.

MEMORIE AD ACCESSO DIRETTO: possono essere lette e scritte a qualunque indirizzo, indipendentemente dalle operazioni eseguite in passato; sono dette anche *memorie ad accesso casuale*, in quanto, dal punto di vista del costruttore, la memoria non è in grado di prevedere il prossimo indirizzo a cui l'utente della memoria vorrà accedere.

In base al criterio della **possibilità di scrittura** la tipica memoria può essere sia letta che scritta. Questi dispositivi sono detti *memorie a lettura-scrittura*. Tra gli esempi più diffusi: carta con matita e gomma per cancellare, memorie RAM, memorie EEPROM, dischi ottici CD-RW, dischi ottici DVD-RW, memorie elettroniche flash, nuclei di ferrite, dischi rigidi, floppy disk, dischi magneto-ottici RW.

Sono utilizzate anche memorie che vengono scritte solo in fase di inizializzazione e per le quali non è possibile la scrittura nell'uso normale. Tale inizializzazione può essere effettuata in modo incrementale dalla stessa apparecchiatura con cui vengono riletti i dati scritti. Questi dispositivi sono detti *memorie scrivibili una sola volta*, o *WORM* (Write Once, Read Many). Tra gli esempi più diffusi: carta con penna a inchiostro indelebile, dischi magneto-ottici WORM, dischi ottici CD-R, dischi ottici DVD-R, memorie elettroniche PROM, memorie elettroniche EPROM.

Alternativamente, può essere necessario scrivere tutti i dati con un'apposita apparecchiatura esterna prima di poter usare la memoria in lettura. Questi dispositivi sono detti *memorie a sola lettura*, o *ROM* (Read-Only Memory). Tra gli esempi più diffusi: carta stampata, memorie elettroniche ROM, dischi ottici CD-ROM, dischi ottici DVD-ROM.

Per quanto riguarda la **velocità di accesso**, per le memorie a lettura-scrittura, il tempo di lettura è normalmente vicino al tempo di scrittura, per cui in questo caso si parla genericamente di *tempo di accesso*. Per le memorie scrivibili una sola volta, la scrittura può essere molto più lenta della lettura; in tal caso, dato che la memoria verrà letta molte volte, si considera come più significativo il tempo di lettura. In generale, il costo economico unitario (cioè per byte) delle memorie cresce al crescere della velocità di lettura. Pertanto, la classificazione per velocità di lettura coincide sostanzialmente con la classificazione per costo unitario. In base a tale criterio, si ha la seguente gerarchia:

REGISTRI DELLA CPU, che forniscono la massima velocità di accesso, al massimo costo unitario.

CACHE INTERNA ALLA CPU, detta anche *cache di primo livello*.

CACHE ESTERNA ALLA CPU, detta anche *cache di secondo livello*.

MEMORIA CENTRALE, detta anche *memoria principale* e detta spesso semplicemente (ma impropriamente) *RAM*.

TAMBURI MAGNETICI, oggi in disuso.

DISCHI FISSI (magnetici).
DISPOSITIVI INSERIBILI E RIMOVIBILI *A CALDO* (cioè senza spegnere il computer), come floppy disk, nastri, memorie flash, dischi ottici. Questi ultimi forniscono la minima velocità di accesso, al minimo costo unitario.

In base alla **volatilità**, si hanno due categorie:

   a) Memorie che perdono le informazioni se non alimentate elettricamente: lo sono la maggior parte delle memorie elettroniche RAM.

   b) Memorie che mantengono le informazioni anche se non alimentate elettricamente: lo sono tutti gli altri tipi di memoria.

I difetti della volatilità sono, essenzialmente, *il consumo di energia* per conservare le informazioni (la necessità di una fonte di energia rende meno portabile e maneggevole la memoria; i CD-ROM, per esempio, se dovessero avere un'alimentazione a batteria per mantenere le informazioni, sarebbero molto più costosi e scomodi) e la *mancata persistenza delle informazioni* in caso di malfunzionamento o manutenzione del computer.

Nonostante i loro difetti, tuttavia, le memorie volatili sono molto utilizzate in quanto hanno tempi di accesso molto inferiori a quelli di altre memorie.

In base alla tecnologia, infine, si può eseguire una classificazione che suddivide le memorie in *1) memoria primaria* e *2) memoria secondaria*.

1) MEMORIA PRIMARIA

Collegate alla scheda madre tramite dei connettori chiamati socket, le memorie primarie (chiamate anche memorie centrali o memorie principali), servono a contenere i programmi ed i dati nel momento in cui vengono elaborati. Per realizzare una memoria primaria vengono normalmente utilizzate tecnologie a semiconduttore (cioè vengono utilizzati circuiti integrati a base di silicio). La memoria primaria è organizzata come una tabella di celle, ciascuna delle quali è denotata da un indirizzo (le celle contengono una sequenza di bit; ogni bit può rappresentare l'informazione 0 oppure 1 tramite un diverso stato elettrico). Ogni cella ha una misura prefissata e gli indirizzi delle celle variano tra 0 e n, dove n è una potenza di 2.

Tra vari tipi di memorie primarie, a seconda della funzione svolta e delle loro caratteristiche peculiari, quelle più importanti sono sicuramente:

RAM, acronimo per "random access memory", ovvero "memoria ad accesso casuale"; è la memoria in cui vengono caricati i dati che devono essere utilizzati dal calcolatore per elaborare. La RAM può essere *volatile* (si cancella spontaneamente ed ha bisogno di essere rinfrescata), *statica* o *tamponata* (mantiene l'alimentazione anche a macchina spenta).

Il processore identifica le celle della RAM tramite indirizzi preassegnati che ne specificano la posizione: la memoria si presenta, quindi, come un enorme vettore (stringa ordinata di elementi detti byte, ciascuno individuabile con un indirizzo). Il termine "random" non significa che i dati sono *scritti a caso*, ma evidenzia che non ci sono differenze ad accedere alle varie celle della memoria. Le caratteristiche della RAM vengono ereditate anche da tutte le altre memorie ad accesso casuale (individuabili facilmente dal fatto che contengono il termine *RAM* alla fine). Sostanzialmente le memorie RAM si suddividono in *D*RAM (*Dinamiche*), *S*RAM (*Statiche*) e Cache-RAM, utilizzate per la memoria cache.

Cache RAM, memoria associativa integrata nel processore; ha la caratteristica di essere molto veloce; dato l'elevato costo viene utilizzata esclusivamente per contenere i dati e le istruzioni utilizzati più di frequente (in modo da migliorare notevolmente le prestazioni del processore).

ROM, acronimo per "read only memory", ovvero "memoria in sola lettura" (o "memoria solamente leggibile"); è una memoria *permanente* (cioè ha un contenuto fisso che non può essere cancellato ed inoltre non è volatile) ed è presente sulla scheda madre, che contiene le istruzioni che la CPU deve caricare per consentire l'avvio del sistema e le routine di base che prendono il nome di BIOS (Basic I/O Sistem).

EPROM, acronimo per "eresable programmable read only memory", ovvero "ROM cancellabile e programmabile"; è una memoria in sola lettura, ma ha la particolarità di poter essere cancellata in particolari condizioni.

MRAM, acronimo per "Magnetoresistive Random Access Memory", ovvero "memoria ad accesso casuale magnetoresistiva"; è una tipologia di memoria ad accesso casuale non volatile in sviluppo dagli anni novanta che sfrutta l'effetto magnetoresistivo, cioè la proprietà di alcuni materiali di cambiare il valore della loro resistenza elettrica in presenza di un campo magnetico esterno. Il continuo incremento di densità delle memorie flash e delle DRAM hanno relegato le memorie MRAM in un mercato di nicchia, ma i suoi proponenti sono convinti che i vantaggi di questa tecnologia siano così significativi da garantire, in futuro, un'adozione diffusa delle MRAM in ogni campo applicativo.

2) MEMORIA SECONDARIA

La memoria secondaria (chiamata anche memoria di massa) racchiude tutti quei dispositivi che consentono all'utente la memorizzazione in modo permanente, cioè che consentono di contenere dati e programmi in modo stabile (una volta tolta l'alimentazione i dati non vengono persi).

Tra i principali tipi di memorie secondarie, meritano di essere ricordati:

I **dischi magnetici**, composti da uno o più dischi (i *disk pack*) ricoperti di materiale ferromagnetico; vengono "letti e scritti" (cioè su questi dischi vengono salvati e recuperati i dati) mediante un braccio mobile dotato della "testina di lettura/scrittura". I dati vengono trasferiti ai dischi magnetici tramite un buffer nella memoria centrale ed occupano successive posizioni lungo le tracce, sotto forma di differenti stati di magnetizzazione. I settori dei dischi vengono letti e scritti interamente utilizzando il numero della superficie, della traccia e del settore. Il tempo di accesso ai dischi magnetici è superiore rispetto a quello della memoria centrale, ma i costi, a parità di quantità di informazione memorizzata, sono decisamente più bassi. Di questa categoria fanno parte ad esempio gli hard disk e i floppy disk (realizzati con materiale plastico flessibile).

I **dischi ottici**, composti da materiale riflettente ricoperto da una sostanza protettiva; l'informazione viene registrata realizzando modificazioni della superficie riflettente e viene letta mediante un raggio laser che riscontra le irregolarità della superficie riflettente. I dischi ottici sono senza dubbio i supporti di memoria secondaria più diffusi: ne esistono di vari tipi, alcuni riscrivibili (cioè una volta scritti possono essere riscritti nuovamente) e non riscrivibili (una volta immagazzinati dei dati sul disco, questo non è più riscrivibile con altri dati). Fanno parte di questa categoria i CD, i CD-ROM e i DVD.

I **nastri magnetici**, composti da fettucce di nastri magnetizzabili e gestiti dalle unità a nastro (che dispongono della testina lettura/scrittura); servono per svolgere funzioni di *back-up* e *log* (registrazione delle operazioni effettuate in un certo tempo). I nastri magnetici consentono solo un accesso sequenziale ai dati (cioè è necessario leggere tutti i dati precedenti prima di accedere ad un certo dato). Tra i vari tipi di nastri magnetici, le prestazioni migliori sono ottenute dagli *streaming tape*.

La **Flash memory**, memoria elettronica non volatile di tipo EEPROM. Si presenta come Memory Card dall'ingombro ridotto.

Un altro tipo di memorie secondarie, però ancora in fase di sviluppo, sono le **memorie olografiche**. Queste nuove tecnologie olografiche di archiviazione avranno il pregio di poter memorizzare i dati non su una superficie (come fanno i supporti attuali) ma su un volume: queste nuove memorie saranno dunque caratterizzate da una elevata capacità di archiviazione ed in più da tempi di accesso brevi.

Tra le varie idee, il modo più promettente per archiviare più immagini olografiche sullo stesso mezzo è utilizzare differenti angoli di divergenza tra due laser. Cambiando l'angolo di incidenza del raggio di lettura è possibile infatti leggere pagine diverse. Ci sono però alcune problematiche che ostacolano la realizzazione di queste nuove memorie; le più importanti sono: l'elevata precisione ottica richiesta per il progetto ; la difficoltà per l'allineamento dei vari componenti ; le problematiche legate all'imperfezione del materiale utilizzato ; il rischio della collimazione dei fasci ed il problema dell'elaborazione dei segnali di uscita dai quali vanno ricavati i bit inizialmente memorizzati

Il motivo principale che spinge i ricercatori alla realizzazione di queste memorie, è che la registrazione di dati su media magnetici ed ottici arriverà velocemente a scontrarsi con i limiti fisici dei supporti e quindi le memorie, che ora sono adeguate, potrebbero non essere più sufficienti per le necessità future.

Periferiche

In informatica una periferica è un componente hardware di input e/o output del computer che durante il funzionamento può non essere all'interno del case che contiene la CPU, del tutto o in parte, oppure è ad esso fissato formando un unico blocco. Sebbene il termine "periferica" possa suggerire un'importanza secondaria, e quindi non strettamente essenziale, molte tipologie di periferiche sono di primaria importanza nell'economia di un sistema di elaborazione dati che possa dirsi totalmente efficiente. In effetti il termine si contrappone al "centrale" della CPU.

La periferica può connettersi con gli altri componenti hardware del computer via cavo, via radio, tramite una luce laser oppure tramite radiazioni infrarosse; è controllata dal sistema operativo attraverso un driver. Può anche avere un proprio microprocessore.

Fra le principali tipologie di periferiche necessarie per un uso ottimale del computer si possono elencare le seguenti voci tra quelle più comuni:

TASTIERA

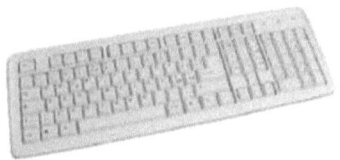

In ambito informatico la tastiera è un dispositivo di input del computer, atto all'inserimento manuale di dati nella memoria del computer e al controllo del computer. Può essere incorporata nel computer (come ad esempio negli home computer e nei portatili) o essere una periferica a se stante.

La tastiera si presenta come una serie ordinata di tasti la cui pressione permette l'inserimento, nella memoria del computer, di un particolare carattere, oppure l'esecuzione di un particolare comando da parte del computer. A tal fine, su ogni tasto, è presente una serigrafia che ricorda all'utente a quale carattere o comando corrisponde il tasto. Nell'implementazione odierna più comune, la maggior parte dei tasti consente l'inserimento di due o anche tre caratteri diversi, raramente invece di due o tre comandi diversi. Normalmente un carattere/comando è ottenuto mediante la semplice pressione del tasto, gli altri caratteri/comandi del medesimo tasto attraverso la pressione contemporanea di un particolare tasto funzione.

Esistono sistemi di riconoscimento della scrittura o della voce che possono integrare le funzioni della tastiera, o sostituirla dove necessario. Tra le tecniche per l'inserimento di dati alternative all'uso della tastiera, vanno ricordati i codici a barre e i lettori di bande magnetiche e di smart card. Questi ultimi sono molto più adatti di una tastiera per l'inserimento di codici di sicurezza, password e applicazioni di crittografia asimmetrica.

MOUSE

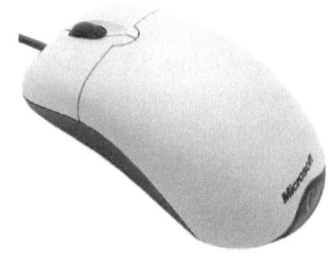

Il mouse è un dispositivo di puntamento, ovvero è in grado di inviare un input ad un computer in modo tale che ad un suo movimento ne corrisponda uno analogo di un indicatore sullo schermo, detto puntatore. È inoltre dotato di uno o più tasti ai quali possono essere assegnate varie funzioni.

Esistono due possibili spiegazioni riguardo l'etimologia del nome. La più comune è la parola *mouse* (dall'inglese: *topo*) in relazione alla somiglianza del dispositivo con il roditore. La seconda spiega la parola come un acronimo che, a seconda delle versioni, può essere Manually Operated User Selection Equipment oppure Machine Operator's Unique Spotting Equipment[14].

Nel tipo di mouse (meccanico) più comune, detto informalmente *a rotella*, il sistema è formato da:

- una sfera, solitamente in metallo rivestita di gomma, che muove le ruote forate (ruote foniche) dell'encoder;
- due encoder, caratterizzati dall'avere due ruote forate disposte ortogonalmente tra loro, quattro sensori, (due per encoder) per misurare la velocità di rotazione delle ruote foniche e due fonti luminose infrarossi;
- un sistema di trasmissione al computer.

I mouse di questo tipo, pur avendo il pregio di essere economici, hanno lo svantaggio di sporcarsi molto facilmente con l'utilizzo: la polvere, infatti, tende a incastrarsi nelle rotelle che rilevano il movimento, rendendone l'utilizzo problematico e impreciso. Per pulire un mouse meccanico è sufficiente sfilare la sfera, solitamente sbloccando una ghiera, e ripulire le rotelle interne con una pinzetta o un bastoncino cotonato leggermente imbevuto di alcol. La sfera e' consigliabile lavarla con acqua e sapone neutro.

Col progredire della tecnologia al mouse meccanico è stato progressivamente sostituito il mouse ottico. I primi mouse ottici utilizzavano un LED e un trasduttore ottico-elettrico (fotodiodo) per rilevare il movimento relativo alla superficie d'appoggio. Questi mouse potevano essere utilizzati solo su una speciale superficie metallica con una rete di sottili linee blu e grigie. Successivamente i mouse ottici poterono incorporare chip per l'elaborazione dell'immagine, in modo da poter essere utilizzati su un maggior numero di superfici comuni. Questo permise il diffondersi di massa del dispositivo.

Rispetto ai mouse tradizionali (meccanici), la struttura interna del mouse ottico è quindi molto semplificata; al posto della pallina, delle ghiere e dei sensori che rilevano i movimenti lungo i due assi di movimento, ci sono solamente un chip, un sensore ottico e un LED di illuminazione. Il processore di un mouse ottico è naturalmente molto più complesso di quello presente in un mouse tradizio-

---

14 Una voce non confermata, ma suggestiva, vuole che la segretaria di Engelbart (l'inventore del mouse), urtando il dispositivo sul tavolo, lo rovinò sul pavimento e nell'osservare distrattamente cosa aveva fatto cadere si spaventò, scambiandolo per un topo.

nale, a causa della maggiore elaborazione necessaria. Comunque un dispositivo a stato solido, per quanto complesso, è in generale molto più affidabile di un organo meccanico. Inoltre la totale mancanza di aperture dove si possono infiltrare sporco e polvere permette una vita media del mouse di gran lunga superiore a quelli tradizionali, senza alcun bisogno di manutenzione.

Un altro vantaggio dei mouse ottici è la possibilità di essere utilizzati su superfici lisce, su cui la sfera di un mouse meccanico slitterebbe. Per sua natura il mouse ottico è infatti in grado di funzionare con qualunque inclinazione, anche capovolto. Per contro non è in grado di funzionare su un vetro o su superfici prive di almeno una minima trama ottica. L'unico problema può essere dato dall'utilizzo su una superficie riflettente: poiché il LED illumina il piano d'appoggio e il sensore acquisisce l'immagine, qualsiasi materiale riflettente inganna l'acquisizione dell'immagine e quindi la rilevazione precisa del movimento.

Un mouse si connette al computer o tramite cavo (wired) o senza cavo (wireless). Il collegamento via cavo esiste fin dai primi mouse e sopravvive ancora oggi perché semplice, economico ed esente da rilevanti svantaggi. Il cavo inizia dalla parte anteriore del mouse e termina con un connettore per l'inserimento nel dispositivo. I primi mouse meccanici avevano un connettore seriale mentre, successivamente, i mouse Apple furono dotati di un connettore ADB, entrambe tipologie non più utilizzate. Attualmente i connettori sono di tipo PS/2 oppure USB.

Un mouse wireless è collegato al dispositivo tramite un piccolo ricevitore, con il quale comunica attraverso onde radio, raggi infrarossi o via Bluetooth. La mancanza del cavo rende necessarie alcune aggiunte al corredo di un mouse tradizionale: le batterie d'alimentazione (di regola ricaricabili), il ricevitore, ovvero un dispositivo collegato via cavo al computer che riceve i segnali del mouse ed un ricaricatore per le batterie di alimentazione (il ricevitore può fungere anche da base di ricarica richiedendo un ulteriore cavo di alimentazione).

La mancanza di un cavo e quindi di un legame fisico con il computer è un indiscutibile vantaggio in caso di ambienti di lavoro affollati o in caso di utilizzo con computer portatili. Tuttavia esistono alcuni svantaggi, come la necessità di alimentare separatamente la base di ricarica, possibili interferenze con il segnale radio e l'eventualità che l'utente si dimentichi di appoggiare il mouse sulla base di ricarica a computer spento ottenendo così un mouse non funzionante fino a ricarica effettuata. Per ovviare a questo inconveniente alcuni mouse dotati di pile sostituibili sono provvisti di un interruttore sul lato inferiore per poterli spegnere durante l'inattività. Lo scarso "peso"/"frequenza degli svantaggi" ha permesso una buona diffusione dei mouse senza filo.

I pulsanti sui mouse sono utilizzati per attivare determinate funzioni, alcune delle quali sono oramai diventate parte di uno standard *de facto*, come la singola pressione (*click*) per la selezione o due rapide pressioni (*doppio click*) per l'esecuzione. Più in generale la pressione di un pulsante del mouse permette di interagire con l'oggetto software dell'interfaccia grafica indicato dal puntatore sullo schermo. Il tipo di interazione dipende sia dal pulsante premuto che dal software utilizzato. Generalmente i software e i sistemi operativi permettono la piena configurazione e personalizzazione dei tasti.

Al contrario di ciò che è successo alle tecnologie per la rilevazione del movimento, i pulsanti del mouse non hanno subìto particolari innovazioni, a meno di qualche cambiamento nella forma per motivi di design, ergonomia e nel numero dei pulsanti.

Di base in un mouse i pulsanti possono essere: pulsante sinistro, pulsante destro, la rotella di scorrimento (che è possibile premere come pulsante centrale) ed eventuali pulsanti laterali, attivabili con il pollice o l'anulare. Quando ci si riferisce a pulsante destro e sinistro, ci si riferisce non alla loro collocazione fisica rispetto all'utilizzatore, ma alle funzioni che storicamente essi hanno assunto: è infatti possibile, in molti casi, invertire le funzioni assegnate ai pulsanti destro e sinistro per assicurare un utilizzo analogo ai mancini, che possono così utilizzare l'indice per il tasto sinistro, nonostante che esso sia posizionato a destra.

Mentre i pulsanti sinistro, destro e centrale sono presenti fin dai primi mouse, la rotella di scorrimento ha avuto ampia diffusione di pari passo con il diffondersi di Internet e del World Wide Web perché permette di scorrere i contenuti dei siti con più facilità rispetto all'uso della classica barra di scorrimento delle finestre.

TRACKBALL

La trackball è un tipo di periferica di puntamento per computer. La sua componente principale è una sfera, libera di ruotare in una cavità dell'involucro dove si trovano sensori che ne rilevano il movimento, e parzialmente accessibile dall'esterno in modo da potere essere comandata dalla mano; in prossimità della sfera si trovano pulsanti e rotelline. Tutte queste componenti sono molto simili a quelle di un mouse;

inoltre, la procedura di installazione della maggior parte delle trackball è del tutto analoga a quella di un mouse.

Le trackball vengono prodotte in diverse tipologie costruttive. La tipologia più comune prevede una sfera di 3 o 4 cm di diametro, mossa con il dito indice o medio, ai cui lati sono posti i pulsanti; una variante di questa impostazione, più moderna ed ergonomica, lascia al pollice il compito di ruotare la pallina, mentre la funzione delle altre dita è premere i pulsanti. Le trackball per uso professionale hanno una sfera di diametro fino a 10 cm per una maggiore precisione di puntamento, e possono essere comandate anche col palmo della mano.

I vantaggi della trackball rispetto al mouse sono notevoli. Essa garantisce un'ottima ergonomia, poiché consente alla mano e al polso di trovarsi sempre una posizione di riposo, eliminando il pericolo della "sindrome del tunnel carpale". La trackball non necessita di spazio per il movimento, e questo vantaggio sul mouse è particolarmente evidente in relazione ai modelli senza fili. L'utilizzo di una trackball è intuitivo, il suo apprendimento si consegue con l'uso normale e non necessita di tecniche particolari. Per la maggior parte degli utilizzatori, la trackball fornisce una precisione di puntamento superiore a quella di un mouse, poiché viene comandata dalla parte più precisa del corpo umano, le dita della mano, mentre il movimento del mouse richiede una più complessa coordinazione di mano, polso e braccio. Inoltre la trackball sta avendo larga diffusione per le persone diversamente abili, vista la sua semplicità di utilizzo.

TOUCHPAD O TRACKPAD

Il touchpad (in italiano: *tappetino tattile*; per i Mac ed i BlackBerry: *trackpad*) è un dispositivo di input presente nella maggior parte dei computer portatili. Viene utilizzato per spostare il cursore intercettando il movimento del dito dell'utente sulla sua superficie liscia; sostituisce completamente il mouse ed ha il vantaggio rispetto a questo del ridotto ingombro e lo svantaggio in genere di una minore libertà, facilità e comodità di movimento.

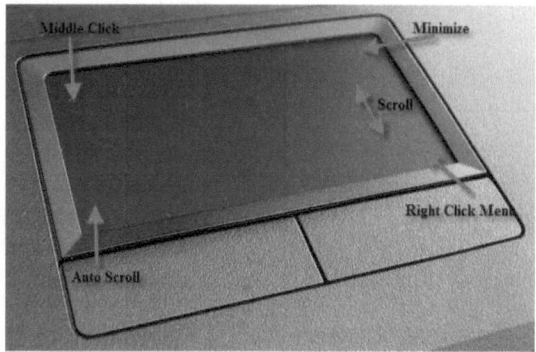

Il touchpad, grazie a dei sensori, percepisce il movimento del dito utilizzando la misura della sua capacità elettrica. I sensori sono posizionati lungo l'asse orizzontale e verticale del touchpad e vengono utilizzati per rilevare l'esatta ubicazione del dito sulla sua superficie. Più precisamente sotto la superficie visibile del touchpad sono posizionate due griglie separate da dielettrico. Le griglie sono formate da una serie di conduttori paralleli e sono disposte l'una perpendicolarmente all'altra. Poggiando un dito sul touchpad, questo fa cambiare la capacità tra due singoli conduttori componenti ciascuna griglia mediante sensori. A differenza di quanto si potrebbe pensare in un primo momento, il principio fisico per cui funziona un touchpad è anche il motivo per cui un touchpad non funziona se si sostituisce il proprio dito con una matita: il differente comportamento elettrico tra il proprio dito e la matita fa sì che essa non sia in grado di far cambiare la capacità nella griglia appena descritta.

Se si ha un dito umido e/o sudato, i sensori potrebbero non riconoscere correttamente il suo movimento poiché è difficoltoso misurare la capacità tra di essi. Oltre alla superficie, di forma quadrata o rettangolare, vi sono due tasti i quali hanno la medesima funzione dei tasti di un normale mouse.

Il trackpad dello smartphone BlackBerry è di tipo ottico ed è più paragonabile ad un mouse ottico, dato che si basa sullo stesso principio di funzionamento.

PENNA OTTICA

Nel linguaggio comune si tende a confondere la penna ottica col lettore di codici a barre. La penna ottica è un dispositivo collegato ad un computer che individua il passaggio del pennello elettronico che disegna l'immagine su uno schermo CRT.

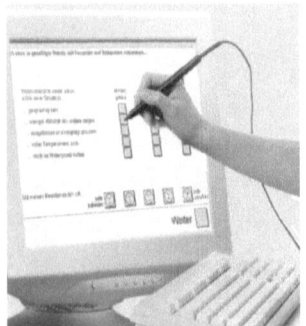

Quando il foto-resistore inserito nella penna ottica viene colpito dal pennello elettronico, il computer riceve un segnale e può stabilire le coordinate del punto che viene disegnato in quel determinato istante perché il movimento del pennello elettronico è controllato dai segnali generati dal computer stesso.

Per alcuni computer come il Commodore 64 o l'Amiga è sufficiente collegare direttamente una penna ottica compatibile, per altri, come lo Spectrum o l'Olivetti Prodest o gli MSX, serve anche una cartuccia che contiene componenti elettronici aggiuntivi. Una forma più moderna della penna ottica è la pistola usata in alcuni videogiochi.

I lettori di codici a barre (o, in inglese, *barcode scanner*) sono chiamati penne ottiche quando hanno la forma di penna. La punta è costituita da una fibra ottica e da un rubino artificiale mentre all'esterno è protetta da un involucro di acciaio antimagnetico. È particolarmente usata in ambito industriale poiché molto resistente e dotato di un dispositivo che, in caso di caduta accidentale è in grado di far rientrare la punta.

TAVOLETTA GRAFICA

La tavoletta grafica (*digitizer*- o *digitizing-tablet* in lingua inglese) è una periferica che permette l'immissione di dati all'interno di un computer.

Il suo utilizzo è abbastanza limitato, ma nei primi anni novanta del secolo scorso conobbe un notevole impiego per software di disegno digitale (CAD), come il celebre AutoCAD, che poteva essere completamente gestito da una tavoletta grafica provvista di puntatore.

L'uso del digitizer per il disegno tecnico si è poi progressivamente ridotto, a causa della maggiore diffusione dello scanner d'immagini come periferica di acquisizione di immagini.

Attualmente le tavolette grafiche, di misura molto ridotta, sono utilizzate soprattutto per il disegno artistico a mano libera e per il fotoritocco, come ausilio per la creazione di disegni e schizzi, usando un'apposita penna (*penna grafica*) sul supporto. Il movimento della penna viene riconosciuto dalla tavoletta e si ha quindi una sensazione simile al disegno a mano libera, grazie anche al fatto che ormai le tavolette sono sensibili alla pressione (tipicamente 1024 livelli di pressione differenti) e sono quindi in grado, in combinazione con il software grafico, di interpretare tale pressione per variare dinamicamente spessore della linea, intensità del colore, ecc. In commercio ne esistono alcuni modelli che abbinati all'uso di differenti strumenti conferiscono tocchi ed effetti pittorici differenti (aerografi, pennelli, etc.)

JOYSTICK

Il joystick è una periferica che trasforma i movimenti di una leva manovrata dall'utente in una serie di segnali elettrici o elettronici che permettono di controllare un programma, un'apparecchiatura o un attuatore meccanico.

L'impiego più diffuso e conosciuto del joystick è su console o computer e permette di muovere un personaggio o un cursore in un gioco e in questo caso il joystick è dotato di uno o più tasti o pulsanti a cui corrispondono azioni diverse, che talvolta il giocatore può personalizzare, ad esempio in un gioco *picchiaduro* premendo il tasto A si danno pugni; premendo il tasto B si salta, ecc. È importante dire che si può giocare anche senza joystick, se sono previsti meccanismi alternativi per muovere il personaggio nel gioco o il cursore.

I moderni joystick per uso ludico vengono collegati al computer attraverso le porte USB; in passato venivano collegati per mezzo della "porta game", di solito presente nelle schede audio.

L'effetto, conseguente allo spostamento della leva del joystick, è determinato dalla variazione resistiva, effettuata tramite la coppia di potenziometri di cui è costituito, rilevata da circuiti elettronici. Modelli molto sofisticati, operanti anche su tre assi, sono impiegati su velivoli, macchine movimento terra e mezzi militari. In questi campi la tecnologia adottata non si basa sul contatto strisciante in uso nei potenziometri, bensì sull'effetto Hall, e sono impiegati dispositivi elettronici atti a generare un segnale di livello proporzionale al campo magnetico in cui sono immersi; ovvero, l'asta del joystick sposta semplicemente un magnete permanente verso 4 sensori hall posti sui due assi cartesiani. Questa tecnologia offre un sistema virtualmente privo di usura, pertanto di elevatissima affidabilità.

HARD DISK

Un Hard Disk Drive (HDD, a volte abbreviato semplicemente in *hard disk*), anche detto *disco rigido*, è una tipologia di dispositivo di memoria di massa che utilizza uno o più dischi magnetici per l'archiviazione dei dati.

Il disco rigido, sebbene nella sua forma attuale di tecnologia sia uno dei dispositivi "più vecchi", è anche una delle tipologie di dispositivi di memoria di massa attualmente più utilizzate. È infatti presente nella maggior parte dei computer e anche in altre tipologie di dispositivi elettronici come ad esempio il Personal Video Recorder. Da poco tempo ha un serio concorrente: il disco a stato solido, destinato certamente in futuro a soppiantarlo non appena i prezzi diventeranno concorrenziali.

Il disco rigido è costituito fondamentalmente da uno o più piatti in rapida rotazione, realizzati in alluminio o vetro, rivestiti di materiale ferromagnetico e da due testine per ogni disco (una per lato), le quali, durante il funzionamento "volano" alla distanza di poche decine di nanometri dalla superficie del disco leggendo e scrivendo i dati. La testina è tenuta sollevata dall'aria mossa dalla rotazione stessa dei dischi che può superare i 15.000 giri al minuto.

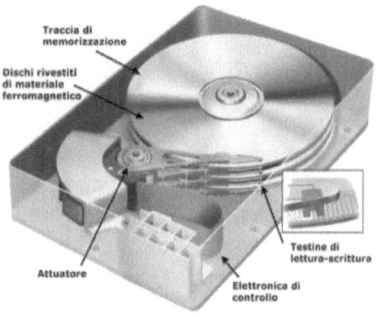

I dischi rigidi moderni hanno capacità e prestazioni enormemente superiori a quelle dei primi modelli ma poiché nel frattempo la velocità e le prestazioni delle memorie ad accesso casuale (RAM e ROM) sono aumentate molto di più, la loro velocità nella lettura e scrittura dei dati restano comunque di diversi ordini di grandezza al di sotto delle prestazioni della RAM e della componentistica a stato solido che equipaggia un computer. Per questo motivo il disco rigido è spesso la causa principale del rallentamento di un computer soprattutto quando, a causa di una memoria RAM inferiore alla memoria virtuale richiesta dai programmi in esecuzione, il sistema operativo è costretto ad effettuare un gran numero di operazioni di swap tra il disco e la memoria centrale.

Le caratteristiche principali di un disco rigido sono:
- la capacità
- il tempo di accesso

- la velocità di trasferimento

La *capacità*, ormai, è in genere espressa in GB. I produttori usano i GB *decimali*, invece delle approssimazioni per potenze di due usate per la memoria. Questo significa che la capacità di un disco rigido è in realtà un poco più piccola di quella di un modulo di memoria con la stessa capacità, e lo scarto aumenta all'aumentare della misura.

Il *tempo di accesso* è la variabile più importante nel determinare le prestazioni di un disco rigido. Si tratta del tempo medio necessario perché un dato, residente in un punto casuale del disco, possa essere reperito. Il tempo impiegato dipende dalla velocità della testina a spostarsi sulla traccia dove risiede il dato e dalla velocità di rotazione del disco; maggiore è la velocità e più breve è il tempo impiegato dal dato a ripassare sotto la testina nel caso questa non fosse arrivata in tempo sul dato, durante la rotazione precedente (*latenza rotazionale*). I produttori cercano perciò di realizzare testine sempre più leggere (che possono spostarsi più in fretta perché dotate di minore inerzia) e dischi che girano più velocemente. Il tempo di accesso tipico per un disco rigido da 7200 rpm è di circa 9 millisecondi, per uno da 15.000 rpm è inferiore a 4 ms.

La *velocità di trasferimento* è la quantità di dati fornita dall'hard disk in un determinato tempo (in genere si prende come riferimento il tempo di un secondo). Usare dischi che ruotino più velocemente o incrementare la densità di memorizzazione porta ad un miglioramento diretto della velocità di trasferimento. Va ricordato che la velocità di trasferimento diminuisce in modo proporzionale al numero di discontinuità nei settori che compongono il file ricercato (la cosidetta *frammentazione* dei dati).

Oltre alle tre viste sopra, altre caratteristiche possono influenzare in misura minore le prestazioni di un disco rigido. Tra queste:
- il buffer di memoria
- la velocità dell'interfaccia di collegamento

Il *buffer* è una piccola memoria cache (in genere di alcuni MB) posta a bordo del disco rigido, che ha il compito di memorizzare gli ultimi dati letti o scritti dal disco. Nel caso in cui un programma legga ripetutamente le stesse informazioni, queste possono essere reperite nel buffer invece che sul disco. Essendo il buffer un componente elettronico e non meccanico, la velocità di trasferimento è molto maggiore. Nel tempo la capacità di questa memoria è andata sempre aumentando ed attualmente 32 MB sono una misura abbastanza usuale.

L'*interfaccia di collegamento* tra il disco rigido e la scheda madre (o, più specificatamente, il *controller*) può influenzare le prestazioni perché specifica la velocità massima alla quale le informazioni possono essere trasferite da o per il disco.

Le moderne interfacce tipo ATA133, Serial ATA o SCSI possono trasferire centinaia di megabyte per secondo, molto più di quanto qualunque singolo disco fisso possa fare, e quindi l'interfaccia non è in genere un fattore limitante. Il discorso può cambiare nell'utilizzo di più dischi in configurazione RAID.

I dati sono generalmente memorizzati su disco seguendo uno schema di allocazione fisica ben definito in base al quale si può raggiungere la zona dove leggere/scrivere i dati sul disco. Uno dei più diffusi è il cosiddetto CHS acronimo per i termini inglesi *Cylinder/Head/Sector* (Cilindro/Testina/Settore); in questa struttura i dati sono memorizzati avendo come indirizzo fisico un numero per ciascuna delle seguenti entità fisiche:

Piatto - un disco rigido si compone di uno o più dischi paralleli, di cui ogni superficie, detta *piatto* e identificata da un numero univoco, è destinata alla memorizzazione dei dati.;

Traccia - ogni piatto si compone di numerosi anelli concentrici numerati, detti *tracce*, ciascuna identificata da un numero univoco;

Cilindro - l'insieme di tracce alla stessa distanza dal centro presenti su tutti i dischi è detto *cilindro;* corrisponde a tutte le tracce aventi il medesimo numero, ma diverso piatto;

Settore - ogni piatto è suddiviso in settori circolari, ovvero in *spicchi* radiali uguali, ciascuno identificato da un numero univoco e detto *settore*;

Blocco - è l'insieme dei settori posti nella stessa posizione in tutti i piatti;

Testina - su ogni piatto è presente una *testina* per accedere in scrittura o in lettura ai dati memorizzati sul piatto; la posizione di tale testina è solidale con tutte le altre sugli altri piatti. In altre parole, se una testina è posizionata sopra una traccia, tutte le testine saranno posizionate nel cilindro a cui la traccia appartiene.

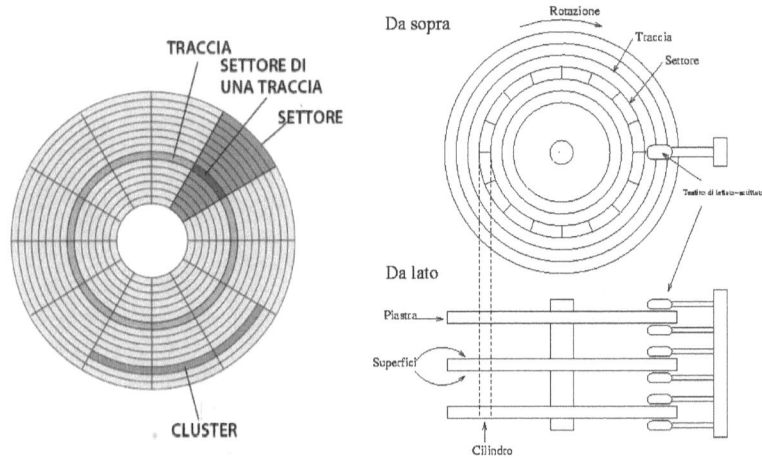

Questa struttura introduce una geometria fisica del disco che consta in una serie di "coordinate" CHS, esprimibili indicando cilindro, testina, settore. In questo modo è possibile indirizzare univocamente ciascun blocco di dati presente sul disco. Ad esempio: se un disco rigido si compone di 2 dischi (o equivalentemente 4 piatti), 16384 cilindri (o equivalentemente 16.384 tracce per piatto) e 16 settori, e ciascun settore di una traccia ha una capacità di 4096 byte, allora la capacità del disco sarà di 4 × 16384 × 16 × 4096 byte, ovvero 4 GB.

I dischi rigidi sono prodotti in quattro misure standardizzate chiamati "fattore di forma" che fanno riferimento al diametro del disco espresso in pollici: 3,5 - 2,5 - 1,8 - 1. I primi sono utilizzati nei personal computer classe desktop e nei server; i secondi nei computer portatili e dovunque ci sia poco spazio e/o potenza di alimentazione; i più piccoli nei dispositivi tascabili. Tutti i formati sono utilizzati anche per realizzare memorie di massa esterne ai computer, collegabili tramite un cavo USB o FireWire, adottate quando sia necessario ampliare la capacità di memorizzazione del computer o quando occorra trasportare agevolmente grandi quantità di dati. Nel formato maggiore l'alimentazione avviene tramite un alimentatore collegato alla rete elettrica, il formato 2,5 solitamente è alimentato direttamente dal cavo dell'interfaccia, i più piccoli dalla batteria del dispositivo in cui risiedono.

I dischi rigidi più veloci, avendo motori più potenti, sviluppano molto calore. Alcuni devono addirittura essere raffreddati con ventole apposite.

Il suono emesso da un disco è composto da un sibilo continuo, generato dalla rotazione dei dischi e da un crepitio intermittente, di cui ogni clic corrisponde ad un movimento della testina. In molti casi il rumore generato può risultare fastidioso, pertanto i produttori tendono ad adottare soluzioni tecniche per ridurlo al minimo, inevitabilmente però, un disco veloce risulta più rumoroso di uno lento; tra i vari dati forniti dal costruttore per un dato modello, compare anche il valore di rumore espresso in dB. Per maggiore flessibilità, in alcuni dischi la velocità di spostamento della testina è impostabile via software; alcuni produttori, per ridurre di qualche decibel il rumore, adottano la bronzina come supporto dell'albero rotante al posto del cuscinetto. Anomalie nei suoni emessi dall'hard disk sono indicativi di danni meccanici gravi, i quali rendono i dati inaccessibili; solo attraverso sofisticate tecniche di recupero dati questi potranno essere (in alcuni casi) resi nuovamente disponibili. Un significativo miglioramento si registra anche nei consumi di energia elettrica, sempre in diminuzione grazie al sempre più sofisticato controllo delle parti meccaniche in movimento, come ad esempio la gestione della velocità di spostamento delle testine proporzionale al tempo che impiegheranno ad arrivare sul punto in cui passerà il dato, è inutile arrivare prima sul posto e poi dover aspettare, meglio arrivare giusto in tempo con velocità più lenta, significa meno corrente consumata e minor rumore.

L'interfaccia di collegamento con la scheda madre più comune è quella IDE (prima versione dello standard ATA), poi evolutasi in EIDE e Serial ATA. Un cavo piatto, solitamente grigio, è usato per connettere il disco rigido. Spesso il cavo ha un terzo connettore per poter usare un altro disco (o altre periferiche ATA come i lettori cd) con lo stesso cavo. In tal caso, per poter distinguere tra le due periferiche, esse devono essere configurate una come master (*padrone*) e una come slave (*schiavo*).

Una scheda madre ha solitamente due connettori IDE (primario e secondario, detti spesso *canali* e impropriamente *controller*), ad ognuno dei quali è possibile connettere due unità per un totale di quattro periferiche. Non mancano schede madri con quattro connettori. Il cavo IDE non porta l'alimentazione elettrica necessaria per il funzionamento delle periferiche, che quindi devono essere connesse all'alimentatore per mezzo di un cavo separato.

Negli ultimi anni con l'evoluzione delle periferiche di memorizzazione l'interfaccia ATA ha mostrato i suoi limiti tecnologici e quindi è stata sostituita da una nuova versione chiamata *Serial ATA*. Questa nuova interfaccia ha come principale caratteristica quella di trasmettere i dati in modo seriale e quindi invece di utilizzare molteplici fili per trasmettere i dati ne utilizza solo due, uno per trasmettere i dati e uno per ricevere, oltre a due fili per le masse. In realtà il cavo è a sette fili dato che lo standard utilizza anche alcuni fili come segnali di controllo.

UNITÀ A STATO SOLIDO

Un'unità a stato solido o *drive a stato solido*, in sigla SSD (acronimo dall'inglese *solid-state drive*), talvolta impropriamente chiamata *disco a stato solido*, è una tipologia di dispositivo di memoria di massa che utilizza memoria a stato solido (in particolare memoria *flash*) per l'archiviazione dei dati. L'importante differenza con i classici dischi è la possibilità di memorizzare in modo non volatile grandi quantità di dati, senza utilizzare organi meccanici, dunque con maggiore velocità di accesso e maggior tempo di vita media.

Mentre i termini *Unità a Stato Solido* e *Solid State Drive* sono considerati corretti, il termine *disco a stato solido* è improprio perché all'interno dell'SSD non c'è nessun disco, ne' di tipo magnetico ne' di altro tipo. L'utilizzo della parola *disco* deriva dal fatto che questa tipologia di dispositivo di memoria di massa svolge la medesima funzione del più datato disco rigido e viene quindi utilizzato in sostituzione di esso.

Le unità a stato solido si basano su memoria flash solitamente di tipo NAND per l'immagazzinamento dei dati, ovvero sfruttano l'*effetto tunnel* per modificare lo stato elettronico di celle di transistor; per questo essi non richiedono parti meccaniche e magnetiche (dischi, motori e testine), portando notevoli vantaggi per la sicurezza dei dati e per la vita media del dispositivo.

La totale assenza di parti meccaniche in movimento, inoltre, porta diversi vantaggi, di cui i principali sono:

- rumorosità assente, non essendo presente alcun motore di rotazione, al contrario degli HDD tradizionali;
- minore possibilità di rottura: le unità a stato solido hanno mediamente un tasso di rottura inferiore a quelli degli hard disk. Questo tasso oscilla tra lo 0.5% fino a 3% mentre negli hard disk può raggiungere il 10%;
- minori consumi durante le operazioni di lettura e scrittura;
- tempi di accesso e archiviazione ridotti: si lavora nell'ordine dei decimi di ms; il tempo di accesso dei dischi magnetici è oltre 50 volte maggiore, attestandosi invece tra i 5 e i 10 ms; non necessitano inoltre di deframmentazione;

- maggiore resistenza agli urti: le specifiche di alcuni produttori arrivano a dichiarare resistenza a shock di 1500 g;
- minore produzione di calore.

A fronte di una maggiore resistenza agli urti e a un minor consumo, le unità a stato solido hanno, però, due svantaggi principali:

- un maggiore prezzo che può variare dai 0,50 € fino ad arrivare a 1,00 € per gigabyte[15].
- una minore durata dell'unità, a causa del limite di riscritture delle memorie flash.

Entrambi i problemi sembrano però destinati a risolversi in futuro. Le nuove tecnologie stanno portando memorie flash in grado di garantire durata pari o superiore a quella di un disco rigido tradizionale e attualmente i produttori dichiarano 140 anni di vita con 50 GB di riscritture al giorno su un'unità da 250 GB. Il tutto grazie all'introduzione di particolari tecniche, come quella dell'uso di nanotubi di carbonio. Il costo di questa tecnologia inoltre sta lentamente scendendo (senza nanotubi di carbonio), facendo facilmente presagire una futura sostituzione dei dischi tradizionali con unità a stato solido.

Un elemento che viene immediatamente alla luce analizzando le prestazioni di un dispositivo SSD è la minore velocità in scrittura rispetto a quella in lettura e la sua forte variabilità in dipendenza della misura dei file che si vogliono scrivere. Ciò dipende dal fatto che mentre i File System dei Sistemi Operativi solitamente usano blocchi di celle della misura di 4 KB, nei dispositivi SSD la misura dei blocchi è molto superiore (per esempio 4 MB). Questo comporta che per scrivere una cella dobbiamo leggere prima l'intero blocco, quindi scriverci sopra la cella desiderata lasciando le altre inalterate e infine salvarlo. Ne deriva che se dobbiamo scrivere più celle (file più grandi) le prestazioni migliorano, perché a fronte della lettura e poi del salvataggio di un blocco, possiamo scriverci dentro contemporaneamente tante celle quanto sono quelle libere disponibili.

Un modo per migliorare le prestazioni è quello di conoscere i blocchi liberi (con nessuna cella utilizzata); per ottenere ciò i sistemi operativi di ultima generazione mettono a disposizione il comando *TRIM*, che comunica al controller dell'SSD quali blocchi sono inutilizzati e cancellano le celle direttamente in fase di cancellazione dei file, migliorando dunque le prestazioni.

La frammentazione di un disco SSD non influisce sulle sue prestazioni, poi-

---

15 Il costo per GB è riferito al mercato a metà del 2014, epoca di stesura del presente testo.

ché il tempo d'accesso a qualunque cella è identico; i moderni sistemi operativi pertanto disattivano la deframmentazione del disco, in quanto risulta inutile.

FLOPPY DISK DRIVE

Il floppy disk drive, in sigla FDD, anche chiamato drive per floppy disk, è il dispositivo atto alla lettura e scrittura del floppy disk. È presente sulla maggior parte dei personal computer anche se negli ultimi anni, per le operazioni di salvataggio e trasferimento dati, vengono utilizzati molto più spesso i CD, i DVD e le chiavi USB.

Attualmente l'unico formato di floppy disk ancora utilizzato è quello da 3½ pollici mentre negli anni ottanta del secolo scorso, prima della disponibilità di tale formato, la maggior parte dei PC usava floppy da 5¼ pollici.

Nel drive per i dischi da 3½ pollici la forma dei dischi ed una serie di meccanismi interni impediscono l'inserimento del disco in posizioni diverse da quella corretta. Il movimento delle testine verso il disco viene comandato dall'inserimento del disco stesso per mezzo di un sistema meccanico. L'espulsione del disco avviene per mezzo dell'azionamento di un pulsante posto sul fronte dell'unità che libera una molla che era stata caricata dall'operazione di inserimento del disco.

Un'eccezione è costituita dai drive installati dalla Apple a partire dal modello Apple Macintosh nei quali l'espulsione del disco è comandata dal sistema operativo (per l'utente: trascinando l'icona del lettore sul "cestino") e ottenuta per mezzo di un motore. Nel caso questo meccanismo non funzionasse (ad esempio per un'interruzione dell'alimentazione o un malfunzionamento), si può inserire un fermaglio raddrizzato in un piccolo foro davanti al lettore, forzando l'espulsione del disco (analogamente ai lettori di CD/DVD).

Nel drive per i dischi da 5¼ pollici non esistono sistemi che controllano il corretto inserimento del disco nell'unità. La posizione corretta di inserimento è con l'etichetta dal lato superiore, il lato che presenta la finestrella di lettura (quella ovale attraverso la quale si vede il supporto magnetico) deve essere il primo ad entrare nel lettore.

Normalmente il movimento di avvicinamento delle testine al supporto magnetico e il contemporaneo blocco del dischetto nell'unità avviene azionando (spesso ruotando) un meccanismo a leva.

LETTORI DI DISCHI OTTICI

Il disco ottico è una tipologia di supporto di memoria. È costituito da un disco piatto e sottile in genere di policarbonato trasparente. Al suo interno (o, più comunemente, su una o tutte e due le facce) è inserito (o depositato) un sottile foglio metallico, in genere di alluminio, su cui vengono registrate e lette le informazioni tramite un raggio laser, che "brucia" il foglio in fase di scrittura e poi rilegge le differenze di riflessione in fase di lettura per risalire al contenuto depositato sulla superficie del foglio.

A differenza della modalità con cui sono memorizzate le informazioni sul disco rigido "tradizionale", in un disco ottico l'informazione è memorizzata sequenzialmente in una traccia continua a spirale, dalla traccia più interna a quella più esterna. I dischi ottici sono particolarmente resistenti agli agenti atmosferici, tranne che alle temperature estreme, ed a causa della densità di informazioni possibile hanno una grande capacità di memorizzazione.

Esistono diverse tipologie e/o tecnologie per un disco ottico:

Laserdisc

Il Laserdisc, nato agli inizi degli anni settanta del secolo scorso, è il primo standard di videoregistrazione su disco ottico. Alla vista consiste in un disco di materiali plastici simili a quelli di un Compact Disc dal quale differisce nella misura maggiore, paragonabile a quella di un disco in vinile a 33 giri.

Il Laserdisc, nonostante il sistema di lettura molto simile a quello dei compact disc possa far credere il contrario, contiene i dati video in formato analogico e non numerico (digitale) e più tracce audio in formato analogico e digitale. La qualità del formato è molto elevata, dal momento che il video viene modulato in frequenza e registrato così com'è, senza alcuna forma di compressione: questo permette una qualità del video composito identica a quella di un videoregistratore di classe broadcast.

L'uscita del più versatile ed economico DVD a metà degli anni novanta ha portato alla progressiva uscita di scena della più costosa e complessa tecnologia del Laserdisc. Molte caratteristiche "particolari" nate con il Laserdisc, come la presenza di molteplici lingue, dei sottotitoli, dei commenti audio, di materiale addizionale e di gallerie di immagini, hanno influenzato il modo odierno di realizzare le "special edition" dei DVD.

CD

Ai giorni nostri il CD è utilizzato da chiunque per ogni cosa: inserire foto, film, testi, ecc. La genesi del CD è dovuta alla ricerca, da parte del mondo della telefonia, di un sistema efficiente di moltiplicazione per le informazioni, attraverso la numericizzazione e semplificazione dei segnali. L'applicazione congiunta del sistema numerico binario al suono e del laser diede vita al compact disc. Il primo CD per l'utilizzo commerciale venne prodotto in una fabbrica della Philips ad Hannover in Germania il 17 agosto 1982.

I CD hanno una struttura paragonabile a quella dei normali dischi musicali: i dati sono ordinati lungo un'unica traccia a forma di spirale, un'organizzazione quindi molto diversa da quella dei dischi magnetici. La spirale parte al centro (contrariamente ai dischi in vinile) e procede verso l'esterno, permettendo così di avere CD più piccoli dello standard (per esempio i mini-CD o i CD a forma di carta di credito). La struttura a spirale del CD-ROM è tale da massimizzare le prestazioni per l'accesso sequenziale a scapito dell'accesso diretto.

Una caratteristica dei CD audio è data dalla velocità di lettura costante (CLV: Constant Linear Velocity). Il principio stabilisce che il laser deve leggere i dati a velocità uniforme, sia che si tratti della parte esterna sia quella interna del disco. Questo si ottiene variando la velocità di rotazione del disco, che passa da 500 giri al minuto al centro a 200 giri al minuto all'esterno. I CD dati invece possono essere letti tranquillamente anche a velocità variabile. Per ottenere prestazioni di lettura elevate il disco viene pertanto fatto girare a velocità costanti ed elevate (in modalità CAV: Constant Angular Velocity), pur se questo comporta un leggero rumore. La velocità di lettura dati (DTR) è una caratteristica fondamentale di un CD-ROM: essa viene contrassegnata da un numero standard seguito da una "x", equivalente a 153,6 kB/s - ad es. 4x = 614,4 kB/s. Questa velocità di base indicata con "x" è quella a cui vengono letti i CD audio registrati in PCM con

44.100 campionamenti al secondo, ognuno da due byte per l'altoparlante destro e altri due per quello sinistro.

DVD

DVD è l'acronimo di *Digital Versatile Disc* (in italiano *Disco Versatile Digitale*), anche se originariamente era *Digital Video Disc* (*Disco Video Digitale*).

Il DVD è il prodotto della cooperazione di alcune fra le maggiori aziende nel campo della ricerca e dell'elettronica di consumo; il cosiddetto *DVD Forum*, ovvero l'istituzione che si è incaricata di redigere le specifiche del nuovo supporto, era infatti formata da Philips, Sony, Matsushita, Hitachi, Warner, Toshiba, JVC, Thomson e Pioneer. L'intento

era quello di creare un formato di immagazzinamento di grandi quantità di video digitali che fosse accettato senza riserve da tutti i maggiori produttori, evitando quindi tutti i problemi di incertezza del mercato dovuti alla concorrenza fra formati che si erano presentati al tempo dell'introduzione delle videocassette per uso domestico.

Il DVD Forum individua 3 principali campi d'applicazione per il DVD:

- il *DVD-Video*, destinato a contenere film, in sostituzione della videocassetta;

- il *DVD-Audio*, pensato per sostituire il CD Audio grazie a una maggiore fedeltà e capacità;

- il *DVD-ROM*, destinato a sostituire il CD-ROM.

Sia nel DVD-Video che nel DVD-Audio sono previsti sistemi di protezione in grado di disincentivare la duplicazione dei contenuti. Proprio a causa di problemi nello sviluppo dei codici di sistemi di protezione adeguati, lo standard DVD-Audio sembra essere l'applicazione meno fortunata del formato DVD. Al contrario lo standard DVD-Video e DVD-ROM sono apparsi sul mercato sin dal 1997, ottenendo un enorme successo commerciale.

In un secondo momento, lo stesso DVD Forum introdusse gli standard per i formati registrabili del DVD. Formalizzato nel corso del 1999, il formato DVD-

R è lo standard ufficiale per i DVD Registrabili. Esso si suddivide nei formati "DVD-R for authoring" e "DVD-R for general use". I primi sono destinati alla creazione di copie di video protette da diritto d'autore, necessitano di uno speciale masterizzatore e sono in grado di implementare i sistemi di protezione dalla duplicazione. La differenza fondamentale tra i due formati risiede nella diversa lunghezza d'onda del laser: 635 nm per il DVD-R(A) e 650 nm per il DVD-R(G). I secondi sono in grado di contenere qualunque tipo di materiale, ma non sono compatibili con i sistemi di protezione utilizzati nei DVD-Video.

Nel 2000 è stato formalizzato lo standard DVD-RW, che ricalca le caratteristiche dei DVD-R "for general use", ma con la possibilità di essere riutilizzato fino a mille volte (teoricamente).

Negli anni necessari alla formalizzazione dello standard DVD-R, sono stati commercializzati altri 2 formati per la registrazione in formato DVD: il DVD+R (e DVD+RW) dal consorzio Sony-Philips, ed il formato DVD-RAM, supportato da Matsushita e JVC. Questi formati differiscono notevolmente dal formato DVD-R in termini tecnici, anche se i più moderni lettori e masterizzatori sono in grado di supportare DVD registrabili in qualunque formato (con qualche riserva per il DVD-RAM). Il DVD-R/-RW e il DVD+R/+RW usano una tecnica di registrazione elicoidale. Il DVD-RAM usa una tecnica di registrazione a cerchi concentrici, similare a un Hard Disk, al quale è assimilabile nell'uso.

Più recente è l'introduzione di standard per la masterizzazione di DVD a doppio strato, simili al DVD-9 industriale, e con una capienza di circa 9 GB di informazioni. Anche in questo caso la cordata Sony-Philips ha giocato d'anticipo, commercializzando il formato DVD+R Double Layer (c.d. DVD+R DL) fin dal 2002, mentre solo nel 2004 si è formalizzato lo standard ufficiale DVD-R DL.

I DVD-Video sono supporti digitali in grado di contenere fino a 240 minuti di materiale video in formato MPEG-2. L'audio può essere in formato non compresso PCM (da 1 a 8 canali), in formato Dolby Digital AC3 (che prevede da 1 a 6 canali), in formato DTS (fino a 8 canali) o in formato MPEG. I DVD-Video in commercio possiedono un codice detto codice regionale per poter essere riprodotto, usando un lettore DVD da tavolo, solo in una determinata zona del mondo (il globo è stato suddiviso in aree dalle major cinematografiche).

Il formato DVD-Audio ha subito numerosi slittamenti per problemi tecnici. Questo formato (DVDA) è stato progettato per fornire una qualità sonora notevolmente migliore di quella del CD Audio (CDDA). Malauguratamente, i sistemi di protezione dalla copia illegale implementati nel DVDA si sono rivelati molto efficaci dal punto di vista della sicurezza, ma terribilmente invasivi dal punto di vista della qualità complessiva del suono. In pratica il risultato sonoro era addirittura inferiore a quello dei normali CDDA, tanto che si è dovuto cercare altri sistemi di protezione che avessero un effetto meno marcato sulla qualità del suono.

Nel frattempo il consorzio Sony-Philips ha introdotto, ritagliandosi una piccola fetta nel mercato audiofilo, il formato concorrente Super Audio CD, *SACD*. Altro elemento che ha concorso al fallimento del formato DVD-Audio è la sua totale incompatibilità con gli attuali lettori DVD-Video.

I DVD di produzione industriale sono di sei tipi:
- DVD-1, detto più comunemente Mini DVD: 1,4 GB Lato unico e singolo strato, con diametro minore di 120 mm
- DVD-3: 2,8 GB Double layer Lato unico e doppio strato, con diametro minore di 120 mm
- DVD-5: 4,7 GB Lato unico e singolo strato
- DVD-9: 8,5 GB Lato unico e doppio strato
- DVD-10: 9,4 GB Due lati e singolo strato
- DVD-18: 17 GB Due lati e doppio strato

I DVD "double layer" permettono una doppia incisione nello stesso lato. La capacità del supporto non raddoppia esattamente, perché una parte di memoria è dedicata alla creazione di un indice e al controllo della distribuzione dei dati. Il double side o "doppio lato" è un supporto che può essere inciso o riscritto da tutti e due i lati. Per il double layer occorre un particolare masterizzatore con tale funzionalità. Per il double side è sufficiente avere un supporto a doppio strato, che viene inciso con i comuni masterizzatori, semplicemente girando il disco.

La memorizzazione delle informazioni avviene sullo "strato di incisione", tramite un laser, focalizzato su esso, che ne modifica la riflettività, riproducendo la sequenza di bit. Ogni strato è suddiviso in tracce circolari e concentriche di 0,74 micrometri. In lettura la luce laser viene riflessa dallo strato di memorizzazione in modo diverso a seconda dell'indice di riflessione e conoscendo la velocità di rotazione del disco e la traccia su cui si sta leggendo, si può risalire alla sequenza di bit memorizzati.

La minima velocità di trasmissione dati da un DVD è nove volte maggiore di quella di un CD, cosicché un lettore DVD da 1x è quasi equivalente ad un lettore CD da 8x. Più precisamente, 1x per un lettore DVD equivale a 1350 kB/s, mentre 1x per un lettore CD equivale a 150 kB/s. Il file system largamente usato nei DVDRom è l'UDF (Universal Disk Format).

È oggi possibile distribuire anche *DVD a scadenza*, aventi i medesimi standard di un DVD a doppio strato ma che si differenziano da questo per la durata fisica della traccia che contengono. La parte centrale contiene una sostanza citrica che, a contatto col raggio ottico del lettore, viene lentamente sprigionata ed entro 48 ore rende il DVD inservibile avendone deteriorato la traccia.

Esistono vari brevetti per realizzare questi nuovi supporti (*Flexplay* della Flexplay Technologies, *ez-D* della Buena Vista, *SpectraDisc* della SpectraDisc Corporation -acquistata interamente dalla Flexplay Technologies nel 2003).

In Italia i DVD a scadenza sono detti *Dvd Time* e sono distribuiti da un'unica azienda, la "01 Distribution", che ha acquistato in esclusiva il brevetto dalla società francese Dvd-Time. Questi supporti hanno il vantaggio che il film può essere preso a noleggio senza doverlo riportare in videoteca, dopo la visione del film.

DualDisk

Il DualDisc è un tipo di supporto ottico a doppio strato sviluppato dalla EMI Music, Universal Music Group, Sony/BMG Music Entertainment, Warner Music Group, e 5.1 Entertainment Group. È composto da un lato simile al CD (ma non segue gli standard del Red book) e dall'altro lato da un DVD.

La prima comparsa del DualDisc è stata negli Stati Uniti nel marzo 2004 come indagine di mercato da parte delle stesse case discografiche che hanno sviluppato la tecnologia. Il test coinvolgeva tredici titoli rilasciati in tiratura limitata ad alcuni negozi di Boston, e Seattle. L'82% dei consumatori ha affermato che il DualDisc ha soddisfatto o superato le loro aspettative. Inoltre, il 90% di loro ha dichiarato che avrebbe consigliato il DualDisc ai loro amici. Verso la fine del 2005 le case discografiche hanno rilasciato circa 200 titoli con questa tecnologia e sono stati venduti circa due milioni di copie.

A prima vista il DualDisc può sembrare un DVD a doppia faccia, come i DVD-10 e DVD-18 invece uno dei due lati è un CD. I dischi sono ottenuti tramite l'unione di uno strato di DVD standard, da 0,6 mm di spessore (4,7 gigabyte di capacità) e un CD dallo spessore di 0,9 mm (60 minuti o 525 megabyte di capacità), per uno spessore totale di 1,5 mm.

Il lato CD, a causa del suo spessore di 0,9 mm, non è conforme alle specifiche rilasciate dallo standard Red Book che vuole uno spessore non minore a 1,1 mm; per questo motivo alcuni lettori non sono in grado di riprodurre il lato CD di un DualDisc a causa di errori di lettura, sostanzialmente consistenti in un problema di aberrazione sferica. Come risultato, il laser quando legge la parte CD può avere un'immagine dei dati presenti sul disco "macchiata" (l'equivalente di una persona che legge un libro con degli occhiali di graduazione sbagliata). I tentativi per aggirare questo problema hanno portato a far fare i pit della parte del CD più larghi di quelli convenzionali. Questo accorgimento rende il CD più facile da leggere (l'equivalente di un libro stampato con caratteri più grandi, quindi più facile da leggere anche se una persona sta usando occhiali di graduazione sbagliata). L'inevitabile svantaggio di questo accorgimento, comunque, è il fatto che la durata di riproduzione del lato CD del DualDisc passa dai 74 minuti standard di un CD convenzionale, a 60 minuti circa.

Visto che questa parte del DualDisc non è conforme alle specifiche, la Philips e la Sony si sono rifiutate di mettere nei DualDisc il logo dei normali CD e la maggior parte dei DualDisc contiene uno o entrambi questi avvertimenti:

"Questo disco dovrebbe funzionare in tutti i tipi di lettori. Potrebbe tuttavia non funzionare in lettori per auto, e lettori di tipo slot-in."

"La parte audio di questo disco non è conforme alle specifiche previste per i cd e per questo alcuni lettori CD o DVD potrebbero non essere in grado di riprodurlo."

La parte DVD invece è pienamente conforme alle specifiche rilasciate dal DVD Forum e quindi viene messo da tutte le case discografiche sui propri titoli il logo classico dei DVD.

HD DVD

L'HD DVD (acronimo di *High Definition Digital Versatile Disc*) era un formato ottico digitale sviluppato al fine di diventare uno standard per i DVD di nuova generazione adatti ai contenuti ad alta definizione, promosso da Toshiba, NEC, Sanyo, Microsoft ed è in contrapposizione a Blu-Ray; inizialmente era supportato da Paramount Pictures, Dreamworks e da Universal Studios.

Il 19 febbraio 2008 Toshiba ha annunciato ufficialmente la dismissione entro marzo del progetto HD DVD. L'annuncio è arrivato dopo un inizio anno molto travagliato per lo standard HD DVD, in quanto a metà gennaio 2008 una delle maggiori case di produzione cinematografica, la Warner Bros., che supportava HD DVD aveva annunciato che da giugno avrebbe sospeso la produzione di titoli in questo formato.

Blu-ray Disc

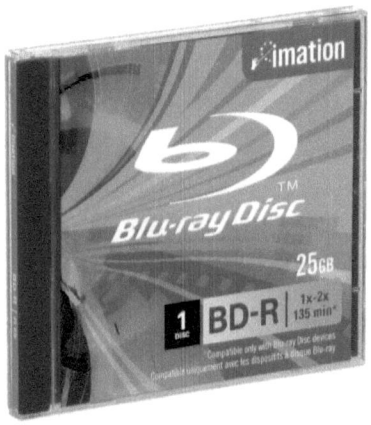

È il supporto ottico proposto dalla Sony agli inizi del 2002 come evoluzione del DVD per la televisione ad alta definizione.

Grazie all'utilizzo di un laser a luce blu, riesce a contenere fino a 54 GB di dati, quasi 12 volte di più rispetto a un DVD Single Layer - Single Side.

Anche se questa capacità sembra enorme, un disco da 25 GB può contenere a malapena 2 ore di filmato ad alta definizione utilizzando il tradizionale codec MPEG-2. Per questo motivo, oltre all'utilizzo dei dischi a doppio strato (oltre 50 GB), è stato previsto l'impiego di codec più sofisticati come l'MPEG-4 AVC o il Windows Media Video 9 (standardizzato come VC-1) che permettono in teoria di raddoppiare il fattore di compressione rispetto all'MPEG-2 (quindi dimezzando la richiesta di spazio) senza incidere significativamente sulla qualità video.

È stato utilizzato il termine *Blu* (usato in italiano) al posto del corretto *Blue*, poiché quest'ultimo è di uso comune nella lingua inglese (e quindi non registrabile come marchio). Il primo apparecchio ad aver utilizzato commercialmente questa tecnologia è stata la PlayStation 3, dopo che il 12 agosto 2004 i produttori impegnati nel progetto Blu-ray dichiararono di aver approvato la versione 1.0 delle specifiche per i dischi BD-ROM. La presentazione ufficiale del nuovo supporto disponibile per il cinema ad alta definizione è avvenuta il 23 maggio 2006 negli Stati Uniti.

Blu-ray attualmente offre tre differenti capacità di archiviazione (23.3, 25 e 27 GB), solo leggermente differenti in quanto utilizzano i medesimi supporti ma variano la quantità di dati immagazzinati grazie all'utilizzo di tre differenti lunghezze dei pit. È anche possibile diminuire ancora di più la lunghezza dei pit, e incrementare la capacità di archiviazione per strato (in inglese: *layer*).

Con i dischi Blu-ray da 25 GB già sul mercato, e con quelli da 50 GB pronti alla partenza, Sony era già al lavoro sui supporti da 200 GB: una capacità che sarebbe stata raggiunta con l'adozione di otto strati. Tale capacità è stata poi raggiunta e presentata il 26 maggio 2005 da parte della Blu-ray Disc Association che ha dichiarato, inoltre, che ormai i costi di produzione dei dischi BD-ROM con capacità da 25 e 50 GByte sono molto simili a quelli degli odierni DVD Dual Layer.

Sul fronte della sicurezza dei dati contro la contraffazione, Blu-ray utilizza l'Advanced Encryption Standard (AES) con chiavi a 128 bit che cambiano ogni 6 Kb di dati. In una conferenza del 2004, Sony ha mostrato come una singola chiave veniva utilizzata per decriptare un intero DVD, mentre la chiave del Blu-ray Disc cambiava centinaia di volte durante la riproduzione. Il protocollo di gestione dei contenuti digitali funzionerà in cooperazione con il protocollo HDCP per impedire la riproduzione a dispositivi non abilitati.

Holographic Versatile Disc

L'Holographic Versatile Disc (HVD) è una memoria olografica che si prefigge di arrivare a contenere fino a 6 TB di informazioni; attualmente, il supporto realizzato, ne riesce a contenere 500 GB.

Il disco, della stessa misura d'ingombro di un CD o DVD, impiega una tecnologia di memorizzazione olografica, in cui due laser, uno verde e uno blu, collimano in un singolo raggio. Il Laser verde legge i dati codificati come frange di interferenza laser da uno strato vicino alla superficie del disco, mentre il laser blu è usato come raggio di riferimento e per leggere *servoinformazioni* da un regolare strato in alluminio vicino al fondo, simile a quello dei normali CD. Le servoinformazioni sono usate per monitorare la posizione della testina del lettore rispetto al disco, come per le informazioni di titolo, traccia e settore di un convenzionale Hard disk. Sui CD o sui DVD queste servoinformazioni sono sparse tra i dati.

Uno strato a specchio dicroico, tra i dati olografici e le servoinformazioni, riflette il laser verde lasciandosi attraversare dal laser blu. Questo previene le interferenze che verrebbero causate dalla rifrazione del laser verde sui solchi delle servoinformazioni ed è un passo avanti rispetto ai vecchi dispositivi di memorizzazione olografica, che soffrivano o di troppe interferenze, o di totale mancanza delle servoinformazioni, rendendoli incompatibili con le attuali tecnologie dei lettori CD e DVD.

Gli HVD hanno una frequenza di trasferimento di 1 Gbit/s (125 MB/s). Sony, Philips, TDK, Panasonic e Optware prevedono tutte di realizzare dischi di capacità di 1 TB nel tardo 2016, mentre la Maxell prevede per il 2017 di lanciare dischi dalla capacità di 500 GB e una frequenza di trasferimento di 20 MB/s. Questi dischi hanno la capacità di contenere fino a 6 TB di informazioni. Nonostante lo standard HVD sia stato approvato e pubblicato il 28 giugno 2007, nessuna compagnia ha ancora materialmente realizzato dischi HVD.

Universal Media Disc

L'Universal Media Disc (tipicamente abbreviato in UMD) è un supporto ottico ideato dalla Sony per la sua console portatile PSP (PlayStation Portable).

Vagamente simile al MiniDisc come misure e al DVD come caratteristiche, ha una capienza di 1,8 GB, e può essere impiegato sia per videogiochi, sia per musica e film.

Anche se il formato è stato standardizzato, la creazione fisica degli UMD è esclusiva di Sony. Non esistono infatti in commercio masterizzatori UMD e gli stessi sviluppatori dei giochi sono costretti a rivolgersi a Sony per la pubblicazione. Pare però che recentemente Sony abbia cambiato idea su questo punto.

Versatile Multilayer Disc

Il Versatile Multilayer Disc (abbreviato nell'acronimo VMD o HD VMD) è un supporto ottico sviluppato per la televisione ad alta definizione da parte della New Media Enterprises Inc. È stato pensato per competere con l'HD DVD e il Blu-ray Disc, ma dopo l'abbandono del formato HD DVD, lo si pensa come un formato complementare al Blu ray e non alternativo.

Nel marzo 2006 la New Media Enterprises Inc fornisce una dimostrazione di un prototipo di un lettore VMD e annuncia un'aspettativa di lancio del formato per il terzo quadrimestre dello stesso anno. Alla fine di settembre 2007 la NME esibisce due lettori da lanciare nell'ottobre 2007. Il lancio sarebbe dovuto coincidere con il rilascio di 20 titoli cinematografici nel formato VMD; essi comprendevano produzioni di Icon Productions, Paramount Pictures, Walt Disney Pictures, New Line Cinema, Lionsgate e The Weinstein Company. Firmano inoltre un accordo con una compagnia di produzione di Bollywood, la Eros Group, intenzionata a produrre 50 opere nel formato VMD.

Attualmente sono disponibili titoli di film in formato HD-VMD in lingua inglese, francese, spagnola, portoghese, polacca e indiana.

Il formato VMD usa approssimativamente 5 GB per strato, simile allo standard del DVD, ma vi si possono applicare fino a 4 strati, raggiungendo una capacità di 20 GB totali. Il più raro supporto da 40 a 50 GB è, rispettivamente, dotato di 8 e 10 strati. L'azienda produttrice annuncia inoltre la capacità di collocare fino a 20 strati per supporto, raggiungendo così una capacità di 100 GB totali, senza perdita qualità nell'archiviazione dei dati.

MEMORY CARD E LETTORI DI MEMORY CARD

Una scheda di memoria (in inglese *memory card*, termine che si usa talvolta anche in italiano), è un dispositivo elettronico portatile di misure ridotte in grado di immagazzinare dati in forma digitale e di mantenerli in memoria anche in assenza di alimentazione elettrica. A tale scopo utilizza una *memoria flash* (memoria non volatile) contenuta al suo interno.

Le schede di memoria vengono utilizzate per due fini: per il salvataggio di dati di gioco nelle console e per memorizzare file (musica, immagini o altro) su periferiche portatili.

Ne esistono vari tipi: alcuni sono "proprietari", ovvero funzionano solo sui dispositivi elettronici per i quali sono stati progettati (come ad esempio le memory card per le PlayStation), mentre altri sono compatibili con una grande varietà di dispositivi elettronici, rendendo così possibile lo scambio di dati tra di essi. Nel secondo caso, le schede destinate all'uso nelle periferiche portatili possono essere utilizzate su apparecchiature di diversa natura, tipicamente fotocamere digitali, ma anche palmari, lettori MP3 e telefoni cellulari. Molti PC portatili ed alcuni PC fissi moderni sono dotati di lettori multiformato integrati; altrimenti è possibile acquistare dei lettori esterni con interfaccia USB. Il numero di diversi formati delle schede di memoria è in continua espansione ed è difficile che siano supportate tutte.

Le schede di memoria sono da considerarsi un'evoluzione dei classici dischetti utilizzati in passato per trasferire dati da un computer all'altro, rispetto ai quali hanno due fondamentali vantaggi: la non influenzabilità da parte dei campi magnetici e l'enorme capacità di memoria rispetto ai floppy. Anche la più piccola tra le schede oggi in commercio, infatti, con una capacità di appena 128 o 256 MB, può contenere l'equivalente dei dati contenuti rispettivamente in poco meno di 100 o poco meno di 200 classici dischetti, con un ingombro notevolmente inferiore.

L'utilizzo delle schede di memoria riduce anche considerevolmente il *costo per megabyte*: un dischetto da 1,44 MB che costi 50 centesimi di euro ha un costo per MB di 35 centesimi, contro gli 0,98 centesimi di una scheda di memoria da 512 MB (costo intorno ai 5 euro) e gli 0,54 centesimi di una scheda da 4 GB (costo intorno ai 22 euro, capacità pari a 2.845 floppy).

CHIAVE USB

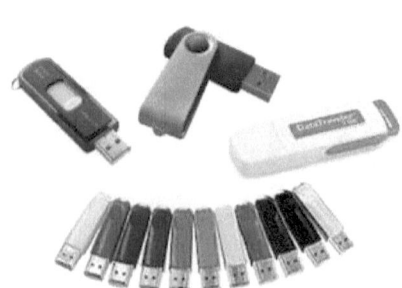

Una chiave USB (o *USB flash drive*, o anche *penna USB*, o ancora *pendrive*) è una memoria di massa portatile di misure molto contenute (qualche centimetro in lunghezza e intorno al centimetro in larghezza) che si collega al computer mediante la comune porta USB.

Nella chiave USB i dati sono memorizzati in una memoria flash, tipicamente di tipo NAND, contenuta al suo interno. Attualmente la capacità minima di memoria delle chiavi USB parte da 512 MB. La capacità è limitata unicamente dalla densità delle memorie flash impiegate, con il *costo per megabyte* che aumenta rapidamente per alte capacità.

Il protocollo per il trasferimento dei dati dal computer alla chiavetta, e viceversa, è un protocollo standard denominato *USB Mass Storage protocol*. Tale standardizzazione ha incoraggiato l'inclusione dei driver di supporto e di inclusione nel file system locale da parte dei produttori di sistemi operativi quali Windows, Mac OS X e Linux, pertanto la quasi totalità delle chiavi USB in commercio vengono lette nativamente da questi Sistemi Operativi.

Inizialmente la velocità di lettura/scrittura della memoria flash contenuta nella chiavette era molto bassa, "frenata" proprio dalla ridotta banda passante dell'interfaccia USB, che nella sua versione originale, la 1.1, è di 12 Mbit/s. Recentemente invece quasi tutte le chiavette di nuova costruzione utilizzano la più veloce versione 2.0, perfettamente retrocompatibile con la versione 1.1, e dotata di una banda passante di 480 Mbit/s.

Occorre precisare, però, che la velocità di scrittura non dipende solo dall'interfaccia utilizzata, ma anche dal tipo di memoria flash utilizzata, e dalla eventuale presenza di microchip dedicati all'interno della chiavetta stessa. Esistono a questo proposito in commercio alcune chiavette che contengono un piccolo microprocessore dedicato ad ottimizzare il processo di lettura/scrittura sulla memoria flash. Ovviamente la maggiore complessità di queste soluzioni relegano per il momento questi "bolidi" ad un mercato professionale di fascia alta con esigenze specifiche.

Grazie alle misure contenute, all'assenza di meccanismi mobili (al contrario degli hard disk comuni) che lo rende molto resistente, alle sempre crescenti capacità di memoria e alla sua interoperabilità, la chiavetta si sta configurando, accanto ai CD e ai DVD come unità preferita da un crescente numero di consumatori per il trasporto fisico di dati, tant'è che diversi modelli dispongono di un occhiello per permetterne l'utilizzo anche come portachiavi. Si tenga inoltre in considerazione il fatto che il numero di scritture che una memoria flash può supportare non è illimitato, seppur molto alto (oltre 100.000 cicli di scrittura). Un aspetto negativo è il fatto che dopo un lungo periodo di utilizzo, la memoria presente nella chiavetta potrebbe perdere dati. Questo dipende dalla specifica memoria e dal suo grado di *data retention*. In questo caso basta formattare la chiavetta per riavere l'affidabilità originaria.

UNITÀ ZIP

Lo Iomega Zip (detto anche *Zip drive* o *unità Zip*, o talvolta *disco zip*) è un supporto removibile prodotto da Iomega, con una capacità di 100 MB nella versione iniziale, e di 250 MB e 750 MB nelle versioni più recenti.

Si tratta di floppy, magnetici come gli hard disk e, quindi, diversi dai CD-ROM. È stato disponibile in due versioni: interna ed esterna. La versione esterna, in un primo momento, era disponibile con interfaccia parallela o SCSI; tale versione è stata poi affiancata da una versione USB sia versione 1.1 che 2.0. Attualmente l'interfaccia parallela è uscita di produzione e sono disponibili dispositivi con interfaccia ATAPI, USB e Firewire.

L'uso delle unità Iomega Zip è molto diminuito con la diffusione dei masterizzatori di CD e DVD riscrivibili, e successivamente con l'entrata nell'uso comune delle "chiavi USB", che sfruttano la tecnologia delle memorie flash.

MONITOR CRT

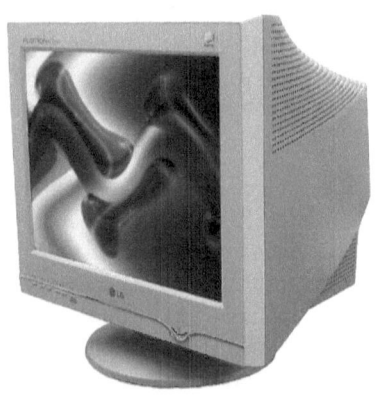

Il *display a tubo catodico* o *display CRT* o *monitor CRT*, è una tipologia di display ormai quasi del tutto soppiantata, a partire dall'inizio di questo secolo, dai display a cristalli liquidi e dai display al plasma.

Quando è utilizzato per applicazioni video (ad esempio per realizzare monitor e televisori) è anche chiamato *cinescopio*. Per creare le immagini il display CRT utilizza un tubo a raggi catodici nel quale i raggi catodici sono convogliati *ad hoc* su di una superficie fotosensibile. Parametro fondamentale di un display CRT è la misura dell'area su cui sono visualizzate le immagini normalmente indicata con la diagonale dell'area e misurata in pollici.

La tecnologia alla base tubo catodico fu sviluppata nel 1897 dal fisico tedesco Karl Ferdinand Braun che realizzò il primo oscilloscopio, mentre il primo prototipo del tipo usato nei moderni televisori fu realizzato dall'inventore statunitense Philo Farnsworth.

Attualmente la tecnologia del tubo catodico è destinata ad una progressiva obsolescenza in favore delle tecnologie al plasma, a cristalli liquidi e OLED, meno ingombranti e con costi di produzione in continua discesa.

I monitor a tubo catodico presentano il vantaggio, rispetto alle tecnologie concorrenti, di una migliore velocità di reazione (o minore *latenza*, molto apprezzata nell'uso dei videogiochi), immagini con colori più fedeli e più parsimoniosi nei consumi e il consumo si riduce ulteriormente in caso di immagini scure.

La struttura del tubo catodico deriva direttamente dal diodo a catodo freddo, a sua volta derivato dal *tubo di Crookes*, a cui è aggiunto uno schermo rivestito di materiale fluorescente, anche chiamato *tubo di Braun*. Nel 1922 fu sviluppata la prima versione commerciale a catodo caldo da parte di J. B. Johnson e H. W. Weinhart, della Western Electric.

I primi monitor per computer usavano un sistema simile a quello dell'oscilloscopio, ed erano chiamati monitor vettoriali poiché le immagini erano costituite da linee tracciate tra punti arbitrari e frequentemente rigenerate. I monitor vettoriali furono usati fino agli anni settanta e ottanta in alcuni videogiochi come *Asteroids*.

Questo tipo di monitor non presenta il difetto dell'aliasing tipico dei monitor attuali, ma non è adatto per mostrare caratteri oppure immagini che non siano al tratto a causa della difficoltà di rinfrescare un numero elevato di linee, mentre questo problema non si ha con i monitor successivi che hanno un funzionamento diverso.

Alcuni monitor vettoriali sono in grado di mostrare diversi colori, utilizzando un tubo catodico a colori ordinario oppure più strati di fosfori, regolando l'energia cinetica degli elettroni in modo da penetrare fino allo strato necessario.

I tubi catodici a colori utilizzano differenti tipi di fosfori in grado di emettere i colori rosso, verde e blu, disposti in sottili strisce parallele (tecnica *aperture grille*) oppure a gruppi di punti (tecnica *shadow mask*). Questi fosfori sono facilmente visibili osservando uno schermo acceso da una distanza molto ravvicinata. Ci sono quindi tre catodi con tre sistemi di focalizzazione (complessivamente detti *cannoni elettronici*), che generano un fascio per ciascun colore (in realtà i fasci sono invisibili, la corrispondenza con il colore dipende esclusivamente da quale fosforo viene colpito).

All'interno del tubo, a breve distanza dallo schermo è presente una maschera metallica forata in diversi modi a seconda della tipologia con la funzione di assorbire gli elettroni che non siano sulla traiettoria esatta per raggiungere il fosforo corretto e che causerebbero altrimenti confusione nei colori visualizzati.

L'impatto degli elettroni con la maschera metallica è causa di produzione di una piccola quantità di raggi X. Per questo motivo la parte frontale del tubo è realizzata in vetro al piombo, in modo da lasciarsi attraversare dalla luce dell'immagine ma non dai raggi X. Inoltre il sistema elettronico è progettato in modo da impedire che la tensione anodica possa salire a valori eccessivi, causando l'emissione di raggi X di energia maggiore. Si sono sperimentati in passato altri metodi per generare i colori, come per esempio l'utilizzo di un unico pennello elettronico che scandisce in sequenza i tre fosfori colorati che costituiscono il pixel dell'immagine.

MONITOR E SCHERMI LCD

Lo schermo a cristalli liquidi, in sigla LCD (dalla corrispondente espressione inglese *Lliquid Crystal Display*), è una tipologia di display a schermo piatto utilizzata nei più svariati ambiti, con misure dello schermo che variano da poche decine di millimetri a oltre 100 pollici.

Il primo utilizzo dei cristalli liquidi per uno schermo fu opera di George Heilmeier nel 1965. Più o meno dagli anni ottanta del secolo scorso gli LCD sono utilizzati anche in ambito video, inizialmente nei computer portatili, in seguito anche nei monitor e nei televisori (inizialmente in televisori portatili con schermo di pochi pollici, in seguito anche nei normali televisori con schermi di varie decine di pollici) riuscendo, all'inizio del secolo, insieme allo schermo al plasma, a far pensare seriamente di mandare in pensione il quasi centenario display CRT.

L'LCD è basato sulle proprietà ottiche di particolari sostanze denominate *cristalli liquidi*. I cristalli liquidi, o per meglio dire "le proprietà liquido-cristalline possedute da alcuni composti organici", furono scoperti nel 1888 dal botanico austriaco Friedrich Reinitzer. Egli si accorse che riscaldando del benzoato di colesterile questo dapprima diventava opaco, per poi schiarirsi al progressivo alzarsi della temperatura. Una volta raffreddato, il liquido diventava bluastro e poi cristallizzava. In pratica tali sostanze non passano direttamente dallo stato liquido a quello solido, ma in particolari condizioni sono in grado di organizzarsi in fasi intermedie (dette *mesofasi*) che presentano caratteristiche sia dello stato liquido cristallino che di quello solido. Questo dualismo giustifica il termine con cui si indicano questi composti, "cristalli liquidi", giustificando il controsenso dei termini utilizzati.

Negli schermi il liquido è intrappolato fra due superfici vetrose provviste di numerosissimi contatti elettrici con i quali poter applicare un campo elettrico al liquido contenuto. Ogni contatto elettrico comanda una piccola porzione del pannello identificabile come un pixel (o subpixel per gli schermi a colori), pur non essendo questi ultimi fisicamente separati da quelli adiacenti. Sulle facce esterne dei pannelli vetrosi sono poi posti due filtri polarizzatori disposti su assi perpendicolari tra loro. I cristalli liquidi, per polarizzazione, ruotano di 90° la luce che arriva da uno dei polarizzatori, permettendole di passare attraverso l'altro.

Prima che il campo elettrico sia applicato, la luce può passare attraverso l'intera struttura, e, a parte la porzione di luce assorbita dai polarizzatori, la struttura risulta trasparente. Quando il campo elettrico viene attivato le molecole del liquido si allineano parallelamente al campo elettrico, limitando la rotazione della luce entrante. Se i cristalli sono completamente allineati col campo, la luce che vi passa attraverso è polarizzata perpendicolarmente al secondo polarizzatore, e viene quindi bloccata del tutto facendo apparire il pixel non illuminato. Controllando la torsione dei cristalli liquidi in ogni pixel, si può dunque regolare quanta luce far passare. Si noti però che in questo modo un pixel guasto apparirà sempre illuminato. In realtà alcune tipologie di pannelli funzionano all'opposto, cioè sono trasparenti quando accesi ed opachi quando spenti per cui un pixel guasto resta sempre opaco.

Parlando di schermi a colori per pc o tv, l'unità di misura dello schermo è comunemente il *pollice* (2,54 cm), ed è la distanza misurata in diagonale tra due angoli opposti del pannello. Le misure standard variano oggi da 12" a oltre 100", con risoluzioni che, nelle tv, vanno da 640x480 a 1.920x1.080 pixel ed anche oltre per applicazioni speciali.

Una delle caratteristiche principali dei pannelli a cristalli liquidi (fatta salva la retroilluminazione) è il basso consumo di potenza elettrica, che li rende di per sè particolarmente indicati per applicazioni in apparecchiature alimentate da batterie elettriche. Gran parte del consumo è invece attribuibile alla retroilluminazione: ad esempio nelle TV, a causa della particolare luminosità richiesta, i consumi elettrici complessivi sono piuttosto elevati, solo lievemente inferiori a quelli dei tubi corrispondenti, anche se le ultime generazioni di TV hanno consumi abbastanza contenuti ed un 46" recente consuma circa quanto un 40" della generazione precedente.

Gli schermi LCD con un numero modesto di segmenti, come quelli usati nelle calcolatrici o negli orologi digitali, sono provvisti di un contatto elettrico per ogni segmento. Il segnale elettrico per controllare ogni segmento è generato da un circuito esterno. Questo tipo di struttura diventa improponibile man mano che il numero di segmenti aumenta.

Gli schermi di ingombro medio, come quelli delle agende elettroniche, hanno una struttura a *matrice passiva*. Questo tipo di struttura ha un gruppo di contatti per ogni riga e colonna dello schermo, invece che una per ogni pixel. Lo svantaggio è che può essere controllato solo un pixel alla volta, gli altri pixel devono ricordare il loro stato finché il circuito di controllo non si dedica nuovamente a loro. Il risultato è un contrasto ridotto ed una certa difficoltà a visualizzare bene le immagini in rapido movimento. Il problema chiaramente va peggiorando man mano che il numero di pixel aumenta.

Per gli schermi ad alta risoluzione, come i monitor per computer, si usa un sistema a *matrice attiva*. In questo caso lo schermo LCD contiene una sottile pellicola di transistor (*Thin Film Transistor - TFT*). Questo dispositivo memorizza lo stato elettrico di ogni pixel dello schermo mentre gli altri pixel vengono aggiornati. Questo metodo permette di ottenere immagini molto più luminose e nitide rispetto agli LCD tradizionali.

La durata media degli schermi LCD si attesta al giorno d'oggi intorno alle 50.000 ore. Questo dato, unitamente alla notevole e costante riduzione del loro prezzo, rende questa tecnologia una valida alternativa agli schermi a tubo catodico, rendendo quest'ultima categoria obsolescente più per motivi commerciali che per motivi tecnici.

SCHERMI A LED

Esteticamente molto simili agli schermi LCD (tanto che molto spesso vengono confusi tra loro), gli schermi a LED (dall'inglese *Light Emitting Diode*, diodi emettitori di luce) sono sostanzialmente analoghi in tutto e per tutto agli schermi LCD, ma con una variante, di relativamente recente introduzione, in cui la retroilluminazione viene ottenuta sfruttando l'azione di questi particolari diodi emettitori di luce.

Vanno distinte dalle *ordinarie* retroilluminazioni "laterali", che in questo caso sono date da LED posti sul bordo dello schermo e controllabili "in blocco", da quelle "a tappeto luminoso" regolabili localmente e che permettono di gestire separatamente le varie parti dell'immagine (il cosiddetto "local dimming"). Queste ultime dovrebbero permettere un sensibile miglioramento del contrasto sulla singola immagine, agendo dinamicamente sulle varie porzioni di retroilluminazione. Forti

contrasti sono tuttavia necessari solo per l'uso in piena luce dello schermo; si rileva infatti che il contrasto realmente percepito dipende anche dall'illuminazione dell'ambiente e dalla finitura superficiale dello schermo (lucido/riflettente od opaco/diffondente). Poiché in ogni caso lo schermo non è un *corpo nero* e riflette una parte della luce che lo colpisce, è intuitivo che la luminanza del nero venga alterata se lo schermo è colpito da una forte luce ambiente. Viceversa, ad esempio per la visione di scene in un ambiente scuro (il tipico soggiorno alla sera), contrasti elevati sono in genere fastidiosi in quanto le parti di immagine più luminose hanno un effetto abbagliante, riducendo la percezione dei dettagli nelle parti più scure ed aumentando l'*effetto scia* percepito.

SCHERMO AL PLASMA

Lo schermo al plasma, in sigla PDP (del corrispondente termine inglese *Plasma Display Panel*), è una tipologia di display a schermo piatto utilizzata per applicazioni video/televisive (tipicamente per realizzare monitor e televisori) con misura dell'immagine normalmente superiore ai 32".

Si ricorda che, in fisica e chimica, il plasma è un *gas ionizzato*, costituito da un insieme di elettroni e ioni e globalmente neutro (la cui carica elettrica totale è cioè nulla). Essendo però costituito da particelle cariche, i moti complessivi delle particelle del plasma sono in gran parte dovuti alle forze a lungo raggio che si vengono continuamente a creare e che tendono a mantenere il plasma neutro; questo fatto stabilisce una differenza importante rispetto ai gas ordinari, nei quali i moti delle particelle sono dovuti a forze che si estendono al massimo per qualche primo vicino. In quanto tale, il plasma è considerato come il *quarto stato della materia*, che si distingue quindi dal solido, dal liquido e dall'aeriforme. *Ionizzato* in questo caso significa che una frazione significativamente grande di elettroni è stata strappata dagli atomi. Mentre sulla Terra la presenza del plasma è relativamente rara (fanno eccezione i fulmini, le aurore boreali e le fiamme), nell'universo costituisce più del 99% della materia conosciuta; si trovano, infatti, sotto forma di plasma: il Sole, le stelle e le nebulose.

Lo schermo al plasma è stato inventato nell'Università dell'Illinois all'Urbana-Champaign da Donald L. Bitzer, H. Gene Slottow, e dallo studente Robert Willson nel 1964 per il *PLATO Computer System*. Gli originali pannelli monocromatici (di solito arancione o verde, a volte giallo) ebbero un impulso di popolarità nel decennio successivo alla loro invenzione poiché gli schermi erano robusti e non necessitavano né di memoria né di circuiteria elettronica per il refresh dell'immagine. Seguì negli anni ottanta un lungo periodo di declino delle vendite quando le memorie a semiconduttore resero gli schermi CRT più economici di quelli al plasma. Ciò nonostante, le misure relativamente grandi di uno schermo al plasma e il profilo sottile, resero tali schermi attraenti per dare un'immagine di alto profilo, come nelle sale d'ingresso od in luoghi di rappresentanza.

Gli schermi al plasma sono luminosi (1000 lux o più per i moduli) e possono essere prodotti di taglia grandissima, oltre i 100" (oltre i 2 metri e mezzo di diagonale). Hanno un grandissimo livello di nero "dark-room", creando il "nero perfetto" desiderabile per guardare i film. Il pannello dello schermo è largo soltanto 6 centimetri, mentre la larghezza totale, inclusa la parte elettronica che gestisce lo schermo, è inferiore ai 10 centimetri.

Il vantaggio principale della tecnologia per schermi al plasma è che si può produrre uno schermo molto grande utilizzando materiali molto sottili. Siccome ogni pixel viene acceso individualmente, l'immagine è molto luminosa ed ha angolo di visione molto ampio.

Gli schermi al plasma hanno un consumo di energia elettrica per metro quadrato più elevato rispetto agli schermi CRT o LCD. Il consumo reale di uno schermo al plasma è variabile ed è influenzato da ciò che si sta guardando: scene luminose, come ad esempio un evento sportivo, assorbiranno molta più potenza elettrica di un film con molte scene notturne.

La durata di uno schermo al plasma di ultima generazione è stimata in 100.000 ore (ovvero circa 34 anni, ipotizzando 8 ore di utilizzo al giorno). Più precisamente questa è la stima dell'*emivita* dello schermo, poiché dopo tale tempo la luminosità del pannello dimezza rispetto al valore in origine. È ancora guardabile dopo questo punto, che però viene generalmente considerato la fine della vita funzionale dello schermo.

Per quanto riguarda il funzionamento di uno schermo al plasma, esso è composto da molte piccole celle posizionate in mezzo a due pannelli di vetro, che mantengono una mistura inerte di gas nobili (neon e xeno). Il gas nelle celle viene elettricamente trasformato in un plasma, il quale poi eccita i fosfori ad emettere luce. Più in particolare, i gas di xeno e neon in uno schermo al plasma sono contenuti in centinaia di migliaia di piccole celle posizionate tra due pannelli di vetro. Anche dei lunghi elettrodi vengono inseriti tra i pannelli di vetro, davanti e dietro le celle (gli elettrodi posti davanti sono orientati su un piano parallelo a quelli posti dietro, ma ruotati di 90° gli uni rispetto agli altri). Gli elettrodi di indirizzamento sono dietro le celle, lungo il pannello di vetro posteriore. Gli elettrodi trasparenti dello schermo, che sono circondati da materiale dielettrico isolante e coperti di uno strato protettivo in ossido di magnesio, sono montati davanti alle celle, lungo il vetro anteriore. La circuiteria di controllo carica gli elettrodi che si incrociano ad una cella, creando una differenza di potenziale tra davanti e dietro, provocando la ionizzazione dei gas e la conseguente formazione di plasma; quando gli ioni del gas si dirigono verso gli elettrodi e collidono vengono emessi dei fotoni ed il punto di emissione diventa, pertanto, una sorgente luminosa praticamente puntiforme.

In uno schermo monocromatico, lo stato ionizzante può essere mantenuto applicando un voltaggio di basso livello tra tutti gli elettrodi orizzontali e verticali, anche quando il voltaggio di ionizzazione viene rimosso. Per cancellare una cella, tutta la tensione viene rimossa dagli elettrodi. Questo tipo di pannello ha una memoria intrinseca e non utilizza fosfori. Una piccola quantità di azoto viene aggiunta al neon per incrementare l'isteresi.

Nei pannelli a colori, il retro di ogni cella è rivestita con un fosforo. I fotoni ultravioletti emessi dal plasma eccitano questi fosfori per dare luce colorata. Ogni cella è quindi paragonabile ad una lampada fluorescente.

Ogni pixel è fatto di tre *sottocelle* separate, ognuna con fosfori di diversi colori (rosso, verde e blu). Questi colori si uniscono assieme per creare il colore totale del pixel. Variando gli impulsi di corrente che scorrono attraverso le diverse celle migliaia di volte al secondo, il sistema di controllo può aumentare o diminuire l'intensità di ogni colore di ogni sottocella per creare miliardi di diverse combinazioni di verde, rosso e blu. In questo modo il sistema di controllo può produrre la maggior parte dei colori visibili. I display al plasma usano gli stessi fosfori dei CRT, il che porta ad una riproduzione dei colori estremamente accurata, però per loro stessa natura non possono riprodurre i colori intermedi (la cella o è accesa oppure è spenta), per simulare i livelli di colore intermedi si adotta una tecnica detta di "PWM" che consiste nell'accendere la singola sottocellula per una porzione di tempo inferiore, ma questo spesso porta a maggior fatica di visione nel caso si sia molto vicini allo schermo.

SCHERMI OLED

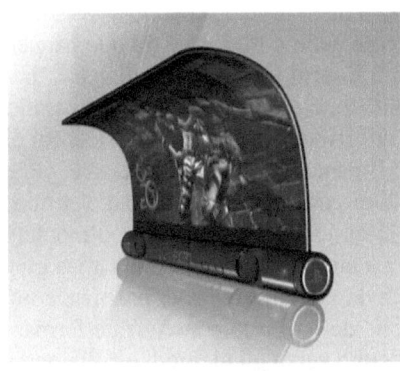

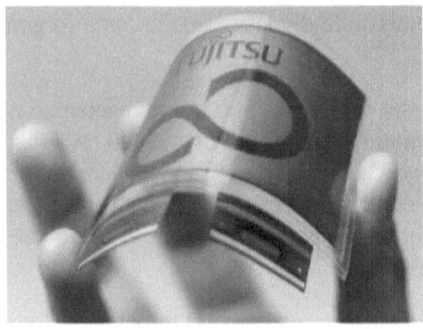

OLED è l'acronimo di *Organic Light Emitting Diode* ovvero *diodo organico ad emissione di luce*. Col termine OLED, pertanto, si indica la tecnologia che permette di realizzare display a colori caratterizzati dalla capacità di emettere luce propria; infatti, a differenza dei display a cristalli liquidi, i display OLED non richiedono componenti aggiuntivi per essere illuminati (i display a cristalli liquidi vengono illuminati da una fonte di luce esterna), ma producono luce propria e questo permette di realizzare display molto più sottili e addirittura pieghevoli e arrotolabili, che richiedono minori quantità di energia per funzionare.

A causa della natura monopolare degli strati di materiale organico, i display OLED conducono corrente solo in una direzione, comportandosi quindi in modo analogo a un diodo; di qui il nome di *O-LED*, per similitudine coi *LED*.

In genere il materiale organico utilizzato negli OLED è un polimero conduttivo elettroluminescente simile alla plastica (in questo caso si può parlare più correttamente di *POLED: Polymer Organic LED*) oppure materiali organici non polimerici di peso molecolare relativamente basso. Un elemento viene definito *or-*

ganico in quanto contenente una struttura costituita prevalentemente da Carbonio.

Normalmente, gli strati organici sono in grado di emettere solo luce bianca, ma con opportuni drogaggi (di composti elettrofosforescenti) è possibile renderli in grado di emettere luce rossa (drogante fluorescente a base di perilene dicarbossammide), verde (cumarina) o blu (β - DNA): essendo questi i colori primari, è possibile combinarli per produrre tutti i colori dello spettro visibile, in modo analogo a quanto accade in qualunque display a colori: ogni punto di un'immagine è costituito da 3 microdisplay affiancati, che producono luce rossa, verde e blu; visto da sufficientemente lontano, ogni elemento composto da tre microdisplay appare all'occhio umano come un singolo punto, il cui colore cambia secondo l'intensità della luce di vari colori emessa dai singoli microdisplay.

Dunque un display OLED è composto da vari strati sovrapposti: su un primo strato trasparente, che ha funzioni protettive, viene deposto uno strato conduttivo trasparente che funge da anodo; successivamente vengono aggiunti 3 strati organici: uno per l'iniezione delle lacune, uno per il trasporto di elettroni, e, tra di essi, i tre materiali elettroluminescenti (rosso, verde e blu), disposti a formare un unico strato composto da tanti elementi, ognuno dei quali formato dai tre microdisplay colorati. Infine, viene deposto uno strato riflettente che funge da catodo.

Nonostante la molteplicità di strati, lo spessore totale, senza considerare lo strato trasparente, è di circa 300 nm.

La tecnologia OLED ha grandi vantaggi (bassa tensione di alimentazione, ottimo contrasto, brillantezza dei colori) tuttavia presenta ancora dei limiti. Primo fra tutti il costo ancora elevato del processo produttivo. In secondo luogo gli schermi OLED hanno una durata molto inferiore agli schermi a cristalli liquidi e agli schermi al plasma. Il materiale organico di cui sono composti, infatti, tende a perdere la capacità di emettere luce dopo poche decine di migliaia di ore di esercizio.

SCHERMI **TOUCHSCREEN**

Il touch screen (o "touch-screen" o "touchscreen") o "schermo tattile" è un particolare dispositivo frutto dell'unione di uno schermo ed un digitalizzatore, che permette all'utente di interagire con una interfaccia grafica mediante le dita o particolari oggetti appositamente predisposti (stilo). Uno schermo tattile è allo stesso tempo un dispositivo di output e di input.

Lo schermo tattile per le sue caratteristiche riesce a sostituire le funzioni del mouse e in molti casi anche della tastiera, il che permette, soprattutto per i dispositivi mobili e compatti di non dover dedicare spazio a tastiera, mouse e touchpad ed avere quindi, allo stesso tempo, uno schermo più ampio a parità di spazio utile ed un'interattività diretta tra utente e dispositivo, a prezzo però di una velocità di scrittura/digitazione in generale meno rapida e a volte con più alto tasso di errori.

Esistono alcuni particolari schermi tattili, definiti "multitocco" (dall'inglese *multi-touch*), capaci di riconoscere la presenza di più dita o oggetti presenti contemporaneamente sullo schermo. Questi schermi utilizzano in genere tecnologie capacitive (meno frequentemente quelle resistive, per la relativa difficoltà di questa tecnologia ad individuare variazioni multiple nella conduzione elettrica su una singola superficie), ma anche per questa categoria di schermi le tecnologie sono numerose e differenti e devono essere accompagnate da un software di gestione che sia in grado d'interpretare i segnali derivati dallo schermo.

Un touchscreen, che può avere misure anche molto diverse tra loro a secondo della destinazione d'uso/applicazione, può essere realizzato con una gamma di tecnologie estremamente varia:

- **sensore magnetico:** tramite l'influenza dei campi magnetici tra la penna e il tablet si ha un'interazione con il dispositivo.

- **ad infrarossi:** i primi schermi tattili usavano raggi di luce infrarossa proiettati secondo una disposizione a griglia immediatamente sopra la superficie dello schermo; appoggiando il dito allo schermo l'utente interrompe alcuni fasci orizzontali e alcuni fasci verticali, consentendo così l'identificazione delle coordinate a cui è avvenuto il "contatto".

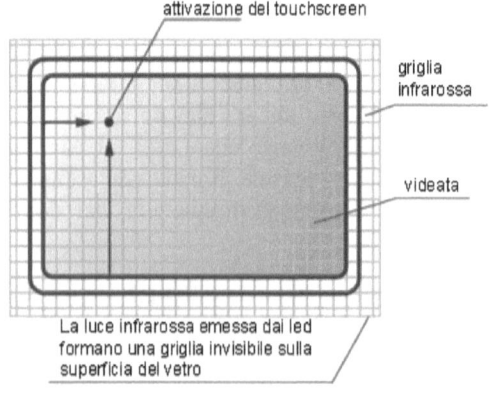

- **ottica o a videocamere:** alcuni dispositivi sfruttano un sistema di videocamere che individuano la presenza di oggetti o dita che entrano a contatto con la superficie dello schermo; la tecnologia di tipo ottico consente, a differenza della tecnologia infrarossi, il riconoscimento avanzato degli oggetti che interagiscono con la superficie dello schermo.

- **schermo resistivo:** il digitalizzatore di tipo resistivo, presente nella maggior parte dei dispositivi moderni, è composto da due strati di materiale conduttivo che, nel momento in cui un oggetto viene premuto sullo schermo, entrano in contatto permettendo al dispositivo di determinare la posizione dell'oggetto. 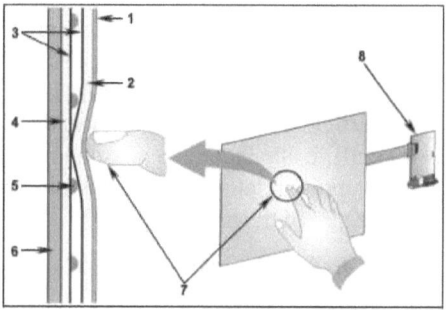 Sono costituiti da due strati di materiale plastico, separati da uno spazio; ognuno di questi strati sovrapposti ha la superficie interna ricoperta di materiale conduttore. Quando si crea un contatto tra i due strati si ha conduzione di elettricità. Il sistema traccia le coordinate di contatto e le traduce di conseguenza. Questa tecnologia è la più economica e di conseguenza la più utilizzata, nonché la meno prestante. Infatti lo schermo non è completamente traslucido e ne risentono la luminosità e la qualità. E' anche la meno longeva: col passare del tempo gli schermi resistivi sono più soggetti ad una perdita di reattività rispetto a quelli capacitivi.

- **schermo capacitivo:** il digitalizzatore capacitivo, presente sulla maggior parte di smartphone e tablet moderni, sfrutta la variazione di capacità dielettrica tipica dei condensatori sul vetro del dispositivo stesso, che viene

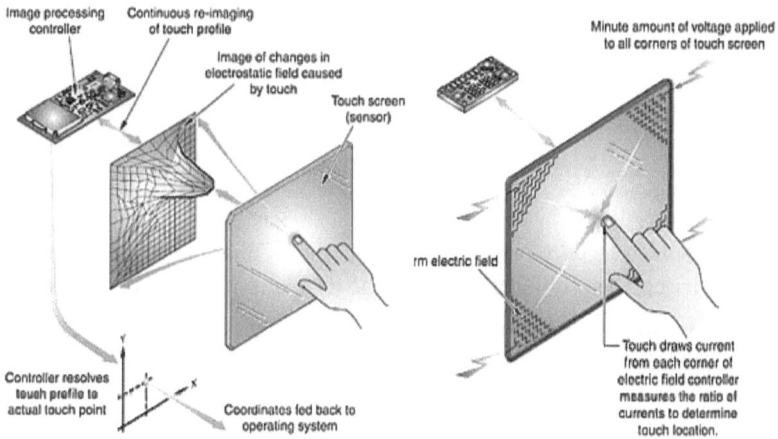

ricoperto da un sottile strato di ossido metallico sulla parte esterna. Ai quattro angoli del pannello viene applicata una tensione che si propaga uniforme su tutta la superficie dello schermo per via dell'ossido di metallo. Quando il dito, o un materiale conduttore di elettricità, tocca lo schermo avviene una variazione di capacità superficiale, che viene letta da una matrice di condensatori a film posizionati su un pannello posto sotto la superficie del vetro. Relativamente più resistenti, anche se più soggetti a graffi e abrasioni che possono renderli meno sensibili, la qualità delle immagini è relativamente superiore per nitidezza e luminosità, grazie ad una maggiore trasparenza.

Le diverse tecnologie presentano diversi vantaggi e svantaggi a seconda del tipo d'impiego, usabilità e costi:

- **prezzo:** un display capacitivo può costare anche il doppio di uno resistivo;
- **multitouch:** supportato nativamente nel display capacitivo, può essere implementato in quello resistivo solo con un re-engineering del sistema di base;

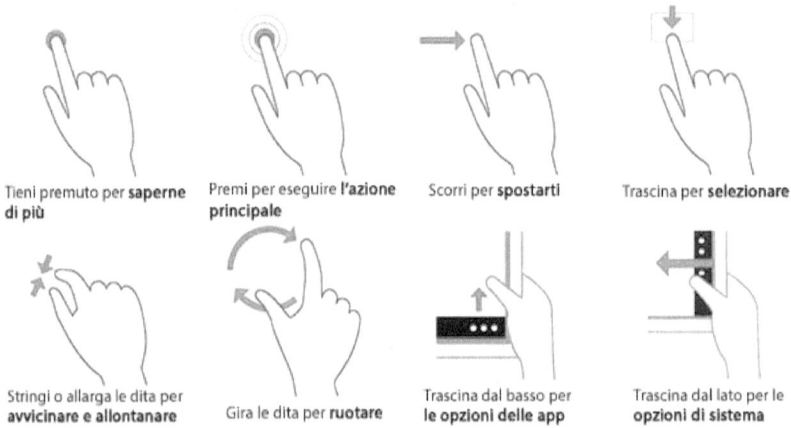

- **visibilità:** ottima nel display capacitivo, sia in interni che in esterni, soffre di qualche problema di riflessione all'aperto in quello resistivo;
- **sensibilità al tocco:** nel display capacitivo la sensibilità è buona, ma non può essere adoperato con dispositivi in plastica come pennini o stilo ed il riconoscimento della scrittura è problematico; nel display resistivo, invece, c'è la necessità di esercitare una certa pressione per ottenere l'attivazio-

ne del display, ma in cambio può essere utilizzato anche indossando guanti o adoperando stilo ed inoltre risulta molto più semplice implementare il riconoscimento della scrittura;
- **precisione dei comandi:** nel display capacitivo è limitata dall'utilizzo delle dita come strumento per impartire i comandi, mentre la possibilità di usare stilo consente a quello resistivo di essere molto più preciso;
- **resistenza:** il vetro protegge il display capacitivo in maniera efficace da urti e graffi ed assicura una maggiore durata; in cambio è facile romperlo per una caduta accidentale. Al contrario, il display resistivo deve essere adeguatamente morbido per consentire di esercitare la necessaria pressione e, quindi, è facilmente soggetto a graffi ed usura, pur essendo molto tollerante in caso di caduta accidentale;
- **igiene:** nel display capacitivo, l'uso obbligatorio delle dita lo espone maggiormente alle ditate rispetto a quello resistivo, ma la presenza della copertura in vetro garantisce la possibilità di una più semplice pulizia e, quindi, di igiene;
- **fattori ambientali:** il display capacitivo soffre sia le temperature elevate che quelle basse ed ha bisogno di un tasso di umidità relativa almeno del 5%; quello resistivo, invece, può lavorare tranquillamente tra -15°C e +45°C circa senza particolari attenzioni nei confronti dell'umidità relativa.

I touchscreen hanno iniziato ad essere particolarmente diffusi fin dagli anni '80 del secolo scorso in vari dispositivi dotati di schermo e destinati ad un uso intenso da parte del pubblico, quali i bancomat o gli sportelli informativi; non sono tuttavia mancate soluzioni professionali quali l'HP-150 del 1983 e che rappresenta il primo PC con schermo tattile. Tuttavia è solo a partire dai primi anni del XXI secolo che i dispositivi con schermo tattile conoscono una vera diffusione, grazie a soluzioni in dispositivi mobili quali il Nintendo DS, i navigatori satellitari, gli UMPC, i vari telefonini cellulari e smartphone nonchè i tablet. Con la diffusione di questi dispositivi e con l'aumentare della richiesta del pubblico, gli schermi tattili appaiono intensivamente anche in dispositivi portatili più grandi, come i tablet PC, al punto che l'attuale tendenza nel campo dell'editoria, seguendo la tendenza informatica, è di utilizzare software che permetta lo sfogliare direttamente da schermo libri e riviste in edizioni elettroniche.

SMART GLASSES

Mentre lo *Smart Glass* (al singolare!) è un progetto tecnologico per un *vetro intelligente*, cioè un vetro (in realtà un polimero) in grado di modificare la propria trasparenza alla luce in senso mono- o bi-direzionale a seconda delle condizioni ambientali o dietro comando esplicito di un utente, viene usato essenzialmente nel campo dell'arredamento d'interni e nell'industria automobilistica ed aeronautica e che non va confuso con il semplice oscuramento del vetro, vengono invece definiti *Smart Glasses* (al plurale) un progetto di *occhiali intelligenti* dotati di interfaccia computerizzata (o *dispositivi per realtà aumentata*, come vengono meglio identificati), destinati nelle intenzioni ad eliminare definitivamente gli smartphone dalle nostre tasche.

Al momento in cui viene scritto questo testo esistono tre progetti operativi di Smart Glasses (uno ad opera di Olympus, denominato *MEG4.0*, un altro tutto italiano ma ancora senza nome ufficiale -*GlassUp*?- e capitanato da Francesco Giartrosio ed un terzo di Google, chiamato *Google Glass*), ma uno solo di questi sembrava essere candidato ad avere concretamente un seguito commerciale ed è quello presentato pubblicamente da Google.

A mostrare in pubblico il *Google Project Glass*, e quindi a dare concretezza al programma di base, sono stati, nell'ordine, il direttore del progetto Sebastian Thun, e poi Sergey Brin e Larry Page (quest'ultimo nella veste di CEO di Google). In particolare Page lo ha indossato come dimostrazione durante la riunione annuale per la *Google Zeitgeist* tenutasi a fine maggio del 2012, nella quale ne ha ampiamente parlato, mentre Brin ha annunciato il piano commerciale dell'iniziativa in occasione di altre conferenze nel corso dei mesi di giugno e luglio 2012.

Durante gli incontri pubblici, Page ha indossato un prototipo semi-definitivo ed ha annunciato la disponibilità alla pre-vendita in veste di sviluppatore a chiunque ne fosse intenzionato. Ha inoltre mostrato come sia già possibile scattare delle foto con il Google Glass (chiamato al singolare perchè c'è un solo vetro davanti ad un solo occhio) premendo semplicemente un pulsante che si trova sulla parte destra della montatura. Dopo aver aspettato che la foto venisse processata, Page ha dovuto muovere la testa verso il basso (forse per confermare dicendo di SI col capo) e poi verso sinistra (forse per salvarla). Quindi è bastato un semplice *tap* sempre sul lato destro per condividere la foto con i suoi contatti.

Questo suggerisce che vi sia un giroscopio ed un pulsante dedicato per la fotocamera e che potrebbero esserci più tratti della montatura destra ad essere sensibili al tocco, quindi, in definitiva, suggerisce che la montatura stessa è di tipo *touch*.

Larry Page chiama il proprio prodotto semplicemente *Google Glass*, dunque quando sarà terminato il suo sviluppo e sarà pronto per essere commercializzato, molto probabilmente si chiamerà proprio solo Google Glass. Il CEO di Google, inoltre, fa notare inoltre che gli occhiali intelligenti di Google abbiano un solo vetro, quello destro, e non siano bioculari, da cui il nome al singolare piuttosto che al plurale che, però, lo fa confondere con un altro progetto tecnologico. In seguito Sergey Brin parlerà in più occasioni della sua commercializzazione, annunciando che Google sta impegnando molte risorse in questo progetto ed ipotizzando l'immissione sul mercato entro la fine del 2014, così come di un costo per l'utente finale attorno ai 1.500 dollari americani.

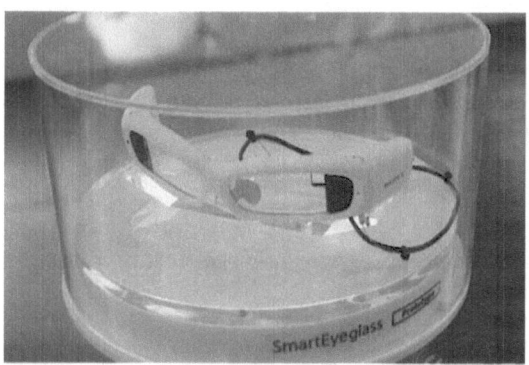

Nel frattempo Sony annuncia ufficialmente (settembre 2014) i propri Smart Glasses, nome in codice *SmartEyeGlass*. Al momento di redazione di questo testo non c'è ancora una data di rilascio nè tantomeno un prezzo potenziale, ma Sony contava di immettere sul mercato le prime unità entro la fine di marzo 2015, mentre il kit di sviluppo per le applicazioni (SDK) è disponibile fin da subito, anche se solo agli sviluppatori.

Il modello di Sony richiede il collegamento bluetooth a uno smartphone dotato di Android 4.1 (o superiori) e può fare affidamento su diversi sensori, tra cui accelerometro, giroscopio, luminosità ambientale, bussola elettronica e altri. Non c'è il GPS, poiché gli occhiali fanno affidamento su quello dello smartphone: il display ha un indice di trasparenza dell'85%, è spesso 3 mm e viene utilizzato per "mostrare in sovrimpressione informazioni quali testo, simboli e immagini" ed è monocromatico, anche per non pesare troppo sull'autonomia dell'apparecchio. Il design non è propriamente il più fine del mondo, con in più un modulo esterno (contenente sensore touch, batteria e microfono) collegato via cavo, ma possiamo supporre che, da oggi al rilascio definitivo, siano possibili diversi ritocchi in tal senso.

STAMPANTE PLOTTER

In informatica il plotter è una periferica specializzata nella stampa di supporti di grande formato. È il dispositivo di output ideale per i sistemi CAD, dove è impiegato per la stampa di prospetti e progetti architettonici, meccanici, elettrici, mappe topografiche, curve geometriche ecc.

Oggi viene anche utilizzato nell'ambito della grafica e della pubblicità grazie alle moderne tecnologie che consentono al plotter di stampare a colori e addirittura di ritagliare (*plotter da taglio*). Il nome deriva dal verbo inglese *to plot* nel senso di tracciare (un diagramma).

I primi modelli di plotter erano costituiti da un sistema elettromeccanico comprendente una coppia di motori azionati in corrente continua, uno dei quali serviva allo spostamento di un carrello, costituito da una barra lunga quanto la larghezza del foglio; su questa, azionato dal secondo motore, poteva scorrere un secondo carrellino più piccolo, sul quale era fissato il pennino. In tal modo, con appropriati valori inseriti in un programma, era possibile posizionare il pennino in qualsiasi punto del foglio, secondo le coordinate cartesiane.

Tra le varie istruzioni del programma, vi erano quelle preposte ad abbassare ed alzare il pennino sul foglio di carta (questa azione veniva effettuata da un elettromagnete), in questo modo era possibile tracciare punti, linee, curve, ed anche scrivere caratteri alfabetici. Sul carrello potevano essere montati pennini di colore o spessore diverso, selezionabili automaticamente. In alcuni modelli era installabile un solo pennino, ma questo poteva essere sostituito durante la stampa con altri collocati in un deposito laterale.

Con lo sviluppo della stampa a getto di inchiostro il plotter classico con le penne è stato sostituito da stampanti in grado di muovere la testina di stampa in senso trasversale sul foglio (o sul rullo) che scorre sotto la testina stessa in senso longitudinale. Sebbene questi tipi di macchine siano a tutti gli effetti delle stampanti e non dei plotter (intesi nel senso originario del termine) esse vengono impropriamente chiamate ancora con questo nome, tanto che ormai non viene più fatta distinzione nemmeno in ambito tecnico. I moderni plotter possono stampare rapidamente anche scritte e fotografie mentre appositi software sono in grado di emulare le funzioni di un plotter tradizionale (es. spessore dei pennini) a beneficio del programma CAD.

La dimensione del supporto di stampa può andare dall'A4 (o meno) fino a rotoli larghi 914 mm o più e di lunghezza determinata solo dalla disponibilità di disapositivi di taglio compressi nello chassis. Ad oggi la tipologia più diffusa è di gran lunga quella del plotter a getto di inchiostro con larghezza di stampa di 914 mm, in grado di stampare formati fino al formato A0+, tali dispositivi possono stampare su fogli singoli oppure su rotoli di carta di cui procede automaticamente al taglio ultimata la stampa.

STAMPANTE AD AGHI

Le stampanti ad aghi sono state uno dei primi mezzi di stampa a larghissima diffusione presso gli utenti finali di home e personal computer, principalmente per il loro basso costo e per la relativa semplicità della meccanica.

Appartengono alla categoria delle *stampanti ad impatto* ed i caratteri da stampare sul foglio vengono formati da una testina, composta da una fila verticale di 9, 18, 24 oppure 36 aghi, azionati da elettromagneti governati da driver appositi, che vengono gestiti per creare delle riproduzioni dei caratteri presenti nella ROM della stampante con misure di 9x9, 18x18, 24x24 o 36x36 punti. Poiché lo spazio occupato da ogni carattere è sempre lo stesso, i caratteri ottenibili sono "a spaziatura fissa" e con questo termine vengono ancora indicati in alcune applicazioni per pc del tipo word processor o desktop publishing.

Per ottenere materialmente la stampa dei caratteri sul foglio di carta, gli aghi battono sulla carta con interposto un nastro inchiostrato mentre l'intera struttura che li ospita (la testina di stampa) si sposta lateralmente sul foglio. La sequenza dei colpi è generata da un circuito elettronico per comporre i pixel che costituiscono i caratteri o parte di una immagine (driver, deve essere installato sull'host). La risoluzione in queste stampanti è misurata in *cpi* (*characters per inch*, caratteri per pollice), ovvero il numero di caratteri che potevano essere contenuti in senso orizzontale in un pollice (ovvero nello spazio di 2,54 cm). La stampa può avvenire in entrambi i sensi di spostamento della testina, con un aumento della velocità complessiva (stampa bidirezionale). Alcuni modelli di stampanti ad aghi possono riprodurre il colore, impiegando oltre al nero anche tre bande colorate secondo lo standard *cmy* (*cyan, magenta, yellow* – ciano, magenta, giallo).

La tecnologia di stampa a matrice di aghi è ancora richiesta in alcuni settori poiché è l'unica che permette di imprimere anche modulistica a più copie con un solo passaggio di stampa.

STAMPANTE A GETTO DI INCHIOSTRO

La tecnologia di stampa a getto di inchiostro, o *ink-jet* in inglese, consiste nel proiettare minuscole goccioline di inchiostro sul supporto da stampare.

La tipica stampante a getto d'inchiostro presenta un carrello che si può muovere per tutta la larghezza del foglio, il quale a sua volta può procedere in direzione perpendicolare al carrello mediante un sistema di rulli.

Sul carrello sono fissate le testine di stampa, il loro compito è quello di proiettare sul foglio microgocce di inchiostro del volume di pochi picolitri attraverso minuscoli forellini detti *ugelli*. Il meccanismo di eiezione delle gocce può essere sostanzialmente di due tipi:

termico: in corrispondenza di ogni ugello è posizionato un resistore attraverso il quale vengono fatti passare impulsi di corrente; ad ogni impulso il resistore si scalda di alcune centinaia di gradi in pochi μs e genera nell'inchiostro a contatto con esso una bolla di vapore; l'espansione di quest'ultima provoca l'espulsione della goccia dall'ugello soprastante; questa è la tecnologia più diffusa nell'ambito home/office ed è utilizzata da Hewlett-Packard, Canon, Lexmark e Olivetti;

piezoelettrico: sotto ogni ugello è sistemato un canalino circondato da un cristallo piezoelettrico; un impulso elettrico provoca la deformazione del cristallo e conseguentemente la repentina strozzatura del canalino e l'eiezione dell'inchiostro; è la tecnologia utilizzata da Epson.

L'inchiostro viene prelevato da serbatoi chiamati *cartucce* o *tanichette* le quali possono contenere inchiostro libero o trattenuto da una spugna; nei modelli di stampanti per fogli A4 e A3, tali serbatoi sono solitamente di misura ridotta e posizionati sul carrello, sopra le testine, e quindi si muovono assieme ad esso. Alcuni produttori in questi casi integrano le testine di stampa nelle cartucce e quindi l'esaurimento dell'inchiostro comporta la sostituzione della testina, ciò influisce sul costo della cartuccia, ma garantisce sempre l'efficienza delle testine. Nelle stampanti per fogli di misure maggiori, impropriamente chiamate *plotter*, le cartucce di inchiostro sono generalmente posizionate in un luogo fisso e collegate al carrello con le testine mediante tubi, alcune volte l'inchiostro è contenuto in veri e propri serbatoi da rabboccare.

STAMPANTI LASER

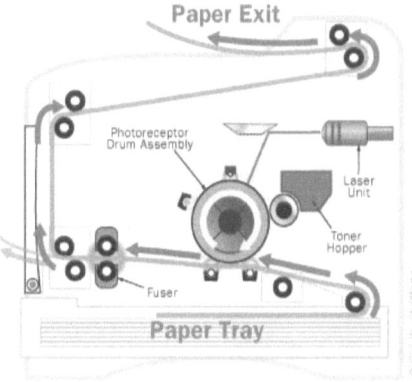

Questa tecnologia deriva direttamente dalla xerografia comunemente implementata nelle fotocopiatrici analogiche.

Sostanzialmente il processo di preparazione e stampa monocromatica avviene grazie ad un raggio laser con lunghezza d'onda tipicamente nell'infrarosso, che viene modulato in accordo con la sequenza di pixel che deve essere impressa sul foglio. Viene poi deflesso da uno *specchio rotante* su un *tamburo* fotosensibile elettrizzato, che si scarica laddove colpito dalla luce. L'elettricità statica attira quindi una fine polvere di materiali sintetici e pigmenti colorati, il *toner*, che viene trasferito sulla carta (mutuando dalla fotografia, questa fase del processo viene detta *sviluppo*). Il foglio passa poi sotto un rullo *fusore* riscaldato ad elevata temperatura, che fonde il toner facendolo aderire in maniera permanente alla carta (anche in questo caso prendendo il termine a prestito dalla fotografia, questa fase viene detta *fissaggio*).

Per ottenere la stampa a colori si impiegano quattro toner (nero, ciano, magenta e giallo), trasferiti da un unico tamburo oppure da quattro tamburi distinti. Raramente sono presenti invece sei tamburi (stampa in esacromia, adottata solitamente in ambito professionale e nelle tipografie). Per semplificare la gestione dei consumabili, nelle stampanti laser monocromatiche moderne il toner e il tamburo fotosensibile sono incluse in un'unica cartuccia.

Diverse agenzie per l'ambiente e giornali specializzati hanno verificato che, durante la stampa, vengono rilasciate alcune polveri sottili e altre sostanze cancerogene, come benzolo e stirolo, che sono contenuti nel toner.

In questo tipo di stampante la fase di sviluppo viene superata e la pagina stampata solo quando il sistema riceve il segnale di *EoS* (End of Sheet – fine del foglio), pertanto rientra nel gruppo delle cosiddette *stampanti di pagine*. La sua velocità media di printout è attorno a 70 ppm (*pages per minute* - pagine per minuto), anche se va detto che questo valore cambia in funzione del fatto che ogni pagina sia diversa dall'altra oppure siano tutte uguali alla prima; nel primo caso, infatti, al tempo necessario alla meccanica per espellere il foglio con la stampa finale occorre sommare il tempo di composizione del contenuto, mentre nel secondo caso la RAM locale della stampante mantiene memorizzato il contenuto della pagina e riduce sensibilmente i tempi di printout.

La risoluzione che è possibile raggiungere con questa tecnologia cambia con la lunghezza d'onda del laser adoperato, ma solitamente si attesta intorno a 1.200 dpi (*dot per inch*, punto per pollice).

STAMPANTE TERMICA

Questo tipo di stampante impiega un rotolo di carta speciale, detta *carta termica*, trattata chimicamente in modo da annerirsi se scaldata in condizioni opportune. Una testina di stampa, larga quanto la pagina e costituita da una schiera di resistenze elettriche che si scaldano per effetto Joule, impressiona l'immagine sul foglio mentre questo vi scorre sotto.

La stampa con tecnologia termica è stata ampiamente impiegata nei primi apparecchi telefax, ma i documenti stampati tendevano ad ingiallire e diventare illeggibili in breve tempo, anche solo tenendoli in mano, per effetto del calore dello stesso corpo umano. Questo problema ha dato luogo alla commercializzazione di appositi contenitori, scuriti per proteggere le stampe dalla luce.

Oggi questa tecnologia di stampa è largamente impiegata nelle stampanti incluse nei registratori di cassa, bilance, parchimetri ecc.

STAMPANTI A SUBLIMAZIONE

La stampante a sublimazione sfrutta un processo di trasferimento del colore, su carta o pellicola di plastica, basato sull'impiego del calore: in queste stampanti il colore, in fase solida, è scaldato fino a sublimare (diventare gas), per poi farlo diffondere verso il supporto, dove sublima nuovamente (diventa solido), fissandosi.

Nella stampa a colori, i diversi pigmenti colorati vengono posti uno alla volta. Il modello di colore usato è il CMYO (*cyan, magenta, yellow, overcoating* - ciano, magenta, giallo, copertura), che differisce dalla quadricromia (CMYK - cyan, magenta, yellow, key black – ciano, magenta, giallo, nero) per la sostituzione del nero con uno strato protettivo. Questa sottile lamina protegge la stampa dallo scolorimento dovuto all'esposizione alla luce (che potrebbe causare nuova sublimazione), rendendo la tecnica utile alla stampa di fotografie.

Per altri tipi di stampa (monocromatica) si usano nastri carbongrafici di colore nero, oro, argento o altri.

L'inchiostro per le stampanti a sublimazione è tenuto su di un nastro in cellophane, contenente quattro quadri per i tre pigmenti e il materiale protettivo. Ogni quadro è delle stesse misure del supporto su cui viene effettuata la stampa.

Durante il processo di stampa il nastro e il supporto vengono fatti scorrere sulla testina termica. La testina è composta da varie resistenze elettriche di misura ridottissima, che possono rapidamente cambiare temperatura per effetto Joule.

La quantità di calore applicato influenza la quantità di colore trasferito al supporto: con idonea circuiteria elettronica di supporto (driver) è infatti possibile ottenere scale di tonalità cromatiche molto più ampie di quelle ottenibili con altre tecnologie, da cui la migliore resa nelle stampe fotografiche. A causa però della limitazione meccanica dovuta alla grandezza del nastro, che deve essere uguale a quella del supporto finale, non ha avuto finora una grande diffusione presso gli utenti diversi dai sistemi home/office.

STAMPANTI BRAILLE

Questa tipologia di stampante non impiega inchiostri ma imprime sulla carta i simboli caratteristici dell'alfabeto Braille per non vedenti. Dispongono di una serie di punzoni mossi da elettromagneti che perforano (o imbutiscono) la carta creando dei puntini in posizioni opportune grazie ai quali è possibile leggere il testo impresso utilizzando il senso del tatto anziché quello della vista.

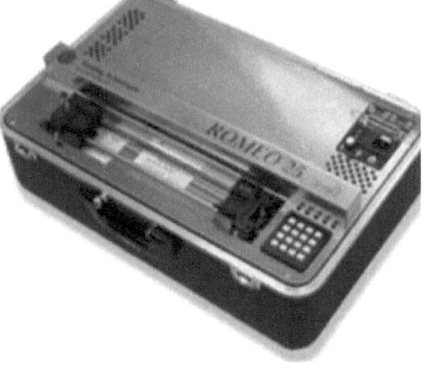

Per permettere una comoda lettura i puntini sono posizionati tra di essi sempre alla stessa distanza o comunque distanze di poco differenti da quelle standard, quindi non ha senso parlare di risoluzione di stampa.

Con questo tipo di stampante è possibile stampare soltanto le 64 combinazioni permesse dai 6 puntini del braille, e non è quindi possibile stampare immagini o grafiche elaborate. Si possono creare delle semplici geometrie decorative giocando con combinazioni di caratteri, tecnica utilizzata per frontespizi o per evidenziare l'inizio di un nuovo capitolo.

STAMPANTI 3D [*]

La stampa 3D rappresenta la naturale evoluzione della stampa in due dimensioni e permette di avere una riproduzione reale di un modello tridimensionale realizzato con uno specifico software di modellazione 3D. Essa è considerata una forma di produzione additiva mediante cui vengono creati oggetti tridimensionali da strati di materiali successivi. La stampante non ha più il compito di

---

* Testo a cura di Salvatore Gorgone

imprimere un'immagine o un testo su un materiale piano, bensì di dar vita a qualsiasi oggetto in tre dimensioni: non crea superficie, ma volume.

Le stampanti 3D sono generalmente più veloci, più affidabili e più semplici da usare rispetto ad altre tecnologie per la produzione additiva, offrono la possibilità di stampare e assemblare parti composte da diversi materiali con diverse proprietà fisiche e meccaniche in un singolo processo di costruzione. Le tecnologie di stampa 3D avanzate creano modelli che emulano molto da vicino l'aspetto e le funzionalità dei prototipi ottenuti con altri metodi.

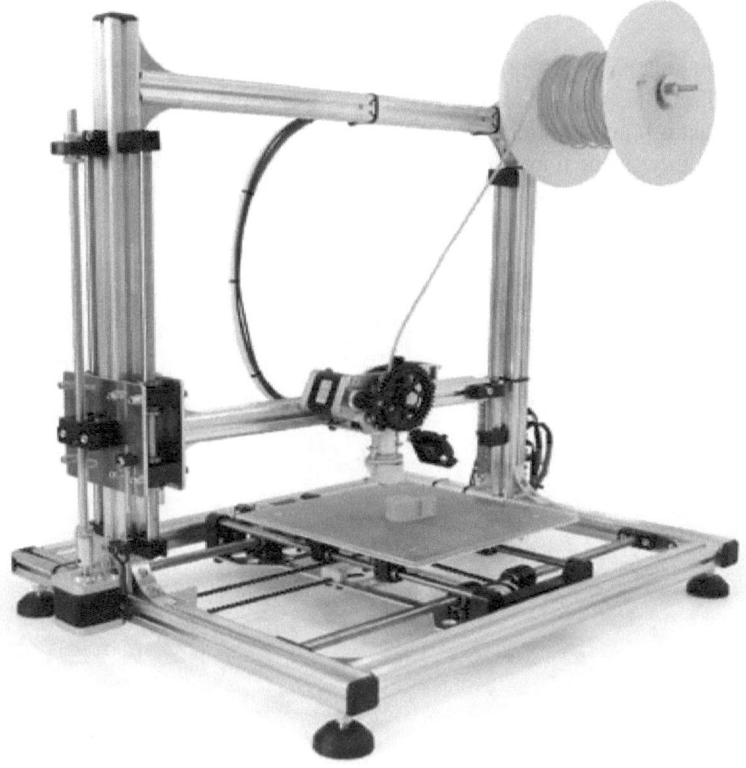

Una stampante tridimensionale lavora prendendo un file 3D da un computer e utilizzandolo per fare una serie di porzioni in sezione trasversale dell'oggetto. Ciascuna porzione è poi stampata l'una in cima all'altra per creare l'oggetto 3D. Il vero obiettivo è creare oggetti impossibili o difficili da realizzare con altre tecnologie.

Esistono diverse tecnologie per la stampa 3D e le loro differenze principali riguardano il modo in cui sono stampati gli strati. Alcuni metodi usano materiali che si fondono o si ammorbidiscono per produrre gli strati, come il *selective laser sintering* (SLS) e la modellazione a deposizione fusa (*fused deposition modeling*, FDM), mentre altri depongono materiali liquidi che sono fatti indurire con tecnologie diverse. Nel caso dei sistemi di laminazione, si hanno strati sottili che vengono tagliati secondo la forma e uniti insieme.

Ogni metodo ha vantaggi e svantaggi e conseguentemente alcune società offrono una scelta tra polvere e polimero come materiale dal quale l'oggetto sarà ricavato.

Con la stampa ad estrusione di materiale, la stampante crea il modello uno strato alla volta, spargendo uno strato di polvere (gesso o resine) e stampando con un getto liquido un legante nella sezione trasversale della parte. Il processo viene ripetuto finché non è stato stampato ogni strato. Questa tecnologia consente la stampa di prototipi interamente a colori, permette di realizzare sporgenze ed è il metodo più veloce.

Nel Digital Light Processing (DLP), una vasca di polimero liquido è esposto alla luce inattinica di un proiettore che fa indurire il polimero. La piastra di costruzione poi si muove in basso in piccoli incrementi e il polimero liquido è di nuovo esposto alla luce. Il processo si ripete finché il modello non è costruito. Successivamente il polimero liquido viene drenato dalla vasca lasciando il modello solido.

Il fused deposition modeling (FDM), che si adopera nella prototipazione rapida tradizionale, usa un ugello per depositare un polimero fuso su una struttura di supporto, strato dopo strato.

Un altro approccio è la fusione selettiva di un mezzo stampato in un letto granulare. In questa variazione, il mezzo non fuso serve a sostenere le sporgenze e le pareti sottili nella parte che viene prodotta, riducendo il bisogno di supporti ausiliari temporanei per il pezzo da lavorare. Normalmente si usa un laser per sinterizzare il mezzo e formare il solido. Esempi di questa tecnica sono l'SLS (selective laser sintering) e il DMLS (direct metal laser sintering), che usano metalli.

Le configurazioni ultrasottili sono realizzate mediante la tecnica di microfabbricazione 3D della fotopolimerizzazione a due fotoni. In questo approccio, l'oggetto 3D desiderato è evidenziato in un blocco di gel da un laser concentrato. Il gel è fatto indurire in un solido nei punti dove si era concentrato il laser e il gel rimanente viene quindi lavato via. Si producono facilmente configurazioni con dimensioni al di sotto dei 100 nm, così come strutture complesse quali parti mobili e intrecciate.

Diversamente dalla stereolitografia, la stampa 3D a getto è ottimizzata per velocità, rapporto costo-contenuto e facilità d'uso, è perciò adatta alla visualizzazione dei modelli elaborati durante gli stadi concettuali della progettazione ingegneristica e architettonica fino agli stadi iniziali del collaudo funzionale. Non sono richieste sostanze chimiche tossiche come quelle utilizzate nella stereolitografia, ed è necessario un lavoro minimo di finitura dopo la stampa: con la stessa stampante è possibile soffiare via la polvere circostante dopo il processo di stampa. Le stampe con polvere legata possono essere ulteriormente rinforzate mediante l'impregnazione con cera o polimero termofissato. Nell'FDM le parti possono essere rinforzate inserendo un altro metallo nella parte mediante assorbimento per capillarità.

Di recente sono state sperimentate polveri ceramiche e sistemi di legatura che consentono di stampare materiale di argilla da un modello al computer e poi di cuocerlo in forno.

La risoluzione di una stampante 3D è espressa in spessore degli strati e la risoluzione XY in dpi. Lo spessore degli strati tipicamente è intorno ai 100 micrometri (0,1 mm), mentre la risoluzione XY è paragonabile a quella delle stampanti laser. Le particelle (punti 3D) hanno un diametro da 50 a 100 micrometri (0,05-0,1 mm).

Per poter stampare in 3D un oggetto bisogna avere un modello 3D prodotto con dei software di modellazione tridimensionale multipiattaforma (commerciali, come Autodesk Autocad, Maya, Revit, Adobe Photoshop o liberi, come Blender, LibreCAD, Google SketchUp, Rhino e OpenScad). Ci sono poi degli scanner 3D che permettono di replicare l'oggetto che si desidera stampare. Il loro utilizzo è indicato in molteplici campi applicativi (settore industriale, design, biomedicale, etc.). Finito questo passaggio si salva il modello nel formato .STL e lo si carica in un software apposito che viene comunemente detto *Slicer*. Ne esistono di diversi tipi, sia open source che proprietari (tra i più famosi possiamo trovare CURA, Slic3R e Repetier host). In questi software si possono impostare tutti i dati della stampante 3D e molti parametri per la stampa, come lo spessore del layer, l'infill, la velocità di stampa. Inseriti tutti i parametri si può mandare in stampa l'oggetto salvando il file in un formato apposito che possa essere letto dalla stampante 3D, il GCode.

L'uso delle tecnologie di scansione 3D consente la replica di oggetti reali senza l'utilizzo delle tecniche di stampaggio, che in molti casi possono essere più costose, più difficili, o anche più invasive da eseguire; ciò è indispensabile con i preziosi e delicati manufatti dei beni culturali dove il contatto diretto delle sostanze di stampaggio potrebbe danneggiare la superficie dell'oggetto originale.

Si sono sviluppate stampanti 3D adatte all'uso domestico, disponibili a prezzi accessibili a molti utenti finali individuali.

Recentemente sono state presentate stampanti 3d chiamate a "doppio estrusore" come la Markebot Replicator 2X e la XYZ DaVinci 2.0. o la Micro. Queste stampanti permettono di stampare un modello usando due filamenti permettendo al modello di avere due colori diversi.

STAMPANTI 3D PER USO ALIMENTARE

La stampa 3D si è dimostrata sin dalla sua prima evoluzione molto interessata al settore alimentare tanto che negli Stati Uniti sono già stati aperti alcuni ristoranti dimostrativi che preparano cibo solo mediante l'utilizzo di stampanti 3D. Questi cibi vanno dal cioccolato allo zucchero, dalla pizza ai biscotti, dalla pasta alle verdure.

Le stampanti in grado di utilizzare materiali additivi permettono di realizzare cibo in totale autonomia, eliminando le emissioni di carbonio che vengono generate durante il trasporto di beni alimentari. Il settore è in grande in fermento e nel 2014 anche la Barilla si è dimostrata intenzionata a sviluppare una stampante 3D in grado di stampare delle paste in formati personalizzabili per qualsiasi ristorante. I 3 tipi di pasta "Rosa Pasta", "Vortipa", e "Lune" sono stati vincitori del concorso Barilla.

E' stata immessa sul mercato una stampante 3D in grado di decorare in modo personalizzato qualsiasi tipo di torta o dolce. Invece CocoJet 3D è una stampante in grado di lavorare cioccolato fondente, al latte o cioccolato bianco e ciò la rende uno strumento ideale per panettieri e cioccolatieri per creazioni uniche. Alcune stampanti alimentari implementeranno la tecnologia 3D Systems "ColorJet Printing" (CJP) ed il software Digital Cookbook per creare caramelle e dolci in una serie di combinazioni infinite.

Stampanti 3D per uso spaziale e aeronautico

Nel 2013 nasce il progetto AMAZE (*Additive Manufacturing Aiming Towards Zero Waste and Efficient Production of High-Tech Metal Products*, Produzione efficiente di prodotti di Metallo ad alta tecnologia con Manifattura additiva attraverso "Spazzatura Zero"), un consorzio di 28 aziende per portare la stampa 3D nello spazio e poter stampare autonomamente pezzi di ricambio metallici, contenendo i costi di trasporto e minimizzando gli sprechi. Attualmente ci sono ancora alcuni problemi tecnici affinché si possa arrivare alla produzione di metalli di qualità industriale.

EasyJet sta studiando il modo di realizzare velocemente e a costi ridotti componenti degli aerei. Il partner francese Safran e la sua sussidiaria Snecma, specializzata nella produzione di motori, stanno lavorando a degli ugelli per carburante fatti di polimeri speciali.

Il vantaggio della stampa 3D è che consente di ottenere qualcosa di più leggero, a minor prezzo e più velocemente pur mantenendo la sicurezza strutturale. Siamo ancora agli inizi, ma ad esempio a febbraio 2015 la FAA ha approvato i primi componenti in stampa 3D realizzati da General Electric Aviation per i suoi motori G90 usati dai Boeing 777.

Per quanto concerne invece la tecnologia 3D "Contour Crafting" la Nasa sta pensando ad un sistema per inviare la stampante 3D che sfrutta questa particolare tecnologia su di altri pianeti, in modo da realizzare abitazioni in totale autonomia.

Sperimentazioni con stampa 3D vengono fatte in ambito militare e i suoi vantaggi si vedranno sul campo: nelle zone di guerra realizzare nuove armi e proiettili in metallo non è semplice come entrare in un negozio e acquistare il pezzo di cui si ha bisogno. Oggi ogni pezzo deve essere trasportato con aerei o elicotteri e il tragitto deve essere costantemente controllato da personale militare rendendo tutta la logistica un processo costoso e complesso. Molti studi si stanno concentrando sulla creazione di munizioni che, grazie alle loro nuove strutture, possono migliorare la performance. I nuovi processi produttivi uniscono tecniche additive a tecniche sottrattive per ottenere la resa migliore.

STAMPANTI 3D PER USO EDILIZIO

Si stanno testando materiali e stampanti 3D interamente indirizzate al settore edilizio/architettonico. Degni di nota sono gli esperimenti della azienda italiana D-Shape, che è riuscita a stampare la pietra, mentre WASP, altra azienda italiana, è riuscita a stampare oggetti in argilla.

Al di fuori dell'Italia si notano notevoli sviluppi soprattutto nella messa a punto del materiale cementizio: in Cina sono riusciti a stampare 10 case in calcestruzzo in 24 ore; mentre in California del Sud, grazie al progetto *Contour Craf-*

ting, è stata ideata una stampante in grado di costruire una casa di 100 mq, con muri e solette.

Scopo primario di una stampante 3D è la realizzazione di prototipi industriali in modo relativamente rapido e poco costoso. Ciò consente ad ingegneri e designer di toccare con mano le loro creazioni senza bisogno di avviare un vero e proprio processo produttivo. Si pensi ad esempio al settore meccanico, dove le componenti di un motore o di una qualsiasi altra apparecchiatura possono essere stampate per un'analisi approfondita, anziché essere osservate esclusivamente sul monitor durante la fase di progettazione.

STAMPANTI 3D PER USO ARTISTICO

Il gioielliere parigino Jaubalet ha messo a punto un processo di stampa 3D per fare anelli personalizzati: il processo è semplice, chi cerca un anello personaliz-

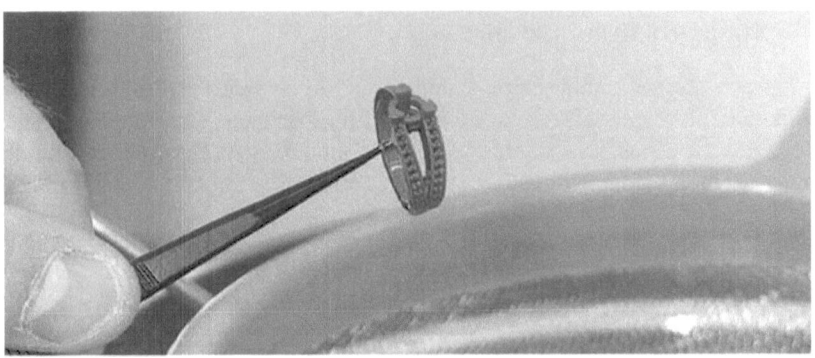

zato può semplicemente fare alcuni schizzi su un foglio o descrivere quelle che sono le proprie idee e aspettative, ciò viene utilizzato per creare un esatto modello 3D che verrà successivamente replicato con una stampante 3D a cera. I clienti possono così vedere e giudicare i modelli 3D stampati, prima che il gioiello finale venga definitivamente creato in argento o in qualunque altro materiale scelto.

C'è poi chi ha scelto di ricorrere a questa tecnologia come mezzo espressivo per la propria moda: è il caso della stilista olandese Iris van Harpen, che ha vestito le sue modelle con una collezione di abiti da passerella interamente stampati in tre dimensioni.

Stampanti 3D in campo medicale

Nel settore medicale la stampa 3D sembra avere prospettive veramente interessanti. Nei primi mesi del 2015 ad Utrecht è stato effettuato su un paziente il primo impianto di osso cranico stampato in 3D: la calotta cranica è stata realizzata con un resina speciale.

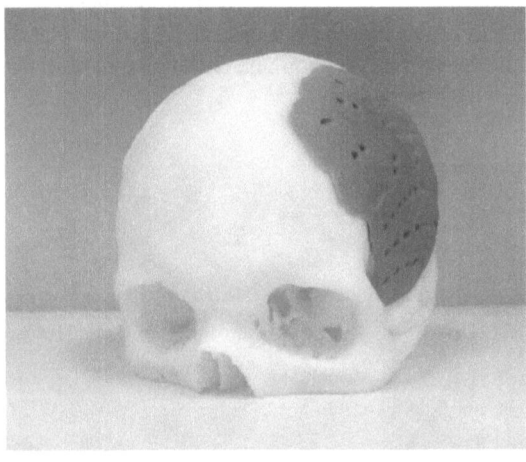

Altri possibili utilizzi della stampante 3D applicata alla medicina sono quelli di supporto alle attuali tecniche chirurgiche: ad esempio, grazie alla ricostruzione in 3D di un cuore di un bambino di 14 mesi un team di cardiochirurghi è riuscito ad effettuare un'operazione prima impensabile.

Craig Gerrand, chirurgo presso il Newcastle Upon Tyne Hospitale NHS Trust, ha operato per la prima volta al mondo una persona malata di tumore sfruttando i vantaggi della stampa 3D. Al paziente doveva essere rimosso metà bacino per evitare che il cancro continuasse a svilupparsi nel corpo. Tramite una precisa ricostruzione in 3D del bacino ed una stampa realizzata con una stampante 3D laser che utilizza polvere di titanio, è stato possibile creare la protesi di mezzo bacino, impiantandola successivamente nel corpo del paziente.

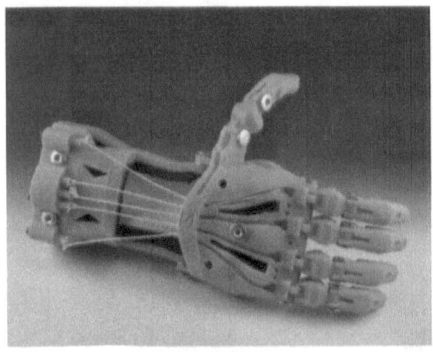

Presso la Washington University of St. Louis è stato realizzato un arto robotico sfruttando la stampa 3D. L'aspetto interessante di questa vicenda riguarda soprattutto l'abbattimento dei costi: una protesi "normale" sarebbe costata 5000$ in più.

Per quanto concerne invece il grave problema dell'osteoartrite, anche in questo caso la stampa 3D sta fornendo soluzioni un tempo impensabili, la sostituzione delle parti colpite dall'osteoartrite con cartilagine derivata dalle cellule staminali. Questa tecnica prevede l'utilizzo di stampanti 3D per modellare la cartilagine. Questa soluzione incoraggia la ricrescita cellulare intorno alla parte lesa e l'impianto stesso può sopravvivere per diversi anni visto che non viene "rigettato" ma viene invece accolto dall'organismo. Il desiderio è quello di un futuro dove protesi e "pezzi di ricambio" saranno creati su misura per il paziente proprio con stampanti 3D evolute.

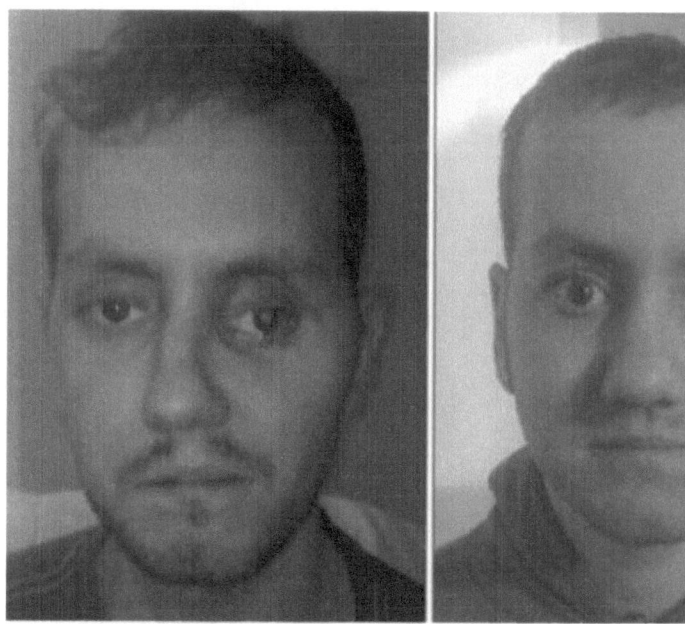

Un altro esempio è la ricostruzione facciale effettuata su di un ragazzo colpito da un terribile incidente: si è proceduto con la ricostruzione e successiva stampa in 3D della faccia grazie a delle fotografie precedenti al fatto.

L'azienda statunitense Organovo sta testando la stampa 3D di materiali organici per la riproduzione di organi umani.

Gli organi stampati in 3D saranno il futuro della medicina e forse potranno far dire addio ai pericoli di rigetto e alla necessità di dover attendere la disponibilità da un donatore.

La Organovo ha confezionato un fegato artificiale (ma ottenuto da cellule vive), stampandolo con una 3D printer, che ha funzionato perfettamente per 40 giorni filtrando tossine e medicine. L'attuale limite è il mantenimento in vita dell'organo più a lungo – attraverso una corretta alimentazione da parte di vasi sanguigni – e ovviamente il trapianto. Il fegato è uno degli organi più "fattibili" in 3D perché da una piccola porzione può autogenerarsi completamente, inoltre può essere un aiuto complementare per i pazienti che non necessitano di un organo intero e inoltre aiuterà a testare l'effetto di farmaci in modo più accurato rispetto a altri test da laboratorio.

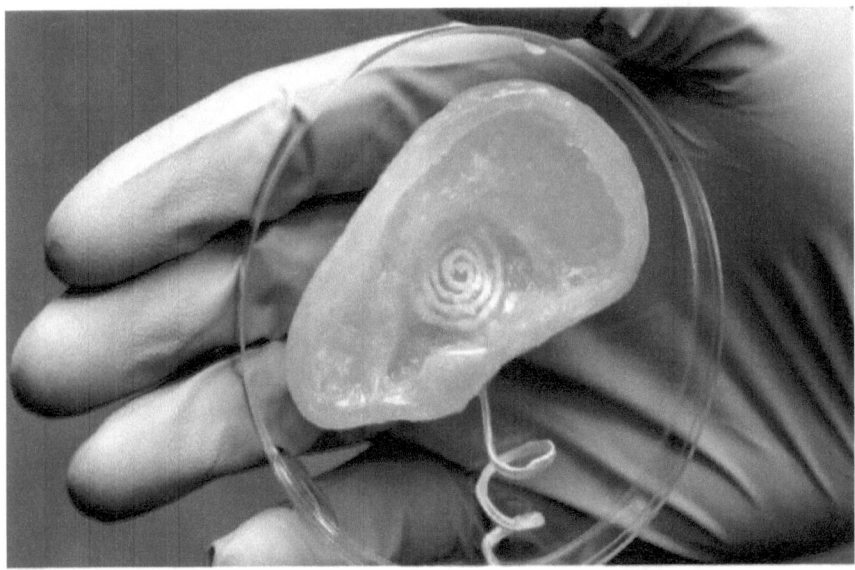

Ricercatori della Princeton University hanno stampato in 3D una protesi acustica che riprende in tutto e per tutto non solo il padiglione esterno, ma anche la "connessione" al cervello del nostro organo sensoriale. La sfida più ostica è stata far comunicare un tessuto organico con un apparecchio elettronico, ma grazie alle bio-stampanti si è colmato questo gap apparentemente insuperabile ottenendo strati sovrapposti con cellule vaccine e nanoparticelle di argento.

Nei prossimi anni le stampanti 3D continueranno il loro percorso di evoluzione, passando per una diffusione sempre più capillare spinta anche da un'ulteriore riduzione dei prezzi.

Con ogni probabilità verranno sviluppati nuovi materiali di stampa e troveranno spazio sistemi di vendita, distribuzione e scambio di modelli 3D da modificare e realizzare. Sarà inoltre possibile migliorare ulteriormente il software, semplificando la fase di progettazione.

Da segnalare poi la nascita di iniziative come 3D Hubs, un social network ideato per mettere in contatto chi è in possesso di una stampante 3D con chi ha la necessità di utilizzarla. Il servizio consente al primo di ammortizzare la spesa necessaria per l'acquisto e al secondo di stampare il proprio progetto con un costo relativamente contenuto.

MODEM

Il modem è un dispositivo elettronico che rende possibile la comunicazione di più sistemi informatici (ad esempio dei computer) utilizzando un canale di comunicazione composto tipicamente da un doppino telefonico.

Questo dispositivo permette la MOdulazione e la DEModulazione dei segnali contenenti informazione; dalla contrazione dei nomi di queste due funzioni principali il dispositivo prende appunto il nome di MODEM. In altre parole, sequenze di bit vengono ricodificate come segnali elettrici. Il modem è anche una componente fondamentale del Fax. In pratica il Modem, associato ad un terminale di rete, attua tutte quelle procedure di conversione e codifica del segnale elettrico informativo da analogico a digitale (demodulazione numerica) in entrata al PC (che è per l'appunto un sistema digitale) e da digitale ad analogico (modulazione numerica) in uscita dal PC lungo il canale di trasmissione, ovvero il doppino telefonico, verso altre destinazioni della Rete. Può essere visto quindi come un opportuno dispositivo elaborativo di ricetrasmissione nell'ambito delle comunicazioni o trasmissioni di tipo digitali o numeriche.

Attualmente in commercio sono presenti 4 tipi di modem:
- Modem Analogici (max 56 kbps)
- Modem ISDN (max 128 kbps)
- Modem ADSL (da 640 kbps a 100 Mbps)
- Modem GPRS/EDGE/UMTS/HSDPA (integrati nei telefonini di ultima generazione o anche come PC card o modem USB, con velocità da 56 kbps a 7,2 Mbps)

Il modem analogico era molto comune fino alla fine degli anni '90, che ha segnato la diffusione di internet. È una scheda di rete interna o esterna che connessa al computer e alla linea telefonica consente di accedere ad internet attraverso la linea telefonica base occupandola costantemente a bassa velocità di connessione. Inoltre grazie alla scoperta di nuovi programmi di simulazione modem è possibile sfruttarlo come telefono, segreteria telefonica e/o fax. I primi modem erano grandi circa come due paia di pacchetti di sigarette affiancati a due a due e sovrapposti, mentre attualmente si ricorre a quelli interni e/o di misure ridotte (più o meno come un singolo pacchetto di sigarette). Dagli inizi del nuovo millennio, con la diffusione prima di ISDN e poi di banda larga ADSL, questa tipologia di modem è caduta in forte disuso ed è stata relegata ad usi specifici.

I modem ISDN sono utilizzabili solo se si è in presenza della linea telefonica specifica per questo tipo di connessione. Hanno le medesime funzioni di quelli analogici con la differenza che hanno una maggiore velocità di trasferimento dati e sfruttano una linea dati digitale, con una velocità tra i 64  kbps e 128 kbps, occupando entrambi i canali ISDN. Vengono detti impropriamente *modem*, in quanto il termine tecnico corretto dovrebbe essere *Terminal Adapter* (TA – adattatore di terminale), dal momento che non modulano/demodulano il segnale, ma semplicemente eseguono una conversione da un protocollo di trasmissione ad un altro.

I modem ADSL sono dei modem solitamente esterni (ma anche raramente di tipologia interna) che consentono di usufruire della linea digitale dati ad alta velocità ADSL. La velocità varia dai 640 kbps sino ai 20-30 Mbps in base all'operatore telefonico, al contratto sottoscritto dall'utente con esso e alla rete utilizzata. Sono disponibili anche VOIP modem che consentono di avere una seconda linea telefonica su rete Internet (detta appunto VOIP – *Voice Over IP* – voce su IP) consentendo di avere comunicazioni foniche utilizzando l'infrastruttura telefonica piuttosto che quella numerica in senso stretto. Inoltre, ultimamente, sono diffusi anche i router WLAN, che permettono di navigare senza fili in rete domestica, collegandoli alla linea, a condizione di possedere una scheda di rete senza fili, sempre più diffuse con i portatili di ultima generazione. Se si guasta la linea digitale ADSL, è possibile navigare utilizzando un modem analogico, con velocità notevolmente minori. Anch'essi vengono detti impropriamente *modem*, in quanto il termine tecnico corretto dovrebbe essere *Terminal Adapter* (TA – adattatore di terminale), dal momento che non modulano/demodulano il segnale, ma eseguono una conversione da un protocollo di trasmissione ad un altro.

I modem GPRS/UMTS/HSDPA sono i modem presenti nei telefoni cellulari a partire dalla terza generazione. Consentono di accedere dal telefonino ad internet a velocità variabili, che corrisponde da 50 kbps per GPRS, 200 kbps per

EDGE, 384 kbps con UMTS. Per HSDPA la velocità arriva fino al limite teorico di 7,2 Mbps, ma è raggiungibile solo in caso di copertura ottimale. In condizioni comuni è possibile arrivare a 3,6 Mbps, paragonabili a velocità da ADSL. I servizi di navigazione via cellulare sono offerti dagli operatori telefonici, anche se a prezzi maggiorati rispetto alle linee digitali ADSL. Per usufruire di questi servizi si possono utilizzare cellulari abilitati,modem USB oppure delle PC card. Anche in questo caso vengono detti impropriamente *modem*, in quanto il termine tecnico corretto dovrebbe essere *Terminal Adapter* (TA – adattatore di terminale), dal momento che non modulano/demodulano il segnale, ma eseguono una conversione da un protocollo di trasmissione ad un altro.

SCANNER

Lo scanner (termine mutuato dall'inglese), raramente anche chiamato *scansionatore*, è una periferica in grado di acquisire in modalità ottica una superficie piana (fogli stampati, pagine di libri e riviste, fotografie, diapositive, ecc.), di interpretarla come un insieme di pixel e, quindi, di restituirne la copia fotografica sotto forma di immagine digitale.

Sostanzialmente esso si presenta sotto due fogge: come dispositivo da tavolo (*plain scanner*, in pratica dotato di una lastra di vetro piano su cui si appoggia il documento da acquisire) o come dispositivo da tenere in mano (*handheld scanner*, della forma di una sbarretta o di una penna, da appoggiare sul documento originale da scansionare).

In ogni caso, successivamente, l'utente potrà modificare l'immagine acquisita mediante appositi programmi di fotoritocco o, nel caso di una scansione di un testo, di convertirla in un file di testo mediante riconoscimento ottico dei caratteri (OCR – optical characters recognition); alcuni modelli di fascia medio-alta hanno già in dotazione un loro programma di fotoritocco compreso in alcune funzioni implementate nel software, attivabili durante l'acquisizione dell'immagine, come la rimozione della polvere sulla pellicola e il ritocco su eventuali piccoli difetti presenti sull'immagine, la correzione per l'inchiostro blu, ecc.

In italiano esiste una certa confusione sui termini relativi all'apparecchio in questione, il quale è comunemente chiamato all'inglese *scanner*, mentre il prodotto dell'acquisizione è detto unanimemente *scansione*, incoerentemente col primo termine, motivo per cui non esiste una convenzione universalmente condivisa sul verbo da impiegare per indicare l'uso dell'apparecchio, anzi esiste una grandissima varietà confusionaria di termini più o meno accettabili, mentre è opportuno individuare una terna coerente di parole che permetta di fare ordine e chiarezza.

Oltre alle perifrasi, che per evitare l'incertezza fanno uso di un verbo generico, e di *scansione* (fare, effettuare una scansione), talvolta viene usato a sproposito *scannare*, che però significa "uccidere tagliando la gola", motivo per cui spesso il suo uso è scherzoso; capita anche di trovare *scansire*, incomprensibile ed errato; oppure *scanning*, all'inglese. Tuttavia le traduzioni più comuni, registrate dai vocabolari, sono neologismi come *scannerizzare* (il più diffuso, che richiama e si accoppia a scanner) e *scansionare* (nel qual caso lo strumento è detto *scansionatore*), anche se è impiegato pure *scandire* (al quale si abbina, per l'apparecchio, *scanditore* o, meno corretto e non registrato nei dizionari, *scansore*).

Per semplificare, come detto sopra, appare necessario adottare un verbo che sia coerente con la parola *scansione*, l'unico punto fermo in questa varietà terminologica: a questo scopo, bisogna escludere *scannerizzare*, che è incompatibile con *scansione* ed è formato scorrettamente (significherebbe infatti "rendere qualcuno o qualcosa uno scanner" o simili); *scandire* è il più adatto, corretto e immediato etimologicamente, dal momento che descrive correttamente e accuratamente l'azione effettuata dall'apparecchio, oltre a essere quello da cui deriva naturalmente lo stesso termine *scansione* e che inoltre ha origine nello stesso verbo latino del verbo inglese *to scan*, dal quale deriva il termine *scanner* (letteralmente: l'oggetto che esegue l'azione descritta dal verbo to scan), e che si traduce in italiano proprio con "scandire, esaminare sistematicamente".

SOFTWARE[*]

Il software è un programma o un insieme di programmi in grado di funzionare su un computer o qualsiasi altro apparato con capacità di elaborazione (smartphone, console, navigatori satellitari e così via).

Il termine è un vocabolo della lingua inglese costituito dall'unione di due parole, *soft* (morbido) e *ware* (manufatto, componente, oggetto, cosa). Il termine si contrappone tradizionalmente a *hardware* (la componente fisica di un sistema di calcolo). Nel tempo sono entrati nell'uso altri termini che descrivono elementi di un computer, come il firmware. Il suffisso -ware viene usato anche in altri termini che indicano particolari tipi di programmi: in funzione del ruolo che hanno in un sistema di calcolo (per esempio middleware); del tipo di licenza con cui sono distribuiti (ad esempio: freeware, shareware); e altro.

Il termine software ha origine durante la seconda guerra mondiale. I tecnici dell'esercito inglese erano impegnati nella decrittazione dei codici tedeschi di *Enigma*, di cui già conoscevano la meccanica interna (detta *hardware*, componente dura, nel senso di *ferraglia, ferramenta*) grazie ai servizi segreti polacchi. La prima versione di Enigma sfruttava tre rotori per mescolare le lettere.

Dopo il 1941, ad Enigma venne aggiunto un rotore, e il team di criptanalisti inglesi, capitanati da Alan Turing, si dovette interessare non più alla sua struttura fisica, ma alle posizioni in cui venivano utilizzati i rotori della nuova Enigma.

Dato che queste istruzioni erano scritte su pagine solubili nell'acqua (per poter essere più facilmente distrutte, evitando in tal modo che cadessero nelle mani del nemico) furono chiamate software (*componente tenera*), in contrapposizione all'hardware.

Il senso moderno del termine deriva dalle istruzioni date ai computer, ed è sta-

---

[*] Testo redatto col contributo di Salvatore Gorgone

to utilizzato per la prima volta nel 1957 da John Wilder Tukey, noto statistico statunitense.

Dal 1950 l'analogia tra l'hardware ed il corpo umano e quella tra il software e la mente umana si è fatta molto forte, dal momento che Turing ha sostenuto che il progresso tecnologico sarebbe riuscito a creare, entro il 2000, delle macchine intelligenti (in grado cioè di "pensare" autonomamente) atte alla risoluzione dei problemi.

I software possono essere divisi in quattro categorie principali:
- *software di base*;
- *driver*;
- *firmware*;
- *programmi applicativi*

Nell'informatica, un *programma per calcolatore*, o semplicemente *programma*, è l'implementazione di un algoritmo in un linguaggio adatto a essere "compreso" ed eseguito da un computer o da una macchina virtuale. È una sequenza logicamente ordinata di operazioni o comandi di istruzioni, un insieme di istruzioni che produce soluzioni per una data classe di problemi.

Un programma scritto in linguaggio macchina, e direttamente eseguibile da un computer (normalmente inteso come unione di hardware e sistema operativo), è detto anche *programma eseguibile* o *programma binario*. Un programma scritto in linguaggio assembly[1] o in un linguaggio di programmazione ad alto livello[2], per contro, può essere eseguito solo utilizzando un compilatore o un interprete e viene detto *programma sorgente*.

SOFTWARE DI BASE

Le origini del **software di base** risalgono agli anni 1940, quando i primi programmatori compresero l'utilità di avere una collezione di programmi standard

---
1 L'assembly, o linguaggio assemblatore è, tra i linguaggi di programmazione, quello più vicino al linguaggio macchina vero e proprio. Erroneamente viene spesso chiamato "assembler" anche se quest'ultimo, a rigore, identifica il programma che converte il linguaggio assembly in linguaggio macchina.
2 Il concetto di linguaggio ad alto livello è un'astrazione introdotta per differenziare la semantica utilizzata dal programmatore o, alternativamente, la complessità nel tradurre concetti in algoritmi funzionanti ed efficaci. Figurativamente i linguaggi di programmazione vengono differenziati in *livelli* che rappresentano la vicinanza al linguaggio umano: più il linguaggio di programmazione è ad alto livello e più è vicino al linguaggio naturale sato dall'uomo; più un linguaggio è a basso livello e più è vicino al linguaggio usato nativamente dall'elaboratore.

che facilitasse l'interazione tra l'utente e la macchina. Grazie al software di base infatti è possibile sviluppare programmi applicativi in maniera agevole, senza ricorrere alla complessa programmazione in linguaggio macchina. Il software di base è la parte del software più vicina all'hardware della macchina. Il software di base si divide in tre categorie principali:
- sistemi operativi;
- compilatori e interpreti;
- librerie.

SISTEMI OPERATIVI

Il componente principale del software di base è il sistema operativo, il programma deputato a gestire le varie risorse fisiche dell'elaboratore svolgendo compiti differenziati a seconda della complessità del sistema posto sotto il suo controllo.

Il sistema operativo, in pratica, gestisce le risorse del sistema di elaborazione (processore, memoria centrale, memoria di massa, dispositivi di input/output) e fornisce l'interfaccia *uomo–macchina* creando un ambiente adatto alle esigenze di lavoro dell'utente.

Il sistema operativo di un elaboratore è quindi l'insieme dei programmi che consentono le operazioni elementari della macchina quali, ad esempio, lettura e scrittura dalla e sulla memoria, gestione delle periferiche, supporto per i programmi applicativi e controllo degli errori e degli eventi particolari.

I sistemi operativi si dividono in **monotasking** e **multitasking** in rapporto al fatto che il processore possa eseguire un solo lavoro per volta o che sia in grado di gestire più lavori contemporaneamente.

I primi sistemi operativi adottavano una modalità monotasking detta *a lotti* (*batch*) che consisteva nel caricare tutti i dati necessari a far eseguire completamente un programma senza interventi dall'esterno ed attendere la sua fine prima di poter preparare il sistema per un nuovo lavoro. Il sistema operativo DOS, pur utilizzando la modalità monotasking, permetteva all'utente di interagire con il programma in corso fornendo dati e ottenendo anche risultati parziali. Il grosso handicap di tale modalità è il fatto che la CPU resta inattiva ogni volta che il programma in esecuzione attende i dati dalla periferia o li sta ad essa fornendo. Tenendo conto che i tempi di trasferimento dei dispositivi periferici sono di parecchi ordini di grandezza più grandi dei tempi di elaborazione pura, si comprende come la CPU risulta utilizzata solo in piccolissima percentuale.

IV.4 - Nozioni di Informatica - Software*

I sistemi operativi multitasking, pur eseguendo le istruzioni di un processo per volta, ottimizzano il tempo di utilizzo del processore dando all'utente l'impressione di vedersi dedicate tutte le risorse del sistema per il proprio lavoro. Il risultato è ottenuto eseguendo, a rotazione, piccole porzioni di tutti i processi in attesa di essere eseguiti; inoltre se un lavoro richiede una lunga operazione sui dispositivi periferici, la CPU viene destinata al successivo lavoro ed il controllo torna al processo sospeso quando l'operazione di input/output è terminata. Questa tecnica viene chiamata *time-sharing* perché suddivide il tempo di CPU tra i vari processi che concorrono al suo utilizzo; gli intervalli di tempo sono talmente piccoli da non poter essere percepiti dall'utente.

Esiste anche un'altra tecnica multitasking detta *elaborazione in tempo reale*, che alterna i processi in esecuzione a seconda delle priorità ad essi accordate. Tale modalità viene usata quando alcuni lavori sono talmente importanti da non poter venire interrotti.

I sistemi operativi possono anche essere suddivisi in base al metodo con cui l'utente può interagire con la macchina, attraverso quella che viene detta *interfaccia computer-utente*; secondo tale criterio si possono riconoscere:

- sistemi ad interfaccia testuale (ad esempio Unix e DOS)
- sistemi ad interfaccia grafica (ad esempio Windows)
- sistemi ad interfaccia fisica

Nei sistemi ad interfaccia testuale i comandi vengono forniti dall'utente tramite stringhe di caratteri (parole) seguendo una grammatica ed una sintassi ben definite. I vantaggi sono la poca memoria richiesta, la velocità elevata e la disponibilità di tutti i comandi allo stesso momento, mentre gli svantaggi sono legati alla difficoltà di ricordarsi i comandi correttamente.

Nei sistemi ad interfaccia grafica o **GUI** (*Graphical User Interface*) i comandi sono forniti dall'utente tramite la selezione dell'immagine che è legata alla operazione richiesta. I vantaggi per l'utente sono la facilità d'uso e la totale trasparenza rispetto all'hardware sottostante, mentre gli svantaggi sono la pesantezza del sistema operativo (lento e grande) e la disponibilità dei comandi complessi solo dopo diversi passaggi.

Nei sistemi ad interfaccia fisica, i comandi sono forniti tramite movimenti di componenti fisici del sistema e sono usati negli *embedded computer* (elaboratori che si trovano all'interno di macchine più complesse). Un esempio sono i robot utilizzati nelle fabbriche: per mezzo di questi sistemi vengono "appresi" (trasformati da movimenti in impulsi e quindi associati a comandi) i movimenti fisici che il robot deve effettuare per svolgere le attività cui è preposto e che costituiscono il "programma" associato a tali attività; al momento opportuno l'operatore lancerà tale programma ed il robot eseguirà le azioni ad esso associate. I vantaggi sono nella spontaneità con cui sono forniti i comandi, mentre gli svantaggi sono legati al fatto che tali programmi sono strettamente dipendenti dal tipo di sistema informatico usato (normalmente non standard) e richiedono notevoli personalizzazioni.

UNIX E UNIX-LIKE

UNIX è un sistema operativo inizialmente sviluppato (1969) da un gruppo di ricerca dei laboratori AT&T e Bell Laboratories, tra cui meritano di essere ricordati certamente Ken Thompson e Dennis Ritchie.

Il sistema operativo Unix presenta alcune importanti caratteristiche:

Multiutente: più utenti possono interagire contemporaneamente (da terminali diversi) con il sistema, che evita interferenze tra le attività dei vari utenti. All'interno del sistema ogni utente è individuato univocamente da un nome logico (lo *username*). Inoltre, gli utenti sono suddivisi in gruppi, ciascuno individuabile univocamente mediante il suo nome. In ogni sistema è definito l'utente *root*, che rappresenta l'amministratore di sistema, che non ha alcuna limitazione nell'accesso alle risorse del sistema stesso;

Multiprogrammato (*multitasking*): il suo nucleo o kernel può supportare la contemporanea esecuzione di più processi gestiti a divisione di tempo;

Gestione della memoria virtuale: il sistema di gestione della memoria virtuale in Unix si basa su *paginazione* e *segmentazione*. Queste caratteristiche consentono ad ogni processo di indirizzare un'area di memoria di misure eventualmente superiori a quelle della memoria centrale effettivamente disponibile;

Portabile: grazie all'impiego del *linguaggio C* nella realizzazione del sistema, esso gode di un'elevata portabilità ed è oggi disponibile su una vasta gamma di architetture hardware di processori;

IV.6 - Nozioni di Informatica - Software*

Aperto: soprattutto nelle versioni più recenti le caratteristiche di Unix si sono via via uniformate allo standard POSIX. Inoltre Unix realizza alcuni dei più diffusi servizi e protocolli di comunicazione della rete Internet, rendendo possibile una facile integrazione di sistemi Unix all'interno di una rete;

Ambiente di sviluppo per programmi scritti in "C": Unix mantiene uno stretto legame con il linguaggio di programmazione "C". Questa relazione si manifesta anche nella disponibilità all'interno delle utilità di sistema di un insieme piuttosto ricco di strumenti per lo sviluppo di applicazioni in "C".

Assieme al kernel, ossia il nucleo del sistema operativo, Unix è stato corredato di una serie di applicazioni standard per la gestione dei file e degli utenti. Esistono varie versioni di UNIX, alcune commerciali, altre libere.

Nel 1983 Richard Stallman lanciò un progetto per creare GNU, un clone di Unix che fosse software libero, ossia garantisse completa libertà di utilizzo e modifica da parte di utenti e sviluppatori, sottraendo così Unix ai produttori di software proprietario. Attualmente i sistemi operativi basati su GNU/Linux sono i più utilizzati nella grande famiglia Unix, soprattutto in ambito server, ma con una crescente diffusione anche sui netbook e sui personal computer. I sistemi UNIX, nonostante siano nati circa 50 anni fa, sono ancora una realtà: costituiscono la base tecnologica di Internet. Infatti la maggioranza dei server di rete, a livello planetario, gira su sistemi UNIX-like.

Tra il 2007 e il 2008 diversi costruttori hanno proposto al grande pubblico i propri computer con GNU/Linux preinstallato, aprendo a tale sistema operativo le porte dell'informatica personale. Dal 2009 si stanno diffondendo computer palmari e telefoni cellulari basati su Android, una versione di GNU/Linux modificata da Google; progettato principalmente per smartphone e tablet, presenta anche interfacce utente specializzate per televisori (Android TV), automobili (Android Auto), orologi da polso (Android Wear), occhiali (Google Glass), e altri. È per la quasi totalità *Free and Open Source Software* (ad esclusione per esempio dei driver *non-liberi* inclusi per i produttori di dispositivi) ed è distribuito sotto i termini della licenza libera Apache 2.0.

Con *Unix-like* (spesso abbreviato con "*nix") si indicano quei sistemi operativi che sono progettati seguendo le direttive dei sistemi Unix ma che, per questioni legali, non possono usare il marchio UNIX.

LINUX

Tra le tante reincarnazioni di UNIX ne esiste una che ha acquisito una particolare rilevanza per le sue caratteristiche: **Linux**, creata nel 1991 da Linus Torvalds all'Università di Helsinki; un sistema UNIX-like ma non derivato dai sorgenti di UNIX; completamente riscritto da zero ma intenzionalmente compatibile ed interfacciabile con i sistemi UNIX originali; rilasciato sotto licenza GPL: codice sorgente aperto, liberamente accessibile e modificabile.

I sistemi UNIX hanno sempre dominato sul lato server; oggi Linux sta rimpiazzando una buona parte delle installazioni UNIX commerciali.

Linux è il kernel (nucleo) di sistema operativo, cioè è un programma non direttamente utilizzabile da un utente umano ma bensì da altri software che costituiscono, appunto, l'interfaccia tra il kernel e l'utenza. L'ultima versione stabile del kernel Linux, al momento di redazione di questo testo, è la 4.7.x.

Le distribuzioni Linux (dette anche *DISTRO*) sono sistemi operativi con kernel Linux al quale sono affiancati numerosi altri programmi che ne consentono l'utilizzo, il cosiddetto "parco software"; i pacchetti (*packages*) contengono una specifica applicazione o componente: ad esempio, ci possono essere pacchetti contenenti una libreria per la gestione di un formato di immagini, oppure una serie di font, oppure un browser web specifico così come un qualsiasi altro programma. Un pacchetto è fornito normalmente come codice compilato e la sua installazione o rimozione è gestita in maniera più sofisticata rispetto ad un semplice programma di archiviazione come *tar*. Il sistema di gestione dei pacchetti tiene in considerazione meta-informazioni (come descrizione, versione, dipendenze, etc.) per permettere ricerche, aggiornamenti automatici a versioni più aggiornate, per controllare che tutte le dipendenze di un pacchetto siano soddisfatte e/o soddisfarle automaticamente. Ciascuna distribuzione Linux si differenzia dall'altra per le scelte sul software installato di default, per le configurazioni iniziali, per essere maggiormente orientate alla facilità di utilizzo o all'ottimizzazione delle risorse del computer. Il software selezionato è predisposto per essere installato ed utilizzato nel modo più semplice possibile da parte degli utenti, fornisce una serie di strumenti essenziali per iniziare a usare il proprio PC nel pieno del potenziale.

Alcune distribuzioni Linux tra le più diffuse sono: Mint, Ubuntu, Debian, openSuse, Mageia, Fedora, CentOS, RedHat e tante altre.

Ciascuna distribuzione si può scaricare, in genere gratuitamente e legalmente, masterizzare, installare, provare; per alcune di queste distribuzioni sono disponibili anche le versioni "live", ovvero che si possono eseguire in modo temporaneo da un CD o da una chiavetta USB senza bisogno di installarle permanentemente sul proprio computer.

I sistemi operativi derivati da UNIX sono quindi numerosi e diversificati tra loro, ma la loro comune origine attribuisce ad essi un elevato numero di caratteristiche condivise.

Oggi esistono due standard di riferimento per gli sviluppatori di sistemi Unix: *BSD* (Berkeley System Distribution) e *UNIX System V*; quest'ultimo è probabilmente più diffuso del BSD. Per ognuna di queste due versioni fondamentali del sistema esistono numerose implementazioni, alcune molto note e diffuse, altre conosciute ed utilizzate solo da una ristretta cerchia di utenti. In genere i sistemi BSD sono particolarmente apprezzati in ambienti server per la loro stabilità e sicurezza. A titolo di esempio possiamo dire che i sistemi Unix di tipo BSD più noti sono i sistemi operativi *open source* FreeBSD, NetBSD, Open BSD, Darwin (la base Unix su cui si fonda il sistema operativo della Apple, Mac OS X). Sulla versione UNIX System V sono basati invece il sistema operativo Linux, IBM AIX, Sun Solaris, HP UX di Hewlett Packard e molti altri ancora.

MAC OS X

Mac OS X (ora solo OS X), in quanto sistema operativo basato su Unix, è intrinsecamente capace di servire contemporaneamente più utilizzatori sul medesimo calcolatore, anche se la cosa può stupire visto che gli elaboratori moderni hanno una sola tastiera, un solo mouse e così via. Mac OS X impiega software di sistema in grado di ospitare più utenti indipendenti, dotati di aree di lavoro reciprocamente protette e consentire all'amministratore del sistema di provvedere alla manutenzione con il minimo di disturbo per gli utenti, anche se sul computer agisce e lavora una persona sola. Questo non sembri un problema, perché in realtà è un vantaggio. Anche un utente singolo ha molto da guadagnare dall'uso di un sistema operativo multiutente come Unix e Mac OS X

Il precursore NeXTSTEP aveva molte delle caratteristiche che ancora oggi sono ben visibili in OS X: fondamenta UNIX, basato sul microkernel Mach, un linguaggio di programmazione chiamato *Objective-C* e un elemento peculiare e davvero distintivo della sua interfaccia grafica, chiamato *Dock*. NeXTSTEP girava sui processori Motorola 68000, era un sistema davvero molto avanzato con interfaccia a elementi tridimensionali e a colori: forniva ottime basi per la programmazione, la tipografia, per la produzione audio/video e ha avuto un importante ruolo nella formazione di Internet.

Il System Software 5 (*System 5*) prodotto da Apple è stato il primo sistema operativo per Macintosh a supportare il *MultiFinder Finder* ovvero la versione multitasking del Finder del Macintosh. Ha avuto vita breve ed è stato subito soppiantato dal System Software 6 (o System 6) che venne utilizzato sulla fine degli anni '80 del secolo scorso e venne sostituito dal System 7 rilasciato per i computer Apple Macintosh il 13 maggio 1991. Esso offriva molti miglioramenti e molte aggiunte rispetto alla versione precedente; fu utilizzato fino a quando Apple non decise di identificare i suoi sistemi operativi con il nome Mac OS: Mac OS 8 presentato il 22 luglio 1997 e Mac OS 9, rilasciato il 23 ottobre 1999, ultima versione del sistema operativo Mac OS classico.

Il 24 marzo 2001 venne rilasciata la prima versione di Mac OS X, la 10.0, nome in codice *Cheetah* (Ghepardo), S.O. completamente riscritto e basato su microkernel Mach + BSD, che mancava di molte caratteristiche importanti (come il supporto dei DVD) e non era particolarmente veloce ma era nel complesso accettabilmente stabile e funzionante.

Al contrario di Cheetah, la versione 10.1 (Puma) si rivelò una versione di Mac OS X molto più matura. La 10.1 fu rilasciata il 25 settembre 2001 e, per farsi perdonare le delusioni di Cheetah, Apple decise di rilasciarla come aggiornamento gratuito della versione precedente.

Mac OS X 10.2, nome in codice *Jaguar* (Giaguaro), fu rilasciato il 24 agosto del 2002. Fu la versione della svolta per Mac OS X: Apple riteneva infatti il sistema sufficientemente maturo per potersi sbarazzare del vecchio Mac OS 9.2.2, giunto ormai al limite delle sue possibilità.

Mac OS X *Panther* (Pantera), versione 10.3, fu rilasciato il 24 ottobre 2003. Richiede una *New World ROM* quindi alcuni vecchi Mac (come il Power Macintosh G3 e il "Wall Street" PowerBook G3) non possono eseguire Panther di default.

Mac OS X *Tiger* (Tigre), versione 10.4, protagonista di un cambiamento davvero forte che ancora oggi si riflette nel mondo Mac, è stata rilasciata il 29 aprile 2005, poco tempo dopo la sua uscita diverrà protagonista di un vero e proprio cambio di architettura e di piattaforma. Da PowerPC, Apple passa ai processori Intel, la stessa piattaforma alla base dei PC con Windows: la *roadmap* di IBM per PowerPC in ambito *consumer* era troppo fumosa, piena di promesse mai mantenute e gli approcci con Intel avevano fatto emergere come il rapporto prestazioni/consumi dei processori di Santa Clara fosse nettamente superiore rispetto alle controparti per PowerPC, garantendo uno sviluppo costante e duraturo. Un kit di sviluppo include l'emulatore *Rosetta*, un programma nato per poter utilizzare programmi scritti per PowerPC su piattaforme Intel.

Forte della nuova architettura, Apple ha quindi dato la possibilità di eseguire in dual boot anche i sistemi Windows XP o Vista sui nuovi Mac basati su Intel, grazie allo sviluppo di *Boot Camp*, una piccola applicazione la cui versione definitiva è stata inclusa nel Mac OS X 10.5 (*Leopard*) questa versione, che apportava più di 300 innovazioni e miglioramenti rispetto al predecessore, uscì il 20 ottobre 2007, dopo vari rinvii dovuti ad un nuovo dispositivo che concentrò tutta l'attenzione dell'azienda su di sè: l'iPhone con il suo sistema operativo "iPhone OS" (una derivazione di UNIX, famiglia BSD, che usa un microkernel XNU Mach basato su Darwin OS).

Leopard era disponibile per le macchine dotate di processori PowerPC G4 e G5 (i vecchi processori G3 non erano supportati) e per le nuove macchine dotate di processori Intel.

Snow Leopard (*leopardo delle nevi*) per Apple è stato un importante avanzamento tecnico, necessario per proiettare Mac OS X su un nuovo livello. Mac OS X 10.6 Snow Leopard, rilasciato il 28 agosto 2009, ha avuto il compito di svecchiare il sistema operativo e al contempo innovarlo con novità di rilievo. Mac OS X 10.6 ha segnato un punto di svolta definitivo nella transizione verso i processori Intel: è stata la prima versione di Mac OS X a non essere compilata per PowerPC.

Ottenuta una solida base per proseguire il cammino di Mac OS X con Snow Leopard, Apple ha introdotto nuove funzionalità nel suo sistema operativo: *Lion*, versione 10.7, rilasciato il 20 luglio 2011. Questo S.O., non ha tratto lezioni solo da Snow Leopard ma anche da iOS, il sistema cugino dedicato ai dispositivi mobili di Apple come iPhone e iPad. Contemporaneamente viene rilasciato il Mac App Store che consente, come l'App Store per iOS, l'acquisto e l'installazione di nuovo software per il Mac.

OS X 10.8 *Mountain Lion* (Leone di montagna), è la nona versione del sistema operativo sviluppato da Apple. Il software è stato rilasciato sul Mac App Store il 25 luglio 2012.

Abbandonati i nomi di felini, sono seguiti il 22 ottobre 2013 *Mavericks* (sito della California in cui è possibile fare surf), distribuito sotto forma di upgrade gratuito dal Mac App Store; con esso è possibile gestire con semplicità display multipli ed è inoltre possibile utilizzare un televisore connesso a una Apple TV come terzo schermo.

Il 16 ottobre 2014 è stato rilasciato gratuitamente la undicesima versione del sistema operativo *Yosemite* (parco nazionale della California): la novità più evidente del successore di Mavericks è sicuramente la nuova interfaccia utente, ricca di colori brillanti ed effetti traslucidi, che la rende molto simile a quella di iOS; il Finder, oltre alla grafica rinnovata, include iCloud Drive, una cartella sincronizzata su tutti i dispositivi Apple che consente di accedere a tutti i propri file su Mac, iPhone, iPad e anche PC; l'interazione fra OS X e iOS 8 è massima, si possono fare e ricevere telefonate senza nemmeno prendere in mano l'iPhone, se si è iniziato a scrivere un'email o si è lasciato in sospeso un documento su un dispositivo, si può continuare subito da un altro dispositivo; ritrovare in un dispositivo le pagine web aperte nell'altro; è possibile collegarsi all'hotspot personale anche lasciando l'iPhone in tasca o in borsa.

IV.12 - Nozioni di Informatica - Software*

Nell'autunno 2015 è stato rilasciato *El Capitan* (che prende il nome da un massiccio montuoso del parco Yosemite) che prevede miglioramenti nella gestione delle finestre, nelle app integrate di serie, nelle ricerche Spotlight, e altre che rendono le attività quotidiane – dal lancio delle app, alla gestione delle mail – più veloci e pratiche. Per migliorare la velocità complessiva del sistema viene utilizzato Metal, tecnologia grafica che sfrutta la GPU della scheda video. Le performance delle app che fanno leva sulla scheda grafica dovrebbero in questo modo migliorare sensibilmente. Così come la gestione delle finestre, grazie a una nuova modalità di disposizione automatica. Le applicazioni ora possono essere agganciate ai lati dello schermo, in maniera simile a come avviene già su Windows, per fare in modo che si adattino allo spazio disponibile. Utility Disco, l'applicazione che si usa quando si iniziano a vedere piccoli problemi sul Mac permette di visualizzare lo spazio occupato dai vari file e aiuta gli utenti a effettuare operazioni sui dischi rigidi (riparazione permessi, verifica della salute dell'hard disk, creazione di immagini disco, etc.); la Apple però ha "rimosso" la riparazione dei permessi perché sarà necessario procedere al controllo dei permessi solo in seguito ad un aggiornamento di sistema.

El Capitan è quindi un sistema operativo che si concentra su affinamenti, miglioramenti e ritocchi estetici.

Apple ha inoltre un sistema operativo dedicato ai suoi iPhone, iPod e iPad, Apple TV che prende il nome di *iOS* (attualmente la versione è la 9; nel mese di settembre 2016 è stata annunciata la versione 10) ed uno dedicato ai suoi *Apple Watch* che prende il nome di *watchOS* (giunto alla release 2), con apps native: si accende lo schermo del device sollevando il polso o premendo uno dei tasti fisici, con le dita si possono spostare le icone, raggruppate in una sorta di nuvola, per scegliere la preferita. Per accedere o chiudere un'applicazione, invece, non si fa altro che agire sullo zoom con la corona digitale.

Il processore di iPhone, iPod Touch, iPad e Apple watch è un RISC ARM, a differenza del processore x86 (e prima PowerPC o MC680x0) che viene comunemente usato nella linea Macintosh; le soluzioni ARM sfruttano OpenGL ES 1.1 e OpenGL ES 2.0 renderizzate da un processore video PowerVR. Le applicazioni per Mac OS X non possono essere ufficialmente copiate e lanciate in dispositivi con iOS ma necessitano di essere *customizzate* e compilate specificatamente per iOS e per l'architettura ARM.

iOS 9 migliora le applicazioni essenziali, le funzionalità multitasking, di ricerca, le prestazioni, la durata della batteria e la sicurezza. Le applicazioni integrate in iOS 9, utilizzando Metal, offrono uno scorrimento più veloce, una più fluida animazione e migliori performance.

Apple ogni anno a ottobre fornisce un aggiornamento dei suoi OS: tutti gli iPhone e gli iPad con iOS 8 si possono aggiornare gratuitamente a iOS 9, allo stesso modo tutti i computer con OS X Yosemite sono supportati e aggiornabili gratuitamente a OS X El Capitan.

L'Apple Developer Program permette agli sviluppatori di creare, testare e distribuire le proprie app su OS X, iOS et watchOS.

D.O.S. & WINDOWS

Nel 1980 a Seattle venne sviluppato il sistema operativo QDOS (*Quick and Dirty Operating System*). Dopo pochi mesi, un'altra ditta di Seattle, la *Microsoft* di Bill Gates, ne acquista i diritti per rivendere il DOS ad un cliente importante: l'IBM, che nel 1981 lancerà il primo PC, dando il via alla rivoluzione dei personal computer.

DOS, acronimo di "Disk Operating System", indica una famiglia di sistemi operativi molto utilizzata per il mercato dei computer IBM compatibili fra l'inizio degli anni ottanta e la metà dei anni novanta del secolo scorso: MS-DOS di Microsoft, la versione di IBM PC-DOS, DR-DOS, FreeDOS, PTS-DOS, ROM-DOS, JM-OS e molti altri.

Il DOS è un sistema operativo monoutente monotask con funzionalità del kernel di base e che può usare solo un singolo programma alla volta. Il kernel del DOS fornisce diverse funzioni ai programmi: per la visualizzazione dei caratteri sullo schermo, la lettura dei caratteri dalla tastiera, per l'accesso ai file su disco rigido, etc.

MS-DOS fu commercializzato dal giugno 1982 al 2000, negli anni '80 costituiva oltre il 90% del mercato mondiale dei sistemi operativi. Fino all'avvento di Microsoft Windows 95, rilasciato il 24 agosto 1995, MS-DOS è stato il sistema operativo per computer più diffuso al mondo (fino a circa il 2000 le versioni della famiglia Microsoft Windows 95, 98 e Millennium Edition erano basate parzialmente sul DOS e lo incorporavano).

IV.14 - Nozioni di Informatica - Software*

Fino alla versione 3.1 di Microsoft Windows l'MS-DOS era il sistema operativo con il quale il computer si avviava; Windows, infatti, veniva esplicitamente caricato dall'utente come uno strato software sovrapposto. A partire da Windows 95, il processo di avvio del sistema IBM-compatibile venne modificato in modo da caricare l'MS-DOS e, in automatico, Windows; ciò venne fatto per mantenere la retrocompatibilità con i programmi DOS pur dando all'utente l'impressione di interagire in un ambiente totalmente grafico.

Principali limiti del DOS sono stati la limitazione a 640KB di RAM, la impossibilità di condividere o eseguire il codice in memoria contemporaneamente da utenti multipli o da processi separati, l'architettura esclusivamente a 16 bit, il fatto che ogni processo, una volta avviato, avesse il controllo totale del sistema e l'interfaccia a riga di comando. Tali limitazioni erano dovute a scelte progettuali, basate sulle limitazioni del primo PC IBM e, essendo strutturali, questi limiti non furono in seguito superabili.

Interface Manager è il nome interno che Microsoft associa alla sua GUI, annunciata nel 1983 e accompagnata da subito da una estrema diffidenza e da continui ritardi nel rilascio, tanto che la stampa comincia a considerala un *vaporware* e a dubitare delle capacità della casa di Redmond di realizzarla concretamente. Ma verso la fine di giugno del 1985 il Team guidato da Tandy Trower rilascia un versione preliminare, per i partner chiave ed analisti, denominata "Windows Premiere Edition" che si trasforma automaticamente nella release 1.00. A novembre dello stesso anno, Microsoft presenta Windows 1.01, seguito a circa 6 mesi dalla versione 1.03, con una ulteriore serie di *bug fix* e l'attesa internazionalizzazione. Il nuovo Windows 2.03 arriva nel 1987, senza troppi clamori e, probabilmente, con l'obiettivo di essere l'ultima versione commercializzata. Tra le novità troviamo le finestre sovrapponibili e i font ridimensionabili nella barra del titolo.

Windows comincia a macinare consensi interessanti e il lavoro fatto da Trower pone di fatto le basi per il nuovo Windows 3.0 (1990), affidato a Phil Barrett, da poco Team Leader anche dell'MS-DOS 5.0 (1991).

Microsoft vende in pochi mesi oltre 2 milioni di copie della nuova versione del proprio ambiente operativo Windows 3.1 (marzo 1992) e, sempre più spesso, lo stesso viene preinstallato sui nuovi PC insieme al DOS. L'assenza delle funzionalità di networking viene colmata a ottobre con il rilascio dell'edizione Windows 3.1 for Workgroups (WFW) che supporta i protocolli: NETBEUI, IPX e P2P e fornisce gli strumenti per la configurazione delle reti LAN e per i Netware server. La famiglia Windows 3.x si aggiorna ulteriormente a novembre del 1993 con WFW 3.11 che fa decisi passi in avanti nella gestione dei dischi rigidi grazie alla VFAT, astraendo l'accesso diretto alla FAT da parte delle applicazioni e introducendo un avanzato tool di caching del disco a 32bit.

Windows NT viene ufficialmente rilasciato nel maggio del 1993 nella versione RTM (*Release to Manufacturing*) e ad Agosto raggiunge gli utenti *consumer* nelle versioni NT 3.1 e NT 3.1 Advanced Server. La release di partenza è la 3.1, andando a creare un parallelo con Windows DOS-based, mentre le piattaforme supportate sono l'x86, DEC Alpha e MIPS (processori R3000 e R4000). NT 3.1 soffre di problemi funzionali e di affidabilità uniti ad una richiesta di risorse hardware superiori alla media e alla scarsità di software e dei driver specifici. NT 3.5 è una ottimizzazione della versione precedente, che migliora le prestazioni e la stabilità operativa, riduce sensibilmente le risorse minime richieste e che dal punto di vista tecnologico fornisce l'ultima release di *Object Linking and Embedding* (OLE), il supporto a VFAT, al 3D OpenGL e le edizioni specifiche per le piattaforme RISC-based: Alpha AXP, R4x00 MIPS. Per il supporto a PowerPc e a SPARC bisogna attendere il maggio del 1995 con NT 3.51 che, inoltre, migliora sensibilmente le performance di NTFS.

Il 24 agosto del 1995, con una campagna marketing senza precedenti, viene presentato al mondo Windows 95.

Windows, nato come software da utilizzare tramite DOS, diventa sistema operativo autonomo con Windows NT (dedicato alle workstation e ai server) e Windows 95 (dedicato ai personal computer). Tutto è pensato per l'approccio "document centric": ogni elemento è un vero e proprio oggetto, riposizionabile su un "vero" desktop. Il nuovo pulsante *Start* gestisce i documenti e il file system supporta i nomi lunghi dei file. Anche i vecchi Program Manager, File Manager e Print Manager di Windows 3.xx scompaiono e lasciano il posto ad Explorer, una shell evoluta che ne accorpa le funzionalità e ne semplifica l'utilizzo. Purtroppo il DOS (7.0) non è sparito, ma solo "nascosto" all'interno di Windows 4.0. Ciò influisce sulla "purezza" del kernel, che non è interamente a 32bit ma è

IV.16 - Nozioni di Informatica - Software*

un ibrido 16/32 bit, rendendo difficile isolare completamente le applicazioni al fine di evitare crash del sistema nel caso una sola applicazione smetta di funzionare, come invece avviene in NT.

Ulteriori sviluppi si sono avuti poi con Windows 98 e Windows 2000 fino a Windows XP, derivato da Windows NT. Le versioni ibride a 16/32 bit (la famiglia Windows 9x) disponevano di un proprio kernel in modalità protetta, che tuttavia era un'evoluzione del kernel in modalità reale del DOS. La famiglia Windows NT, invece, è basata su un kernel completamente nuovo a 32 bit (64 bit in alcune versioni recenti) con architettura a microkernel ibrido.

Prima di Windows XP, Microsoft commercializzava due linee separate di sistemi operativi. La prima (Windows 95, Windows 98 e Windows ME) era progettata per computer monoutente, quindi tipicamente domestici e per piccole aziende, aveva una buona compatibilità con i programmi sviluppati per MS-DOS e poteva funzionare sui computer di fascia più bassa.

L'altra linea (Windows NT e Windows 2000) era pensata, fin dalla struttura del file system, per computer multiutente. Microsoft indirizzò queste versioni alle aziende ed ai server, era caratterizzata da una stabilità solitamente maggiore e disponeva di caratteristiche pensate per le grandi aziende.

Windows XP è il tentativo di offrire un'unica piattaforma *client*, sia per gli utenti privati che per le piccole e grandi aziende. Con Windows XP (NT 5.1), rilasciato il 25 ottobre del 2001, Microsoft raggiunge finalmente l'obiettivo di unificare i due rami di Windows in un'unica famiglia. "XP" deriva dalla parola *eXPerience*, stando ad indicare che il nuovo sistema operativo è realizzato traendo il massimo dall'esperienza di Microsoft nel settore dei sistemi operativi.

Dopo Windows XP, ogni sistema operativo avrà la sua versione a 64 bit. I principali vantaggi delle versioni x64 sono derivati dalla possibilità teorica di supportare fino a 16 TB (invece che 4 GB) di memoria RAM, fino ad un 1 TB di Cache di sistema (invece che 1 GB) ed un file di paging fino a 512 TB

Windows XP (NT 5.1), rilasciato il 25 ottobre 2001, è stato il sistema operativo della serie Windows più longevo: a metà 2013 (12 anni dal lancio) era ancora installato sul 38,7% dei computer di tutto il mondo. Questo sistema è diventato famoso anche grazie alla sua facilità d'uso.

Windows Vista è una versione dei sistemi operativi Microsoft della famiglia Windows, resa pubblica nel 2007 come successore di Microsoft Windows XP. È un sistema operativo della famiglia Windows NT, con architettura a kernel ibrido. È stato rilasciato in versioni a 32 bit per processori Intel e compatibili e a 64 bit per processori Intel (EM64T) e AMD (x64).

Il nome "Vista" in italiano è da tradursi come "Panorama", a indicare l'apertura di nuovi orizzonti, sia nella nuova interfaccia utente denominata AERO (*Authentic, Energetic, Reflective, and Open*) sia a livello di componenti Core.

Vista ha ricevuto numerose critiche negative legate alle elevate richieste di risorse hardware, decisamente maggiori di Windows XP, al problema dello svariato numero di software e programmi non compatibili con il sistema operativo e al consumo di energia superiore rispetto al suo predecessore.

È stato seguito nell'ottobre 2009 da Windows 7. Questo SO è stato concepito per essere focalizzato maggiormente sul mantenimento della compatibilità per applicazioni e hardware già precedentemente supportate da Windows Vista e per proseguire nell'innovazione sulla scia tracciata da quest'ultimo. È utilizzabile su PC, inclusi desktop, tablet PC, netbook e laptop. Il sistema operativo è inoltre in grado di gestire più schede grafiche in contemporanea e le vecchie applicazioni ora possono essere eseguite in *XP Mode*, ovvero una *Virtual Machine XP* dedicata.

Le nuove soluzioni Desktop (Windows 7) e Server (Windows Server 2008) riscuotono un ottimo successo, dando finalmente il ben servito a Windows XP (anche se quest'ultimo resisterà ancora per diversi anni nelle aziende di elevate dimensioni, complice anche il supporto ufficiale fino al 2014) e, neanche a dirlo, a Vista.

La validità di Windows 7 e Windows Server 2008 (R2) consente alla società di Redmond di concentrarsi sul mondo mobile, in particolare smartphone e tablet.

La versione finale di Windows 8 è stata resa disponibile al pubblico il 26 ottobre 2012. Il 17 ottobre 2013 è stato pubblicato dalla Microsoft Windows 8.1, il primo aggiornamento gratuito disponibile nello Store.

Windows 8 introduce un'interfaccia utente ampiamente riprogettata, ottimizzata per i touchscreen ma utilizzabile anche con mouse e tastiera. Tale interfaccia (*Metro*) prevede l'approccio a "riquadri" che contengono i link alle applicazioni; i riquadri corrispondono a "mattonelle" (*tiles*) che, oltre a eseguire un'applicazione con un clic o un tocco su uno di essi, spesso visualizzano al loro interno dati aggiornati in tempo reale, senza dover necessariamente avviare l'applicazione. Nonostante Windows 8 sia un ottimo prodotto, solido ed affidabile, la

IV.18 - Nozioni di Informatica - Software*

scelta di spingere su un nuovo paradigma di utilizzo lo penalizza fortemente, attirando critiche e suscitando perplessità anche negli utilizzatori più fedeli al sistema operativo Microsoft.

Il primo corposo update di Windows 8 è rilasciato il 18 ottobre del 2013 con il nome ufficiale di Windows 8.1, anche in versione RT 8.1 (sistema operativo basato su Windows ottimizzato per i PC sottili e leggeri che possono essere usati ovunque grazie ad un'autonomia maggiore della batteria) e in contemporanea all'aggiornamento di Windows Server 2012 R2.

Il vero dogma per Microsoft diventa il concetto di multipiattaforma, ovvero uniformare l'ecosistema Windows e Windows Phone (Windows RT, sistema operativo dedicato ai processori ARM, è ormai definitivamente cancellato), spinto da Windows Phone 8 (29 ottobre 2012) e Windows Phone 8.1 (2 aprile 2014) e rafforzato dall'acquisizione della divisione mobile di Nokia (primi mesi 2014). Windows Phone utilizza la nuova interfaccia utente (Modern UI). Le applicazioni esterne vengono scaricate e aggiornate attraverso il Windows Phone Store.

Windows 10, rilasciato il 29 luglio 2015 (non ci sarà un Windows 9 per sottolineare il salto in avanti rispetto al passato e le molte novità), rappresenta un passo molto importante, che armonizzerà PC, Xbox e smartphone: il sistema operativo sarà sempre lo stesso, con variazioni nell'interfaccia secondo il dispositivo. Tornerà il *Menu Start* che Microsoft aveva rimosso in Windows 8 e poi parzialmente riesumato in Windows 8.1; il nuovo Menu Start avrà la classica lista di programmi ma introdurrà nuove possibilità di personalizzazione, come il ridimensionamento degli elementi e le *Live Tiles* al cui interno scorrono informazioni in tempo reale che permettono di restare costantemente aggiornati. La *Charms Bar* è stata rimossa in ambiente desktop, mentre resta presente con i tablet o i PC con touchscreen. Si potranno creare diverse scrivanie virtuali per tenere meglio organizzati i file e le applicazioni. Sarà presente un nuovo Browser web che permette di inserire delle annotazioni direttamente sulle pagine web visitate con la possibilità di condividere il materiale con amici, colleghi e conoscenti; piattaforma per il servizio Microsoft OneDrive.

Tutte le funzionalità o gli aggiornamenti della sicurezza più recenti saranno scaricate automaticamente da Windows 10 direttamente nei vari dispositivi, non appena saranno disponibili.

Vengono distribuite sette edizioni ognuna delle quali ottimizzata per specifici dispositivi, in modo da soddisfare le esigenze di tutte le tipologie di utenti:

- **Windows 10 Home**: edizione desktop per PC, tablet e dispositivi 2-in-1 con Cortana, Microsoft Edge, Continuum, Windows Hello e varie app universali, tra cui quella che permette di eseguire i giochi della Xbox One

- **Windows 10 Mobile**: edizione per smartphone e piccoli tablet con tutte le app presenti nell'edizione Home, alle quali si aggiunge la versione touch di Office

- **Windows 10 Pro**: edizione desktop per PC, tablet e 2-in-1 con tutte le funzionalità dell'edizione Home, alle quali si aggiungono specifiche feature per le piccole aziende, tra cui Windows Update for Business

- **Windows 10 Enterprise**: edizione simile alla Pro con funzionalità specifiche per le medie e grandi organizzazioni

- **Windows 10 Education**: edizione simile alla Enterprise indirizzata alle scuole e alle università

- **Windows 10 Mobile Enterprise**: edizione per smartphone e piccoli tablet indirizzata alle aziende

- **Windows 10 IoT Core**: edizione specifica per i dispositivi connessi che fanno parte della *Internet of Things*.

Verrà distribuito gratis su tutti i pc con Windows 7 o 8.1. L'aggiornamento sarà di circa 2 GB e sarà in 111 lingue (Windows ha una quota di mercato intorno al 90%, Apple all'8%, Linux all'1,5%).

Tra le novità di maggior rilievo da segnalare, *Windows Holographic* e *Microsoft HoloLens* (visore), grazie al quale si ottiene una combinazione tra ologrammi e realtà aumentata, permettono di interagire in modo completamente nuovo con il sistema.

COMPILATORI E INTERPRETI

Un **compilatore** è un programma che traduce una serie di istruzioni scritte in un determinato linguaggio di programmazione (*codice sorgente*) in istruzioni di un altro linguaggio (*codice oggetto*). Questo processo di traduzione si chiama *compilazione*.

L'attività inversa, *passare dal codice oggetto al codice sorgente è chiamata* decompilazione ed è effettuata per mezzo di un decompilatore.

IV.20 - Nozioni di Informatica - Software*

Se tutti i compilatori aderiscono esattamente alla specifica del linguaggio, lo stesso programma potrà essere compilato senza modifiche da ciascun compilatore, producendo risultati semanticamente uguali, ovvero programmi che producono lo stesso risultato se sottoposti agli stessi dati di ingresso. Nella realtà, molti compilatori implementano il linguaggio in modo incompleto, o aggiungono estensioni proprietarie, creando in effetti dei dialetti di ciascun linguaggio. Per i linguaggi che adottano uno standard nella decorazione dei simboli, il codice oggetto generato da compilatori differenti può essere linkato assieme in un unico eseguibile.

Negli anni 50 sono stati sviluppati diversi compilatori sperimentali (ad esempio, i primi lavori di Grace Hopper sul linguaggio A-0), ma nel 1957 il team FORTRAN presso l'IBM, guidato da John Backus, fu accreditato come primo inventore di un compilatore completo. Il COBOL fu uno dei primi linguaggi nel 1960 ad essere compilato su più architetture.

L'idea della compilazione prese velocemente piede e molti dei princìpi di design dei compilatori vennero sviluppati negli anni '60.

Un compilatore è esso stesso un programma scritto in un qualche linguaggio. I primi compilatori venivano scritti in Assembler. Il primo compilatore autocompilato, capace cioè di compilare il suo stesso codice, fu creato per il linguaggio Lisp da Hart e Levin presso il MIT nel 1962.

L'uso di linguaggio ad alto livello per scrivere i compilatori ebbe una spinta nei primi anni '70, quando i compilatori Pascal e C furono scritti negli stessi linguaggi. Creare un compilatore autocompilante introduce un problema di bootstrapping, il primo compilatore di quel linguaggio deve essere per forza scritto in un altro linguaggio o compilato facendo girare il compilatore come un interprete (come fecero Hart e Levin con il loro compilatore Lisp).

Il compilatore prende in ingresso un programma, il *codice sorgente*, su cui esegue una serie di operazioni in modo da ottenere, in assenza di errori, il *codice oggetto*. In generale i compilatori sono in grado di riconoscere alcune classi di errori presenti nel programma, e in alcuni casi di suggerire in che modo correggerli.

I compilatori attuali dividono l'operazione di compilazione in due stadi principali il front end e il back end. Nello stadio di front end il compilatore traduce il sorgente in un linguaggio intermedio (di solito interno al compilatore); nello stadio di back end avviene la generazione del codice oggetto.

Un **interprete** è un programma in grado di eseguire altri programmi a partire direttamente dal relativo codice sorgente. Un interprete ha lo scopo di eseguire un programma in un linguaggio di alto livello, senza la previa compilazione dello stesso. Esso, infatti, ha il compito di eseguire le istruzioni nel linguaggio usato, traducendole di volta in volta in istruzioni in linguaggio macchina.

I linguaggi che prevedono l'esecuzione dei listati di codice per mezzo di un interprete sono detti *linguaggi interpretati*. Il loro approccio si differenzia perciò da quello dei *linguaggi compilati*: a differenza di un interprete, un compilatore non esegue il programma che riceve in ingresso, ma lo traduce in linguaggio macchina (memorizzando su file il codice oggetto pronto per l'esecuzione diretta da parte del processore). In linea di principio, per qualunque linguaggio di programmazione si potrebbe scrivere sia un interprete che un compilatore; pertanto c'è chi sostiene che espressioni come *linguaggio interpretato* o *linguaggio compilato* siano scorrette, essendo interpretazione e compilazione concetti afferenti alla implementazione di un linguaggio e non al linguaggio in sé. Nella pratica, tuttavia, un linguaggio viene solitamente progettato o per essere compilato o per essere interpretato, in quanto questa scelta è fortemente legata ai requisiti sulla base dei quali il linguaggio stesso viene creato. Così, per esempio, un interprete per il linguaggio C è abbastanza raro rispetto a un compilatore, essendo la velocità di esecuzione fra le principali sue ragioni d'essere; allo stesso modo, molti linguaggi sono specificamente progettati per essere interpretati: tra questi ci sono il Python, il Basic, il Perl, il PHP e numerosi altri, tra cui quelli per lo scripting di shell (come Bash).

L'approccio interpretato comporta una minore efficienza a run-time; un programma interpretato, in esecuzione, richiede più memoria ed è meno veloce, a causa dell'overhead introdotto dall'interprete stesso. Durante l'esecuzione, l'interprete deve infatti analizzare le istruzioni a partire dal livello sintattico, identificare le azioni da eseguire (eventualmente trasformando i nomi simbolici delle variabili coinvolte nei corrispondenti indirizzi di memoria), ed eseguirle; mentre le istruzioni del codice compilato, già in linguaggio macchina, vengono caricate e immediatamente eseguite dal processore.

In compenso, l'interpretazione di un programma può essere più rapida del ciclo compilazione/esecuzione. Questa differenza può costituire un vantaggio durante lo sviluppo, specialmente se questo viene condotto con tecniche di fast prototyping, o durante il debugging. Inoltre, la maggior parte degli interpreti consentono all'utente di agire sul programma in esecuzione sospendendolo, ispezionando o modificando i contenuti delle sue variabili, e così via, in modo spesso più flessibile e potente di quanto si possa ottenere, per il codice compilato, da un debugger.

Esistono invece numerosi approcci ibridi fra linguaggi completamente interpretati e completamente compilati. Alcune versioni di Lisp consentono entrambi gli approcci, e consentono addirittura l'esecuzione di programmi parzialmente interpretati e parzialmente compilati, cosicché, per esempio, un nuovo sottoprogramma possa essere provato in forma interpretata e, una volta terminato il debugging, essere compilato per migliorarne le prestazioni. Molti interpreti non eseguono direttamente il codice sorgente, ma lo convertono preventivamente in una forma interna più compatta, per esempio in un albero sintattico astratto. Ancora diverso è l'approccio di Emacs Lisp e Java, in cui viene impiegato un compilatore che trasforma il codice sorgente in un formato intermedio detto (per entrambi i linguaggi!) *bytecode*, abbastanza vicino al linguaggio macchina (e quindi con un costo di interpretazione moderato), ma eseguito da un interprete e non direttamente dal processore (e quindi portabile).

Una tecnica che ha destato notevole interesse negli ultimi anni (ed è applicata dalla maggior parte delle attuali implementazioni di Java e dai linguaggi della famiglia DOTNET di Microsoft) prende il nome di compilazione "just in time" o JIT. Questa tecnica può essere considerata come una ottimizzazione dell'interpretazione, in cui l'interprete compila durante l'esecuzione i frammenti di codice che vengono eseguiti con maggiore frequenza, per ridurre il costo delle loro successive esecuzioni.

LIBRERIE

Una libreria è un insieme di funzioni o strutture dati predisposte per essere collegate ad un programma software. Il collegamento può essere statico o dinamico; nel secondo caso si parla di *dynamic-link library* (DLL).

Il termine *libreria* nasce da un'errata traduzione dell'inglese *library* (letteralmente, biblioteca), ma ormai è così diffuso nel vocabolario dei professionisti da essere accettato quale esatta traduzione.

Lo scopo delle librerie software è quello di fornire una collezione di entità di base pronte per l'uso, evitando al programmatore di dover riscrivere ogni volta le stesse funzioni o strutture dati e facilitando così le operazioni di manutenzione. Questa caratteristica si inserisce nel più vasto contesto del 'richiamo di codice' all'interno di programmi e applicazioni ed è presente in quasi tutti i linguaggi. I vantaggi principali derivanti dall'uso di un simile approccio sono:

- si può separare la logica di programmazione di una certa applicazione da quella necessaria per la risoluzione di problemi specifici, quali il calcolo di funzioni matematiche o la gestione di collezioni;
- le entità definite in una certa libreria possono essere riutilizzate da più applicazioni;
- si può modificare la libreria separatamente dal programma, senza limiti alla potenziale vastità di funzioni e strutture dati man mano disponibili nel tempo.

Quasi tutti i linguaggi di programmazione supportano il concetto di libreria e moltissimi includono delle librerie standardizzate (spesso chiamate proprio *librerie standard* del linguaggio in questione): si tratta un insieme di funzioni e/o strutture dati che permettono di risolvere i problemi di programmazione più comuni. Ad esempio, molti linguaggi di programmazione hanno una libreria matematica, che consente di eseguire elevamenti a potenza, il calcolo dei logaritmi e così via; funzioni di I/O; funzioni e strutture dati per la gestione di collezioni di oggetti; e altre.

Le librerie standard, rispetto a quelle non-standard, consentono una più agevole portabilità degli applicativi che le sfruttano; infatti, ogni produttore di compilatori è tenuto a includere una certa implementazione delle librerie standard; questo significa che le librerie sono potenzialmente supportate da tutte le piattaforme per le quali esiste un compilatore specifico. Viceversa, una libreria non-standard potrebbe non essere supportata su un certo sistema.

DRIVER

È detto driver l'insieme di procedure, spesso scritte in assembler, che permette ad un sistema operativo di pilotare un dispositivo hardware. Il driver permette al sistema operativo di utilizzare l'hardware senza sapere come esso funzioni, ma dialogandoci attraverso un'interfaccia standard, i registri del controllore della periferica, che astrae dall'implementazione dell'hardware e che ne considera solo il funzionamento logico. In questo modo hardware diverso costruito da produttori diversi può essere utilizzato in modo intercambiabile.

Ne consegue che un driver è specifico sia dal punto di vista dell'hardware che pilota, sia dal punto di vista del sistema operativo per cui è scritto. Non è possibile utilizzare driver scritti per un sistema operativo su uno differente, perché l'interfaccia è generalmente diversa.

Il driver è scritto solitamente dal produttore del dispositivo hardware, dato che è necessaria un'approfondita conoscenza dell'hardware per poter scrivere un driver funzionante. A volte, i driver vengono scritti da terze parti sulla base della documentazione tecnica rilasciata dal produttore, se questa è disponibile.

Esistono driver di molti tipi, a seconda del tipo di hardware che devono pilotare e soprattutto del sistema operativo su cui devono girare.

- nei sistemi *embedded*, in cui tutto il software è un unico programma compilato e caricato in ROM, il driver non è altro che una routine del programma che si interfaccia con l'hardware da pilotare.

- in maniera analoga, nei sistemi operativi con *kernel monolitico* (come Linux), il driver è un modulo compilato insieme al kernel. Il kernel Linux generalmente supporta decine di migliaia di periferiche in modo nativo, solitamente quindi la maggior parte dell'hardware viene riconosciuto subito, però se una periferica non è supportata da quest'ultimo non è possibile utilizzarla. Il vantaggio di questo approccio è che i driver disponibili sono supervisionati e testati dagli stessi sviluppatori del kernel e quindi forniscono massima efficienza e stabilità. (Nelle nuove versioni del kernel Linux è comunque possibile "aggiungere" nuovi driver al kernel senza necessariamente ricompilarlo da zero.)

- nei sistemi operativi a *kernel ibrido* (come Windows), il driver è un file binario che viene caricato dinamicamente dal kernel. In questo caso è possibile aggiungere una nuova periferica e il kernel dovrà semplicemente caricare il file del driver opportuno. Il vantaggio di questo approccio solitamente è la "quasi sicurezza" di riuscire a utilizzare un certo hardware in quanto sono i produttori stessi a fornirlo. Lo svantaggio invece può essere la non totale ottimizzazione o stabilità di un driver, né tanto meno che il produttore hardware continui a fornire driver di vecchie periferiche non più in vendita per le nuove versioni di Windows (come è avvenuto per il nuovo sistema Windows Vista).

È interessante notare come i driver siano anche responsabili della diffusione dei sistemi operativi: se per un sistema operativo, anche eccellente, i produttori hardware non rilasciano gli opportuni driver, questo sistema operativo avrà poco pubblico perché molto hardware non funzionerà. La situazione è aggravata quando i produttori dell'hardware non rilasciano le specifiche dei prodotti, e quindi nessuno è in grado di sviluppare il driver in questione. La comunità informatica ha spesso dovuto ovviare a questo inconveniente con la tecnica del *reverse engineering* dei driver Windows per supportare hardware che altrimenti sarebbero stati inutilizzabili con il kernel Linux e con gli altri sistemi operativi liberi. Da poco è in atto il tentativo di "convertire" in automatico un driver Windows per renderlo eseguibile anche su altri sistemi.

FIRMWARE

Il firmware è un programma, inteso come sequenza di istruzioni, integrato direttamente in un componente elettronico nel senso più vasto del termine (circuiti integrati, schede elettroniche, periferiche). Lo scopo del programma è quello di avviare il componente stesso e consentirgli di interagire con altri componenti tramite l'implementazione di protocolli di comunicazione o interfacce di programmazione.

Il termine deriva dall'unione di "firm" (stabile) e "ware" (componente), indica che il programma non è immediatamente modificabile dall'utente finale, ovvero risiede stabilmente nell'hardware integrato in esso, e che si tratta del punto di incontro fra componenti logiche e fisiche, ossia fra hardware e software.

Quando si parla di firmware per una scheda elettronica (come una scheda di espansione per computer) questo generalmente trova posto all'interno di una memoria ROM o flash. Quando invece il firmware è integrato all'interno di un processore (come ad esempio il Pentium 4) in italiano viene detto anche *microcodice*.

Il firmware forse più conosciuto in ambito informatico (anche ai non addetti ai lavori) è quello della scheda madre, chiamato comunemente BIOS e responsabile del corretto avvio del computer, ma quasi sempre sono dotati di proprio firmware anche i singoli componenti di un computer, come dischi fissi, lettori o masterizzatori di CD e DVD, schede di espansione in genere. Sono spesso firmware i software di funzionamento dei sistemi embedded.

In alcuni apparati che realizzano le reti di calcolatori, come router e molti switch di fascia media e alta, la parola firmware ha un significato più ampio: indica il vero e proprio sistema operativo dell'apparato, che ne gestisce tutte le funzioni, possiede un'interfaccia utente spesso non banale (accessibile via porta seriale, o via rete con i protocolli SNMP, telnet, SSH, HTTP, TFTP o anche FTP per il trasferimento di file di configurazione o nuove versioni del firmware), permette di monitorare ed intervenire sul funzionamento dell'apparato e di modificarne la configurazione. Data la complessità delle funzioni realizzate dal firmware in questi casi, gli aggiornamenti per aggiungere funzionalità o per correggere bug possono essere frequenti. Anche in questi casi, il firmware è memorizzato su una memoria non volatile ROM o EEPROM.

IV.26 - Nozioni di Informatica - Software*

Spesso esiste un altro componente software più semplice e di livello più basso, che si occupa delle funzioni minimali necessarie a gestire la memoria non volatile e a caricare il firmware, denominato *bootloader*.

SOFTWARE APPLICATIVO

Viene detto **software applicativo** (a volte più semplicemente "applicativo") l'insieme dei programmi che non sono compresi nel sistema operativo, ma che vengono invece installati dall'utente per svolgere compiti specifici. Per esempio, sotto Windows, il programma di videoscrittura Microsoft Word è forse l'applicativo più diffuso. Word non fa parte di Windows ma deve essere acquistato a parte e installato sulla macchina dopo che questa contiene già il sistema operativo. Sono ugualmente degli applicativi i programmi antivirus, i programmi per la compressione dei file, la posta elettronica, il ritocco fotografico, la composizione multimediale, i lettori audio/video, ecc.

A rigore fanno parte degli applicativi anche alcune utilità che si installano assieme a Windows stesso, come il Blocco note, la Calcolatrice, Paint, WordPad, etc; si tratta infatti di semplici programmi che non sono essenziali per il funzionamento della macchina (potrebbero anche essere rimossi senza comprometterne in alcun modo il funzionamento), ma vengono installati assieme al sistema operativo soltanto per offrire all'utente alcune semplici applicazioni di base. Infatti, se per assurdo su un computer si trovasse esclusivamente il sistema operativo senza nessun'altra applicazione, la macchina funzionerebbe perfettamente, ma l'utente non sarebbe messo nelle condizioni di poterla usare.

Può essere fatta una prima sommaria classificazione degli applicativi in cinque categorie principali:

- Utilità di Sistema - si tratta di programmi che servono per migliorare la gestione e la sicurezza della macchina, come ad esempio gli stessi antivirus, oppure programmi per l'ottimizzazione delle risorse, per il controllo dello stato del sistema, la ripulitura dell'hard disk, ecc.

- Office Automation - programmi di ausilio nei normali lavori d'ufficio, quali creazione e elaborazione di testi (word processor), gestione di basi di dati (database), fogli di calcolo (spreadsheet), posta elettronica, navigazione in Internet (browser), ecc.

- Applicazioni aziendali - programmi creati per ovviare a necessità specifiche delle aziende, come ad esempio i programmi per la fatturazione o per la gestione del personale, dei magazzini, dei macchinari industriali.

Spesso si tratta di programmi creati *ad hoc* da aziende di produzione software e su specifica richiesta del cliente.

- Strumenti di sviluppo - programmi per la creazione di oggetti multimediali (pagine Web, animazioni e CD interattivi), elaborazione audio/video/immagini, programmi che servono per la creazione di nuovi applicativi (authoring tools).
- Giochi e svago - giochi, emulatori, lettori audio e video.

Queste distinzioni, comunque, vanno prese essenzialmente come categorie concettuali e non come rigide classificazioni; tra l'altro è da tenere presente che la loro suddivisione e definizione si evolve in continuazione man mano che nuove idee vengono sviluppate dai programmatori o che vengono richieste dalle aziende.

LE RETI

Una rete di calcolatori (in inglese: network) è un sistema che permette la condivisione di informazioni e risorse (sia hardware che software) tra diversi calcolatori. Il sistema fornisce un servizio di trasferimento di informazioni ad una popolazione di utenti distribuiti su un'area più o meno ampia.

Le reti di calcolatori generano traffico di tipo fortemente impulsivo, a differenza del telefono, e per questo hanno dato origine - e usano tuttora - la tecnologia della commutazione di pacchetto.

La commutazione di pacchetto è una tecnica di accesso multiplo a ripartizione nel tempo, utilizzata per condividere un canale di comunicazione tra più stazioni in modo non deterministico, utilizzata generalmente per realizzare reti di calcolatori. Tali tecniche non comportano l'attivazione di una linea di comunicazione dedicata fra un elaboratore ed un altro, ma consentono lo svolgimento simultaneo di più comunicazioni fra computer, massimizzando così l'utilizzazione dei mezzi trasmissivi impiegati.

In una rete a commutazione di pacchetto (PBN, Packet Based Network) l'informazione da trasmettere viene suddivisa in pacchetti di misura abbastanza piccola; ad ognuno di essi viene aggiunta un'intestazione che contiene tutta l'informazione necessaria affinché il pacchetto possa venire inoltrato alla sua destinazione finale e sulla sua posizione all'interno dell'informazione che viene trasferita. I pacchetti vengono inviati individualmente attraverso la rete e vengono poi riassemblati nella loro forma originale quando arrivano sul computer di destinazione. L'intera capacità trasmissiva disponibile viene impegnata per la trasmissione di ciascun pacchetto.

Quando un nodo intermedio, detto commutatore di pacchetto, generalmente un router o uno switch, riceve un pacchetto, esso decide quale è il percorso migliore che il pacchetto può prendere per raggiungere la sua destinazione. Questa strada può cambiare da pacchetto a pacchetto dipendentemente dalle condizioni della rete, per cui pacchetti appartenenti ad uno stesso messaggio possono intraprendere anche percorsi distinti.

Se vi sono più pacchetti da trasmettere contemporaneamente, questi vengono memorizzati in una coda, subendo un ritardo di accodamento e rischiando di essere scartati (e quindi perduti) in caso di esaurimento della memoria disponibile per la coda. La perdita di pacchetti può avvenire in diverse occasioni: un pacchetto può perdersi in quanto viene ricevuto con un errore e quindi scartato, oppure quando il buffer di un commutatore, sia nelle porte di ingresso che in quelle di uscita, risulta saturo e quindi si trova a costretto a scartarlo. Per questa ragione, una rete a pacchetto non può generalmente garantire che tutti i pacchetti inviati arrivino a destinazione. Per risolvere questo problema, generalmente, viene utilizzato il protocollo TCP, che consente di rinviare i pacchetti persi (i pacchetti per i quali non riceve un ACK[1] positivo).

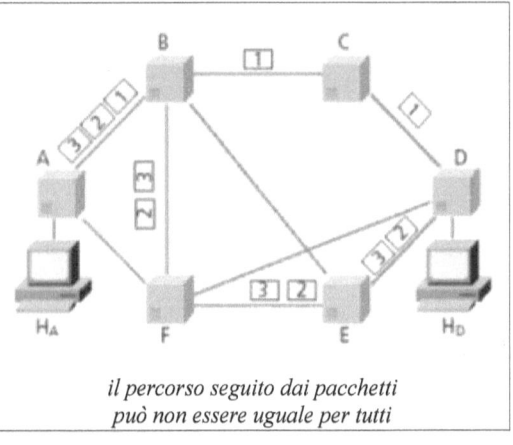

il percorso seguito dai pacchetti può non essere uguale per tutti

La necessità od opportunità della costruzione di reti di calcolatori può essere fatta risalire a quella di condividere le risorse di calcolatori potenti e molto costosi (mainframe). La tecnologia delle reti, e in seguito l'emergere dei computer personali a basso costo, ha permesso rivoluzionari sviluppi nell'organizzazione delle risorse di calcolo. Si possono indicare almeno tre punti di forza di una rete di calcolatori rispetto al mainframe tradizionale:

1. *fault tolerance* (resistenza ai guasti): il guasto di una macchina non blocca tutta la rete ed è possibile sostituire il computer guasto facilmente (la componentistica costa poco e un'azienda può permettersi di tenere i pezzi di ricambio in magazzino);

---

[1] ACK, in ambito informatico, è il simbolo che identifica un segnale di *Acknowledge* emesso in risposta alla ricezione di un'informazione completa.

2. *economicità*: hardware e software per computer costano meno di quelli per i mainframe;

3. *gradualità della crescita e flessibilità*: l'aggiunta di nuove potenzialità a una rete già esistente e la sua espansione sono semplici e poco costose.

Tuttavia una rete ha alcuni punti deboli rispetto a un mainframe:

1. scarsa sicurezza: un malintenzionato può avere accesso più facilmente ad una rete di computer che ad un mainframe: al limite gli basta poter accedere fisicamente ai cablaggi della rete. Inoltre, una volta che un worm virus abbia infettato un sistema della rete, questo si propaga rapidamente a tutti gli altri e l'opera di disinfezione è molto lunga, difficile e non offre certezze di essere completa;

2. alti costi di manutenzione: con il passare del tempo e degli aggiornamenti, e con l'aggiunta di nuove funzioni e servizi, la struttura di rete tende ad espandersi e a diventare sempre più complessa, e i computer che ne fanno parte sono sempre più eterogenei, rendendo la manutenzione sempre più costosa in termini di ore lavorative. Oltre un certo limite di grandezza della rete (circa 50 computer) diventa necessario eseguire gli aggiornamenti hardware e software su interi gruppi di computer invece che su singole macchine, vanificando in parte il vantaggio dei bassi costi dell'hardware.

Esiste una grande varietà di tecnologie di rete e di modelli organizzativi, che possono essere classificati secondo diversi aspetti: estensione geografica, canale trasmissivo, topologia, connessione.

MODELLI DI RETE BASATI SULL'ESTENSIONE GEOGRAFICA

A seconda dell'**estensione geografica**, si distinguono:

RETE CORPOREA, identificata anche come **BAN** (Body Area Network), realizzata mediante sensori e quindi chiamata anche **BSN** (Body Sensor Network) o, nel caso di connessione wireless **WBAN** (Wireless BAN): vengono usati questi termini per descrivere l'applicazione dei dispositivi periferici per computer da indossare, come un vestito o come accessori di vestiario (guanti, maglie, etc.). Ciò consente la comunicazione (prevalentemente di tipo wireless) tra i vari distretti e zone del corpo mediante differenti tipi di sensori miniaturizzati (*BSU*, body sensor unit) ed un'unità centrale (*BCU*, body central unit) che vengono, appunto, indossati sul corpo umano.

Lo sviluppo della tecnologia BAN o WBAN è iniziata intorno al 1995, prendendo le mosse dalle tecnologie per le reti wireless in area personale (WPAN) per far comunicare vicino e attorno al corpo umano. Successivamente, intorno al 2001, le applicazioni WPAN sono state più propriamente rinominate "reti corporee" (BAN), per meglio rappresentare le comunicazioni nell'immediato intorno, e solo in questo, del corpo umano. Un sistema WBAN/WPAN può comunque utilizzare altre tecnologie wireless come gateway per raggiungere distanze maggiori.

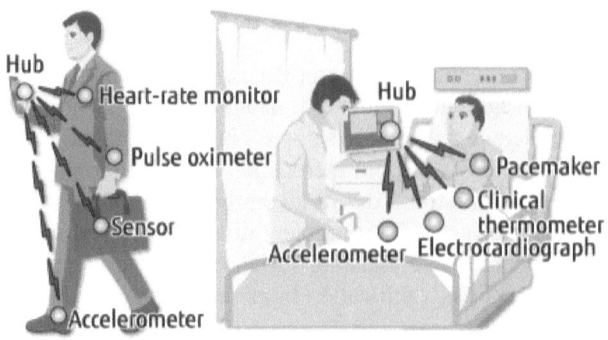

Body Area Network

Dal punto di vista dell'affidabilità e potenzialità, la rapida crescita tecnologica dei sensori fisiologici, dei circuiti integrati a bassa potenza, delle sorgenti di alimentazione e della tecnologia di comunicazione wireless hanno consentito una nuova generazione di reti di sensori wireless. Queste reti sono già utilizzate, o sono in fase di studio per la loro applicazione pratica, in diversi settori: monitoraggio del traffico veicolare, colture vegetali e/o di laboratorio, infrastrutture in genere e monitoraggio della salute degli individui.

Il campo di applicazione della BAN è un settore interdisciplinare che prevede il monitoraggio continuo in maniera economica dello stato di salute, con aggiornamenti in tempo reale delle condizioni cliniche di un individuo utilizzando Internet. Per realizzarlo, un certo numero di sensori fisiologici "intelligenti" vengono integrati in una zona del corpo umano realizzando un'opportuna rete corporea wireless, che può essere utilizzata per la riabilitazione assistita da computer o la diagnosi precoce di patologie mediche. Questa realizzazione si basa sulla possibilità di applicare bio-sensori di misura estremamente ridotta sulla superficie esterna od all'interno del corpo umano, i quali risultano praticamente di nessun fastidio per l'individuo che li indossa e non alterano le normali attività quotidiane. I sensori provvedono a raccogliere i dati relativi ai diversi cambiamenti fisiologici, al fine di monitorare lo stato di salute del paziente, a prescindere dalla loro ubicazione. Le informazioni vengono poi trasmesse, in modalità wireless, ad un elaboratore esterno. Quest'ultimo, quindi, provvede a trasmettere tutte le informazioni in tempo reale ai medici, ovunque essi siano nel mondo (cioè: senza la necessità per l'individuo di essere entro un certo raggio di azione dall'operatore sanitario coinvolto). Nel momento in cui viene rilevata una situazione di emergenza, i medici possono informare tempestivamente il paziente, tramite lo stesso sistema informatico, inviando opportuni messaggi o allarmi, o con sistemi alternativi.

Attualmente la quantità e qualità delle informazioni fornite dai sensori applicabili e le risorse energetiche in grado di alimentare i sensori sono ancora limitate e, pertanto, l'uso routinario non è ancora possibile; tuttavia tale tecnologia è da considerarsi ancora in una fase "primitiva" e molti studi sperimentali sono già in corso, anche in fase avanzata, in diverse parti del mondo, per cui non è azzardato prevedere che una volta raggiunto un sufficiente grado di maturità, questa tecnologia porterà ad un diverso concetto del monitoraggio della salute ed al ribaltamento del concetto di telemedicina così come inteso al giorno d'oggi.

RETE PERSONALE o **PAN** (Personal Area Network): è una rete che si estende intorno all'utilizzatore con una estensione di alcuni metri o, al massimo, qualche decina di metri, rimanendo comunque confinata nelle immediate vicinanze dell'utilizzatore stesso.

La PAN è una rete utilizzata per permettere la comunicazione tra diversi dispositivi (telefono, personal digital assistants, ecc.) vicini a un singolo utente. I singoli dispositivi possono anche non appartenere all'utente in questione. Può essere utilizzata per collegare i vari dispositivi tra di loro in modo da consentire scambio di informazioni o per consentire la connessione a reti a più alto livello come per esempio internet.

Una PAN può essere realizzata con collegamenti via cavo, come per esempio USB o FireWire, oppure si possono utilizzare soluzioni wireless come IrDA o Bluetooth. Le PAN Bluetooth sono chiamate anche *piconet* e queste sono composte al massimo da otto dispositivi in relazione master/slave (o fino a 255 dispositivi in modalità "parcheggio"). Il primo dispositivo Bluetooth è il master mentre i successivi diventano slave.

V.6 - Nozioni di Informatica - Le Reti

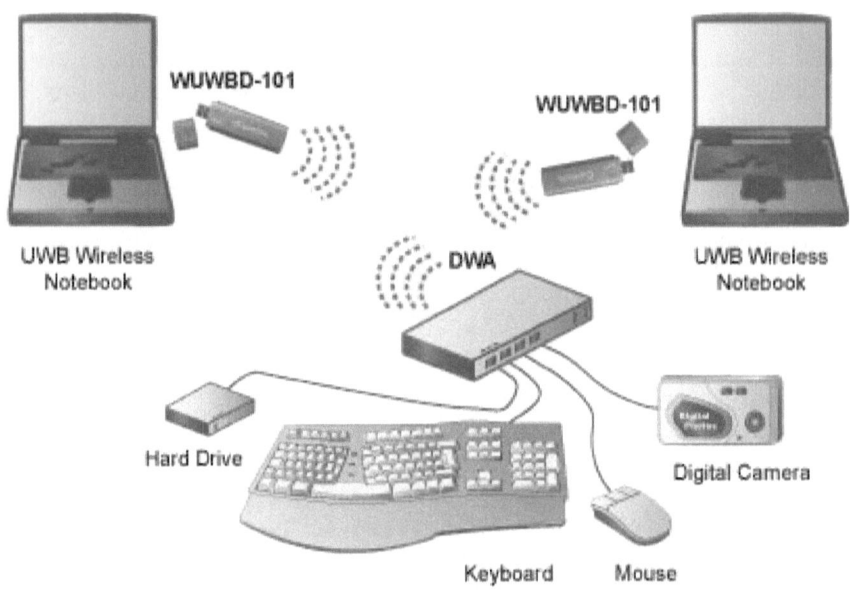

Personal Area Network

Una rete piconet ha un raggio tipico di 10 metri ma si possono collegare più piconet utilizzando un dispositivo che, appartenendo a entrambi le piconet, fa da ponte; in questo caso la rete che si viene a creare è chiamata *scatternet*.

RETE LOCALE o **LAN** (Local Area Network): è una rete che si estende all'interno di un edificio o di un comprensorio, tipicamente con un'estensione massima di alcuni chilometri, ed il suo essere contenuta nello spazio favorisce il tempo di trasmissione, che è noto. Le LAN tradizionali lavorano tra 10 Mbps e 100 Mbps, hanno bassi

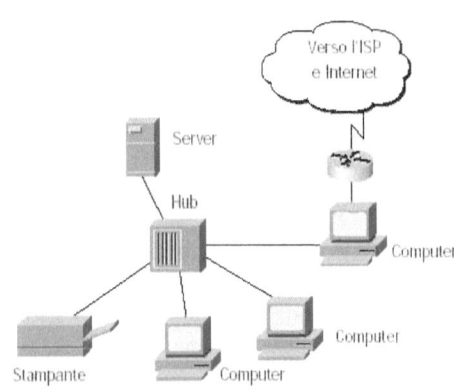

Local Area Network

ritardi e pochissimi errori; le LAN recenti operano fino a 1 Gbps. I vantaggi tipici di una LAN sono:

- Condivisione di dati e programmi;
- Condivisione di un collegamento a Internet unico per più PC;
- Condivisione di accesso a risorse hardware (stampanti, periferiche fax, modem, etc.);
- Riduzione dei costi grazie alla condivisione;
- Standardizzazione delle applicazioni;
- Gestione più efficiente di dati, comunicazione e pianificazioni.

RETE DEL CAMPUS (o rete universitaria, in italiano) o **CAN** (Campus Area Network): è una rete interna ad un campus universitario, o comunque ad un insieme di edifici adiacenti riconducibili nella tipologia ad un campus, separati tipicamente da terreno di proprietà dello stesso ente; questi possono essere collegati con cavi propri senza far ricorso ai servizi di operatori di telecomunicazione esterni. Tale condizione facilita la realizzazione di una rete di interconnessione ad alte prestazioni ed a costi contenuti. Tipicamente una CAN è costituita da un insieme di LAN e, quindi, può essere considerata una forma di MAN, progettata esplicitamente per le esigenze del campus. Nel caso della CAN propriamente detta, lo scopo principale di detta rete è di interconnettere tutti o quasi gli edifici che fanno parte del campus, includendo quindi i dipartimenti accademici veri e propri così come la biblioteca ed i residence degli studenti. Di regola, una CAN è più grande di una LAN ma è anche più piccola di una MAN (in alcuni casi) e sicuramente molto più piccola di una WAN. Per sua definizione, lo scopo principale per cui di solito viene progettata una CAN consiste nel facilitare gli studenti per nell'accesso ad internet ed alle risorse interne del campus stesso.

RETE SENZA FILI o **WLAN** (Wireless Local Area Network): è una rete locale ed è basata su una tecnologia in radio frequenza (RF) oppure ad infrarossi (IR), permettendo la mobilità all'interno dell'area di copertura, solitamente intorno al centinaio di metri in campo aperto.

La tecnologia WLAN più diffusa è quella basata su specifiche IEEE 802.11 (nota anche con il nome commerciale Wi-Fi[2]). Ultimamente stanno prendendo

---

2 Wi-Fi, abbreviazione di Wireless Fidelity, è un termine che indica dispositivi che possono collegarsi a reti locali senza fili basate sulle specifiche IEEE 802.11. Un dispositivo, anche se conforme a queste specifiche, non può utilizzare il logo ufficiale Wi-Fi se non ha superato le procedure di certificazione stabilite dal consorzio Wi-Fi Alliance (Wireless Ethernet Compatibility Alliance), che testa e certifica la compatibilità dei componenti wireless con gli standard 802.11x (cioè: della famiglia 802.11). La presenza del marchio Wi-Fi su un dispositivo dovrebbe quindi garantirne l'interoperabilità con gli altri dispositivi certificati, anche se prodotti da aziende differenti.

piede, invece, le reti wireless a larga banda e a copertura estesa per le quali è stato sviluppato lo standard IEEE 802.16.

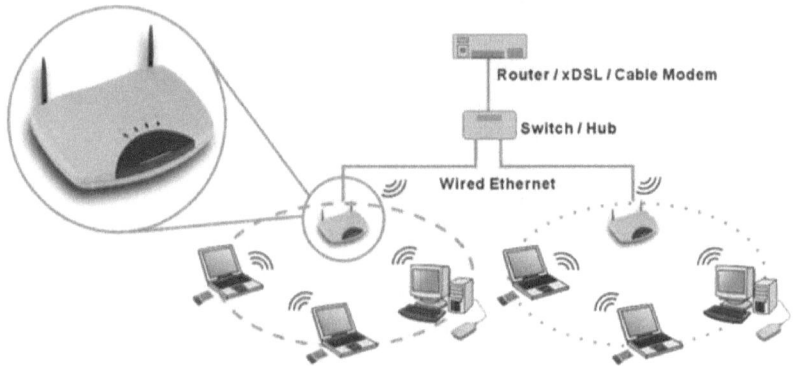

Wireless Local Area Network

Le reti wireless possono essere installate secondo tre modalità strutturali:

- Independent Basic Service Set (rete P2P o Ad-Hoc): una WLAN IBSS è una rete wireless definita anche in modalità Ad-Hoc che rende possibile collegare in modo indipendente più postazioni wireless tra loro senza nessun dispositivo centrale che funga da tramite. Questo tipo di installazione è frequente quando i client sono pochi, ad esempio per permettere a due o tre computer di condividere file o connessioni Internet. Il sistema IBSS è economico, ma non è adatto ad una rete numerosa e concentrata, a causa della sovrapposizione dei segnali e del conseguente calo di affidabilità.

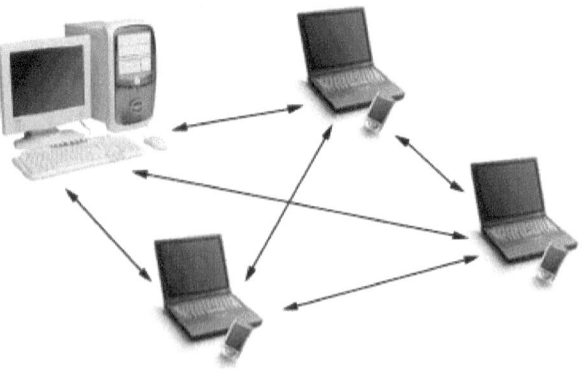

Mode Ad Hoc

- Infrastructure Basic Service Set (o Infrastruttura): una WLAN BSS (o ad infrastruttura) si basa su un Access Point centrale collegato ad una LAN cablata che funge da unico tramite per il traffico dei dispositivi wireless che si trovano nel range di copertura. Una singola WLAN BSS rappresenta una cella, chiamata Basic Service Area (BSA). Un Wireless Access Point (abbreviato in WAP o AP) può essere costituito o da un computer o da un dispositivo dedicato. Nel caso gli Access Point siano pubblici, vengono definiti hotspot. Questi hotspot possono essere gratuiti o a pagamento e cominciano a diffondersi anche in Italia, soprattutto negli aeroporti, nelle biblioteche, nelle librerie e nei parchi pubblici.

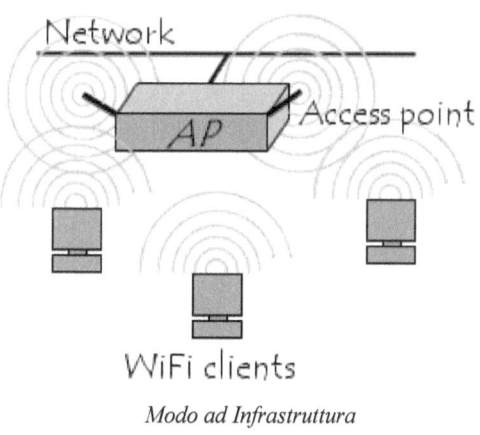

Modo ad Infrastruttura

- Extend Service Set (ESS): Una WLAN ESS si basa sul collegamento di due o più WLAN BSS tra loro al fine di generare un'area di copertura conseguente maggiore. Grazie alla funzione del roaming, prevista dallo standard IEEE 802.11, un utente della WLAN ESS può passare da una cella (BSA) all'altra senza risentire di alcuna interruzione del servizio e quindi in modo totalmente trasparente.

RETE METROPOLITANA o **MAN** (Metropolitan Area Network): è una rete che si estende all'interno di una città o comunque di un comprensorio molto più vasto di un campus universitario;

RETE GEOGRAFICA o **WAN** (Wide Area Network): è una rete che si estende oltre i limiti indicati precedentemente e copre, nelle intenzioni, ogni angolo remoto possibile; nella realtà esistono alcune zone della Terra che non possono essere raggiunte direttamente, per cui in questi casi si ricorre alla GAN;

RETE GLOBALE o **GAN** (Global Area Network): è una rete in genere di tipo misto che comprende come sottoreti tutti i tipi precedentemente elencati, con la possibilità di estendersi anche alle zone della Terra che non potrebbero essere coperte dalla WAN, ad esempio tramite l'utilizzo delle trasmissioni satellitari.

Modelli Di Rete Basati Sul Canale Trasmissivo

Le modalità con cui vengono inoltrati i dati lungo una linea di comunicazione porta a classificare le reti anche secondo questo dato; in particolare si ponno classificare su questa base in **reti locali**, **reti pubbliche** e **reti di trasporto**.

RETE LOCALE o **LAN** (Local Area Network): le reti locali vengono realizzate tipicamente utilizzando un sistema di cablaggio strutturato con cavi UTP in categoria 5 o superiore, che serve uno o più edifici utilizzati tipicamente da una stessa entità organizzativa, che realizza e gestisce la propria rete, eventualmente con la cooperazione di aziende specializzate. In molti casi, il cablaggio è complementato o sostituito da una copertura wireless. Le LAN vengono realizzate soprattutto con la tecnologia ethernet, e supportano velocità di 10/100 Mbit/s, o anche 1 Gbit/s, su cavi in rame dalle caratteristiche adeguate (CAT5 o superiore), o su fibra ottica.

RETE PUBBLICA: le reti pubbliche sono gestite da operatori del settore e offrono servizi di telecomunicazione a privati ed aziende in una logica di mercato. Per poter offrire servizi al pubblico, è necessario disporre di un'infrastruttura di distribuzione che raggiunga l'intera popolazione.

Per ragioni storiche, la gran parte delle reti pubbliche sono basate sul doppino telefonico (detto anche POTS, Plain Old Telephone System). Questa tecnologia era stata studiata per supportare il servizio di telefonia analogica, ma data la sua pervasività e gli alti investimenti che sarebbero necessari per sostituirla è stata adattata al trasporto di dati mediante diverse tecnologie:

- **modem** per codificare segnali digitali sopra le comuni linee telefoniche analogiche. Il grande vantaggio di questa tecnologia è che non richiede modifiche alla rete distributiva esistente. Sono necessari due modem ai due capi di una connessione telefonica attiva per stabilire una connessione. Molti fornitori di servizio offrono un servizio di connettività Internet via modem mediante batterie di modem centralizzate. La velocità è limitata a circa 56 Kbit/s, con l'adozione di modem client e server che supportano la versione V92 dei protocolli di comunicazione per modem. Questo protocollo incorpora funzioni di compressione del flusso di bit trasmesso, quindi la velocità effettiva dipende dal fattore di compressione dei dati trasmessi.

- **reti ISDN** (Integrated Services Digital Network) trasmettendo dati e voce su due canali telefonici in tecnologia digitale. Mediante appositi adattatori, è possibile inviare direttamente dati digitali. La tecnologia ISDN è ormai molto diffusa nei paesi sviluppati. Usandola per la trasmissione di dati, arrivano ad una velocità massima di 128 Kbit/s, senza compressione, sfruttando in pratica due connessioni dial-up in parallelo, possibili solo con determinati provider. La velocità su un singolo canale è invece limitata a 64 Kbit/s. Ci sarebbe un terzo canale, inutilizzato per il segnale ma non per la comunicazione, con una capacità di 16 Kbit/s (esso non viene mai utilizzato per i dati). Utilizzando modem analogici o ISDN, è possibile stabilire una connessione dati diretta tra due qualsiasi utenze della rete telefonica o ISDN rispettivamente.

- **tecnologia ADSL** (Asymmetric Digital Subscriber Line) utilizza una porzione della banda trasmissiva disponibile sul doppino telefonico dalla sede dell'utente alla centrale telefonica più vicina per inviare dati digitali. È necessaria l'installazione di nuovi apparati di commutazione nelle centrali telefoniche, chiamati DSLAM, e l'utilizzo di filtri negli impianti telefonici domestici per separare le frequenze utilizzate per la trasmissione dati da quelle per la comunicazione vocale. La loro diffusione sul territorio è limitata dai costi, che la rendono conveniente solo nelle aree maggiormente sviluppate. Durante la connessione tramite ADSL è possibile continuare a utilizzare il telefono in quanto le frequenze della voce e dei dati non si sovrappongono. Questa tecnologia è inoltre chiamata Asimmetric in quanto le velocità di download e di upload non sono uguali: in Italia sono tipicamente pari a 4 Mbit/s in download e 512 Kbit/s in upload, ma per certi abbonamenti la velocità di download può arrivare anche a 12 Mbit/s, o anche 24 Mbit/s, usando tecnologie di punta come ADSL2+ e reti di distribuzione in fibra ottica di ottima qualità. Il doppino di rame presenta l'inconveniente di attenuare i segnali e non permette il funzionamento di questa tecnologia per distanze superiori ai 5 Km circa. In alcuni casi è anche possibile un'ulteriore riduzione della distanza massima dovuta a interferenze esterne che aumentano la probabilità d'errore. Un'altra limitazione importante è data dall'interferenza "interna", che si verifica quando molte utenze telefoniche sullo stesso cavo di distribuzione utilizzano il servizio ADSL. Questo fa sì che non si possa attivare il servizio ADSL su più di circa il 50% delle linee di un cavo di distribuzione.

ADSL è l'ultimo sviluppo sull'infrastruttura esistente di doppino telefonico. Per superare queste velocità, l'infrastruttura di distribuzione basata sul doppino dovrà essere sostituita da supporti fisici più performanti. Tra i candidati a sostituire il doppino per la distribuzione domestica dei servizi di telecomunicazioni, si possono citare:

- le fibre ottiche:

- le infrastrutture della TV via cavo (diffusa soprattutto negli USA)

- il trasporto di dati sulla rete elettrica o nelle condutture del gas.

- le reti wireless

- le reti satellitari (che però sono tipicamente unidirezionali, dal satellite alla casa dell'utente, mentre il canale di ritorno deve essere realizzato con altre tecnologie, spesso sullo stesso doppino telefonico.

RETE DI TRASPORTO: capacità ancora superiori sono necessarie per trasportare il traffico aggregato tra le centrali di un operatore di telecomunicazioni. Con tecnologie più costose, tipicamente utilizzate dai providers, si raggiungono velocità di 40 Gbit/s per il singolo link su fibra ottica.

Su una singola fibra è poi possibile inviare molteplici segnali attraverso una tecnica di multiplazione chiamata (Dense) Wave Division Multiplexing - (D)WDM-, o Multiplazione di Lunghezza d'Onda, che invia segnali ottici differenti a diverse lunghezze d'onda (in gergo, colori). Il numero di segnali indipendenti trasportabile va dai 4 o 16 dei relativamente economici impianti (Coarse)WDM alle centinaia degli impianti DWDM più avanzati.

Negli Stati Uniti d'America il progetto Internet 2, cui collaborano la NASA, la difesa e le università americane, connette già molti campus alla velocità di 2 Gigabit/s (disponibili anche per studenti), con miglioramenti di TCP/IP per poter sfruttare alte velocità di trasmissione; permetterà di far transitare in rete il controllo dei satelliti civili, dello scudo spaziale, aerei comandati a distanza, testate nucleari e l'intera infrastruttura militare.

MODELLI DI RETE BASATI SULLA TOPOLOGIA

Due sono le tipologie principali, in base alla tecnologia assunta come modalità per il trasferimento dei dati: **reti punto a punto** e **reti broadcast**.

Le **reti punto a punto** (point-to-point) consistono in un insieme di collegamenti tra coppie di elaboratori, che formano grafi di vario tipo (stella, anello, albero, grafo completo, anelli secanti, etc). Per passare da una sorgente ad una destinazione, l'informazione deve attraversare diversi elaboratori intermedi. La strada che i dati devono seguire per arrivare correttamente a destinazione, è data dai protocolli di routing. Il routing è l'insieme delle problematiche relative al corretto ed efficace instradamento sulla rete dei dati.

Le **reti broadcast** invece sono formate da un unico mezzo fisico condiviso da più elaboratori, dove i messaggi inviati da un elaboratore vengono ricevuti da tutti gli altri. All'interno del messaggio vi è una parte relativa all'indirizzo del destinatario, in modo che tutte le altre macchine in ascolto possano scartare il messaggio in arrivo. Alcune reti prevedono indirizzi speciali di tipo broadcast e multicast. Il broadcast permette di inviare messaggi a tutte le stazioni collegate al mezzo fisico, mentre il multicast permette di farlo solo ad un gruppo di stazioni, ma non a tutte. Un esempio di una tale rete è la comunissima Ethernet. Le moderne reti broadcast sono realizzate con una topologia fisica a stella (point-to-point), in cui tutti gli elaboratori sono connessi ad un punto di concentrazione, dove un apparato attivo (switch o hub) crea l'illusione che siano tutti connessi allo stesso mezzo fisico. Talvolta si usa definire questi apparati "centrostella", appunto perché si trovano al centro della rete a stella.

MODELLI DI RETE BASATI SULLA CONNESSIONE

Le reti di calcolatori si basano su una multiplazione dinamica a commutazione di pacchetto, a differenza delle reti telefoniche che invece utilizzano una multiplazione statica a commutazione di circuito. Tra le reti a commutazione di pacchetto però è fondamentale operare una distinzione tra:

- reti orientate alla connessione
- reti senza connessione;

Nelle reti con connessione, i percorsi che il pacchetto seguirà attraverso la rete sono prestabiliti; essi sono sempre gli stessi e si basano su un canale, stavolta non fisico (come nelle reti telefoniche) ma "virtuale". Per comprendere meglio il concetto di canale virtuale si pensi a due elaboratori A e B che devono comunicare tra loro. A e B all'interno della rete non sono collegati tra loro, quindi è necessario che i pacchetti attraversino degli elaboratori intermedi. Prima dell'effettivo scambio dei dati, però, tra A e B viene creato un percorso prestabilito chiamato *canale virtuale*. Esempi particolarmente calzanti di reti orientate alla connessione sono le reti a commutazione di cella ATM o le reti *Frame Relay* e *Frame Relay SE* (*Switch*). I vantaggi di una rete siffatta stanno ovviamente nella qualità del servizio.

Nelle reti a commutazione senza connessione(o datagram), i percorsi che i pacchetti tenderanno a seguire non sono (e non possono) essere prestabiliti a priori, ma dipendono da una serie di fattori. Un esempio classico di rete a commutazione di pacchetto senza connessione è l'IP. Come sappiamo nelle reti TCP/IP il TCP dell'elaboratore A si collega direttamente al corrispondente servizio dell'elaboratore B. Quindi a livello di trasporto c'è connessione e quindi controllo sulla qualità del servizio e sulla congestione della rete. Cosa che non accade a livello network. Il router dell'elaboratore A affida i pacchetti al router successivo indicato nella sua tabella di routing. Dopodiché si disinteressa totalmente dell'ulteriore percorso che il pacchetto dovrà seguire all'interno della rete. Questo potrebbe sembrare un male, ma così non è, proprio per via di questa divisione di compiti tra il livello di trasporto e quello network.

ALCUNE TECNOLOGIE WIRELESS DI PARTICOLARE INTERESSE

RFID

Col termine RFID (da *Radio Frequency IDentification* o Identificazione a radio frequenza) si definisce una tecnologia per l'identificazione e/o memorizzazione dati automatica di oggetti, animali o persone basata sulla capacità di memorizzazione di dati da parte di particolari dispositivi elettronici (detti *tag* o *transponder*) e sulla capacità di questi di rispondere alla "interrogazione" a distanza da parte di appositi apparati fissi o portatili chiamati per semplicità "lettori" (in realtà' sono anche scrittori) a radiofrequenza, comunicando (o aggiornando) le informazioni in essi contenute. In un certo senso possono essere quindi assimilabili a sistemi di "lettura e/o scrittura" senza fili con numerosissime applicazioni. Le applicazioni più conosciute sono legate alla logistica ed a diversi altri ambiti, tra i quali: catene di distribuzione e movimentazione, Sanità, grande distribuzione, automazione, sistemi antitaccheggio, etc.

Sebbene possa avere diverse forme finali, un sistema RFID sostanzialmente è costituito da tre elementi fondamentali:

- un apparecchio di lettura e/o scrittura (*lettore*)
- uno o più etichette RFID (o *tag* o *transponder*)

- un *sistema informativo* di gestione dei dati per il trasferimento degli stessi dati da e verso i lettori.

Il tag RFID può essere attivo, passivo, semi-passivo o semi-attivo. Se è attivo, dispone di:

- una batteria per alimentarla
- una o più antenne per inviare il segnale di lettura e ricevere le risposte anche su frequenze diverse
- uno o più transponder/tag RFID e possono contenere sensori.

I tag attivi, in genere, hanno distanze operative maggiori dei tag passivi e coprono un raggio fino a 200 m.

Se è passivo contiene semplicemente un microchip (con identificativo univoco ed eventuale memoria), privo di alimentazione elettrica, un'antenna ed un materiale che fa da supporto fisico chiamato "substrato" e che viene "eccitato, alimentato e/o scritto" al passaggio di un lettore che emette un segnale radio a frequenze basse o medie o di alcuni GHz (sotto le diverse bande usate). La radiofrequenza attiva il microchip e gli fornisce l'energia necessaria a rispondere al lettore, ritrasmettendogli un segnale contenente le informazioni memorizzate nel chip ma che, come abbiamo già detto, può anche scrivere dati sul tag.

Se è semi-passivo è dotato di batteria usata solo per alimentare il microchip o apparati ausiliari (sensori) ma non per alimentare un trasmettitore in quanto in trasmissione si comportano come un tag RFID passivo.

Infine se è semi-attivo è dotato di batteria che alimenta il chip ed il trasmettitore in cui, per risparmiare energia, l'etichetta RFID è disattivata e viene attivata tramite un ricevitore con tecnologia dei tag passivi e quindi in assenza di interrogazioni il tag può operare per tempi lunghi.

L'elemento principale che caratterizza un sistema RFID è l'etichetta RFID o transponder o tag ed è costituito da:

- un microchip che contiene dati in una memoria (tra cui un numero univoco universale scritto nel silicio), una antenna;
- un supporto fisico che tiene insieme il chip e l'antenna chiamato "substrato" e che può essere in Mylar, film plastico (PET, PVC, etc), carta o altri materiali;

- in rari casi viene usata una batteria.

L'antenna riceve un segnale, che, tramite il principio dell'induzione, trasforma in energia elettrica e che alimenta il microchip. Il chip così attivato trasmette i dati in esso contenuti tramite l'antenna (circuito di trasmissione del segnale) all'apparato che riceve i dati. In sintesi, un tag RFID è in grado di ricevere e di trasmettere via radiofrequenza le informazioni contenute nel chip ad un *transceiver* RFID.

Il Lettore emette un campo elettromagnetico/elettrico che, tramite il processo dell'induzione, genera nell'antenna del tag una corrente che alimenta il chip. Il chip così alimentato comunica tutte le sue informazioni che vengono irradiate tramite l'antenna verso il Lettore ed il Lettore, come più volte detto, può anche scrivere i dati sul tag.

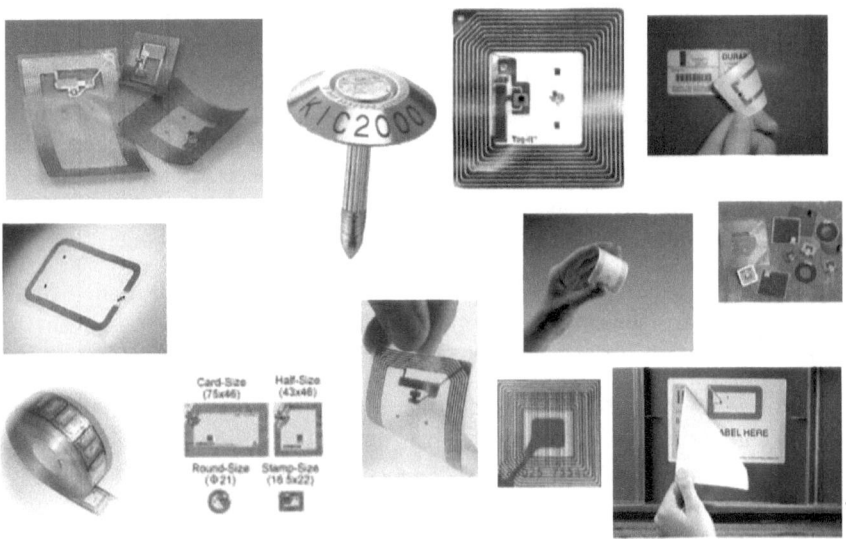

vari tag RFID presenti sul mercato

L'elemento che caratterizza un RFID è il *transponder* o *tag*. Il tag è un dispositivo elettronico funzionante composto da un chip ed un avvolgimento elicoidale montato su un substrato che li sostiene. Il chip (grande pochi millimetri) è la parte "intelligente" costituita da una memoria non volatile ed un codice unico, il quale viene trasmesso tramite la spira risonante (circuito di trasmissione del segnale) all'apparato lettore che leggerà i dati ricevuti o li aggiornerà.

Nei tag passivi, il lettore emette un campo elettromagnetico/elettrico che tramite il processo della induzione genera nell'avvolgimento elicoidale del tag una tensione che alimenta il chip. Il chip così alimentato comunica tutte le sue informazioni irradiandole tramite l'avvolgimento verso il Lettore. I tag attivi invece sono alimentati da una piccola batteria interna.

Transponder e antenna sono inseriti in un supporto che caratterizza l'uso specifico di ognuno di questi oggetti. È possibile realizzare RFID in infiniti formati: inseriti in etichette del tutto simili a quelle normalmente utilizzate nei capi di abbigliamento, oppure sotto forma di adesivi da applicare sulle confezioni di cartone dei prodotti, o all'interno di tessere formato carta di credito.

Per accedere alle informazioni contenute nell'etichetta è necessario un lettore fisso o portatile. Il vantaggio offerto da questo tipo di tecnologia rispetto ai sistemi di identificazione attualmente più utilizzati (codici a barre e lettori a banda magnetica), è che il lettore non ha bisogno di avere la visibilità ottica rispetto all'etichetta e funziona in tempi estremamente ridotti (circa 1 decimo di secondo).

Principalmente, i campi di applicazione principali per l'utente finale dei sistemi RFID sono (l'elenco non è assolutamente esaustivo): tracciabilità animali domestici e di allevamento (cani, mucche, ecc.), *immobilizer* per auto (sono ormai contenuti in tutte le chiavi di apertura e avviamento delle auto, moto, camion, etc.), apertura serrature (settore alberghiero e controllo accessi), tracciabilità (alimentare, prodotti, etc), borsellini elettronici non bancari (villaggi vacanze, discoteche, logistica in generale, etc), carte bancarie tipo bancomat, tessere documenti di identità elettronici, titoli di viaggio elettronici, sistemi di bigliettazione elettronica per metropolitane, treni, autobus, moneta elettronica per macchine distributrici prodotti alimentari, passaporti, carte di credito, etc.

BLUETOOTH 802.15.1

Il nome *Bluetooth* è ispirato a Harald Blåtand (Harold Bluetooth in inglese), ovvero re Aroldo I di Danimarca, abile diplomatico che unì gli scandinavi introducendo nella regione il cristianesimo. Gli inventori della tecnologia devono aver ritenuto che fosse un nome adatto per un protocollo capace di mettere in comunicazione dispositivi diversi (così come il re unì i popoli della penisola scandinava con la religione).

La specifica industriale è nata da un progetto Ericsson del 1984 per la sostituzione dei cavetti, formalizzata nel 1999 con il coinvolgimento di oltre 2500 aziende; diventa lo standard IEEE 802.15.1 nel 2002 con il recepimento della BT 1.2.

Permette collegamenti wireless con velocità fino a 1 Mbps, su spettro 2.4 GHz ISM: 79 MHz di banda, nella gamma 2.402 – 2.480 GHz, in tecnologia Frequency Hopping & TDD. Permette sia comunicazioni punto-punto che comunicazioni in rete in cui i nodi sono raggruppati in celle *piconet*. Ciascuna "picocella" è composta da un master e fino a 7 slave (polling), con una capacità condivisa di 720 kbps, con circa 10 m di raggio di copertura.

È possibile utilizzare il Bluetooth per comunicazioni voce: (SCO - Synchronous Connection Oriented, FEC, assenza di ritrasmissioni, 64 kbps duplex, punto-punto a circuito) e per comunicazioni dati: (ACL - Asynchronous ConnectionLess, Asincrono, acknowledge rapido, punto-multipunto, fino a 433.9 kbps simmetrico o 723.2 kbps asimmetrico a commutazione di pacchetto). La sicurezza è implementabile con l'introduzione di policy di cifratura ed autenticazione.

L'ISO ED IL MODELLO OPEN SYSTEMS INTERCONNECTION

Nell'ambito delle telecomunicazioni e delle reti informatiche, l'*Open Systems Interconnection* (meglio conosciuto come "modello ISO/OSI") è uno standard per reti di calcolatori stabilito nel 1978 dall'International Organization for Standardization, che stabilisce per l'architettura logica di rete un'architettura a strati composta da una pila di protocolli suddivisa in 7 livelli, i quali insieme espletano in maniera logico-gerarchica tutte le funzionalità della rete.

L'Organizzazione Internazionale per la Normazione (in inglese: *International Organization for Standardization*, in francese: *Organisation Internationale de Normalisation*), abbreviata più comunemente come "ISO", è la più importante organizzazione a livello mondiale per la definizione di norme tecniche. Fondata il 23 febbraio 1947, ha il suo quartier generale a Ginevra in Svizzera. Membri dell'ISO sono gli organismi nazionali di standardizzazione di 162 Paesi del mondo. In Italia le norme ISO vengono recepite, armonizzate e diffuse dall'UNI, il membro che partecipa in rappresentanza dell'Italia all'attività normativa dell'ISO. L'ISO coopera strettamente con l'IEC, responsabile per la standardizzazione degli equipaggiamenti elettrici. Il termine "ISO" non è un acronimo (come acronimo in inglese dovrebbe essere IOS). Il termine, invece, deriva invece dal greco "ἴσος" (pronunciato "isos"), il cui significato sta per "uguale". La scelta di un termine di origine greca anziché di un acronimo è stato dettato dalla ricerca di un'abbreviazione che avesse carattere di universalità (l'acronimo è invece solitamente legato alla lingua rispetto al quale viene usato). Anche se l'ISO si autodefinisce un'organizzazione non governativa, la sua capacità di stabilire standard che diventano leggi attraverso accordi e trattati la rende molto più potente di molte ONG e in pratica agisce come consorzio con forti legami con i governi.

L'organizzazione sentì la necessità di produrre una serie standard per le reti di calcolatori ed avviò il progetto OSI, un modello standard di riferimento per l'interconnessione di sistemi di computer. Il documento che illustra tale attività è il Basic Reference Model di OSI, noto come standard ISO 7498.

Il modello ISO/OSI, concepito per reti di telecomunicazioni a commutazione di pacchetto, è costituito da una pila (o stack) di protocolli attraverso i quali viene ridotta la complessità implementativa di un sistema di comunicazione per il networking. In particolare ISO/OSI è costituito da strati (o livelli), i cosiddetti *layer*, che racchiudono uno o più aspetti fra loro correlati della comunicazione fra due nodi di una rete. I layers sono in totale 7 e vanno dal livello fisico (quello del mezzo fisico, ossia del cavo o delle onde radio) fino al livello delle applicazioni, attraverso cui si realizza la comunicazione di alto livello.

Ogni layer individua un protocollo di comunicazione del livello medesimo. ISO/OSI realizza una comunicazione per livelli, cioè dati due nodi A e B, il livello *n* del nodo A può scambiare informazioni col livello *n* del nodo B ma non con gli altri: ciò conferisce modularità al sistema e semplicità di implementazione e reimplementazione. Inoltre ogni livello realizza la comunicazione col livello corrispondente

su altri nodi usando il SAP (*Service Access Point*) del livello immediatamente sottostante. Sicché ISO/OSI incapsula i messaggi di livello *n* in messaggi del livello *n-1*. Così se A deve inviare, ad esempio, una e-mail a B, l'applicazione (liv. 7) di A propagherà il messaggio usando il layer sottostante (liv. 6) che a sua volta userà il SAP del layer inferiore, fino ad arrivare alla comunicazione ovvero trasmissione sul mezzo fisico.

In tal modo si realizza una comunicazione multilivello che consente, ad esempio, di implementare algoritmi diversi per l'instradamento in rete pur disponendo di protocolli di trasporto connessi e scegliere ed adattare protocolli e relativi algoritmi alla particolare rete di telecomunicazioni da realizzare.

Ciò inoltre conferisce maggiore semplicità di progettazione e gestione della rete con la possibilità di migliorare, sviluppare e dunque eventualmente sostituire i protocolli dei vari strati.

E' interessante osservare la rappresentazione parallela a quella "classica" in cui ogni layer viene paragonato all'attività svolta da una coppia di imprese e dall'operatore postale, soggetti per così dire "materiali", nel caso in cui vi sia uno scambio di lettere convenzionali tra le due imprese. Come osservabile in figura, ogni attore coinvolto svolge un compito ben preciso, senza del quale non è possibile ottenere il risultato finale, ed inoltre ogni azione svolta prende spunto da quella precedente e serve da prodromo per quella seguente.

Come accennato, ogni layer della pila ISO/OSI ha uno scopo e svolge un compito ben preciso; nel seguito si fornisce una descrizione di ogni singolo livello, pur senza la pretesa di voler entrare nello specifico.

LIVELLO 1: FISICO (*PHYSICAL LAYER*)

Obiettivo: trasmettere un flusso di dati non strutturati attraverso un collegamento fisico, occupandosi della forma e della tensione (voltaggio, anche se quest'ultimo termine, applicando la lingua italiana all'elettrotecnica, è errato) del segnale. Ha a che fare con le procedure meccaniche ed elettroniche necessarie a stabilire, mantenere e disattivare un collegamento fisico. In trasmissione questo livello riceve dal livello *datalink* la sequenza di bit pacchettizzata da trasmettere sul canale e la converte in segnali adatti al mezzo trasmissivo, come cavo coassiale (connettore BNC), doppino STP o UTP, fibre ottiche o onde radio.

In particolare uno standard di livello fisico definisce:
- le caratteristiche fisiche del mezzo trasmissivo come forma, dimensioni, numero di piedini di un connettore, specifiche meccaniche;

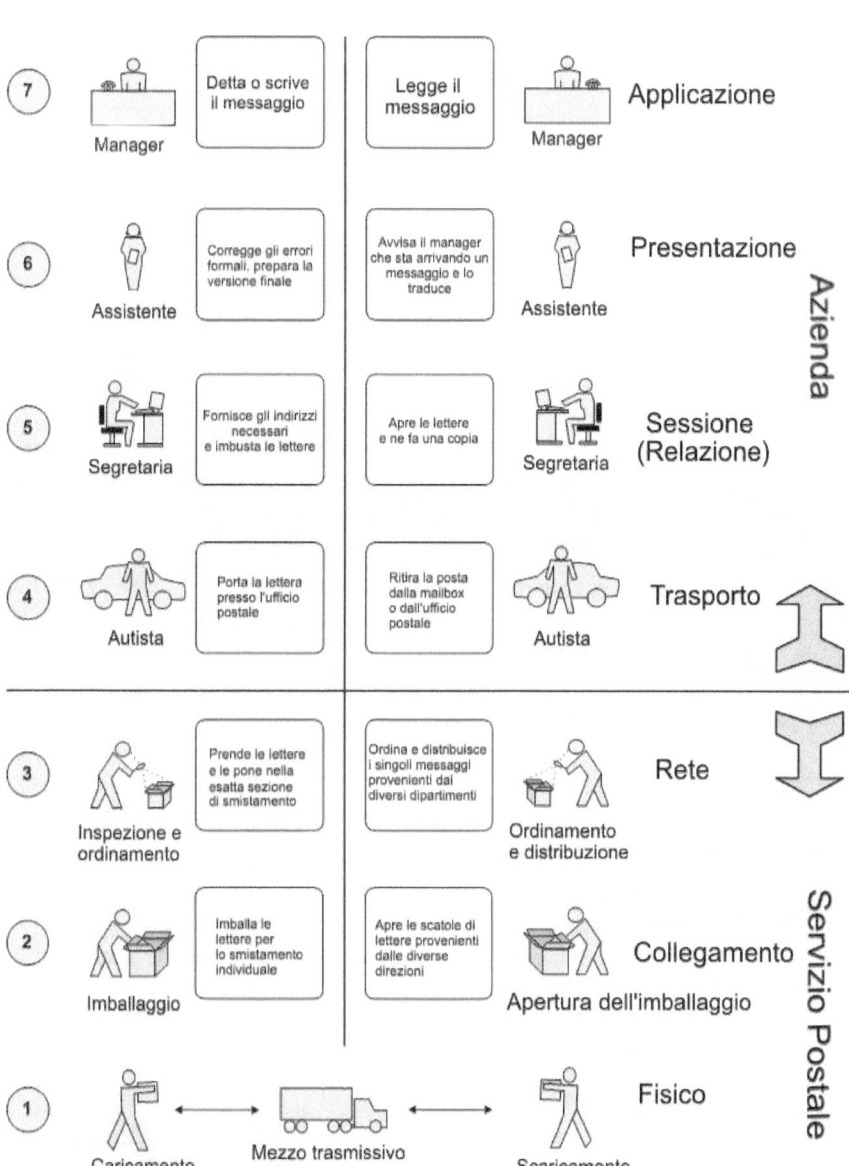

Parallelo tra una lettera e modello ISO - OSI

- le caratteristiche funzionali come il significato dei pin di un componente;
- le caratteristiche elettriche, come i valori di tensione per i livelli logici, la codifica, la durata di ogni bit;
- la codifica del segnale digitale su un mezzo trasmissivo che è inerentemente analogico (modulazione numerica).

Esistono diversi standard relativi alla gestione del mezzo trasmissivo, sia esso analogico o digitale. I mezzi trasmissivi utilizzati per la realizzazione di un canale in una rete vengono solitamente suddivisi in tre categorie, a seconda del fenomeno fisico utilizzato per trasmettere i bit:

- mezzi elettrici: per la trasmissione utilizzano la proprietà dei metalli di condurre l'energia elettrica (come doppini telefonici, cavi coassiali);
- mezzi ottici: per la trasmissione utilizzano la luce (come le fibre ottiche multimodale o monomodale o la trasmissione in aria via laser);
- mezzi wireless ("senza filo"): per la trasmissione utilizzano le onde elettromagnetiche (come le trasmissioni radio a microonde e le trasmissioni radio via satellite). In questo caso il mezzo trasmissivo può essere considerato lo spazio "vuoto" tra mittente e destinatario.

Caratteristiche basilari di un mezzo trasmissivo sono:

- la riduzione della potenza del segnale al crescere della distanza percorsa (o attenuazione);
- la suscettibilità alla degradazione del segnale a causa di elementi esterni (o rumore o interferenza);
- i fenomeni di distorsione del segnale trasmesso;
- la capacità (o banda passante);
- i costi;
- i suoi requisiti in maneggevolezza, aggiornabilità e gestione.

Uno stesso mezzo trasmissivo può essere utilizzato su diverse bande trasmissive. In tal caso le caratteristiche di attenuazione, rumore, distorsione possono essere diversi per ciascuna banda. Questo accade ad esempio per le fibre ottiche, che hanno tre diverse finestre trasmissive.

Livello 2: collegamento (*Datalink Layer*)

Obiettivo: permettere il trasferimento affidabile di dati attraverso il livello fisico. Invia *frame* di dati con la necessaria sincronizzazione ed effettua un controllo degli errori e delle perdite di segnale. Tutto ciò consente di far apparire, al livello superiore, il mezzo fisico come una linea di trasmissione esente da errori di trasmissione.

Questo livello, in trasmissione, riceve pacchetti dal livello di rete e forma i frame che vengono passati al sottostante livello fisico con l'obiettivo di permettere il trasferimento affidabile dei dati attraverso il sottostante canale.

Il livello datalink deve quindi svolgere diverse funzioni specifiche:
- in trasmissione raggruppare i bit provenienti dallo strato superiore e destinati al livello fisico in pacchetti chiamati frame (framing);
- in ricezione controllare e gestire gli errori di trasmissione (controllo di errore);
- regolare il flusso della trasmissione fra sorgente e destinatario (controllo di flusso).

Tutto ciò consente di far apparire in ricezione, al livello superiore, il mezzo fisico come una linea di trasmissione esente da errori.

Questo livello si occupa *in primis* di formare i dati da inviare attraverso il livello fisico, *incapsulando* il pacchetto proveniente dallo strato superiore in un nuovo pacchetto provvisto di un nuovo *header* (intestazione) e *tail* (coda), usati anche per sequenze di controllo. Questa frammentazione dei dati in specifici pacchetti è detta *framing* e i singoli pacchetti sono i *frame*.

Questo livello si occupa anche di controllare il flusso di dati (controllo di flusso): in caso di sbilanciamento della velocità di trasmissione tra mittente e destinatario, si occupa di rallentare l'opera della macchina più veloce, accordandola all'altra e minimizzando così le perdite dovute a sovraccarico.

La sua unità dati fondamentale è dunque il frame.

LIVELLO 3: RETE (*NETWORK LAYER*)

Obiettivo: rende i livelli superiori indipendenti dai meccanismi e dalle tecnologie di trasmissione usate per la connessione. Si occupa di stabilire, mantenere e terminare una connessione, garantendo il corretto e ottimale funzionamento della sottorete di comunicazione.

Questo livello riceve segmenti dal soprastante livello di trasporto e forma pacchetti che vengono passati al sottostante Livello datalink.

Il compito del livello di rete è la trasmissione *logica* di pacchetti tra due host arbitrari, che in generale non sono direttamente connessi (ovvero non hanno un collegamento diretto tra di loro) cioè in sostanza si occupa di indirizzamento e instradamento verso la giusta destinazione attraverso il percorso di rete più appropriato.

È responsabile di:
- routing: scelta ottimale del percorso da utilizzare per garantire la consegna delle informazioni
- gestione della congestione: evitare che troppi pacchetti arrivino allo stesso router contemporaneamente
- conversione dei dati nel passaggio fra una rete ed un'altra con diverse caratteristiche (internet working). Deve, quindi:
  - tradurre gli indirizzi
  - valutare la necessita' di frammentare i dati se la nuova rete ha una diversa *Maximum Transmission Unit* (MTU)
  - valutare la necessita' di gestire diversi protocolli attraverso l'impiego di gateway

La sua unità dati fondamentale è il pacchetto.

Come controllo d'errore, per ogni pacchetto ricevuto, il destinatario invia al mittente un pacchetto ACK (*acknowledgement*, conferma) contenente lo stato della trasmissione: il mittente deve ripetere l'invio dei pacchetti mal trasmessi e di quelli che non hanno ricevuto risposta. Per ottimizzare l'invio degli ACK, si usa una tecnica detta *Piggybacking*, che consiste nell'accodare ai messaggi in uscita gli ACK relativi ad una connessione in entrata, per ottimizzare l'uso del livello fisico. I pacchetti ACK possono anche essere raggruppati e mandati in blocchi.

LIVELLO 4: TRASPORTO (*TRANSPORT LAYER*)

Obiettivo: permettere un trasferimento di dati trasparente e affidabile (implementando anche un controllo degli errori e delle perdite) tra due host. È il primo livello realmente *end-to-end*, cioè da host sorgente a destinatario.

A differenza dei livelli precedenti, che si occupano di connessioni tra nodi contigui di una rete, il Trasporto (a livello logico) si occupa solo del punto di partenza e di quello finale.

Si occupa anche di effettuare la frammentazione dei dati provenienti dal livello superiore in pacchetti, detti 'segmenti' e trasmetterli in modo efficiente ed affidabile usando il livello rete ed isolando da questo i livelli superiori. Inoltre, si preoccupa di ottimizzare l'uso delle risorse di rete e di prevenire la congestione.

La sua unità dati fondamentale è il messaggio.

Nello stack protocollare Internet, i protocolli di trasporto più utilizzati sono

TCP e UDP. TCP è il più complicato fra i due e fornisce un servizio *end-to-end* orientato alla connessione e al byte, con verifica del corretto ordine di consegna, controllo di errore e di flusso. Il nome è un acronimo per Transmission Control Protocol. UDP, invece, è un protocollo più snello e fornisce un servizio a datagrammi, senza connessione, con un meccanismo di riduzione degli errori e con porte multiple. Il nome è un acronimo per User Datagram Protocol. A differenza del TCP, l'UDP è un protocollo di tipo connectionless, inoltre non gestisce il riordinamento dei pacchetti né la ritrasmissione di quelli persi, ed è perciò generalmente considerato di minore affidabilità. È in compenso molto rapido ed efficiente per le applicazioni "leggere" o *time-sensitive*. Ad esempio, è usato spesso per la trasmissione di informazioni audio o video. Dato che le applicazioni spesso richiedono un ritmo minimo di spedizione, non vogliono ritardare eccessivamente la trasmissione dei pacchetti e possono tollerare qualche perdita di dati, il modello di servizio TCP può non essere particolarmente adatto alle loro caratteristiche.

LIVELLO 5: SESSIONE (*SESSION LAYER*)

Obiettivo: controllare la comunicazione tra applicazioni. Instaurare, mantenere ed abbattere connessioni (*sessioni*) tra applicazioni cooperanti. Si occupa anche della sincronia di invio/ricezione messaggi.

Offre i servizi che consentono ad utenti operanti su macchine differenti di colloquiare tra loro attraverso la rete di comunicazione. In particolare, in questo livello vengono definite le regole per aprire e chiudere una connessione logica (Protocolli di connessione) e quelli necessari per il trasferimento dei dati (Protocolli di comunicazione).

Il compito principale è quindi di coordinare il dialogo tra utenti basandosi sul servizio offerto dal livello di trasporto, offrendo i medesimi servizi offerti dal livello di trasporto (apertura-chiusura collegamento, connessione e trasferimento dati).

In pratica, quando lo strato superiore richiede l'apertura di un collegamento con un destinatario remoto, lo strato di sessione aprirà una connessione *logica* tra il nodo e la rete, utilizzando il corrispondente protocollo per definire la tipologia del collegamento (half o full-duplex).

In seguito, durante la fase di colloquio, sarà ancora lo strato di sessione che, in base al protocollo di comunicazione, gestirà il controllo del dialogo in modo che la trasmissione sia cadenzata da punti di sincronizzazione intermedi, da ciascun dei quali sia possibile far nuovamente partire la fase di trasferimento dei dati, in caso di errore.

LIVELLO 6: PRESENTAZIONE (*PRESENTATION LAYER*)

Obiettivo: trasformare i dati forniti dalle applicazioni in un formato standardizzato e offrire servizi di comunicazione comuni, come la crittografia, la compressione del testo e la riformattazione.

Il livello di presentazione consente la gestione della sintassi e della semantica delle informazioni trasmesse, diversamente dagli altri livelli che gestiscono una sequenza di bit. Sono previste tre diverse tipologie di sintassi:
- astratta (definizione formale dei dati che gli applicativi si scambiano)
- concreta locale (come i dati sono rappresentati localmente)
- di trasferimento (come i dati sono codificati durante il trasferimento)

LIVELLO 7: APPLICAZIONE (*APPLICATION LAYER*)

Obiettivo: interfacciare utente e macchina.

La sua funzione è quella di interfacciare e fornire servizi per i processi delle applicazioni; inoltra quindi le richieste al sottostante livello di presentazione. Un programma applicativo interagisce con uno dei protocolli di livello di trasporto per ricevere dati o inviarli passandoli nella forma richiesta.

Tra i servizi più comuni offerti dal livello applicazioni ci sono le conversioni semantiche tra processi applicativi associati.

IL SISTEMA DEI NOMI A DOMINIO

Il sistema dei nomi a dominio, in inglese *Domain Name System* (spesso indicato con l'acronimo DNS), è un sistema utilizzato per la risoluzione (cioè: per l'individuazione univoca) di nomi dei nodi della rete (in inglese *host*) in indirizzi IP e viceversa. Il servizio è realizzato tramite un database distribuito, costituito dai server DNS.

Il nome *DNS* denota indifferentemente il protocollo che regola il funzionamento del servizio, i programmi che lo implementano, i server su cui questi girano, l'insieme di questi server che cooperano per fornire il servizio.

I nomi DNS, o "nomi a dominio" ("nomi *di* dominio", secondo alcuni autori), sono una delle caratteristiche più visibili di Internet.

C'è confusione in merito alla definizione dell'acronimo: la S spesso viene interpretata come *service*, ma la definizione tecnica più corretta è *system*.

L'operazione di conversione da nome a indirizzo IP è detta *risoluzione DNS*; la conversione da indirizzo IP a nome è detta *risoluzione inversa*.

La possibilità di attribuire un nome testuale facile da memorizzare a un server (ad esempio un sito *world wide web*) migliora di molto l'uso del servizio, in quanto noi esseri umani troviamo più facile ricordare nomi testuali (mentre gli host e i router sono raggiungibili utilizzando gli indirizzi IP numerici). Per questo, il DNS è fondamentale per l'ampia diffusione di internet anche tra utenti non tecnici, ed è una delle sue caratteristiche più visibili.

È possibile attribuire più nomi allo stesso indirizzo IP (o viceversa) per rappresentare diversi servizi o funzioni forniti da uno stesso host (o più host che erogano lo stesso servizio). Questa flessibilità risulta utile in molti casi:

- Nel caso in cui si debba sostituire il server che ospita un servizio, o si debba modificare il suo indirizzo IP, è sufficiente modificare il record DNS, senza dover intervenire sui client.

- Un utilizzo molto popolare di questa possibilità è il cosiddetto *virtual hosting* basato sui nomi, una tecnica per cui un web server dotato di una singola interfaccia di rete e di singolo indirizzo IP può ospitare più siti web, usando l'indirizzo alfanumerico trasmesso nell'header HTTP per identificare il sito per cui viene fatta la richiesta.

- Utilizzando nomi diversi per riferirsi ai diversi servizi erogati da un host, è possibile spostare una parte dei servizi su un altro host, e spostare i client su questo nuovo host modificando il suo record nel DNS.

- Facendo corrispondere più indirizzi IP a un nome, il carico dei client viene distribuito su diversi server, ottenendo un aumento delle prestazioni complessive del servizio e una tolleranza ai guasti (ma è necessario assicurarsi che i diversi server siano sempre allineati, ovvero offrano esattamente lo stesso servizio ai client).

La risoluzione inversa è utile per identificare l'identità di un host, o per leggere il risultato di un traceroute[3].

---

3 In Informatica si definisce *traceroute* un'applicazione, scritta in qualunque linguaggio, che si occupa di ricavare il percorso seguito dai pacchetti sulle reti informatiche, ovvero l'indirizzo IP di ogni router attraversato per raggiungere il destinatario.

Il DNS viene usato da numerose tecnologie in modo poco visibile agli utenti, per organizzare le informazioni necessarie al funzionamento del servizio.

Un nome a dominio è costituito da una serie di stringhe (cioè: caratteri alfanumerici) separate da punti, ad esempio *www.unime.it*. A differenza degli indirizzi IP, dove la parte più importante del numero è la prima partendo da sinistra, in un nome DNS la parte più importante è la prima partendo da destra.

Ogni nome aggiunto alla sinistra del primo diminuisce di 1 il livello di importanza e, per questo, il sistema DNS è anche detto *sistema gerarchico*. La parte più a destra di un nome a dominio è detta *dominio di primo livello* (o TLD, Top Level Domain); esempi di TLD sono .org o .it (si noti la presenza, obbligatoria, del punto, in inglese *dot*).

Un dominio di secondo livello (SLD, Second Level Domain), invece, consiste in due parti, per esempio *unime.it*, in cui la parte più a destra conserva la propria caratterizzazione di TLD mentre il SLD propriamente detto è la rimanente parte più a sinistra. Ogni successivo elemento aggiunto a sinistra (e separato da un punto) specifica un'ulteriore suddivisione.

Mentre i TLD vengono registrati una volta per tutte dall'Ente che li gestisce a livello globale (ICANN) e l'utente finale può scegliere quale, tra le estensioni già registrate, può fare al caso suo per la registrazione di un proprio nome a dominio, il SLD viene scelto direttamente dall'utente finale Quando un dominio di secondo livello viene registrato all'assegnatario, questo è anche autorizzato a usare i nomi a dominio relativi ai successivi livelli (per esempio: *weblab.unime.it*, dominio di terzo livello, o *frequenze.studenti.weblab.unime.it*, dominio di quinto livello, e così via. Si noti che i nomi a dominio usati per esempio non necessariamente corrispondono a nomi funzionanti), sebbene la reale disponibilità a registrare nomi a dominio successivi al secondo livello dipenda esclusivamente dalla disponibilità in tal senso del fornitore di servizio internet (Internet Service Provider, ISP).

Nomi a Dominio di Primo Livello (TLD)

La Internet Assigned Numbers Authority (IANA) classifica attualmente i domini di primo livello in tre tipi differenti:

- domini di primo livello nazionali (*country code top-level domain* o *ccTLD*): usati da uno stato o una dipendenza territoriale. È costituito da due lettere, per esempio *jp* per il Giappone e *it* per l'Italia, o *eu* per l'Unione Europea;

- domini di primo livello generici (*generic top-level domain* o *gTLD*): usati (almeno in teoria) da particolari classi di organizzazioni (per esempio, *com* per organizzazioni commerciali). Tale suffisso è di tre o più lettere. La maggior parte dei gTLDs sono disponibili in tutto il mondo, ma per ragioni storiche *gov*, *mil* e *edu* sono riservati rispettivamente al governo, all'esercito e agli enti educativi degli U.S.A.;

- domini di primo livello infrastrutturali (*infrastructure top-level domain* o *iTLD*): il dominio di primo livello *arpa* è l'unico esistente.

I più diffusi gTLD accreditati al momento di redazione del presente testo per la registrazione sono riportati nella tabella seguente (non esaustiva):

gTLD	Tipo	Note
.aero	industria dei trasporti aerei	Deve essere verificata l'ammissibilità di registrazione; solo le entità di varie categorie di trasporto aereo si possono registrare.
.asia	Regione Asia-Pacifico	Si tratta di un TLD per le imprese, le organizzazioni e gli individui con sede nella regione di Asia, Australia e Pacifico.
.biz	business	Questo è un TLD, qualsiasi persona fisica o giuridica è autorizzata a registrare, tuttavia, le registrazioni possono essere impugnate in seguito, se non vi è conformità tra l'entità commerciale e il contratto del dominio.
.cat	Catalano	Questo è un TLD per siti in lingua catalana o riguardanti la cultura catalana.
.com	commerciale	Questo è un TLD aperto; a qualsiasi persona o entità è permessa la registrazione.
.coop	cooperative	Il TLD .coop è limitato alle cooperative definite dai Principi di Rochdale.

gTLD	Tipo	Note
.edu	educativo	Il TLD .edu è limitato ad accreditati istituzioni postsecondari (solitamente i 2-4 anni dei college e università negli Stati Uniti, ultimamente sempre di più all'estero, ad esempio, Australia e Cina).
.gov	governativo U.S.	Il TLD .gov è limitato a enti e agenzie governative Americane (per lo più, ma non esclusivamente, federali).
.info	informazioni	Questo è un TLD aperto; a qualsiasi persona o entità è permessa la registrazione.
.int	organizzazioni internazionali	Il TLD .int è strettamente limitato alle organizzazioni, uffici, e programmi che sono approvate da una trattativa tra due o più nazioni.
.jobs	compagnie	Il TLD .jobs è stato progettato per essere aggiunto dopo i nomi delle imprese che pubblicizzano posti di lavoro. In questo momento, i proprietari di un dominio "company.jobs" non sono autorizzati a pubblicare posti di lavoro per terzi.
.mil	United States Armed Forces	Il TLD .mil è limitato all'uso dai militari degli Stati Uniti.
.mobi	dispositivi portatili	Devono essere utilizzati per i dispositivi mobili compatibili con i siti in conformità con le normative.
.museum	musei	Deve essere verificato che sia un museo legittimo.
.name	individuali (nome)	Questo è un TLD aperto; a qualsiasi persona o entità è permessa la registrazione, tuttavia, le registrazioni possono essere impugnati in seguito, se non vi è conformità tra l'individuo (o il proprietario) e il contratto del do-

gTLD	Tipo	Note
		minio.
.net	network	Questo è un TLD aperto; a qualsiasi persona o entità è permessa la registrazione.
.org	organizzazione	Questo è un TLD aperto; a qualsiasi persona o entità è permessa la registrazione.
.pro	professioni	Attualmente, il TLD .pro è riservato per la licenza o il certificato di avvocati, commercialisti, medici e ingegneri in Francia, Canada, Regno Unito e gli Stati Uniti. Un professionista in cerca di un dominio .pro deve fornire un registro con le credenziali appropriate.
.tel	servizi di comunicazione internet	
.travel	viaggi e turismo collegati con altri siti	Deve essere verificata la legittimità dell'entità.
.xxx	siti che trattano di erotismo o pornografia	

In realtà, per completezza va detto che nel corso del 2014 sono stati liberalizzati una miriade di gTLD di nuova concezione, come ad esempio *.club*, *.wiki*, *.center* e tanti altri, legati per lo più a speculazioni commerciali dei vari Registrars accreditati. Per un elenco completo della disponibilità di gTLD conviene consultare i maggiori Registrars su internet.

Analogamente esiste l'elenco dei ccTLD, che, per questioni di praticità, viene riportato in apposita appendice al presente testo.

CLOUD COMPUTING

In informatica con il termine inglese *cloud computing* (in italiano *nuvola informatica*) si indica un insieme di tecnologie che permettono, tipicamente sotto forma di un servizio offerto da un provider al cliente, di memorizzare/archiviare e/o elaborare dati (tramite CPU o software) grazie all'utilizzo di risorse hardware/software distribuite e virtualizzate in Rete in un'architettura tipica client-server.

All'inizio degli anni '10 di questo secolo le principali aziende informatiche hanno iniziato a proporsi come fornitori "cloud". Alcuni esempi specializzati sono i servizi offerti da Google (*Gmail*), Microsoft (*Hotmail*), YouTube e Flickr. Amazon fu la prima ad aprire commercialmente con il suo *Amazon Elastic Compute Cloud*.

Nel cloud computing non esiste "un server" come tradizionalmente lo si intende, ovvero una singola macchina, eventualmente ridondata contro eventuali perdite d'informazioni, situata in una località nota. Esiste, invece, un gruppo distribuito di server interconnessi ("la nuvola") che gestiscono servizi, eseguono applicazioni ed archiviano documenti in modo totalmente trasparente all'utilizzatore.

L'espressione inglese indica genericamente un approccio all'elaborazione che sfrutta risorse remote, risorse che si trovano... *nella nuvola di Internet*, con un chiaro omaggio all'iconografia classica dei diagrammi di rete.

Possiamo distinguere tre tipologie di Cloud Computing in base al tipo di risorsa remota:

-IaaS (Infrastructure as a Service): mette a disposizione dell'utente risorse di calcolo hardware sia fisiche che virtualizzate. Sono questi i servizi forniti ad esempio da Rackspace, VMHosts, NGI, per citarne alcuni.

-PaaS (Platform as a Service): consiste nel fornire all'utente una piattaforma software composta da servizi, programmi, librerie, ecc. In genere si tratta di un complesso di API specializzate per la realizzazione di applicazioni. Ne sono esempi Google Apps Engine e Force.com.

-SaaS (Software as a Service): prevede l'utilizzo di un'applicazione remota tramite un comune browser e/o applicazioni client specifiche. Per fare qualche esempio noto citiamo SalesForce, Google Apps, Zoho.

A prescindere dalla tipo di risorsa, i punti caratterizzanti del Cloud Computing possono essere riassunti nelle seguenti voci:

-la fornitura come servizio: le risorse, sia hardware che software, sono fornite come servizio, cioè su richiesta dell'utente e per il tempo ritenuto necessario, a differenza del tradizionale acquisto di hardware e di licenze software

-l'accesso remoto: le risorse sono accessibili via Internet, di solito con strumenti standard o forniti dal fornitore di servizi

-la trasparenza dell'implementazione: i dettagli dell'implementazione tecnica dei servizi sono generalmente ininfluenti per l'utente finale e la manutenzione dell'infrastruttura sottostante è a carico del fornitore

Reti Sociali

Una rete sociale (in inglese *social network*) consiste di un qualsiasi gruppo di persone connesse tra loro da diversi legami sociali, che vanno dalla conoscenza casuale, ai rapporti di lavoro, ai vincoli familiari. Le reti sociali sono spesso usate come base di studi interculturali in sociologia e in antropologia.

Su Internet esistono diversi tipi di aggregazione sociale, di cui i più conosciuti sono senz'altro i newsgroup, i forum, le mailing list, le chat ed i blog. Indipendentemente dal tipo di aggregazione sociale che l'utente decide di frequentare, così come nella vita reale anche in quella virtuale è auspicabile, e talora necessario, che vengano seguite delle regole di comportamento improntate al buon senso ed al rispetto reciproco, generalmente note col nome di "netiquette".

Netiquette

La Netiquette, parola derivata dalla contrazione dei vocaboli "net" (in inglese: *rete*) e di "étiquette" (in francese: *buona educazione*), è un insieme di regole che disciplinano il comportamento di un utente di Internet nel rapportarsi agli altri utenti attraverso risorse quali newsgroup, mailing list, forum, blog o e-mail in genere.

Il rispetto della netiquette non è imposto da alcuna legge, ma si fonda su una convenzione ormai di generale condivisione. Sotto un aspetto giuridico, la netiquette è spesso richiamata nei contratti di fornitura di servizi di accesso da parte dei provider.

Il mancato rispetto della netiquette comporta una generale disapprovazione da parte degli altri utenti della Rete, solitamente seguita da un isolamento del soggetto "maleducato" e talvolta dalla richiesta di sospensione di alcuni servizi uti-

VI.2 - Nozioni di Informatica - Reti Sociali

lizzati per compiere atti contrari ad essa (di solito l'e-mail e usenet).

Sono comportamenti contrari alla netiquette, e talvolta sanzionati dagli abuse desk: inviare spam, effettuare eccessivo *cross-posting e/o multiposting*[1] e *mailbombing*[2] sui newsgroup di Usenet. Anche l'invio di e-mail senza un oggetto è una cosa poco rispettosa nei confronti del destinatario: molti ricevono per lavoro decine o anche centinaia di e-mail al giorno, se tutte queste non avessero un oggetto sarebbe quasi impossibile definire una priorità con la quale leggerle, questo ovviamente con notevole disagio per chi dovesse ricevere i messaggi senza oggetto. Inoltre si tenga presente che con l'aumento della quantità di posta elettronica scambiata è aumentato anche il livello della spazzatura, per cui molti utenti sono dotati di filtri *anti-spam*; secondo questi ultimi un'email senza oggetto è ad alto rischio, quindi verrà certamente cestinata.

Particolarmente scorretto è anche l'invio o l'inoltro di e-mail a un gran numero di persone (per esempio a tutto il proprio indirizzario) inserendone gli indirizzi nel campo "*To:*". In questo modo tutti gli indirizzi (che sono spesso privati) sono mostrati apertamente a tutti i destinatari, con una implicita violazione della privacy. Non solo, ma se un computer fra quelli dei destinatari è infettato da virus che utilizzano la posta elettronica per diffondersi, tutti gli indirizzi inseriti nel messaggio possono essere catturati dal virus e usati come destinatari di messaggi infettati.

Nel complesso, nel tempo, si è andato sviluppando un vero e proprio elenco di regole che vengono usualmente citate col nome *netiquette*. Si riporta di seguito il testo unanimemente accettato dalla comunità degli operatori ed utente di internet.

1. Quando si arriva in un nuovo newsgroup, forum o in una nuova lista di distribuzione via posta elettronica (mailing list), è bene leggere i messaggi che vi circolano per almeno due settimane prima di inviare propri messaggi in giro per il mondo: in tale modo ci si rende conto dell'argomento e del metodo con cui lo si tratta in tale comunità.

---

1 *Cross-posting* è un termine inglese, traducibile con *invio multiplo*, che indica l'inserimento dello stesso messaggio in differenti parti dello stesso strumento di interazione online (forum, newsgroup, ecc.).
2 Il *mailbombing* (letteralmente *bombardamento postale*) è una forma di attacco informatico in cui grandi quantitativi di e-mail vengono inviati ad un unico destinatario, tramite appositi programmi chiamati Mail-Bomber, provocandone l'intasamento della casella di posta. Conseguenze secondarie possono essere l'impossibilità di usare la connessione Internet per

2. Leggere sempre le FAQ (Frequently Asked Questions) relative all'argomento trattato prima di inviare nuove domande.

3. Se si manda un messaggio, è bene che esso sia sintetico e descriva in modo chiaro e diretto il problema.

4. Non usare i caratteri tutti in maiuscolo nel titolo o nel testo dei tuoi messaggi, nella rete questo comportamento equivale ad "urlare" ed è altamente disdicevole.

5. Non divagare rispetto all'argomento del newsgroup o della lista di distribuzione; anche se talvolta questo comportamento è accettato o almeno tollerato aggiungendo il tag *[OT]* (cioè Off Topic che significa "fuori argomento") nell'oggetto del proprio messaggio.

6. Se si risponde ad un messaggio, evidenziare i passaggi rilevanti del messaggio originario, allo scopo di facilitare la comprensione da parte di coloro che non lo hanno letto, ma non riportare mai sistematicamente l'intero messaggio originale. Fare questo, in gergo, si dice *quotare*.

7. Non condurre "guerre di opinione" sulla rete a colpi di messaggi e contromessaggi: se ci sono diatribe personali, è meglio risolverle via posta elettronica in corrispondenza privata tra gli interessati.

8. Non pubblicare messaggi stupidi o che semplicemente prendono le parti dell'uno o dell'altro fra i contendenti in una discussione.

9. Non pubblicare mai, senza l'esplicito permesso dell'autore, il contenuto di messaggi di posta elettronica o privati.

10. Non iscriversi allo stesso gruppo con più nicknames e/o profili (*morphing*): in molti gruppi è considerato un comportamento riprovevole in quanto genera il sospetto che si tenti di ingannare gli altri utenti sulla propria vera identità.

---

altri scopi e il rallentamento o anche il crash dei server impegnati nella scansione antispam e antivirus dei messaggi stessi. Il termine inglese significa principalmente *pacco bomba*, ma il suo uso è stato esteso all'email e in italiano ha solo questo secondo significato. Qualche volta, il mailbombing è effettuato fornendo l'indirizzo email della "vittima" agli spammer che a loro volta incominceranno a inviare grandi quantità di pubblicità all'email fornita. Questo sistema è irreversibile: una volta iniziato l'attacco da parte degli spammer infatti non si ha più nessun controllo per poterlo arrestare. L'invio di pubblicità sarà sempre destinato ad aumentare e mai a fermarsi.

11. Non inviare tramite posta elettronica messaggi pubblicitari o comunicazioni che non siano stati sollecitati in modo esplicito.

12. Non essere intolleranti con chi commette errori sintattici o grammaticali. Chi scrive è comunque tenuto a migliorare il proprio linguaggio in modo da risultare comprensibile alla collettività.

Alle regole precedenti, vanno aggiunti altri criteri che derivano direttamente dal buon senso:

- La rete è utilizzata come strumento di lavoro da molti degli utenti. Nessuno di costoro ha tempo per leggere messaggi inutili o frivoli o di carattere personale, e dunque non di interesse generale.

- Qualunque attività che appesantisca il traffico sulla rete, quale per esempio il trasferimento di archivi voluminosi, deteriora il rendimento complessivo della rete. Si raccomanda pertanto di effettuare queste operazioni in orari diversi da quelli di massima operatività (per esempio di notte), tenendo presenti le eventuali differenze di fuso orario.

- Vi sono sulla rete una serie di siti server (*file server*) che contengono in copia aggiornata documentazione, software ed altri oggetti disponibili sulla rete. Informatevi preventivamente su quale sia il nodo server più accessibile per voi. Se un file è disponibile su di esso o localmente, non vi è alcuna ragione per prenderlo dalla rete, impegnando inutilmente la linea e impiegando un tempo sicuramente maggiore per il trasferimento.

- Il software reperibile sulla rete può essere coperto da brevetti e/o vincoli di utilizzo di varia natura. Leggere sempre attentamente la documentazione di accompagnamento prima di utilizzarlo, modificarlo o redistribuirlo in qualunque modo e sotto qualunque forma.

Ovviamente, sono da evitare assolutamente i seguenti comportamenti (che spesso, oltre a violare la netiquette sono anche reati):

- Violare la sicurezza di archivi e computer della rete;

- Violare la privacy di altri utenti della rete, leggendo o intercettando la posta elettronica loro destinata;

- Compromettere il funzionamento della rete e degli apparecchi che la costituiscono con programmi (virus, trojan horses, ecc.) costruiti appositamente; costituiscono dei veri e propri crimini elettronici e come tali sono punibili dalla legge.

A proposito di questi ultimi tre punti si legga anche il capitolo relativo all'e-mail, in merito alle possibili conseguenze legali di azioni simili, in particolare quelle previste in Italia.

NEWSGROUP

Un newsgroup (NG) è uno degli spazi virtuali creato su una rete di server interconnessi (storicamente una sottorete di internet USENIX network o più semplicemente *Usenet*) per discutere di un argomento (*topic*) ben determinato. In italiano a volte viene utilizzato il termine *gruppo di discussione*.

I news server comunicano fra loro (attraverso il protocollo NNTP[3]) in modo che i messaggi inviati ad un server si trovino duplicati su tutti gli altri server. Per diversi motivi (economie di spazio, interesse degli utenti, censura), non tutti i server contengono gli stessi NG. Ogni gestore di news server (spesso gli stessi provider ISP) può decidere infatti quali NG tenere.

L'accesso a queste aree tematiche avviene per mezzo di programmi chiamati *news clients* o *newsreader* (oggi a volte integrati nei programmi di posta elettronica come ad esempio Mozilla Thunderbird, SeaMonkey, Outlook Express, Sylpheed), a una sorta di "stanza delle bacheche" (news server) che raccoglie i vari NewsGroup.

Per ragioni storiche, essenzialmente dovute ai costi delle connessioni *dialup* che molti utenti dovevano sostenere in passato, o anche per le scarse disponibilità di accesso alla rete, i newsreader sono tutt'ora concepiti per operare principalmente in modalità disconnessa: gli articoli scaricati in precedenza possono essere letti e le relative risposte preparate per la spedizione senza che sia necessaria una connessione attiva; la successiva connessione permette in un'unica soluzione il download degli articoli apparsi sul server nel frattempo e l'upload delle risposte. Questa modalità, tutt'altro che in "tempo reale", è una caratteristica tipica

---

3 *Network News Transport Protocol*, è il protocollo usato dal servizio internet Usenet, la cui applicazione comune sono i cosiddetti Newsgroup. È un protocollo TCP/IP basato su stringhe di testo mandate su canali TCP ASCII a 7 bit. È usato principalmente nei software sviluppati per i server, per gestire il trasferimento degli articoli tra di loro, ed è anche alla base del protocollo NNRP (*Network News Reader Protocol*), utilizzato dai software dei client per connettersi ai server.

VI.6 - Nozioni di Informatica - Reti Sociali

del servizio che deve essere tenuta in considerazione: la netiquette dei newsgroup disapprova, ad esempio, chi sollecita risposte immediate ai propri articoli. Quando si risponde ad un messaggio, è buona cosa riportare (o, in gergo: *quotare*) parte del testo a cui si risponde, in modo da facilitarne la lettura.

Questo approccio viene in parte deviato dall'accesso on-line offerto dai Portali Web, che possono consentire una partecipazione attiva ai newsgroup con relativa facilità ma soprattutto sofisticati strumenti di ricerca per parola chiave nei loro archivi: in particolare il servizio fornito da GoogleGroups rappresenta la "memoria storica" di usenet, conservando praticamente ogni articolo pubblicato dalla sua nascita (da ricordare come in linea di principio non vengano archiviati gli articoli dei newsgroup binari, contenenti file e gli articoli nei quali l'autore abbia apposto il contrassegno "da non archiviare" mediante *X-No-Archive* nelle intestazioni del messaggio). È da tenere in considerazione anche che la frequenza di aggiornamento dei gruppi sui portali web è solitamente più bassa rispetto a quella che si può ottenere con una connessione diretta a usenet.

Un vantaggio importante dei portali web è quello di consentire un accesso facilitato a fruitori con scarsa dimestichezza: il newsreader per contro risulta più efficiente ma richiede una certa esperienza per essere sfruttato al meglio. I portali web, infine, sono connessi tramite il servizio HTTP, praticamente sempre disponibile anche in presenza di proxy/firewall aziendali, al contrario del servizio NNTP/NNRP usato dai newsreader.

Di norma ciascun newsgroup ha un manifesto (*charter*) che aiuta a comprendere quali siano gli argomenti oggetto di discussione. La netiquette, su Usenet, sconsiglia di inviare articoli fuori tema e suggerisce di seguire per qualche tempo un newsgroup prima di iniziare a scrivere.

Sono molti i newsgroup in cui i poster abituali, ossia coloro che li seguono da più tempo e con una certa assiduità, hanno redatto delle *FAQ, Frequently Asked Questions*, raccolte di risposte a domande poste di frequente, così da aiutare i *newbie* (nuovi arrivati, principianti) ed evitare che il newsgroup contenga sempre le stesse domande o che queste provochino reazioni irritate (*flame*), botta e risposta interminabili e di dubbia utilità. Talora i newsgroup sono seguiti da persone che leggono i messaggi ma non partecipano attivamente. Tali persone sono chiamate, nel gergo della rete, *lurkers*.

I newsgroup sono generalmente raggruppati all'interno di diverse gerarchie Usenet.

Esiste anche un'altra importante suddivisione, a seconda dello status di moderazione: i newsgroup *moderati* sono caratterizzati da un diverso funzionamento dovuto al percorso degli articoli, che vengono inviati via mail al moderatore. Tuttavia il protocollo utilizzato non è sufficientemente robusto da garantire il corretto funzionamento e l'assenza di abusi. Può capitare che si perdano degli articoli o che esistano articoli che non sono stati approvati dal moderatore.

Il fastidioso fenomeno dello spam coinvolge anche Usenet, per questo esistono dei sistemi di filtraggio, come ad esempio CleanFeed e alcune formule comunemente accettate per il calcolo degli indici di BI.

Forum

Forum (plurale in latino: *fora*) può riferirsi all'intera struttura informatica nella quale degli utenti discutono su vari argomenti, a una sua sottosezione oppure al software utilizzato per fornire questa struttura. Un senso di comunità virtuale si sviluppa spesso intorno ai forum che hanno utenti abituali ed interessi comuni. La tecnologia, i videogiochi, la politica, l'attualità e lo sport sono temi popolari, ma ci sono forum per un enorme numero di argomenti differenti. I forum vengono utilizzati anche come strumenti di supporto on-line per vari prodotti e all'interno di aziende per mettere in comunicazione i dipendenti e permettere loro di reperire informazioni.

Ci si riferisce comunemente ai forum anche come *board, message board, bulletin board, gruppi di discussione, bacheche* e simili.

Molti forum richiedono la registrazione dell'utente prima di poter inviare messaggi ed in alcuni casi anche per poterli leggere. Differentemente dalla chat, che è uno strumento di comunicazione sincrono, il forum è asincrono in quanto i messaggi vengono scritti e letti anche in momenti diversi.

I gestori di un forum sono detti *amministratori* e possiedono tipicamente la facoltà di modificare, cancellare o spostare qualsiasi messaggio. Solitamente possono anche chiudere il forum, modificarlo, apportare cambiamenti al software, espellere, cancellare o creare utenti. I *moderatori*, invece, aiutano generalmente gli amministratori, dai quali sono stati scelti, ma rispetto a loro hanno meno poteri. Il loro scopo è generalmente quello di mantenere un'atmosfera tranquilla e pacifica, evitando che le discussioni degenerino, chiudendo/cancellando quelle contrarie al regolamento e comunque facendo rispettare tutte le regole.

All'interno di un forum vengono spesso utilizzati anglicismi e parole straniere

VI.8 - Nozioni di Informatica - Reti Sociali

per definire comportamenti od azioni intraprese dagli utenti o dagli amministratori/moderatori del forum. Tra questi, ricordiamo i più comuni:

- *Ban* (sospensione dell'account di un utente, ad esempio per violazioni perduranti delle regole, che può essere temporanea o definitiva).
- *Bannare* (punire un utente con il ban).
- *Cross-posting* (inserire lo stesso messaggio in più sezioni dello stesso forum).
- *Flame* (discussione troppo accesa che può degenerare in insulti ed offese personali).
- *Flood* (messaggio o messaggi assolutamente inutili, come post di sole faccine, oppure discussioni del tipo "contiamo fino a 1000").
- *Lurker* o *Leecher* (chi si limita a leggere i contenuti).
- *Mod* (responsabile dell'applicazione delle regole della comunità).
- *Netiquette* (regole di comportamento più o meno esplicite).
- *Newbie* (principiante, utente inesperto).
- *Nickname* (nome utente, pseudonimo, alias).
- *Off-topic* (sezione predisposta all'inserimento di messaggi non pertinenti ai temi trattati nel forum oppure messaggio non pertinente all'argomento trattato in una determinata discussione), spesso abbreviato in "OT".
- *PM* (messaggio privato, sta per *Private Message*).
- *Post* (messaggio).
- *Postare* (inviare messaggi).
- *Post padding* (riempire pagine e pagine di messaggi inutili).
- *Reply* (risposta).
- *Spam* (messaggio o messaggi di pubblicità indesiderata, anche a carattere non commerciale, come link a siti personali senza autorizzazione degli amministratori).
- *Splittare* (dividere un topic in due o più topic separati).

- *Thread* (discussione), a volte abbreviato in "3d".
- *Topic* (discussione, sinonimo di thread; più raramente argomento).
- *Troll* (sono individui provocatori che discutono solo per litigare).
- *Warn* (avvertimento imposto da chi ha i poteri nel forum, atto a segnalare violazioni del regolamento, in genere ha il suo indicatore di livello per ogni Utente posto sotto l'avatar).

MAILING LIST

La mailing list (o mailing-list, letteralmente: *lista per corrispondenza*, dalla lingua inglese; traducibile in un italiano più corrente con *lista di diffusione*) è un sistema organizzato per la partecipazione di più persone in una discussione asincrona tramite email. Il termine si trova indifferentemente nelle due forme, con o senza il trattino di separazione.

Per inviare un messaggio a tutti gli iscritti, è normalmente sufficiente inviarlo ad uno speciale indirizzo e-mail e il servizio provvede a diffonderlo a tutti i membri della lista. In questo modo, non è necessario conoscere gli indirizzi di tutti i membri per poter scrivere loro.

L'iscrizione e la rimozione di un indirizzo dalla lista può essere effettuata manualmente dall'amministratore, o direttamente dai membri tramite procedure automatiche, via web o via posta elettronica.

Una mailing list può avere un archivio dei messaggi accessibile via web.

Per inviare un messaggio a tutti gli iscritti, è normalmente sufficiente inviarlo ad uno speciale indirizzo e-mail, e il servizio provvede a diffonderlo a tutti i membri della lista. In questo modo, non è necessario conoscere gli indirizzi di tutti i membri per poter scrivere loro.

L'*amministratore della mailing list* è la persona (o il gruppo di persone) che è responsabile delle scelte di configurazione. Per alcune liste esiste anche la figura del *moderatore*, che è la persona (o il gruppo di persone) che è responsabile di decidere quali messaggi debbano essere inoltrati e quali no. In molti casi le due figure coincidono, ma non è necessariamente così.

L'iscrizione alla lista può essere libera (una lista pubblica e aperta a tutti e a cui ci si può iscrivere senza verifiche), controllata dal moderatore (l'utente chiede di essere iscritto, il moderatore valuta la richiesta), o bloccata (solo il moderatore può iscrivere nuovi membri, e dovete sapere come contattarlo per altre vie per essere iscritti).

Inoltre normalmente una richiesta di iscrizione deve essere verificata per essere sicuri che sia autentica. Per fare questo, si invia all'indirizzo di posta di cui è stata richiesta l'iscrizione un messaggio con un codice casuale, che deve essere rinviato al mittente per confermare la volontà di essere iscritti alla lista. In questo modo ci si assicura che il legittimo proprietario della casella di e-mail desideri davvero essere iscritto.

La rimozione di un indirizzo da una mailing list è normalmente libera e automatica.

L'opzione di configurazione "Invio dei messaggi" serve a determinare chi può inviare messaggi alla lista. Esistono liste totalmente aperte, in cui chiunque può inviare un messaggio, altre in cui l'invio dei messaggi è riservato agli iscritti, oppure ci sono liste moderate, in cui tutti i messaggi devono essere valutati da un moderatore e altre in cui solo alcuni possono inviare messaggi, e non è possibile alcuna discussione (dette più propriamente *newsletter*).

In molti sistemi di mailing list è possibile configurare filtri che bloccano i messaggi che non rispettano determinate caratteristiche: per occupazione di spazio (scarta o blocca i messaggi che superano una certa misura in kB), per numero di destinatari (scarta o blocca i messaggi che hanno molti destinatari, per evitare la diffusione di indirizzi e-mail privati).

Inoltre è possibile modificare i messaggi agendo sugli allegati, ad esempio eliminando tutti gli allegati, o solo quelli di alcuni tipi.

Se il servizio comprende l'archiviazione automatica dei messaggi, si può decidere se l'archivio sia pubblico, accessibile solo ai membri o riservato all'amministratore.

Si può decidere, infine, se l'elenco degli iscritti alla lista debba essere pubblico (cosa che viene fatta raramente, per ragioni di privacy), accessibile solo ai membri o riservato all'amministratore.

Normalmente i messaggi inviati alla lista vengono inviati immediatamente a tutti i membri. Alcuni membri possono però decidere di ricevere invece più messaggi tutti insieme. Questa è detta *modalità digest*. Il digest è un messaggio e-mail che contiene un insieme di messaggi alla lista, e può essere realizzato con mime[4] o semplicemente copiando il testo dei vari messaggi, e viene creato quando si verificano determinate condizioni, ad esempio sul numero di messaggi da inviare o sul tempo da cui questi sono fermi.

Ogni mailing list è sottoposta a particolari regole di comportamento (netiquette) a cui ogni iscritto deve attenersi. Generalmente i messaggi devono obbligatoriamente trattare di un particolare argomento, per generico che possa essere. Molte mailing list sono moderate; in questo caso i messaggi inviati dagli iscritti vengono controllati da un moderatore prima di venire ritrasmessi agli altri iscritti.

CHAT

Il termine *chat* (in inglese, letteralmente, "chiacchierata"), viene usato per riferirsi a un'ampia gamma di servizi sia telefonici che via Internet; ovvero, complessivamente, quelli che i paesi di lingua inglese distinguono di solito con l'espressione "online chat", "chat in linea". Questi servizi, anche piuttosto diversi fra loro, hanno tutti in comune due elementi fondamentali: il fatto che il dialogo avvenga in tempo reale, e il fatto che il servizio possa mettere facilmente in contatto perfetti sconosciuti, generalmente in forma essenzialmente anonima. Il "luogo" (lo spazio virtuale) in cui la chat si svolge è chiamato solitamente *chatroom* (letteralmente "stanza delle chiacchierate"), detto anche *channel* (in italiano *canale*), spesso abbreviato *chan*.

Fra gli informatici, il servizio di chat con la storia e la tradizione più importanti è certamente la *Internet Relay Chat* (IRC), fondamentalmente basata sullo scambio di messaggi testuali. A questa tecnologia, che ancora oggi mette in comunicazione milioni di utenti ogni giorno, è associata una intera sottocultura (diversificata in decine di "sotto-sottoculture" per i principali server). Da questo contesto deriva gran parte della terminologia che anche altri sistemi di chat su rete hanno ereditato. IRC, un tempo unico servizio di chat su Internet, è oggi affiancata dalle *webchat* (spesso in java) ospitate da server autonomi e da numerose altre tecnologie; sono molto utilizzate, in particolare, le applicazioni di *instant messaging* come ICQ o MSN Messenger, che in genere integrano anche posta elettronica (e quindi comunicazione asincrona) e interazione multimediale.

---

4 Il *Multipurpose Internet Mail Extensions* (MIME) è uno standard di Internet che definisce il formato delle e-mail. Una buona parte delle email che circolano su Internet sono spedite via SMTP in formato MIME. Le email sono così strettamente connesse agli standard SMTP e MIME, e sono spesso chiamate email SMTP/MIME.

VI.12 - Nozioni di Informatica - Reti Sociali

Sono anche molto diffusi (forse non altrettanto utilizzati) i servizi basati sul Web, come le *applet di chat* offerti da molti portali, tipicamente a supporto di comunità virtuali formatesi attorno a strumenti come forum o message board.

I diversi servizi di chat possono essere catalogate sotto due tipologie principali:

- *1-on-1*, (1-a-1) come gli *instant messaging*
- *group chat* (chat di gruppo)

Alla prima categoria appartengono i servizi di chat che principalmente permettono di *chattare* con una persona alla volta. I contatti di questo tipo di chat sono personali e contenuti in una rubrica, spesso archiviata on-line in modo che sia raggiungibile da ogni terminale collegato alla rete internet. Le finestre di conversazione sono una per ogni contatto con cui si sta *chattando*. Rispetto alla chat di gruppo, la chat 1-on-1 ha delle funzionalità multimediali avanzate come l'invio di audio e video, clip audio ed animazioni personali e condivisione di cartelle. Fra i tanti, i servizi più usati di questo tipo sono MSN Live Messenger, Yahoo! Messenger, Google Talk e Skype. Solitamente i nick in questi servizi sono legati ad un indirizzo mail o ad un account identificativo.

Le group chat hanno le potenzialità di mettere in comunicazione centinaia di persone allo stesso momento, in quanto i messaggi vengono inviati a tutte le persone che in quel momento sono collegate al gruppo (solitamente chiamato *canale* o *stanza*). I canali si possono differenziare per i loro contenuti tematici e per la lingua usata dai loro utenti. La finestra di conversazione è una per ogni canale. Vi è comunque la possibilità d'inviare, in modo analogo agli instant messaging, messaggi in una conversazione "privata" tra due singoli utenti (anche nota come *query*). Le chat di gruppo come IRC sono principalmente testuali e con elementi multimediali ridotti o assenti. I nick degli users non sempre sono legati ad un account permettendo così un maggior anonimato.

Con il passare del tempo ed il potenziamento del web le differenze fra la chat 1-on-1 e le chat di gruppo diminuiscono: se con le chat di gruppo come IRC è sempre stato possibile inviare anche messaggi ad una singola persona, i servizi di chat 1-on-1 si stanno orientando verso la possibilità di utilizzare anche chat di gruppo (sebbene tale funzione sia a volte disattivata dai gestori del server in seguito a polemiche e controverse derivanti da tale utilizzo).

Come ogni utente connesso ad una rete telematica, un utente connesso ad una rete di chat è esposto a pericoli che possono realizzarsi o attraverso falle di sicurezza informatica o più spesso tramite tecniche di ingegneria sociale

Tra i pericoli maggiori in cui può cadere un utente della chat ricordiamo:

- Virus;
- Furto dati personali e lesione della privacy;
- Adescamenti e truffe.

Una falla nel servizio o l'inesperienza dei *chattatori* spesso portano a problemi, anche gravi, con conseguenze non solo per il singolo utente ma anche per i suoi contatti e per il servizio stesso. I truffatori, attraverso degli eventuali bug sul fronte della sicurezza del servizio (*backdoor*), possono prendere il controllo sul PC dello sfortunato di turno ed accedere all'intero sistema per scovarne dati personali che identificano il malcapitato o altre informazioni sensibili (ad esempio dati e password della carta di credito) ma anche per procurare danni ad altri utenti e allo stesso servizio della chat installando all'insaputa dell'ignaro programmi malevoli detti *malware* che attaccano gli altri contatti per diffondersi e sempre più spesso per protrarre attacchi *DDoS*. Altre volte la stessa ingenuità delle persone rendono la chat, e più in generale internet, un pericolo. Questo comportamento porta ad esempio ad accettare file anche da persone sconosciute che potenzialmente possono contenere virus.

La chat può anche essere uno strumento per adescare persone. Usare un computer pubblico per chattare o lasciare il proprio PC incustodito può essere un ulteriore pericolo non solo per i sopracitati motivi ma anche per i *log di conversazione*. I *log* sono file che contengono la cronologia degli eventi di sistema. Anche alcuni programmi di instant messagging usano i log per comodità dell'utente in modo da tenere un promemoria delle chattate svolte. Ciò può rendere il log un pericolo per la privacy di chi chatta. Nel caso in cui ci si trovi ad usare la chat in un PC di un net-caffè, di un aeroporto, o in altri luoghi pubblici è buona norma disattivare il log di conversazione o cancellarlo a fine sessione.

BLOG

In informatica, e più propriamente nel gergo di internet, un blog è un sito internet, generalmente gestito da una persona o da un ente, in cui l'autore pubblica più o meno periodicamente, come in una sorta di *diario online*, i propri pensieri, opinioni, riflessioni, considerazioni ed altro, assieme, eventualmente, ad altre tipologie di materiale elettronico come immagini o video.

VI.14 - Nozioni di Informatica - Reti Sociali

Il termine *blog* è la contrazione di *web-log*, ovvero "traccia su rete". Il fenomeno ha iniziato a prendere piede nel 1997 in America; il 18 luglio 1997, è stato scelto come data di nascita simbolica del blog, riferendosi allo sviluppo, da parte dello statunitense Dave Winer del software che ne permette la pubblicazione (si parla di *proto-blog*), mentre il primo blog è stato effettivamente pubblicato il 23 dicembre dello stesso anno, grazie a Jorn Barger, un commerciante americano appassionato di caccia, che decise di aprire una propria pagina personale per condividere i risultati delle sue ricerche sul web riguardo al suo hobby. Nel 2001 è divenuto di moda anche in Italia, con la nascita dei primi servizi gratuiti dedicati alla gestione di blog.

Il termine weblog è stato creato da Barger nel dicembre del 1997, e apparve per la prima volta nel suo sito personale. La versione tronca *blog* è stata creata da Peter Merholz che nel 1999 ha usato la frase *"we blog"* nel suo sito, dando origine al verbo *"to blog"* (ovvero, in italiano, al discutibile neologismo: *bloggare*, nel senso di scrivere un blog).

Attraverso i blog la possibilità di pubblicare documenti su Internet si è evoluta da privilegio di pochi (università e centri di ricerca) a diritto di tutti (i blogger, appunto).

I blog hanno qualche somiglianza con i *wiki*[5], nel modo in cui vengono gestiti gli aggiornamenti, favoriti i commenti dei lettori e stimolate le nascite di community.

La struttura è costituita, solitamente, da un programma di pubblicazione guidata che consente di creare automaticamente una pagina web, anche senza conoscere necessariamente il linguaggio HTML; questa struttura può essere personalizzata con vesti grafiche dette *template*[6] (ne esistono moltissimi).

Il blog permette a chiunque sia in possesso di una connessione internet di creare facilmente un sito in cui pubblicare storie, informazioni e opinioni in completa autonomia. Ogni articolo è generalmente legato ad un *thread* (il filo del discorso), in cui i lettori possono scrivere i loro commenti e lasciare messaggi all'autore.

---

5 Un *wiki* è un sito Web (o comunque una collezione di documenti ipertestuali) che viene aggiornato dai suoi utilizzatori e i cui contenuti sono sviluppati in collaborazione da tutti coloro che vi hanno accesso. La modifica dei contenuti è aperta, nel senso che il testo può essere modificato da tutti gli utenti (a volte soltanto se registrati, altre volte anche anonimi) procedendo non solo per aggiunte, ma anche cambiando e cancellando ciò che hanno scritto gli autori precedenti. Ogni modifica è registrata in una cronologia che permette in caso di necessità di riportare il testo alla versione precedente; lo scopo è quello di condividere,

Il blog è un luogo dove si può (virtualmente) stare insieme agli altri e dove in genere si può esprimere liberamente la propria opinione. È un sito web, gestito in modo autonomo dove si tiene traccia (log) dei pensieri; quasi una sorta di diario personale. Ciascuno vi scrive, in tempo reale, le proprie idee e riflessioni. In questo luogo cibernetico si possono pubblicare notizie, informazioni e storie di ogni genere, aggiungendo, se si vuole, anche dei link a siti di proprio interesse: la sezione che contiene link ad altri blog è definita *blogroll*.

Tramite il blog si viene in contatto con persone lontane fisicamente ma spesso vicine alle proprie idee e ai propri punti di vista. Con esse si condividono i pensieri, le riflessioni su diverse situazioni poiché raramente si tratta di siti monotematici. Si può esprimere la propria creatività liberamente, interagendo in modo diretto con gli altri blogger.

Un blogger è colui che scrive e gestisce un blog, mentre l'insieme di tutti i blog viene detto *blogsfera* o *blogosfera* (in inglese, *blogsphere*). All'interno del blog ogni articolo viene numerato e può essere indicato univocamente attraverso un *permalink* (*permanent link*), ovvero un link che punta direttamente a quell'articolo.

In certi casi possono esserci più blogger che scrivono per un solo blog. In alcuni casi esistono siti simili a blog, ma aperti a tutti.

Alcuni blog si possono considerare veri e propri diari personali e/o collettivi, nel senso che sono utilizzati per mettere on-line le storie personali e i momenti importanti della propria vita. In questo contesto la riservatezza, il privato, il personale va verso la collettività.

La maggior parte dei blogger usa il blog come diario personale, per far conoscere i propri sentimenti e le proprie opinioni ai lettori che hanno a loro volta un blog, ma anche sconosciuti che vagano per la blogosfera passando di link in link. Sono molto diffusi anche i blog tenuti da giornalisti, oppure i blog umoristici e autoironici, impegnati, satirici, "televisivi" o umoristici; non mancano infine blog di scrittori o di poesia. Alcuni blog includono interviste o vere e pro-

---

scambiare, immagazzinare e ottimizzare la conoscenza in modo collaborativo. Il termine *wiki* indica anche il *software* collaborativo utilizzato per creare il sito web e il server. *Wiki wiki* deriva da un termine in lingua hawaiiana che significa "rapido" oppure "molto veloce". A volte *wikiwiki* o *WikiWiki* o *Wikiwiki* sono usati al posto di *wiki*.

6 Il termine inglese *template* (traducibile in italiano come *modello, semicompilato* o *schema*) indica in informatica un documento o programma dove, come in un foglio semicompilato cartaceo, su una struttura generica o standard esistono spazi temporaneamente "bianchi" da riempire successivamente.

prie trasmissioni radiofoniche.

Tra le tipologie più diffuse troviamo:

- *blog personale* - Come già accennato, è la categoria più diffusa. L'autore vi scrive le sue esperienze di ogni giorno, poesie, racconti, desideri (più o meno proibiti), disagi e proteste. Il contributo dei lettori nei commenti è in genere molto apprezzato e dà vita a discussioni molto personali (ma anche a *flame*). Questo tipo di blog è usato spesso da studenti di scuola superiore o universitari, con un gran numero di collegamenti incrociati tra un blog e l'altro.

- *blog collettivo* - Si tratta di un blog nel quale gli articoli vengono scritti da un gruppo ristretto di autori. Di solito questi blog sono orientati verso un campo d'interesse particolare (letteratura, informatica, politica, attualità, ecc.) e sono, proprio per la varietà degli articoli pubblicati, tra i più visitati in rete.

- *blog di attualità* - Molti giornalisti utilizzano i blog per dare voce alle proprie opinioni su argomenti d'attualità o fatti di cronaca, o più semplicemente per esprimere la propria opinione su questioni che non trovano quotidianamente spazio fra le pagine dei giornali per i quali scrivono. Altre persone utilizzano il blog per commentare notizie lette su giornali o siti internet.

- *corporate blog* o *blog aziendale* - Il blog tenuto da uno o più dipendenti di una azienda: una voce più informale rispetto al sito internet. I blogger sono tenuti a rispettare un codice aziendale, ma i blog aziendali sono spesso visitati per la semplicità e l'immediatezza delle informazioni che vi si trovano.

- *blog tematico* - Ogni essere umano ha un hobby o una passione. Spesso questo tipo di blog diventa un punto d'incontro per persone con interessi in comune.

- *blog directory* - Una delle caratteristiche peculiari dei blog è la gran quantità di link. Alcuni blog si specializzano nella raccolta di link su un argomento particolare. Anche alcuni siti di news possono rientrare in questa categoria.

- *photoblog* - Sono blog su cui vengono pubblicate foto invece che testi.

- *blogames* - Sono blog su cui vengono pubblicati giochi invece che testi.

- *blog vetrina* - Alcuni blog fungono da "vetrina" per le opere degli autori, come vignette, fumetti, video amatoriali o altri temi particolari.

- *blog politico* - Vista l'estrema facilità con la quale è possibile pubblicare contenuti attraverso un blog, diversi politici lo stanno utilizzando come interfaccia di comunicazione con i cittadini, per esporre i problemi e condividere le soluzioni, principalmente a livello locale.

- *urban blog* - Blog riferiti ad una entità territoriale definita (una città, un paese, un quartiere) e che utilizzano la tecnica del passaparola digitale per compiti di socializzazione diretta e indiretta anche con l'utilizzo di immagini e video riferiti alla comunità. Interessante l'utilizzo di mappe e di sistemi di *social bookmariking* per aumentare il livello di condivisione e di collaborazione.

- *watch blog* - Blog in cui vengono criticati quelli che l'autore considera errori in notiziari on-line, siti web o altri blog.

- *m-blog* - Blog utilizzati per pubblicizzare le proprie scoperte musicali e renderne gli altri partecipi attraverso la pubblicazione di mp3 (da qui il prefisso) o file audio dei più disparati formati.

- *vlog* o *video-blog* - Si tratta di un blog che utilizza filmati come contenuto principale, spesso accompagnato da testi e immagini. Il vlog è una forma di distribuzione di contenuti audiovideo. I vlog sono utilizzati da blogger, artisti e registi.

- *Audio Blog* - Si tratta di blog audio pubblicati attraverso il *Podcasting*[7]. La peculiarità di questo tipo di blog è la possibilità di scaricare automaticamente sia sul proprio computer che sui lettori mp3 portatili come l'iPod gli aggiornamenti attraverso i *feed RSS*[8] con gli audio incapsulati.

---

7 Il *podcasting* è un sistema che permette di scaricare in modo automatico documenti (generalmente audio o video) chiamati *podcast*, utilizzando un programma ("client") generalmente gratuito chiamato *aggregatore* o *feed reader*. Un podcast è perciò un file (generalmente audio o video), messo a disposizione su Internet per chiunque si abboni ad una trasmissione periodica e scaricabile automaticamente da un aggregatore, e si basa sui feed RSS

8 Il *feed web* è un'unità di informazioni formattata secondo specifiche (in genere: XML) stabilite precedentemente. Un feed è usato per fornire agli utilizzatori una serie di contenuti aggiornati di frequente. I distributori del contenuto rendono disponibile il feed e consentono agli utenti di iscriversi. *RSS* (acronimo di *Really Simple Syndication*) è uno dei più popolari formati per la distribuzione di contenuti Web. L'uso principale dei feed RSS (detti anche *flussi RSS*) attualmente è legato alla possibilità di creare informazioni di qualunque

- *nanopublishing* - blog scritto a più mani, solitamente facente parte di un più ampio gruppo di blog, realizzato a scopo di lucro da un editore
- *moblog* - blog che si appoggia alla tecnologia "mobile", ovvero dei telefoni cellulari. I contenuti sono spesso immagini (inviate via MMS) o video (in alcuni casi registrati direttamente in video chiamata).
- *multiblogging* - Si tratta della possibilità di gestire più blog con uno script solo, spesso supportano la multiutenza.
- *blognovel* o *blog novel* o *blog fiction* - un romanzo o un racconto suddiviso in brevi tranches che si sviluppa su un blog e che è quindi rivolto ad un pubblico. Il più delle volte i commenti di altri bloggers e/o visitatori possono essere utili indicazioni per l'autore nello sviluppo della storia.
- *lit-blog* o *blog letterario* - Si tratta di un blog, personale o collettivo, nel quale vengono pubblicati articoli di natura letteraria (recensioni, brevi saggi critici, poesia, interviste, ecc.).

Dal punto di vista legale e giuridico, in Italia sono sorte polemiche se il mondo dei blog debba rimanere senza vincoli legislativi e soggetto solo ad una autoregolamentazione, oppure in alternativa se debbano essere applicate le norme sulla stampa.

Nell'ottobre del 2007 il governo ha presentato un disegno di legge sulla riforma dell'editoria in cui aveva stabilito per i blog l'obbligo della registrazione. La dura replica del mondo web ha portato alla precisazione da parte del sottosegretario Levi che la norma non avrebbe trovato applicazione ai blog.

La disputa si è trasferita sul piano giudiziario quando il tribunale di Oristano, con sentenza del 25 maggio 2000, stabilì che un sito web non era assimilabile a una testata giornalistica. Orientamento poi recepito dalla Corte di Cassazione con la sentenza n. 10.535 secondo cui non serve un giornalista per gestire un blog.

Appare quindi minoritario l'orientamento del Tribunale di Modica, che con una discussa sentenza ha condannato lo storico Carlo Ruta per il reato di stampa clandestina.

Gigi Moncalvo ha querelato per diffamazione circa 150 titolari e commentato-

---

tipo che un utente potrà vedere molto comodamente, con l'aiuto di un lettore apposito, nella stessa pagina, nella stessa finestra, senza dover andare ogni volta nel sito principale. Questo è dovuto al fatto che il formato XML è un formato dinamico.

ri di blog ritenendo formulate in modo offensivo delle critiche al suo programma. In un caso la querela ha dato luogo ad un'archiviazione per "lecita critica". Un caso più complesso è stato quello della querela presentata da Gigi Moncalvo contro il blogger ferrarese Mirko Morini che aveva scritto in un post la frase *"Gigi Moncalvo, ex idiota, ora riabilitato dai più, famosa la sua faccia da rimprovero"*. In questo caso c'è stata l'emissione di un decreto di condanna al quale Morini ha presentato opposizione per poi essere assolto con formula piena il 7 maggio 2009. Gli episodi hanno dato luogo ad un'ampia discussione sulla Rete[12]. Moncalvo ha anche denunciato i responsabili della sede italiana di Google, ritenendo il motore di ricerca responsabile di omissione di preventivo controllo di veridicità su notizie e contenuti in rete.

GERGO NEI SOCIAL NETWORKS

Come in ogni ambiente di socializzazione, anche all'interno dei social networks gli utenti che sono soliti frequentarlo tendono ad usare un proprio linguaggio gergale.

Oltre alla necessità (tipica di una collettività) di utilizzare un linguaggio che possa, da solo, definire il livello di confidenza dei membri di quella comunità (*novizio*, *iniziato*, *esperto*, ecc.), esiste anche una serie di motivazioni obiettive e materialmente consistenti: la natura scritta della discussione all'interno di un social network, nonchè il bisogno di una certa rapidità di scambio e la ripetitività di alcuni messaggi *standard* fra utenti. Per questi motivi molto spesso vengono utilizzate delle abbreviazioni (perlopiù acronimi) per consentire di accelerare i tempi di scrittura sulla tastiera e, nel contempo, trasmettere il corretto significato al proprio interlocutore.

Il gergo dei social networks viene usato sostanzialmente in tutti i mezzi ed i luoghi di comunicazione elettronici:

- SMS (telefoni cellulari): si basano su uno *slang* ancora più pesantemente abbreviato di quello di Internet, dovuto principalmente alla difficoltà di scrivere testi lunghi ed elaborati sui terminali mobili; purtroppo è invalsa l'abitudine di utilizzare la terminologia tipicamente usata negli SMS anche al di fuori dell'ambito degli SMS, con risultati a volte aberranti;

- messaggistica istantanea: è un mezzo di comunicazione molto diffuso, da qui la brevità che è una parte importante della comunicazione in questo campo; le *emoticon* spesso vengono utilizzate per esprimere le emozioni;

- chatroom: soprattutto quelle connesse ai sistemi di messaggistica istantanea, spesso fanno uso di abbreviazioni e *emoticon* in modo nativo:

- chatroom su IRC: non usano le abbreviazioni così spesso, più frequentemente si trova un massiccio utilizzo di lettere minuscole (per una questione di velocità di digitazione) e di emoticon; gli utenti di irc usano spesso le emoticon per esprimere ironia e sarcasmo;

- forum: usano lo slang stesso di Internet; questo può accadere per una semplice questione di velocità, come già detto prima, o, in forum dove prevale una maggiore correttezza grammaticale, può dare al discorso un tono più sarcastico; il gergo dei forum tende ad essere ancora più specializzato e localizzato di altri tipi di gergo;

- nelle community di quasi tutti i *browser game* appaiono abbreviazioni proprie del gioco in questione .

Le abbreviazioni legate a questo mondo si evolvono e modificano in continuazione (e con un'estrema velocità) ed un buon punto d'osservazione viene fornito dai giochi online; spesso, le persone disinteressate alla programmazione non comprendono la più classica frase *nerdy* (cioè: sciocca) come ad esempio "2B||! 2B" (che significa "essere o non essere", composta usando gli operatori booleani), quindi esse diventano inutili o compaiono solo in forum minori.

Da non confondere, poi, l'uso delle abbreviazioni con l'uso del linguaggio "leet". Il leet (o anche l33t, 31337 o 1337) è una forma codificata di inglese (ma oggi anche di italiano) caratterizzata dall'uso di caratteri non alfabetici al posto delle normali lettere (scelte per la semplice somiglianza nel tratto) o piccoli cambi fonetici. Qualche esempio di scrittura in leet:

- c14o (*ciao*)

- h4xor (*hacker*)

- |_4/\/\3r (*Lamer*)

- CUL8R (*see you later, arrivederci*).

Il termine ha origine dalla parola "élite", in inglese di pronuncia simile a "leet", e si riferisce al fatto che chi usa questa forma di scrittura si distingue da chi non ne è capace (e forma, dunque, una élite rispetto alla "massa").

Il leet affonda le sue radici nella sottocultura di Internet, e in particolare in IRC. Qui gli utenti scrivevano messaggi velocemente e senza badare ad errori di battitura (*teh* al posto di *the* era uno dei più frequenti). Altre volte l'intenzione era quella di far comprendere certi messaggi solo a certi utenti anche in una stanza pubblica. Il leet nasce anche dall'esigenza di memorizzare password di senso compiuto (quindi facili da ricordare) ma difficilmente riconoscibili. Inoltre i *SysOp* delle vecchie BBS effettuavano controlli sui file disponibili per verificare che non vi fosse materiale illegale. Per velocizzare le ricerche, solitamente, non esaminavano file per file bensì effettuavano ricerche sui nomi. Il l33t era un modo valido per rendere il file riconoscibile a chi lo cercasse, mentre sfuggiva alle ricerche dei SysOp.

In chiusura si riporta un'affermazione umoristica che, tra le tante, ha avuto un certo seguito tra coloro che si sono sentiti (molto) coinvolti nel mondo dell'informatica: "al mondo esistono 10 categorie di persone: quelli che conoscono il sistema binario e quelli che non lo conoscono", dove, ovviamente, il numero 10 va letto in base 2 e quindi "uno-zero" e non "dieci" ed il cui equivalente in base 10 è il numero 2, che spiega ampiamente l'affermazione.

Si riporta di seguito una lista della abbreviazioni più frequentemente utilizzate, avvertendo che, nel tempo, alle originali abbreviazioni in lingua anglosassone si sono aggiunti *naturalmente* quelli in lingua italiana, che non trovate invece nell'elenco che segue.

ABBREVIAZIONE	SIGNIFICATO
imho	in my humble opinion, secondo me
asap	as soon as possible, al più presto possibile
brb	be right back, torno subito
cu	(*onomatopeico in inglese*) see you, ci vediamo
fyi	for your information, per tua informazione
irl	in real life, nella vita reale
k	ok
lol	laughing out loud, risata rumorosa/incontenibile
obv	obviousvly, ovviamente
rotfl	rolling on the floor laughing, rotolarsi sul pavimento ridendo a crepapelle

ABBREVIAZIONE	SIGNIFICATO
tnx	thanks, grazie
u	you, tu
y	yes, si
yep	yes!, si! *(rafforzativo di affermazione)*
np	no problem, nessun problema
1m	one minute, un minuto

E-MAIL

La e-mail, o email (abbreviazione dell'inglese "electronic mail", in italiano: posta elettronica), è un servizio Internet grazie al quale ogni utente può inviare o ricevere dei messaggi. È l'applicazione Internet più conosciuta e più utilizzata attualmente. La sua nascita risale al 1972, quando Ray Tomlinson[1] installò su ARPANET un sistema in grado di scambiare messaggi fra le varie università, ma chi ne ha realmente definito il funzionamento fu Jon Postel[2].

È la controparte digitale ed elettronica della posta ordinaria e cartacea. A differenza di quest'ultima, il ritardo con cui arriva dal mittente al destinatario è normalmente di pochi secondi/minuti.

---

1 Raymond "Ray" Tomlinson (Amsterdam, New York, 1941) è un programmatore statunitense. Impegnato nello sviluppo di ARPANET, utilizzò questa procedura di invio di posta elettronica tra le diverse Università collegate attraverso questa rete. Il primo messaggio da lui inviato, e quindi la prima mail inviata nella storia, aveva per contenuto "QWERTYUIOP". Ottenuto il bachelor in Scienza, al *Rensselaer Polytechnic Institute* di New York, nel 1963, entrò al MIT per specializzarsi in ingegneria elettrica, conseguendo la laurea nel 1965. Nel 1967 entra alla BBN Technologies, azienda che collabora al processo ARPANET, sviluppando il progetto di trasferimento dei files denominato CPYNET. Implementandolo riuscì a progettare la email. Numerosi i premi ricevuti per l'importanza del suo lavoro nella crescita di internet.

2 Jonathan Bruce Postel (Altadena, 6 agosto 1943 – Santa Monica, 16 ottobre 1998) è stato un informatico statunitense che ha contribuito in maniera significativa allo sviluppo della rete Internet, in particolare per quanto riguarda la creazione e l'adozione di alcuni standard. È noto soprattutto per essere il redattore e il curatore della serie di documenti denominata RFC (Request For Comment). Il premio *Postel Award* della Internet Society è stato così nominato in suo onore, così come il *Postel Center* all'ISI. Probabilmente la sua eredità più conosciuta riguarda la RFC 793, che contiene un "Principio di robustezza" che spesso viene citato come "**Legge di Postel**": *"be conservative in what you do, be liberal in what you accept from others"*, "sii conservatore in ciò che fai, sii Liberal in ciò che accetti dagli altri" (spesso riformulato in "sii conservatore in ciò che invii verso l'esterno, sii liberale in ciò che ricevi").

VII.2 - Nozioni di Informatica - E-mail

Lo scopo del servizio di e-mail è il trasferimento di messaggi da un utente ad un altro.

Ciascun utente può possedere una o più caselle e-mail, su cui può ricevere messaggi, che vengono conservati per lui. Quando lo desidera, l'utente può consultare il contenuto della sua casella, organizzarlo, inviare messaggi a uno o più utenti.

L'accesso alla casella di posta elettronica è normalmente controllato da una password o da altre forme di autenticazione.

La modalità di accesso al servizio è quindi asincrona, ovvero per la trasmissione di un messaggio non è necessario che mittente e destinatario siano contemporaneamente attivi o collegati.

La consegna al destinatario dei messaggi inviati non è garantita. Nel caso un server SMTP non riesca a consegnare un messaggio che ha ricevuto, tenta normalmente di inviare una notifica al mittente per avvisarlo della mancata consegna, ma anche questa notifica è a sua volta un messaggio di e-mail (generato automaticamente dal server), e quindi la sua consegna non è garantita.

Il mittente può anche richiedere una conferma di consegna o di lettura dei messaggi inviati, ma il destinatario è normalmente in grado di decidere se vuole inviare o meno tale conferma. Il significato della conferma di lettura può essere ambiguo, in quanto aver visualizzato un messaggio per pochi secondi in un client non significa averlo letto, averlo compreso o averne condiviso il contenuto.

A ciascuna casella sono associati uno o più indirizzi di e-mail. Questi hanno la forma *nomeutente@dominio*, dove *nomeutente* è un nome scelto dall'utente o dall'amministratore del server, che identifica in maniera univoca un utente (o un gruppo di utenti) su quel server (e solo su quello), e *dominio* è un nome valido nel circuito DNS.

L'indirizzo e-mail può contenere qualsiasi carattere alfabetico e numerico (escluse le accentate) e alcuni simboli come l'*underscore* ("_") ed il punto ("."). Molto spesso può tornare utile agli utenti utilizzare i servizi di reindirizzamento, utilizzati per inoltrare automaticamente tutti i messaggi che arrivano sulla casella e-mail, verso un'altra di loro scelta, in modo che al momento della consultazione l'utente non debba accedere a tutte le caselle e-mail di cui dispone, ma gli sia sufficiente controllarne una sola.

"AT" ("@")

La @, anche detta *a commerciale* e popolarmente nota come *chiocciola* o *chiocciolina*, conosciuta in inglese col nome *at* (dal latino *ad*), è un carattere tipografico molto adoperato, soprattutto nei paesi del cosiddetto "Primo mondo": autorevoli stime calcolano che lì essa sia utilizzata in media ogni 500 comuni lettere alfabetiche, differentemente a quanto accade nei paesi in via di sviluppo (ogni 6.700 diversi caratteri). Graficamente, essa rappresenta una *a* stilizzata con attorno un ricciolo: da ciò derivano la somiglianza con il mollusco, di cui riproduce il guscio, e i buffi nomignoli che essa possiede. Il codice binario (nel set ASCII a 8 bit) che serve ad identificarla è "01000000".

La @ nacque ai tempi di Roma antica come unione stilizzata delle lettere "a" e "d" minuscole formanti la parola *ad* (cioè "verso", nei moti a luogo); il simbolo era inizialmente adoperato nei testi di contabilità e in documenti simili con significato di indicazione di luogo.

Presso i mercanti veneziani la @ era un segno che rappresentava l'anfora, utilizzata allora come misura di peso e capacità. In questo senso, la si trova in un documento commerciale del 1536.

Nel corso dei secoli i popoli anglofoni modificarono il suo significato da *ad* a *at*, e quindi da *verso* a *presso* (grammaticalmente: da *moto a luogo* a s*tato in luogo*): ciò fece guadagnare alla chiocciolina alcuni nuovissimi campi in cui essere adoperata, tra cui le poste.

La @ era presente nella macchina per scrivere Lambert del 1902 prodotta dalla Lambert Typewriter Company di New York e nella IBM Selectric del 1961. Nel 1963 venne inclusa nel set originale dei caratteri ASCII. Con lo sviluppo delle moderne tecnologie e l'invenzione del computer, la @ divenne un simbolo quasi esclusivamente informatico che conservava il significato datole dagli inglesi.

Macchina per scrivere Lambert del 1902

La @ possiede numerosi utilizzi: l'uso principale è quello in informatica, dove serve sostanzialmente a due scopi:

- il più conosciuto è senz'altro per separare il nome dell'utente da quello del nome di dominio negli indirizzi di posta elettronica;
- in alcuni script mirati all'esecuzione di comandi (come i file *batch* di MS-DOS o i *makefile* dei sistemi Unix) la @ viene messa come primo carattere di un comando per evitare che la *shell* ne visualizzi la riga di comando prima di eseguirla.

Tuttavia occorre elencare una lunga serie di utilizzi al di fuori dell'ambito strettamente informatico:

- nella posta comune: "at" è anche adoperato al pari del segno "c/o" (cioè: "*care of*", "*ospitato presso*"): esso significa, come in molti altri casi, "presso", ed è quindi ovvio che si trovi negli indirizzi della corrispondenza ad indicare il luogo in cui vive/lavora il destinatario;
- nella tecnica motoristica: "at" è adoperato per indicare le prestazioni condizionate: un esempio può essere "potenza: 100 kW @ 5000 giri/min"; che significa: "la potenza (massima) di 100 kW è raggiungibile ad un regime di 5000 giri/min";
- in campo musicale: viene usato nelle denominazioni di CD, materiale audio vario e locandine per indicare il luogo della performance di un artista (cantante, DJ, gruppo) ovvero "*nome@discoteca*" significa che l'artista *nome* sarà presente nel locale *discoteca*.

Password

In ambito informatico e crittografico una password (in italiano: "parola chiave", "parola d'ordine", o anche "parola d'accesso") è una sequenza di caratteri alfanumerici utilizzata per accedere in modo esclusivo ad una risorsa informatica (sportello bancomat, computer, connessione internet, casella e-mail, reti, programmi, basi dati, ecc.) o per effettuare operazioni di cifratura.

Una password è solitamente associata ad uno specifico *username* (in italiano: "nome utente" o "identificatore utente") al fine di ottenere un'identificazione univoca da parte del sistema a cui si richiede l'accesso.

La coppia username/password fornisce le credenziali di accesso ad una delle forme più comuni di autenticazione; tipico il suo uso nelle procedure di *login*[3]. Dato lo scopo per il quale è utilizzata, la password dovrebbe rimanere segreta a coloro i quali non sono autorizzati ad accedere alla risorsa in questione. Non è consigliabile che una password abbia senso compiuto e può essere costituita anche da una frase (nel qual caso si parla più propriamente di *passphrase*).

L'uso di parole d'ordine come forma di riconoscimento risale all'antichità, soprattutto in ambiente militare. Ad esempio le sentinelle di guardia erano solite chiedere una parola d'ordine a chi si avvicinava, e permettevano il passaggio solo a coloro che ne erano a conoscenza. In tempi più moderni, in ambienti di spionaggio e controspionaggio, alla parola d'ordine doveva essere risposta una *contro parola d'ordine*.

Odierni comuni esempi di utilizzo di password si hanno nei servizi bancari (i PIN dei bancomat e delle carte di credito, infatti, non sono altro che password numeriche), nell'ambito della telefonia mobile e in molti altri campi.

Un livello maggiore di sicurezza può essere raggiunto mediante *password dinamiche*: si tratta di password che variano automaticamente dopo un intervallo di tempo prefissato. In tal caso l'autenticazione al sistema si ottiene quando la password generata automaticamente e quella immessa dall'utente coincidono.

Nella sua forma più semplice tale meccanismo si basa, infatti, su una componente hardware ed una software: la parte software, un programma in esecuzione su di un server o su un altro sistema da proteggere, genera delle password dinamiche a intervalli di tempo prefissati secondo un determinato algoritmo; la parte hardware, un dispositivo (ad esempio una *smart card*) nel cui firmware è codificato il medesimo algoritmo, è sincronizzata con il server in modo da generare la medesima password nel medesimo intervallo di tempo.

Nel determinare una password è sconsigliabile l'uso di parole ovvie (come il proprio nome o cognome o altri dati anagrafici), di senso compiuto o direttamente associabili all'account (come il nome utente stesso) come anche di parole troppo brevi (di solito per le password viene stabilito un numero minimo di caratteri – generalmente 6 o 8 – dal momento che all'aumentare del numero di ca-

---

3 Login è il termine inglese più esatto per indicare la procedura di accesso ad un sistema o un'applicazione informatica. Proviene dalla contrazione di *log in*, entrata nel log, il registro cronologico degli eventi tipico di qualsiasi sistema informativo. Altri termini corrispondenti sono: *logon, log on, signon, sign on, sign in*. Il login, noto anche in italiano come *procedura di autenticazione*, è uno dei pilastri fondamentali della sicurezza e della riservatezza nelle applicazioni informatiche.

ratteri aumenta esponenzialmente il numero delle disposizioni possibili).

In generale è poi preferibile utilizzare una password complessa e comunque memorizzarla (o, in subordine, annotarla in un posto sicuro) piuttosto che sceglierne una di facile memorizzazione ma di più facile determinazione.

È inoltre sconsigliabile utilizzare parole presenti nei dizionari, come anche anagrammi o combinazioni delle stesse (tale tipo di password sono quelle più facilmente attaccabili mediante attacchi *brute force*), mentre è consigliabile utilizzare combinazioni del maggior numero possibile di "tipi" di caratteri: maiuscoli, minuscoli, numeri e caratteri speciali.

È inoltre buona norma variare le password utilizzate dopo un tempo determinato e non utilizzare la medesima password per più servizi.

Si consiglia inoltre di non registrare le proprie password sul pc, dato che queste potrebbero essere scoperte tramite l'uso di semplici programmi.

ARCHITETTURA DEL SISTEMA DI E-MAIL

I componenti fondamentali del sistema di e-mail sono due: i *client*[4] (detti in gergo *MUA, Mail User Agent*) ed i server (detti in gergo *MS, Message Store*, e *MTA, Mail Transfer Agent*).

Un *Mail User Agent* è un programma che consente di gestire la composizione, la trasmissione, la ricezione e l'organizzazione di e-mail da e verso un server di posta. Il termine "client" viene utilizzato perché il servizio di posta elettronica si basa su un'architettura *client-server*. Il client si occupa della composizione e della lettura, il server si occupa della trasmissione dei messaggi.

Esiste una particolare categoria di *client* e-mail definita "client webmail"; si tratta di particolari programmi eseguiti da siti web che permettono di gestire i propri messaggi da qualsiasi postazione: da casa, dall'ufficio, in un Netcafè, ecc.

A seconda del programma impiegato, si potrà usufruire di servizi aggiuntivi,

---

4 In informatica, con *client* (in italiano detto anche *cliente*) si indica una componente che accede ai servizi o alle risorse di un'altra componente, detta *server*. In questo contesto si può quindi parlare di *client* riferendosi all'hardware o al software. Un computer collegato ad un server tramite una rete informatica (locale o geografica) ed al quale richiede uno o più servizi, utilizzando uno o più protocolli di rete è un esempio di *client hardware*. Un programma di posta elettronica è un esempio di *client software*.

quali la gestione degli indirizzi all'interno di una rubrica, la gestione di più di una casella di posta elettronica, la possibilità di applicare dei filtri alla posta in arrivo, di riconoscere, filtrare o rifiutare messaggi di posta indesiderata o l'integrazione con sistemi crittografici a chiave pubblica come PGP o GPG.

I client di posta più diffusi sono *Microsoft Outlook*, *Microsoft Outlook Express*, *Mozilla Thunderbird*, *Evolution* (software), *Pegasus Mail*, *Lotus Notes* e *Qualcomm Eudora*.

Un *mail server* (*Mail Transfer Agent* o *MTA*) è un programma (e per estensione l'intero computer su cui viene eseguito), che si occupa dello smistamento da un computer a un altro della posta elettronica. Normalmente un mail server risiede su un sistema dedicato ma può essere eseguito su computer ove risiedano altri server o che vengano utilizzati anche per altri scopi. Si può installare un mail server anche su un normale personal computer. Su sistemi Unix e derivati (Linux, Mac OS X etc) viene anche chiamato *Mailer daemon*.

Per essere usato su Internet, un *mail server* deve essere, ovviamente, connesso alla rete. Le principali operazioni che svolge sono: la ricezione della posta (che viene consegnata nella casella di posta dei destinatari), lo smistamento della posta (consegnata dagli utenti verso altri server di posta) e l'accesso da parte degli utenti alle proprie caselle di posta.

La ricezione e lo smistamento si svolgono oggi prevalentemente tramite il protocollo *SMTP* (*Simple Mail Transfer Protocol*, *Protocollo Semplice di Trasferimento della Posta*). Per l'accesso, i protocolli più usati sono *POP3* (*Post Office Point*, letteralmente: *Sportello dell'Ufficio Postale*) che scarica la posta sul computer dell'utente, e IMAP (*Internet Message Access Protocol*, *Protocollo di Accesso ai Messaggi Internet*) che svolge lo stesso ruolo del POP3, ma ha delle caratteristiche aggiuntive che lo fanno preferire in molti casi.

SMTP

Il *Simple Mail Transfer Protocol* è un protocollo relativamente semplice, testuale, nel quale vengono specificati uno o più destinatari di un messaggio, e poi, verificata la loro esistenza, il messaggio viene trasferito. È abbastanza facile verificare come funziona un server SMTP mediante un client *telnet*: il client apre una sessione TCP verso il server sulla porta 25. Per associare il server SMTP a un dato nome di dominio si usa un *Resource Record* di tipo MX (*Mail eXchange*).

SMTP iniziò a diffondersi nei primi anni '80. A quel tempo era un'alternativa a UUCP, che era più adatto a gestire il trasferimento di e-mail fra computer la cui connessione era intermittente. L'SMTP, d'altra parte, funziona meglio se i computer sono sempre collegati alla rete.

Sendmail fu uno dei primi (se non proprio il primo) MTA ad implementare il protocollo SMTP. Fino al 2001 sono stati scritti almeno 50 programmi che implementano il protocollo SMTP come client (mittente dei messaggi) o server (destinatario del messaggio). Altri server molto diffusi sono *Exim* di Philip Hazel, *Postfix* di Wietse Venema, *qmail* di D. J. Bernstein, *Courier* di Sam Varshavchik e *Microsoft Exchange Server*.

Poiché SMTP è un protocollo testuale basato sulla codifica ASCII (in particolare ASCII NVT), non è permesso trasmettere direttamente testo composto con un diverso set di caratteri e tanto meno file binari. Lo standard MIME permette di estendere il formato dei messaggi mantenendo la compatibilità col software esistente. Per esempio, al giorno d'oggi molti server SMTP supportano l'estensione 8BITMIME, la quale permette un trasferimento di un testo che contiene caratteri accentati (non-ASCII) senza bisogno di transcodificarlo. Altri limiti di SMTP, quale la lunghezza massima di una riga, impediscono la spedizione di file binari senza transcodifica (da notare che per i file binari inviati con HTTP si utilizza il formato MIME senza bisogno di una transcodifica).

Una delle limitazioni del protocollo SMTP originario è che non gestisce l'autenticazione dei mittenti. Oltre al rischio di spam, esiste la possibilità di inviare e-mail facendo apparire come mittente l'indirizzo corrispondente ad un altro account. Senza accedere all'account di terzi, è possibile stabilire una connessione al mail-server e scrivere un messaggio in codice SMTP contenente i comandi relativi a mittente e destinatario, dare i relativi parametri e il corpo della e-mail. Per ovviare a questi problemi è stata sviluppata un'estensione chiamata SMTP-AUTH.

Nonostante questo, lo spam rimane ancor oggi un grave problema. Tuttavia, non si ritiene praticabile una revisione radicale del protocollo SMTP, per via del gran numero di implementazioni del protocollo attuale (ad esempio, è stato proposto Internet Mail 2000 come protocollo alternativo).

Per questo motivo sono stati proposti diversi protocolli ausiliari per assistere le transazioni SMTP. L'Anti-Spam Research Group dell'IRTF sta lavorando su varie proposte di autenticazione e-mail centrate sulla flessibilità, leggerezza e scalabilità.

POP

Il Post Office Protocol (detto anche POP) è un protocollo che ha il compito di permettere, mediante autenticazione, l'accesso ad un account di posta elettronica presente su di un host per scaricare le e-mail del relativo account. Il pop (nella versione 3) rimane in attesa sulla porta 110 dell'host (di default, ma può anche essere diversa) per una connessione TCP da parte di un client. I messaggi di posta elettronica, per essere letti, devono essere scaricati sul computer, anche se è possibile lasciarne una copia sull'host. Il protocollo POP3 non prevede alcun tipo di cifratura, quindi le password utilizzate per l'autenticazione fra server e client passano in chiaro. Per risolvere questo possibile problema è stata sviluppata l'estensione APOP che utilizza MD5.

IMAP

L'*Internet Message Access Protocol* (IMAP), a volte anche chiamato *Interactive Mail Access Protocol*, è un protocollo di comunicazione per la ricezione di e-mail. Il significato "Interactive Mail Access Protocol" è stato valido fino alla versione 3, dalla quarta in poi è cambiato in "Internet Message Access Protocol". Alla data di redazione del presente testo, la versione attuale è la "4 revision 1".

Il protocollo è stato inventato da Mark Crispin nel 1986 come alternativa più moderna all'utilizzatissimo POP. La porta predefinita del demone IMAP sull'host è la 143. Se si utilizza una connessione sicura tramite SSL, allora la porta è la 993.

Volendo evidenziare le differenze tra questi due protocolli, sia POP che IMAP permettono ad un client di accedere, leggere e cancellare le e-mail da un server, sebbene lo facciano con alcune differenze legate alla sicurezza della trasmissione dei dati. Inoltre con il protocollo POP3 il comportamento di default è scaricare la posta direttamente sul PC dell'utente, cancellandola dal server (a meno di istruire differentemente il programma in maniera apposita), mentre con il protocollo IMAP il comportamento di default è di conservare comunque copia delle proprie e-mail sul server, per consentire di scaricarle in un secondo momento eventualmente anche da altri computer.

Altre significative differenze sono:

- *Accesso alla posta sia online che off-line* - mentre si utilizza il POP3, il client si connette per scaricare i nuovi messaggi e poi si disconnette. Con l'IMAP il client rimane connesso e risponde alle richieste che l'utente fa attraverso l'interfaccia; questo permette di risparmiare tempo se ci sono messaggi di grandi dimensioni;

- *Più utenti possono utilizzare la stessa casella di posta* - il protocollo POP assume che un solo client (utente) è connesso ad una determinata mailbox (casella di posta), quella che gli è stata assegnata. Al contrario l'IMAP4 permette connessioni simultanee alla stessa mailbox, fornendo meccanismi per controllare i cambiamenti apportati da ogni utente;

- *Supporto all'accesso a singole parti MIME di un messaggio* - la maggior parte delle e-mail sono trasmesse nel formato MIME, che permette una struttura ad albero del messaggio, dove ogni ramo è un contenuto diverso (intestazioni, allegati o parti di esso, messaggio in un dato formato, eccetera). Il protocollo IMAP4 permette di scaricare una singola parte MIME o addirittura sezioni delle parti, per avere un'anteprima del messaggio o per scaricare una mail senza i file allegati;

- *Supporto per attributi dei messaggi tenuti dal server* - attraverso l'uso di attributi, tenuti sul server, definiti nel protocollo IMAP4, ogni singolo client può tenere traccia di ogni messaggio, per esempio per sapere se è già stato letto o se ha avuto una risposta;

- *Accesso a molteplici caselle di posta sul server* - alcuni utenti, con il protocollo IMAP4, possono creare, modificare o cancellare mailbox (di solito associate a cartelle) sul server. Inoltre, questa gestione delle mailbox, permette di avere cartelle condivise tra utenti diversi;

- *Possibilità di fare ricerche sul server* - l'IMAP4 permette al client di chiedere al server quali messaggi soddisfano un certo criterio, per fare, per esempio, delle ricerche sui messaggi senza doverli scaricare tutti;

- *Supporto di un meccanismo per la definizione di estensioni* - nelle specifiche dell'IMAP è descritto come un server può far sapere agli utenti se ha delle funzionalità extra. Molte estensioni dell'IMAP sono molto diffuse, ad esempio l'IMAP Idle;

L'IMAP è principalmente utilizzato in grandi network come università o aziende, dove un utente cambia postazione spesso; con il POP3 sarebbe necessario scaricare i messaggi ogni volta che si cambia pc, mentre con l'IMAP si possono scaricare solo i nuovi messaggi o accedere ad un messaggio specifico senza dover scaricare gli altri.

Webmail

È molto diffusa la possibilità di consultare una casella e-mail attraverso il web. Una Webmail è un'applicazione web (o, come si preferisce dire oggi, una *web-app*) che permette di gestire un account di posta elettronica attraverso un comune navigatore web.

Generalmente viene fornita come servizio ad abbonati di un provider di connessione internet oppure come servizio gratuito di posta elettronica.

In alcune aziende la webmail viene fornita come servizio ai dipendenti in modo che possano leggere la propria posta da casa oppure fuori sede.

Attraverso l'interfaccia grafica si stabilisce una normale connessione verso un server di posta SMTP, IMAP o POP (POP3). Generalmente si utilizza IMAP per la sua struttura a cartelle sottoscrivibili.

Il primo software che utilizzava questa tecnologia, fu chiamato semplicemente *WebMail*, e fu sviluppato in Sardegna, dal ricercatore Luca Manunza, nel 1995, che lavorava per conto del CRS4[5], (Centro di Ricerca, Sviluppo e Studi Superiori della Sardegna, ente di proprietà della regione autonoma della Sardegna), che qualche anno prima realizzò il primo sito internet italiano.

Costituzione di un messaggio email

Un messaggio di e-mail è costituito da: una busta (*envelope*), una sezione di intestazioni (*header*) ed un corpo del messaggio (*body*). Lo standard di riferimento sono le RFC 822 e RFC 2822 (quest'ultimo ha reso obsoleto il precedente).

---

5 Inizialmente presieduto dal Premio Nobel per la fisica Carlo Rubbia, nella sua storia il CRS4 si è distinto per alcuni primati: ha realizzato il primo sito web italiano, ha contribuito a creare il primo primo giornale online italiano (L'Unione Sarda), e ha originato inoltre: il primo motore di ricerca italiano, la prima web-mail, la prima scuola con un sito gestito interamente dagli studenti, il primo corso di alfabetizzazione informatica su scala regionale. Il CRS4 è un centro di ricerca privato (Surl) ma il socio unico è un ente regionale: Sardegna Ricerche.

VII.12 - Nozioni di Informatica - E-mail

Per *busta* (*envelope*) si intendono le informazioni a corredo del messaggio che vengono scambiate tra server attraverso il protocollo SMTP, principalmente gli indirizzi e-mail del mittente e dei destinatari. Queste informazioni normalmente corrispondono a quelle che è possibile ritrovare nelle intestazioni, ma possono esserci delle differenze.

Le *intestazioni* (*header*) sono informazioni di servizio che servono a controllare l'invio del messaggio, o a tener traccia delle manipolazioni che subisce. Ciascuna intestazione è costituita da una riga di testo, con un nome seguito dal carattere ":" e dal corrispondente valore.

Alcune di queste vengono definite direttamente dall'utente. Tra le principali si possono citare:

- *Subject*: (Oggetto:) dovrebbe contenere una breve descrizione dell'oggetto del messaggio. È considerata buona educazione utilizzare questo campo per aiutare il destinatario a capire il contenuto del messaggio.
- *From*: (Da:) contiene l'indirizzo e-mail del mittente.
- *To*: (A:) contiene gli indirizzi e-mail dei destinatari principali.
- *Cc*: (Carbon Copy – Copia Carbone) contiene gli indirizzi e-mail dei destinatari in copia conoscenza.
- *Bcc*: (Blind Carbon Copy o, in italiano, Ccn, Copia Carbone Nascosta) contiene gli indirizzi e-mail dei destinatari in copia conoscenza nascosta, ovvero destinatari che riceveranno il messaggio ma il cui indirizzo non apparirà tra i destinatari. Questa è in realtà una pseudo-intestazione, in quanto è visibile solo al mittente del messaggio, e per definizione non viene riportata nei messaggi inviati ai destinatari.
- *Reply-to*: (Rispondi a:) contiene l'indirizzo e-mail al quale devono essere inviate le eventuali risposte al messaggio, se diverso da quello del mittente.
- *Date*: (Data:) contiene la data e l'ora in cui il messaggio è stato scritto.

Gli indirizzi dei destinatari principali (*To*: o *A*:) e di quelli in copia conoscenza (*Cc*:) sono ugualmente visibili a tutti i destinatari.

La scelta di mettere un destinatario in uno dei due campi è legata al ruolo che le persone hanno riguardo all'argomento del messaggio. Ad esempio, se un messaggio richiede di eseguire un compito, si intende che si chiede a chi è il destinatario principale (*To*: o *A*:) di eseguirlo, mentre i destinatari in copia conoscenza (*Cc*:) vengono informati che questa richiesta è stata fatta, ma non ci si aspetta che siano loro ad eseguire il compito.

Gli indirizzi dei destinatari in copia conoscenza nascosta (*Bcc*: o *Ccn*:) non appaiono nel messaggio consegnato ai destinatari. Questo consente di fatto di far sapere a terzi che cosa si sta dicendo e a chi senza che i destinatari "ufficiali" ne siano a conoscenza. "Mettere in CC" o "in CCN" è locuzione diffusa negli ambienti lavorativi e nei gruppi sociali organizzati.

Quando l'e-mail viene utilizzata per diffondere messaggi a molte persone che non si conoscono tra loro (ad esempio comunicati pubblici, annunci, messaggi spiritosi più o meno utili), il fatto che ciascun destinatario possa sapere chi sono gli altri destinatari e i loro indirizzi non è in generale opportuno, per ragioni di privacy e di sicurezza. In particolare, se si invia un messaggio ad un gran numero di persone che non necessariamente si conoscono tra di loro, costoro non necessariamente saranno d'accordo che il loro indirizzo, ed il fatto che hanno ricevuto quel messaggio, sia reso noto ad estranei. Inoltre, molti worm si propagano per e-mail, e utilizzano gli indirizzi presenti nei messaggi per diffondersi. Inviare un messaggio con gli indirizzi dei destinatari in chiaro significa quindi esporre tutti i destinatari ad un ulteriore rischio di contagio se uno di loro viene contagiato. Per ovviare a questo problema, è consigliabile utilizzare in questi casi il *Bcc*: (o *Ccn*:), oppure una mailing list.[6]

---

6 Si consideri che se qualcuno dei destinatari raggiunti come Cc: (piuttosto che Ccn: o Bcc:) viene contagiato da un virus che abbia utilizzato questo mezzo per propagarsi, e ciò può essere dimostrato dal destinatario vittima del contagio, in Italia si può anche configurare il reato previsto dall'art. 615-ter del codice penale. In particolare: ai sensi dell'art. 615-ter del codice penale, *l'accesso abusivo ad un sistema informatico o telematico è il reato di chi abusivamente si introduce in un sistema informatico o telematico protetto da misure di sicurezza ovvero vi si mantiene contro la volontà espressa o tacita di chi ha il diritto di escluderlo*. La norma è stata introdotta con la legge 23 dicembre 1993, n.547, su sollecitazione comunitaria a seguito della raccomandazione 13 settembre 1989, n.9, del Consiglio dell'Unione Europea, con la quale si suggerivano misure per la repressione del crimine informatico. La legge segue peraltro da vicino la revisione delle norme a tutela del diritto d'autore, con la quale si è estesa all'ambito informatico la protezione dei diritti sulle opere dell'ingegno, includendovi il software. La pena ordinaria prevista per il delitto, perseguibile a querela della parte offesa salvo che non ricorra alcuna fra le previste circostanze aggravanti, nel qual caso sarebbe procedibile d'ufficio, è la reclusione fino a 3 anni. La pena è della reclusione da uno a cinque anni se: a) il fatto è commesso da un pubblico ufficiale o da un incaricato di pubblico servizio, con abuso dei poteri o con violazione dei doveri inerenti alla funzione o al servizio, o da chi esercita anche abusivamente la professione di investigatore privato, o con abuso della qualità di operatore del sistema; b) il colpevole per com-

Altre intestazioni vengono aggiunte dai programmi che manipolano il messaggio. La più importante è *Received:*, che viene aggiunta da ciascun server SMTP che manipola il messaggio, indicando da quale indirizzo IP il messaggio è stato ricevuto, a che ora, e altre informazioni utili a tracciarne il percorso.

Altre intestazioni segnalano ad esempio che il messaggio è stato valutato da qualche tipo di filtro automatico antivirus o antispam, e la valutazione espressa dal filtro.

Il *Message-ID*: (Identificativo del messaggio) è un codice costruito dal client su cui il messaggio è stato composto, che dovrebbe permettere di identificare univocamente un messaggio.

Il *corpo del messaggio* (*body*) è composto dal contenuto informativo che il mittente vuol comunicare ai destinatari. Esso era originariamente composto di testo semplice. In seguito è stata introdotta la possibilità di inserire dei file in un messaggio e-mail (*allegati*), ad esempio per inviare immagini o documenti. Per fare questo il *client* di posta del mittente utilizza la codifica MIME (o la più desueta *uuencode*).

Gli allegati vengono utilizzati anche per comporre un messaggio e-mail in formato HTML, generalmente per ottenere una più gradevole visualizzazione dello stesso. Questa pratica non è molto apprezzata dai puristi di Internet, in quanto aumenta notevolmente la misura ("*il peso*") dei messaggi e, inoltre, non tutti i client e-mail sono in grado di interpretare l'HTML correttamente, dato che esistono vari dialetti dello stesso.

Dato che la banda del canale (Internet) e la dimensione della casella di posta elettronica (sul server) non sono illimitate, è considerata cattiva educazione inviare messaggi di grosso peso (cioè: che superano una certa misura in kB). Secondo la *netiquette* un messaggio e-mail dovrebbe rimanere al di sotto di 50-100 kB. Per ridurre le misure di un messaggio contenente allegati di grosso peso, si possono inviare semplicemente gli URI[7] degli allegati, rendendo quest'ultimi reperibili in altro modo, ad es. via FTP o HTTP. Inoltre, molti server impongono limiti massimi alla misura del messaggio da trasmettere, che devono essere presi

---

mettere il fatto usi la violenza contro cose o persone, ovvero se è palesemente armato; c) dal fatto deriva la distruzione o il danneggiamento del sistema o l'interruzione totale o parziale del suo funzionamento, ovvero la distruzione o il danneggiamento dei dati, delle informazioni o dei programmi in esso contenuti. La pena è inoltre da 1 a 5 anni se i fatti previsti al comma I riguardano sistemi informatici o telematici di interesse militare o relativi all'ordine pubblico o alla sicurezza pubblica o alla sanità o alla protezione civile o comunque di interesse pubblico, mentre è da 3 a 8 anni se gli ora detti sistemi sono oggetto di

in considerazione se si inviano messaggi di grossa mole.

È considerata cattiva educazione anche la pratica di inviare messaggi ad un grande numero di destinatari e, in maniera particolare, se contengono allegati in formato proprietario che non tutti i destinatari potrebbero essere in grado di leggere, come testi scritti tramite Microsoft Word.

Funzionamento dei Client

I client di posta elettronica sono programmi che permettono di operare sul contenuto di una o più caselle di posta. La stragrande maggioranza dei client presenta all'incirca le stesse caratteristiche principali, differenziandosi per presentazione grafica e per funzionalità avanzate.

Il client di posta elettronica è tradizionalmente un programma eseguito sul calcolatore utilizzato dall'utente, ma è molto diffusa anche la possibilità di utilizzare le stesse funzionalità sotto forma di applicazione web (*webmail*).

La funzione principale è visualizzare una lista dei messaggi presenti nella casella, in cui, per ogni messaggio, si vedono solo alcuni *header*, come il *subject*, la *data*, il *mittente*, e talvolta le prime righe di testo del *corpo* del messaggio.

Le operazioni possibili su un messaggio sono tipicamente:

- *Leggere* il corpo del messaggio

- *Reply* (*Rispondi*): rispondi al messaggio, ovvero componi un nuovo messaggio destinato al mittente, che spesso comprende il testo del messaggio ricevuto (*quoting*). Il messaggio di risposta ha lo stesso *subject* del messaggio a cui risponde, preceduto dalla sigla "Re: " ("R: " su alcuni client) per indicare che si tratta di una risposta.

- *Reply to All* (*Rispondi a tutti*): rispondi al messaggio, indirizzando però la risposta al mittente e a tutti gli altri destinatari originari del messaggio

---

quanto di cui al comma II.
7 Uniform Resource Identifier (*Identificatore Uniforme di Risorse*, acronimo più generico rispetto ad "URL", *Uniform Resource Locator*, Localizzatore Uniforme di Risorse) è una stringa che identifica univocamente una risorsa generica che può essere un indirizzo Web, un documento, un'immagine, un file, un servizio, un indirizzo di posta elettronica, ecc. L'URL è un URI, e viene più comunemente (ma anche impropriamente) chiamato indirizzo web.

stesso.

- *Forward* (*Inoltra*): invia il testo di una e-mail ricevuta ad altri indirizzi (non al mittente, che comunque può essere inserito nel campo *To:*).
- *Cancella*: elimina fisicamente il messaggio.

Naturalmente esiste inoltre la funzione per comporre e inviare un nuovo messaggio.

Per ottenere una casella di e-mail è possibile seguire diverse strade:

- gli *Internet Service Provider* (ISP) forniscono normalmente caselle di posta elettronica ai propri clienti, a complemento di servizi di connettività o anche gratuitamente. Talvolta queste caselle di posta elettronica hanno delle limitazioni, in particolare spesso la casella è accessibile tramite protocolli standard come POP o IMAP solo quando si è collegati ad Internet attraverso l'ISP che la fornisce, e/o solo tramite webmail.

- molti datori di lavoro forniscono caselle di posta elettronica ai propri dipendenti. È però necessario accertarsi di quali siano le condizioni d'uso di questa casella, soprattutto per quanto riguarda l'utilizzo per fini personali. Inoltre, spesso con l'interruzione del rapporto di lavoro si perde l'accesso alla casella. Pertanto, è consigliabile utilizzare queste caselle solamente per fini lavorativi.

- numerosi siti che offrono gratuitamente uno o più indirizzi e-mail. Questi offrono sempre un accesso alla e-mail tramite web, e talvolta solo quello.

- alcuni Internet Service Provider forniscono un servizio di posta elettronica a pagamento, con garanzie sulla qualità del servizio (disponibilità, servizi antivirus e antispam, capacità della casella, ecc.) e con la possibilità di avere un proprio dominio DNS.

- se si dispone di una connessione Internet permanente con un indirizzo IP pubblico e delle competenze necessarie, è possibile installare e gestire in proprio un server di posta elettronica. Questo richiede normalmente l'utilizzo di un servizio di DNS dinamico per rendere il proprio dominio sempre accessibile.

Abusi

Il protocollo SMTP è privo di strumenti per impedire abusi del sistema di posta elettronica, in particolare non esistono strumenti semplici ed efficaci per controllare quali messaggi vengono consegnati nella casella di un utente (*autorizzazione,* ed inoltre non esiste autenticazione del mittente riportato da un messaggio. Questo comporta la possibilità di diversi tipi di abusi.

Il principale utilizzo improprio dell'e-mail è lo *spam*, l'invio massiccio a molti utenti di messaggi indesiderati, in genere di natura pubblicitaria-commerciale. Secondo alcune fonti, l'incidenza di questi messaggi raggiungerebbe i due terzi del traffico totale di posta elettronica.

Un altro fenomeno negativo è costituito dalle *catene di sant'Antonio*, messaggi che contengono informazioni allarmanti, promesse di facili guadagni o vere e proprie bufale, ed invitano ad inoltrare il messaggio ai propri conoscenti, finendo talvolta per circolare per mesi o per anni.

Esiste inoltre la possibilità di falsificare il nome e l'indirizzo del mittente visualizzati nel programma client del destinatario, inducendo l'utente a ritenere attendibile un messaggio del tutto falso. Questa vulnerabilità viene usata per costruire vere e proprie truffe o scherzi che si basano sulla fiducia che la maggior parte degli utenti erroneamente ripone nel "mittente" di un messaggio di posta elettronica. Anche i *worm* che si replicano per posta elettronica usano questo meccanismo, allo scopo di indurre gli utenti a provare interesse o a prestare fiducia in un messaggio, in modo che lo aprano ed eventualmente installino allegati infetti.

PRIVACY

Per vari motivi, gli indirizzi e-mail sono spesso accessibili su internet: a) chi riceve una mail conosce gli indirizzi del mittente e di tutti i destinatari "in chiaro" (*To*: e *Cc*:). Se la mail viene *inoltrata*, spesso questi indirizzi sono visibili anche a chi la riceve in questo modo; b) molte mailing list possiedono un archivio pubblico accessibile via web, in cui è possibile reperire gli indirizzi di chi ha mandato un messaggio alla mailing list. Un fenomeno analogo avviene con usenet; c) talvolta si pubblica il proprio indirizzo e-mail sulla propria *home page*, o come contatto per specifici scopi.

Tutti questi indirizzi sono a rischio di essere raccolti con strumenti automatici per creare indirizzari usati per inviare spam.

Se si protesta con le società che hanno inviato le e-mail pubblicitarie spesso ci si vede rispondere che il proprio indirizzo era stato reperito su Internet e per questo si considerava a tutti gli effetti di dominio pubblico, e che non ci sarebbe dunque nessuna violazione della privacy.

Il Garante della privacy afferma che la posta elettronica deve avere la stessa tutela di quella ordinaria. Anche se la rete consente una vasta conoscibilità degli indirizzi di posta elettronica, è considerato illegale l'uso di questi dati personali per scopi diversi da quelli per cui sono presenti on-line (compreso l'invio di messaggi a scopo commerciale, pubblicitario, ecc.). È quindi obbligatorio, per non violare la privacy degli utenti, accertarsi del loro consenso prima di utilizzare il loro indirizzo e-mail per qualsiasi scopo.

Il problema della privacy sul posto di lavoro riguarda da una parte il fatto che il datore di lavoro desidera che gli strumenti che mette a disposizione (internet, e-mail, ecc.) vengano usati solo per scopi prettamente lavorativi, e dall'altro la legittima tutela dei dati personali del dipendente. L'autorità Garante ha stabilito che il datore di lavoro può controllare le e-mail dei dipendenti esclusivamente in rari casi. Sono state definite le norme per l'utilizzo della posta elettronica sul luogo di lavoro; spetta infatti allo stesso datore di lavoro il compito di fissare i modi consentiti all'interno dell'azienda per l'uso di Internet e delle e-mail e soprattutto sulla possibilità che vengano effettuati dei controlli. Quindi, in definitiva la soluzione più efficace è l'adozione da parte dell'azienda di un regolamento interno, coinvolgendo anche i sindacati.

Si verificano problemi anche quando un dipendente è assente e il datore di lavoro o un superiore presume che al suo indirizzo siano stati inviati messaggi di lavoro a cui è necessario accedere per il funzionamento dell'azienda. Queste situazioni possono essere prevenute creando caselle di posta associate a particolari uffici o persone oltre a quelle individuali, e usando queste caselle per le attività lavorative che possono essere gestite da più persone.

Un altro aspetto problematico è il trattamento del contenuto di un messaggio che si è ricevuto. Come norma generale, ciascun messaggio è da considerarsi destinato alle persone a cui è indirizzato, quindi non sarebbe legittimo inoltrarlo o comunque farlo leggere da altri. Alla pari di qualsiasi altro scambio di informazioni di tipo postale o telefonico, peraltro, la tutela della segretezza è limitata al trasferimento fra il mittente ed il destinatario, ma quest'ultimo è libero di utilizzare il messaggio come crede, assumendosene naturalmente tutte le responsabilità di fronte al mittente e alla legge.

Posta elettronica certificata (PEC)

La posta elettronica certificata (PEC) è uno strumento che permette di dare ad un messaggio di posta elettronica lo stesso valore legale di una Raccomandata con Avviso di Ricevimento tradizionale o cartaceo (la cosiddetta *Raccomandata A.R.*). Ma la PEC va oltre la comune Raccomandata A.R.: può aggiungere la certificazione del contenuto del messaggio, se in combinazione con un certificato digitale. Ma attenzione: la PEC in sé non certifica l'identità del mittente, né trasforma il messaggio in "documento informatico", se il mittente omette di usare la propria firma digitale.

Il Decreto del Presidente del Consiglio dei Ministri del 6 maggio 2009 stabilisce che, a ciascun cittadino che ne faccia richiesta, il "Dipartimento per la digitalizzazione della Pubblica Amministrazione e per l'innovazione tecnologica" assegni a titolo non oneroso (gratuito) un indirizzo di Posta Elettronica Certificata, da utilizzare per tutte le comunicazioni con la Pubblica Amministrazione. Occorre tuttavia precisare che tale servizio non include un servizio di firma digitale, la quale comunque è facilmente (e altrettanto gratuitamente) ottenibile da Enti Certificatori terzi, se non si intende utilizzarla per svolgere attività professionale con essa. La normativa sulla posta elettronica certificata attribuisce al DigitPA[8] differenti compiti. In particolare indica tale soggetto come custode e gestore delle regole tecniche. È inoltre compito del DigitPA provvedere alla pubblicazione di aggiornamenti, in coerenza con gli standard specificati nella normativa di riferimento.

Il DigitPA, all'interno del proprio sito istituzionale, rende disponibile una apposita sezione riguardante la posta elettronica certificata, contenente una versione scaricabile di tutta la documentazione valida ai fini di legge e riguardante la PEC.

Al momento dell'invio di una mail PEC, il gestore PEC del mittente si occuperà di inviare al mittente una ricevuta che costituirà valore legale dell'avvenuta

---

[8] Il Centro nazionale per l'informatica nella pubblica amministrazione (Cnipa e ora DigitPA), è un ente pubblico italiano che opera presso la Presidenza del Consiglio dei ministri per l'attuazione delle politiche del ministro per l'innovazione e le tecnologie, dotato di autonomia tecnica, funzionale, amministrativa, contabile e finanziaria e con indipendenza di giudizio. È stato istituito dal Decreto legislativo 30 giugno 2003, n. 196 art. 176 (Codice per la protezione dei dati personali) in sostituzione dell'Autorità per l'informatica nella pubblica amministrazione (AIPA), della quale conserva le attribuzioni. Ad esso sono stati inoltre attribuiti dal decreto legislativo 5 dicembre 2003, n. 343 i compiti, le funzioni e le attività esercitati dal Centro tecnico per la rete unitaria della pubblica amministrazione (RUPA), comprese le risorse finanziarie e strumentali, nonché quelle umane.

(o mancata) trasmissione del messaggio con precisa indicazione temporale del momento in cui la mail PEC è stata inviata. In egual modo il gestore del destinatario, dopo aver depositato il messaggio PEC nella casella del destinatario, fornirà al mittente una ricevuta di avvenuta consegna, con l'indicazione del momento temporale nel quale tale consegna è avvenuta. In caso di smarrimento di una delle ricevute presenti nel sistema PEC è possibile disporre, presso i gestori del servizio, di una traccia informatica avente lo stesso valore legale in termini di invio e ricezione, per un periodo di trenta mesi, secondo quanto previsto dalle normative. Dal punto di vista dell'utente, una casella di posta elettronica certificata non si differenzia da una casella di posta normale; cambia solo per quello che riguarda il meccanismo di comunicazione sul quale si basa la PEC e sulla presenza di alcune ricevute inviate dai gestori PEC mittente e destinatario.

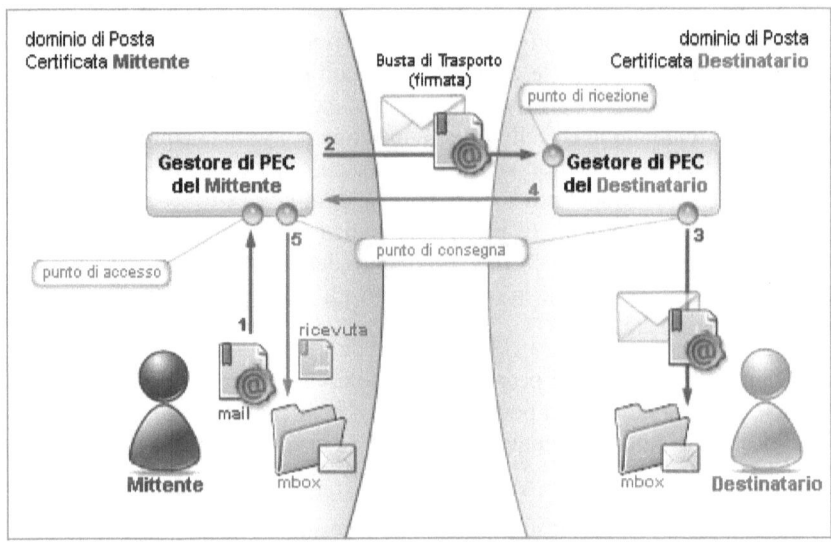

schema di funzionamento del sistema PEC

La posta elettronica certificata, per essere tale, deve seguire le regole fissate dal DPR 68/2005 e dalle successive regole da esso previste. Queste norme, insieme ad altre (in particolare il Codice dell'Amministrazione Digitale, o CAD), ne stabiliscono la validità legale, le regole e le modalità di utilizzo. In particolare:

- Il servizio può essere erogato esclusivamente dai gestori accreditati presso il DigitPA che è l'organo pubblico preposto al controllo della posta elettronica certificata.

- Per la PEC devono essere usati domini dedicati (un dominio di PEC non contiene caselle email non-PEC).

Ogni gestore PEC nel rispetto della norma deve sottoporsi ad una serie di test d'interoperabilità, espressamente individuati e disponibili sul sito ufficiale del DigitPA. I test d'interoperabilità vengono eseguiti per valutare la correttezza tecnico/funzionale del servizio di PEC erogato dal gestore. Come indicato nella documentazione ufficiale, sono presenti espliciti test per verificare l'invio e la ricezione con caselle di posta elettronica tradizionale. Si ricorda che le regole tecniche PEC, allegate al Decreto Ministeriale 2 novembre 2005, prevedono la gestione di messaggi di posta elettronica tradizionale, tanto che viene definita una apposita busta di trasporto atta a contenere e-mail provenienti da indirizzi di posta non PEC. Inoltre la ricevuta di accettazione, emanata all'atto dell'invio, evidenzia la tipologia di indirizzi di posta con apposite diciture (es. Posta Certificata - Posta non Certificata). Chiaramente, l'eventuale destinatario non PEC, pur ricevendo correttamente il messaggio, non sarà in grado di generare gli avvisi di avvenuta/mancata consegna.

Il servizio PEC, per sua stessa natura, mostra una serie di vantaggi rispetto alla raccomandata con ricevuta di ritorno tradizionale (cartacea). I principali sono:

- *Semplicità*: Il servizio PEC si usa come la normale posta elettronica sia tramite programma client che via web tramite webmail;

- *Sicurezza*: Il servizio utilizza i protocolli sicuri POP3s, IMAPs, SMTPs ed HTTPs. Tutte le comunicazioni sono protette perché crittografate e firmate digitalmente garantendo l'integrità dei messaggi inviati e ricevuti;

- *Valore legale*: A differenza della tradizionale posta elettronica, alla PEC è riconosciuto pieno valore legale e le ricevute possono essere usate come prove dell'invio, della ricezione ed anche del contenuto del messaggio inviato. Le principali informazioni riguardanti la trasmissione e la consegna vengono conservate per 30 mesi dal gestore e sono anch'esse opponibili a terzi;

- *No Virus e Spam*: l'identificazione certa del mittente di ogni messaggio ricevuto ed il fatto che non si possano ricevere messaggi non certificati, rendono il servizio PEC pressoché immune dalla fastidiosa posta spazzatura;

- *Risparmio*: Confrontando i costi di una casella PEC con quello di strumenti quali fax e raccomandate il risparmio in termini economici e di tempo è notevole;

- *Comodità*: La casella PEC può essere utilizzata tramite qualsiasi computer collegato ad Interne;

- *Elevati requisiti di qualità e continuità del servizio*: I Service Level Agreement (SLA) di legge prevedono una disponibilità del servizio del 99,8% su base quadrimestrale. Gli SLA della disponibilità del servizio PEC non valgono per la connettività. In altri termini: i server del gestore PEC possono essere disponibili nel 99,8% dell'anno, ma la connettività per raggiungerli (offerta da una terza parte) potrebbe avere SLA differenti;

Al di fuori della possibilità di utilizzo da/a gli Enti della Pubblica Amministrazione, la PEC trova oggi applicazione in svariati campi e settori, quali ad esempio:

- Privati che vogliono evitare spese e code per l'invio delle proprie raccomandate ;

- Aziende che desiderano sostituire la posta cartacea per semplificare i rapporti con clienti e fornitori ;

- Enti pubblici che devono inviare comunicazioni ufficiali verso altri Enti o verso i cittadini ;

- Inoltro di circolari e direttive ;

- Integrazione delle trasmissioni certificate in software gestionali, paghe e stipendi, protocollo, gestori documentali, workflow ;

- Invio e ricezione di ordini, contratti, fatture ;

- Convocazioni di Consigli, Assemblee, Giunte ;

- Gestione di gare di appalto ;

- Privati ed aziende che devono inviare documenti alla Pubblica Amministrazione (accertamento tributario, etc.) ;

ed in generale in tutte quelle situazioni in cui "prima" si utilizzava la raccomandata ma oggi, con la diffusione a macchia d'olio di pc, smartphone e tablet e con la connessione garantita praticamente in ogni luogo ed in qualsiasi orario, è diventato molto più comodo e veloce, oltreché economico, utilizzare un'email per mandare una comunicazione ad un interlocutore.

Emoticons

Comunicando mediante posta elettronica non si riescono ad esprimere gli stati emotivi che accompagnano una frase. Per riuscire, in qualche modo, ad ovviare a questo problema, è stato inventato un linguaggio a mezzo di codici ASCII che ha assunto il nome di *emoticons* o piu' semplicemente *smileys*.

Le emoticons (o smiley o, in italiano, *faccine*) sono riproduzioni stilizzate di quelle principali espressioni facciali umane che si manifestano in presenza di un'emozione (sorriso, broncio, ghigno, ecc.). Vengono utilizzate prevalentemente su Internet nelle comunicazioni via email, nei programmi di messaggistica chat e negli SMS per sopperire alla mancanza del linguaggio non verbale nella comunicazione scritta. Il nome nasce dall'accostamento delle parole "emotional" e "icon" e sta ad indicare proprio un' icona che esprime emozioni.

La nascita delle prime emoticon è molto controversa. La prima in assoluto pare essere stata usata il 12 aprile 1979 da un certo Kevin MacKenzie in un'email inviata agli iscritti a MsgGroup (una delle prime BBS) in cui suggeriva di introdurre qualche sentimento nei freddi testi dei messaggi; per esempio consigliava di utilizzare un trattino preceduto da una parentesi chiusa (cioè ")-") per indicare una linguaccia ma la proposta fu criticata dai più. Secondo una ricerca di Mike Jonesun della Carnegie Mellon School of Computer Science risalente al febbraio 2002, la prima emoticon sarebbe stata utilizzata il 19 settembre 1982 in un messaggio apparso in una BBS del Carnegie Mellon University da un certo Scott E. Fahlman per sottolineare l'ironicità di una sua frase poiché spesso un commento umoristico non veniva preso per tale e dava adito ad interminabili discussioni. Questa volta la proposta ebbe successo. Scott successivamente si rammaricò di non aver conservato il messaggio poiché non gli sembrava così importante al momento, ma fu poi recuperato da un salvataggio su nastro.

Secondo altri, l'emoticon non sarebbe altro che una stilizzazione dello smiley realizzato da Harvey R. Ball molto di moda negli anni settanta e ottanta e riportato nella figura a fianco.

Il racconto poliziesco di Daniele Luttazzi *Daumen-*

lutschen Ausdruckserscheinungen von Entfremdungsgefuehl (contenuto in *Adenoidi*, 1993) è stato il primo testo italiano di narrativa a contenere emoticon.

Sono state create molte rappresentazioni in caratteri ASCII di faccine sorridenti. Alcune rappresentano anche espressioni non sorridenti, o altre tipologie. Sono divise in due gruppi: quelle che devono essere viste di lato e quelle che devono essere viste in verticale. Quando non sono delle vere e proprie immagini, le espressioni facciali vengono emulate utilizzando i segni di interpunzione.

Esempi di emoticon che indicano stupore:

- Emoticon completa ruotata di 90° in senso antiorario = :-O (i due punti indicano gli occhi, il trattino il naso, la O la bocca)
- Emoticon incompleta ruotata di 90° in senso antiorario = :O (come sopra, con l'omissione del naso)
- Emoticon completa non ruotata (dette anche "Giapponesi") = (O_O) (le due O indicano gli occhi, il trattino basso la bocca mentre le parentesi tonde indicano i limiti del volto)

Frequentemente i software online (forum, chat, ecc.) o i software per telefoni cellulare sostituiscono automaticamente i segni di interpunzione con immagini.

Anche gli smiley *al contrario*, come "(-:", hanno raggiunto una certa popolarità; oggi costituiscono un modo di evitare che gli smiley testuali vengano convertiti in rappresentazioni grafiche in alcuni programmi come quelli di messaggistica istantanea.

A causa dell'enorme varietà di possibili combinazioni creabili con i caratteri ASCII non è possibile fare una corrispondenza completa tra emoticons e stati d'animo, anche perchè molti utenti amano creare i propri simboli. Tuttavia è possibile riportare le emoticons più comunemente utilizzate, assieme con i loro significato comunemente accettato.

EMOTICONS	SIGNIFICATO
:-)	sorriso, contento
;-)	occhiolino, ammiccante
:-(	triste, deluso
:-|	indifferente

EMOTICONS	SIGNIFICATO
:-	neutro (è stata fatta un'osservazione ambigua)
:-D	risata
O:-)	angelo
>:-)	diavoletto
8-)	in vacanza (o con gli occhiali da sole)
:-o	stupito
:-O	molto stupito
;-(	occhiolino triste
:-P	linguaccia
:-X	tace
:-*	bacio
>:->	diavolo
:->	sarcastico
:-\	Indeciso

Motori Di Ricerca

Un motore di ricerca, in senso generale, è un sistema automatico che analizza un insieme di dati di partenza, spesso raccolti da esso stesso, e che restituisce un indice dei contenuti analizzati e disponibili classificandoli in base a formule statistico-matematiche che ne indichino il grado di rilevanza data una determinata chiave di ricerca.

Contrariamente a quello che comunemente si pensa, i motori di ricerca non sono nati con Internet bensì molto prima che esistesse il web, sebbene con Internet abbiano sicuramente trovato la loro massima espansione ed applicazione. In effetti, i campi in cui i motori di ricerca trovano oggi maggiore utilizzo sono quello dell'Information Retrieval[1] ed il Web. In questo testo si tratterà esclusivamente dei motori di ricerca legati al Web.

Esistono numerosi motori di ricerca attivi sul Web. Il più utilizzato, su scala mondiale (con un indice che supera gli 8 miliardi di pagine), è sicuramente Google, ma molto usati sono anche Live e Bing (motori di ricerca della Microsoft), Yahoo!, Ask.

La ricerca su internet è ormai quasi un fatto compulsivo e parte integrante della vita quotidiana di centinaia di milioni di persone. Google è più di un motore di ricerca, è un elemento caratterizzante della nostra quotidianità. Da segnalare il tentativo di creare il primo motore di ricerca europeo, denominato *Quaero*, concorrente di Google, con una iniziativa franco-tedesca. Nato da un'idea presentata dall'ex Presidente della Repubblica Francese Jacques Chirac durante una seduta del consiglio dei ministri franco-tedesco nell'aprile 2005, il progetto, stimato at-

---

1 L'*Information Retrieval* (IR) (letteralmente: recupero delle informazioni) è l'insieme delle tecniche utilizzate per il recupero mirato dell'informazione in formato elettronico. Per "informazione" si intende tutti i documenti, i metadati e/o i files presenti all'interno di banche dati o nel world wide web. Il termine è stato coniato da Calvin Mooers alla fine degli anni '40 del XX secolo, ma oggi è usato quasi esclusivamente in ambito informatico.

VIII.2 - Nozioni di Informatica - Motori Di Ricerca

torno ai 400 milioni di dollari, è stato abbandonato dopo pochi mesi per la rinuncia da parte della compagnia tedesca.

Fra i motori di ricerca nati in Italia quelli maggiormente utilizzati nel nostro paese sono Libero e Virgilio. Tuttavia non sono dei veri e propri motori di ricerca giacché si limitano a riutilizzare Google. In particolare, Libero e altri ne evidenziano chiaramente il logo, mentre Virgilio ne usa i risultati senza evidenziarne la fonte, limitandosi solo ad aggiungere alcuni propri risultati sponsorizzati.

La maggior parte dei motori di ricerca che opera sul web è gestito da compagnie private che utilizzano algoritmi proprietari e database tenuti segreti. Esistono comunque diversi tentativi di dar vita a motori di ricerca fondati sul software libero, alcuni esempi sono: HTdig, Nutch, Egothor e OpenFTS.

Il lavoro dei motori di ricerca si divide principalmente in tre fasi:

- *analisi* del campo d'azione (tramite l'uso di crawler appositi);
- *catalogazione* del materiale ottenuto;
- *risposta* alle richieste dell'utente;

Per analizzare il web i motori di ricerca utilizzano dei programmi detti *crawler* (o *spider* o *robot*), che si occupano di visitare automaticamente gli URI contenuti nel database e seguire i successivi URI che trovano all'interno dei documenti analizzati, inserendo di volta in volta nel database tutte le informazioni "sensibili" della pagina (il contenuto testuale, varie informazioni su di essa come la data di ultimo aggiornamento, e altro).

Dopo l'analisi delle pagine, a seconda di criteri che variano da motore a motore, alcune di esse vengono inserite nel database e nell'indice del motore di ricerca.

La parte testuale archiviata durante la fase di analisi verrà in seguito analizzata per fornire le risposte alle ricerche degli utenti. Molti motori di ricerca sul web rendono anche disponibile una copia dei dati testuali di ogni pagina archiviata per quando la risorsa originale sia irraggiungibile: questa funzione è detta *copia cache*.

Rispondere alle richieste degli utenti implica la necessità di elencare i siti in ordine di rilevanza rispetto alla richiesta ricevuta.

Per stabilire la rilevanza di un sito vengono cercati nel database quei documenti che contengono la parola chiave inserita dall'utente, dopodiché ogni motore di ricerca sfrutta propri algoritmi per classificare le pagine, controllando, per esempio, quante volte le parole chiave vengono ripetute, quanti link riceve quel documento, in quali punti della pagina sono poste le parole chiave, quanti siti del database contengono link verso quella pagina, o quante volte un utente ha visitato quel sito dopo una ricerca.

I motori di ricerca forniscono anche *risultati sponsorizzati*, ovvero mostrano in maggiore evidenza nelle SERP (*Search Engine Result Pages*, pagine dei risultati dei motori di ricerca) siti web di aziende che pagano per figurare tra i primi risultati quando si cercano termini (le *keywords* o *parole chiave*) che sono in relazione all'ambito di competenza dell'azienda stessa. I risultati sponsorizzati dei motori possono apparire anche sui siti che partecipano al loro programma di affiliazione. In particolar modo, Google permette di far apparire nelle proprie SERP (in maniera molto chiaramente distinti dai risultati "naturali") risultati a pagamento comprati con il programma *AdWords*. In aggiunta a questo offre anche un servizio di sponsorizzazione che si rivolge a tutti i siti che hanno determinati requisiti, chiamato *AdSense*. Google AdSense (spesso abbreviato con Google AS) usa le capacità del motore di ricerca di interpretare il tema della pagina in cui è posizionato l'apposito codice per fornire annunci a tema. Yahoo! Search ha annunciato l'arrivo di un programma analogo chiamato Panama.

La possibilità di raffinare la ricerca varia da motore a motore, ma la maggior parte permette di utilizzare operatori booleani: ad esempio è possibile cercare "Ganimede AND satellite NOT coppiere" per cercare informazioni su Ganimede inteso come pianeta e non come figura mitologica.

Su Google e sui motori più moderni è possibile raffinare la ricerca a seconda della lingua del documento, delle parole o frasi presenti o assenti, del formato dei file (Microsoft Word, PDF, PostScript, ecc.), a seconda della data di ultimo aggiornamento, e altro ancora. È anche possibile cercare contenuti presenti in un determinato sito, ad esempio "Ganimede site:nasa.gov" cercherà le informazioni su Ganimede presenti sul sito della NASA. Su Exalead si trova una parte speciale per raffinare la ricerca più intuitivamente.

In generale si può affermare che ogni motore di ricerca abbia un suo proprio modo di effettuare l'indicizzazione, ma in pratica, in ordine di diffusione, le prime quattro tecnologie proprietarie sono utilizzate da una quantità sterminata di provider e di *metamotori*[2] di ricerca (il cui nome deriva proprio dal pescare i

---

2 Un *metamotore* è un'interfaccia che svolge la sua interrogazione su più motori di ricerca contemporaneamente.

VIII.4 - Nozioni di Informatica - Motori Di Ricerca

propri risultati da più motori, come il metamotore incorporato nel portale Excite). A più riprese Microsoft ha provato a comprare Yahoo!, cosa che avrebbe portato ad un ulteriore accorpamento e riduzione delle tecnologie proprietarie in campo, a causa della fusione di Live (il motore della Microsoft) e Yahoo! Search. L'ultimo rifiuto di Yahoo è riportato dal Wall Street Journal in data 6/5/2007 (a fronte di un'offerta di circa 50 miliardi di dollari da parte della società fondata da Bill Gates).

L'unico motore con una tecnologia proprietaria in qualche modo affiancabile come utenza ai quattro big è il cinese Baidu (www.baidu.com) (la cui inferiorità tecnologica è palese, ma che attinge ad un bacino di utenza tanto vasto quanto in crescita, sebbene appartenente ad una sola nazione).

Parte delle descrizioni dei siti presentate nei risultati di ricerca dai principali motori sono importate da *DMOZ - ODP*. ODP, acronimo di Open Directory Project, non è un motore ma una *open directory* (basata su listing e recensioni fatte da esseri umani, anche se esistono alcuni meccanismi automatici per eliminare i siti estinti). È stata creata da Netscape, a sua volta comprata da AOL nel 1998 per quasi 25 miliardi di dollari, ed appartiene tuttora ad AOL (che è la divisione internet di Time Warner, divisione nella quale Google ha una modesta partecipazione azionaria).

Google è utilizzato anche da Libero, Youtube-find, Arianna e Tiscali (per un rapporto di partnership). In Italia il divario fra l'utilizzo di Google e degli altri è talmente vasto che, pur essendo i dati ovviamente variabili, la percentuale delle ricerche effettuate su Google è pari ad un multiplo della somma di tutti gli altri motori di ricerca messi assieme.

Yahoo! è utilizzato anche da AltaVista, che venne acquistata indirettamente da Yahoo! quando quest'ultima acquisì Overture, nonché da Kataweb per un rapporto di partnership.

Virgilio.it è legato a Google da un rapporto di partnership da diversi anni e ne importa i risultati di ricerca con minime modifiche, come aggiungere propri risultati sponsorizzati ed accorpare quelli che fanno riferimento allo stesso dominio.

AbcItaly.it è nato nel 1996 ed è un motore di ricerca e directory; è rimasto forse l'unico motore italiano che fa uso di una propria base di dati originale raccogliendo in maniera autonoma migliaia di registrazioni. Ciò rappresenta però un grosso handicap per il basso livello di precisione di chi registra i siti, che necessitano quindi di una verifica continua e manuale (e quindi molto costosa). La base dati dei siti italiani esige poi una stretta e continua verifica dell'esistenza dei siti che nascono e scompaiono in brevissimo tempo seguendo la vita delle Aziende da cui derivano.

Le più recenti innovazioni nella produzione di algoritmi e di sistemi di *Information Retrieval* si basano sull'analisi semantica dei termini e sulla conseguente creazione di reti semantiche. Lo stesso Google ha adottato sistemi per la prevenzione dell'errore e la contestualizzazione dei risultati.

È lecito prevedere che nel giro di alcuni anni i motori di ricerca baseranno le proprie tecnologie sia sull'analisi *quantitativa* dei contenuti (le parole in sé), sia soprattutto su quella *qualitativa* (il senso delle parole). I motori di ricerca saranno, ad esempio, in grado di distinguere il senso della parola "pesca" a seconda di quale sia il contesto in cui la parola è contenuta (capire se sia il frutto, la disciplina sportiva, o altro). Per muoversi in questa direzione Google ha acquisito Oingo (un tempo noto come "il motore dei concetti") e la tecnologia dell'azienda che lo creò, la Applied Semantics.

La nuova frontiera dei motori di ricerca è il web 2.0. Adottando questa logica molti motori e directory internazionali puntano a una maggiore partecipazione degli utenti nella creazione dei contenuti dei motori di ricerca, in modo da eliminare qualsiasi ricorso a spider o a link sponsorizzati. Con questa logica gli utenti possono segnalare essi stessi i link e decidono se dare o meno popolarità ai siti segnalati. I principali progetti sviluppati su questa logica sono al momento solo stranieri, in Italia il primo motore di ricerca che ha adottato tale logica è Ggoal.

GOOGLE

La popolarità di Google è talmente grande che nella lingua inglese è nato il verbo "to google" col significato di "fare una ricerca sul web". Allo stesso modo in tedesco è nato il verbo "googeln"; con lo stesso significato, e in Italia il verbo "googlare" o "googolare".

Larry Page e Sergey Brin, allora studenti dell'Università di Stanford, dopo aver sviluppato la teoria secondo cui un motore di ricerca basato sull'analisi matematica delle relazioni tra siti web avrebbe prodotto risultati migliori rispetto alle tecniche empiriche usate precedentemente, fondarono l'azienda il 27 settembre 1998. Convinti che le pagine citate con un maggior numero di link fossero le più importanti e meritevoli (*Teoria delle Reti*), decisero di approfondire la loro teoria all'interno dei loro studi e posero le basi per il loro motore di ricerca.

VIII.6 - Nozioni di Informatica - Motori Di Ricerca

L'algoritmo *PageRank*, che è la base del motore di ricerca, è stato costruito ispirandosi all'algoritmo *Hyper Search*[3] dell'italiano Massimo Marchiori.

La parola "Google" deriva da *googol*, termine coniato da Milton Sirotta (nipote del matematico statunitense Edward Kasner) nel 1938, per riferirsi al numero rappresentato da 1 seguito da 100 zeri.

Larry Page e Sergey Brin, nel 2010

L'uso della parola fatto da Google riflette la volontà della società di organizzare l'immensa quantità di informazioni disponibili sul Web. Il termine viene inoltre associato con un gioco di parole all'inglese *goggles*, binocolo, appunto perché il motore permette di "guardare da vicino" la rete. La parola Google richiama inoltre una fantomatica formula magica; riguardo alla derivazione della formula esistono tesi opposte e contrastanti, ma la più comune la attribuisce ad una popolazione africana che la usava come buon auspicio per la caccia.

Google utilizza un parco macchine con più di 450.000 computer GNU/Linux per rispondere alle ricerche e catalogare il web. Grazie a questa enorme potenza di calcolo, Google è in grado di effettuare una ricerca su milioni di pagine Web in alcuni millisecondi, di indicizzare un elevato numero di contenuti ogni giorno, di fare molti mirror e istanze dello stesso processo informatico su più server. Per quest'ultimo, il fatto che Google sia il sito più visitato del Web, e il numero contemporaneo di richieste che arrivano da più utenti, non rallentano l'efficienza di queste ricerche.

La catalogazione è fatta da un programma (*googlebot*) che richiede periodicamente nuove copie delle pagine web che conosce. I link in queste pagine vengono esaminati per scoprire nuove pagine e aggiungerle nel database, il cui indice, insieme alla cache, occupa milioni di terabyte.

Da quando Google è diventato uno dei motori di ricerca più popolari, molti webmaster hanno cominciato a seguire e cercare di spiegare i cambiamenti nel posizionamento (*rank*) del loro sito.

Una nuova categoria professionale è nata per assistere i webmaster e le azien-

---

3 *Hyper Search* è un motore di ricerca creato dall'italiano Massimo Marchiori. Questa tecnica si basa sulla relazione che lega la singola pagina col resto del web. Ha aperto la strada per la seconda generazione di motori di ricerca

de nel migliorare la posizione dei loro siti nei risultati delle ricerche su Google, così come su altri motori di ricerca. Questi consulenti si occupano di un'attività chiamata "ottimizzazione per i motori di ricerca" (dall'acronimo statunitense *SEO*: Search Engine Optimization) che si propone di creare pagine e siti che rispettino le regole (i "gusti") dei motori di ricerca riuscendo a migliorare la propria posizione nei risultati delle ricerche.

Sul web si possono trovare discussioni su forum o siti che fanno riferimento a fenomeni come la *Google dance*. Si riferisce a un fenomeno, ora non più presente, che si verificava in un periodo di pochi giorni (circa ogni mese) in cui Google aggiornava il suo database e di conseguenza i risultati delle ricerche. Fra una dance e l'altra i risultati rimanevano inalterati. Il termine dance si riferiva al fatto che per alcuni giorni i risultati delle ricerche variavano (danzavano quindi) continuamente prima di assestarsi. Nell'estate del 2003 Google ha cambiato le sue abitudini di catalogazione limitando gli effetti della "danza": ora i risultati delle ricerche variano in modo dinamico e continuativo senza nessuno stravolgimento periodico.

Una delle sfide più importanti di Google, ora che il motore è diventato popolare tra gli utenti del web, è impedire che soggetti spregiudicati riescano a forzare le debolezze dell'algoritmo per sovvertire i risultati delle ricerche a loro vantaggio. Molti consulenti di ottimizzazione scarsamente professionali hanno utilizzato tecniche artificiose e dannose per influire sul posizionamento dei siti di alcuni loro clienti. Google è riuscito a limitare molti di questi tentativi raffinando il proprio algoritmo per individuare i siti che realizzano abusi e limitarne la rilevanza nei risultati (o addirittura rimuovere questi siti dai suoi archivi). Un corretto posizionamento fra i risultati di Google può portare a ritorni economici elevati, soprattutto per i siti di *e-commerce*. La scelta di un consulente serio è spesso strategica per la sopravvivenza o il successo di un sito. Per questi motivi, Google ha pubblicato un insieme di linee guida per aiutare i proprietari di siti a capire come individuare i consulenti professionali e come evitare truffe e raggiri da parte di operatori scorretti.

Google è stato criticato per via dei cookie a lungo termine che posiziona sul computer degli utenti; in ogni caso la maggior parte dei servizi di Google possono essere usati anche con i cookie disabilitati.

Un numero elevato di organizzazioni hanno usato le leggi sul DMCA (*Digital Millennium Copyright Act*) per chiedere a Google di rimuovere link a materiale su altri siti sul quale esse rivendicavano diritti di copyright. Google risponde a queste richieste rimuovendo il link e includendone uno alla richiesta nei risultati della ricerca. Ci sono anche state critiche sul fatto che la cache di Google violi il copyright, in ogni caso il *caching* è una normale parte delle funzioni del web e il protocollo HTTP mette a disposizione meccanismi (che Google rispetta) per disabilitarlo.

Nel 2002 si diffuse la notizia che in Cina l'accesso a Google era stato vietato (il governo ha il controllo della rete e può impedire il collegamento verso alcuni siti). Un sito mirror (in tutti i sensi, compreso il testo da sinistra verso destra; mirror, infatti, letteralmente significa "specchio") chiamato "elgooG" si rivelò efficace nell'aggirare il divieto. Tempo dopo, il divieto cessò e fu detto che non era stato istituito per impedire le ricerche, ma l'accesso alla cache (che permetteva di aggirare altri divieti imposti dal governo). Esiste anche un mirror dinamico di Google che funziona come proxy server. È interessante notare che un servizio di caching viene realizzato anche da Internet Archive, al quale però non fu vietato l'accesso.

Diversamente da Yahoo!, Google non è anche una directory; tutte le pagine di Google sono indicizzate in maniera automatica da un algoritmo statistico che valuta la pertinenza del sito con le parole chiave indicate, quale parole assegnargli, il numero di accessi e altri parametri come indicatori di qualità del sito.

Tuttavia, Google conserva una copia (cache) di tutte le pagine indicizzate e la cancella dai suoi server solo su esplicita richiesta del titolare del sito/provider Internet.

Il tentativo dichiarato da Google è di costruire un World Wide Web, di premiare i siti di qualità dando maggiore risalto nei primi risultati delle varie ricerche, di servire agli utenti per avere risposte soddisfacenti alle loro ricerche. Molti motori di ricerca svolgono anche una funzione commerciale; varie aziende pagano per avere il ranking fra i primi 10 risultati come una spesa pubblicitaria.

Il servizio Google News cinese, di recente introduzione, sarebbe modellato sulle necessità di censura del paese orientale. Alcune news appartenenti a siti censurati dal governo di Pechino non verrebbero pubblicate accedendo al portale da una connessione cinese.

Il tutto è emerso grazie alle segnalazioni giunte da un volontario di DynaWeb (proxy che permette agli utenti cinesi un accesso anonimo in grado di svincolarsi dalla potente censura governativa): in base alla località delle ricerche i risultati restituiti sono differenti, ed in particolare sembrano essere tagliate fuori particolari testate.

Secondo quanto riferito da P2Pnet.net, il sito che ha fatto emergere la storia, Google attribuisce ad *"una varietà di motivi"* la scelta di negare il link ad alcune testate, e tra tali motivi viene citata la fattiva impraticabilità dell'accesso al sito da talune località.

Il primo portavoce delle accuse contro il "Matrix" cinese è Bill Xia, CEO del DIT (Dynamic Internet Technology, il gruppo del servizio DynaWeb), il quale spinge direttamente sulla matrice ideologica i motivi del tutto. L'ipotesi di Xia sembra confermata da alcuni documenti interni pubblicati dal San Francisco Chronicle secondo i quali l'attività nel paese orientale sarebbe vincolata da leggi che arrivano anche a prevedere appositi filtri web per siti dai contenuti illegali.

Ancor più allarmante della notizia di una possibile censura delle notizie, è l'abilitazione nei normali risultati di ricerca del Google cinese del filtro "Safesearch" in modo permanente. Tale filtro ha la funzione di proteggere i minori dal materiale pornografico presente sul web. Se si effettuano però alcune particolari ricerche sul Google cinese, si viene avvertiti che il filtro "SafeSearch" è attivo. La cosa singolare è che le voci in questione sono ad esempio "Dalai Lama", "Falun Gong", assieme alle parole "libertà", "democrazia" e simili.

Altrettanto impressionante la censura relativa al movimento spirituale pacifista "Falun Gong". Il Google occidentale non risparmia le immagini della durezza della repressione del governo cinese ai danni di questa setta che chiede diritti civili e libertà religiosa per il popolo cinese. Il Google orientale restituisce ben altri risultati, riportando siti e commenti alla setta perfettamente allineati alla propaganda di regime.

Dalle pesanti accuse mosse dall'opinione pubblica, Google si difende ribadendo che si tratta semplicemente di controllo di pornografia e materiale illegale. Questo è facilmente smentibile da una prova diretta, eppure Google non modifica le proprie dichiarazioni.

Dal 1 settembre 2009, dopo una richiesta da parte di Google inoltrata nel 2004, è stato accettato dall'United States Patent and Trademark Office un brevetto che mira a difendere il design minimalista della celebre pagina principale di Google. Il fatto in questione è senza precedenti, si tratta infatti del primo caso in assoluto in cui una pagina web o parte di essa, viene protetta da un brevetto allo scopo di proteggerne la sua unicità.

Intorno al 2001 l'United States Department of Energy spiegò in un articolo come, nei monitor a tubo catodico, fosse possibile risparmiare fino al 20% di energia elettrica utilizzando in prevalenza il nero o comunque colori scuri come sfondo. Citando questo articolo, all'inizio del 2007 il blogger statunitense Mark Ontkush (che nella propria pagina personale si definisce *green computing consultant*, ossia *consulente in informatica ecologica*) pubblicò un articolo secondo il quale Google potrebbe far risparmiare al mondo un'enorme quantità di energia adottando uno sfondo nero al posto di quello bianco.

Ispirata dal post di Ontkush, l'azienda australiana Heap Media creò *Blackooogle*, un sito web che effettua ricerche appoggiandosi a Google, ma con sfondo nero. In seguito nacquero altri front-end analoghi, tra i quali *Gaatle*, promosso da Lifegate, *The Dark Side of Google* e molti altri.

In molti hanno criticato sia l'articolo originale, sia il proliferare di front-end in nero: in particolare, il risparmio energetico effettivo sarebbe infatti inferiore rispetto a quanto dichiarato da Ontkush, inoltre il risparmio sarebbe nullo nei monitor a cristalli liquidi (lo studio del Department of Energy del 2001 si riferiva infatti solo ai tubi catodici), che tendono ad essere sempre più diffusi e a soppiantare i tubi catodici. Un test eseguito nel 2008 da *Altroconsumo* sui monitor LCD non ha rilevato differenze sostanziali tra una pagina bianca ed una nera; anzi, in alcuni dei modelli presi in esame una schermata nera avrebbe addirittura comportato un consumo lievemente maggiore.

Il 31 gennaio 2009 Google ha vissuto il suo primo grave incidente a livello mondiale. Per circa un'ora tutti i siti risultati di qualsiasi ricerca (perfino il sito della stessa Google!) presentavano la scritta *"Questo sito potrebbe arrecare danni al tuo computer"*; in caso di settaggi di sicurezza ordinariamente restrittivi sul computer dell'utente, poteva risultare impossibile o macchinoso seguire i link trovati. Dopo l'allarme lanciato da centinaia di blog e siti sul web, Google Inc. è intervenuta, prima rendendo noto che stava lavorando per riparare alcuni inconvenienti e poi risolvendo i guasti, specificando, qualche ora più tardi, che la causa è stato "un errore umano" di alcuni tecnici i quali avrebbero accidentalmente incluso il carattere "/" (che è presente in tutte le URL) fra gli elementi di riconoscimento dei siti contenenti malware.

MOTORE DI RICERCA PER IMMAGINI

Da circa metà anno del 2011 è attiva una nuova funzione di Google, ossia la possibilità di eseguire una ricerca usando come keyword un'immagine invece che una o più parole. In altri termini, al posto della classica parola o frase da cercare, è possibile segnalare al motore di ricerca un'immagine e cercare le immagini simili, oppure altre immagini in cui compaia lo stesso soggetto dell'immagine usata come base per la ricerca. Per "segnalare" l'immagine a Google, si può indicare l'URL dove il motore di ricerca può leggere l'immagine oppure si può fare un "drag'n'drop" dell'immagine che interessa nell'apposita area del motore di ricerca.

Il widget di ricerca per immagini di Google.it

Il progetto di effettuare ricerche sulla base di immagini, e non solo sulla base di parole, esiste già da diverso tempo ed è stato tentato da più motori di ricerca, con alterne fortune. Rispetto alla ricerca per parole, infatti, una ricerca per immagini richiede un processo molto più lungo e complicato, in quanto non basta trovare testi in cui compaia la parola che noi stiamo cercando, ma bisogna prima di tutto analizzare e riconoscere l'immagine, per poi cercare una immagine uguale o simile, tra tutte quelle presenti nel Web. Molte strade sono già state sperimentate per renderla pratica e non tutte ci sono riuscite; per fare alcuni nomi di motori di ricerca per immagini, si può citare il fu GazoPa, Tineye e Macroglossa.

I principi su cui si basa la ricerca per immagini sono molteplici. Alcuni funzionano ricercando in rete la stessa immagine che noi abbiamo inserito e quindi ci possono dare risultati soltanto se l'immagine stessa è stata caricata in rete da qualcuno: in questo caso sapremo in che pagine sia possibile trovarla e questo potrebbe esserci di aiuto per raccogliere maggiori informazioni sull'immagine stessa, sulla sua origine e sul suo autore.

Altri metodi di ricerca per immagini prevedono la ricerca attraverso campiture[4] di colore, l'analisi dell'immagine tramite un riconoscimento ottico del carattere e altre tecniche che, in sostanza, riconducono allo stesso principio: analizzare la struttura dell'immagine, il modo in cui i colori sono distribuiti (disassemblando dunque un volto o un oggetto nelle tonalità di colore che lo compongono e ne formano l'immagine) e cercare poi, tra tutte le immagini a disposizione, quelle in cui i colori sono distribuiti in modo simile o identico all'immagine che stiamo cercando. Più la distribuzione dei colori sarà simile e più anche i soggetti saranno simili, almeno in teoria. Come è facile immaginare, il processo richiede tempo e un database molto ampio di immagini tra cui cercare, per dare risultati apprezzabili. A volte il risultato è effettivamente simile alla nostra immagine di partenza, molte altre volte non lo è.

La ricerca per immagini di Google tenta di migliorare e ottimizzare questo processo, sfruttando anche la potenza di calcolo e gli algoritmi di Google stesso per rendere più efficiente la ricerca di un'immagine. Dapprima raccoglie l'immagine attraverso il riconoscimento ottico del carattere, per poi lavorare sulla immagine stessa attraverso una sorta di "occhio digitale", per migliorare il sistema di riconoscimento e poter trovare anche immagini simili alla nostra, ossia immagini in cui compaia lo stesso soggetto o un soggetto molto simile a esso. Una ricerca che, a dire la verità, per adesso non sembra essere poi così precisa, ma sicuramente migliorerà col tempo e con l'utilizzo.

PUBMED

PubMed è un database bibliografico contenente informazioni sulla letteratura scientifica biomedica dal 1949 ad oggi.

Nonostante sia essenzialmente un database aperto ai ricercatori ed a quanti sono interessati mediante la sottoscrizione di un abbonamento non esattamente a buon mercato, per la gran parte è comunque a libero accesso ed è raggiungibile via internet all'indirizzo simbolico di comodo pubmed.org.

Prodotto dal *National Center for Biotechnology Information* (NCBI) presso la *National Library of Medicine* (NLM) dei *National Institutes of Health* (NIH) degli Stati Uniti, la banca dati viene comunemente interrogata attraverso *Entrez*, il

---

4 Nel gergo delle arti pittoriche, il fare il fondo di un dipinto con un colore distribuito in modo uniforme viene detto, appunto, *campire*, da cui *campitura* che intende il lavoro finale ottenuto.

motore di ricerca messo a punto dall'NCBI per l'individuazione di informazioni biologiche, chimiche e mediche.

PubMed, con oltre 18 milioni di riferimenti bibliografici derivati da circa 5.300 periodici biomedici, consente l'accesso al *MEDLINE* (Medical Literature Analysis and Retrieval System), l'archivio bibliografico on-line del sistema *MEDLARS*. PubMed condivide le informazioni di base con Medline e con l'*Index Medicus*, la corrispondente versione a stampa la cui pubblicazione, per l'avvento degli strumenti informatici, è stata interrotta nel 2004. Rispetto a Medline, PubMed è tuttavia arricchito da riferimenti provenienti da altri database bibliografici secondari specializzati, come l'*Index to Dental Literature*, l'*International Nursing Index*, l'*Hospital Literature Index* e altre fonti d'informazione su specifici settori.

Il *National Center for Biotechnology Information*, traducibile in italiano come Centro Nazionale per le Informazioni di Biologia Molecolare, ha la sua sede a Bethesda (Maryland, U.S.A.), ed è stato fondato nel 1988. Questo centro deve la sua importanza anche al fatto che ospita e gestisce varie banche dati di genomica, proteine e altre informazioni relative alle biotecnologie, nonché sviluppa strumenti e software per analizzare i dati del genoma. L'istituto rende anche disponibile un immenso database di citazioni di articoli scientifici (più di 18 milioni al momento in cui viene steso questo testo), principalmente di carattere biomedico, con riferimenti agli articoli stessi, talvolta ad accesso libero. Tutti i database sono disponibili online attraverso un motore di ricerca interno ed è possibile avere un collegamento diretto tra i vari database per fare ricerche incrociate. Tra i programmi sviluppati dall'NCBI vi è BLAST, un algoritmo che permette di effettuare ricerche di similitudine su sequenze di DNA o aminoacidiche immagazzinate nei loro database o di comparare tra loro due sequenze esterne immesse dal ricercatore.

La *National Library of Medicine*, creata dal governo federale degli Stati Uniti d'America, è la più grande biblioteca medica del mondo. Le collezioni della NLM includono più di sette milioni di libri, periodici, rapporti tecnici, manoscritti, microfilm, fotografie e immagini sulla medicina e le scienze correlate, incluso alcune opere tra le più antiche e rare. Fin dal 1879, la NLM ha pubblicato l'Index Medicus, una guida mensile agli articoli pubblicati in circa 5.000 periodici selezionati. L'ultimo numero dell'Index Medicus è stato pubblicato nel dicembre 2004, ma queste informazioni continuano ad essere disponibili gratuitamente attraverso PubMed insieme a più di 15 milioni di riferimenti e sommari di articoli pubblicati dagli anni '60 e 1,5 milioni di riferimenti che risalgono agli anni '50. Il *Toxicological and Environmental Health Program* (TEHIP), creato

VIII.14 - Nozioni di Informatica - Motori Di Ricerca

dalla NLM nel 1967, ha l'incarico di raccogliere tramite database computerizzati i dati tossicologici e ambientali della letteratura medica e delle organizzazioni governative e non governative. Il TEHIP ha attivato diversi sistemi informativi sulle risposte alle emergenze chimiche e sulla educazione del pubblico, come ad esempio il *Toxicological Data Network* (TOXNET), *Tox Town* e lo *Household Products Database*. Queste risorse sono disponibili gratuitamente sul Web. L'*Extramural Programs Division* fornisce sovvenzioni a supporto della ricerca nella scienza dell'informazione medica e a supporto della pianificazione e sviluppo di sistemi computerizzati nelle istituzioni mediche. Sono inoltre finanziate ricerche e pubblicazioni sulla storia della medicina e delle scienze della vita.

I *National Institutes of Health* (traducibile in italiano come Istituti Nazionali di Sanità, abbreviati in NIH) sono un'agenzia dello *United States Department of Health and Human Services*, abbreviato in HHS e traducibile in italiano come Dipartimento della Salute e dei Servizi Umani degli Stati Uniti. Nati nel 1930, in seguito al Ransdell Act, sulle ceneri del precedente Laboratory of Hygiene, fondato nel 1887, hanno inizialmente assunto la denominazione al singolare (National Institute of Health). Oggi gli Istituti sono uno dei centri più avanzati a livello mondiale ed il punto di riferimento negli Stati Uniti nella ricerca biomedica. Gli NIH sono infatti la prima agenzia del governo degli Stati Uniti per quanto riguarda la ricerca biomedica. Gli NIH sono responsabili di circa il 28% - circa 28 miliardi di dollari - dei fondi totali utilizzati annualmente negli Stati Uniti per la ricerca biomedica (la parte restante proviene quasi interamente dai privati).

MEDLINE (Medical Literature Analysis and Retrieval System Online) è un database bibliografico di scienze della vita e discipline biomediche. Copre i campi della medicina, dell'infermieristica, della farmacologia, dell'odontoiatria, della medicina veterinaria e dell'assistenza sanitaria in generale. Il database è prodotto dalla National Library of Medicine e contiene anche gran parte della letteratura scientifica prodotta nell'ambito della biologia e della biochimica, compresa quella pertinente a discipline connesse solo indirettamente con la medicina (come per es. l'evoluzione molecolare). Il database contiene (attualmente) circa 18 milioni di record, rappresentati da schede bibliografiche tratte da oltre 5.200 riviste scientifiche specializzate, pubblicate in 37 lingue. I dati dei singoli articoli sono classificati e immessi in campi che permettono la strutturazione, in tempi variabili da 2 settimane a 2 mesi dal momento della pubblicazione, e indicizzati per permettere successivamente la ricerca mirata delle informazioni. Per l'indicizzazione dei contenuti viene utilizzato il vocabolario controllato *Medical Subject Headings*. MEDLINE è disponibile gratuitamente per tutti gli utenti di internet attraverso *Entrez* e *PubMed* e per la sua consultazione viene perlopiù adoperato uno specifico *metalinguaggio* di interrogazione, detto MeSH.

Il *Medical Subject Headings* (acronimo: MeSH) è un enorme vocabolario controllato (o sistema di *metadati*) ideato con l'obiettivo di indicizzare la letteratura scientifica in ambito biomedico. Il *thesaurus* è stato creato dal National Library of Medicine degli Stati Uniti, che continua a gestirlo. Il MeSH viene adoperato per l'indicizzazione degli articoli delle oltre 5000 riviste mediche presenti nel database bibliografico Medline/PubMed e nel catalogo dei libri della NLM. Il vocabolario può essere consultato e scaricato gratuitamente da tutti gli utenti di internet. L'edizione stampata è stata interrotta nel 2007. Nei database Medline o PubMed il contenuto di ciascun articolo è indicizzato con 10-15 descrittori, di cui solo uno o due termini indicano l'argomento principale: sono detti pertanto principali (*major* in inglese) e identificati con l'apposizione di un asterisco. L'utilità di queste operazioni può essere verificata nelle operazioni di ricerca in quanto il ricorso al vocabolario controllato MeSH e ai descrittori permette di essere molto selettivi e di ridurre enormemente il *rumore* che si otterrebbe se si utilizzassero solo le parole libere del linguaggio comune.

L'*Entrez Global Query Cross-Database Search System* (o più semplicemente *Entrez*) è un potente motore di ricerca che permette una ricerca contemporanea su differenti database biomedici, tra cui:

- PubMed. Raccoglie i riferimenti agli articoli apparsi su un numero elevato di riviste scientifiche, principalmente di tipo biomedico. Contiene anche riferimenti immediati ad articoli scientifici ad accesso libero.
- PubMed Central. Raccoglie articoli scientifici ad accesso libero.
- Bookshelf. Raccoglie libri di testo di argomenti biomedici ad accesso libero.
- OMIM. Cataloga tutte le patologie umane aventi una componente genetica.
- OMIA. Cataloga tutte le patologie animali aventi una componente genetica.
- Nucleotide. Banca dati di sequenza nucleotidica (GenBank).
- Protein. Banca dati di sequenza proteica.
- Genome. Raccoglie sequenze genomiche complete.
- Structure. Contiene strutture tridimensionali di macromolecole.

- Taxonomy. Cataloga gli organismi secondo la classificazione scientifica.
- SNP. Raccoglie gli SNPs (single nucleotide polymorphisms).
- Gene. Raccoglie informazioni di sequenza centrate sui singoli geni.
- HomoloGene. Classifica i geni a seconda dell'omologia tra differenti specie.
- PubChem Compound. Raccoglie informazioni sulle strutture chimiche di piccole molecole chimiche.
- PubChem Substance. Raccoglie dati depositati su molecole chimiche.
- Genome Project. Informazioni sui progetti genoma in corso.
- CDD. Contiene un database con i domini conservati delle proteine.
- 3D Domains. Contiene domini provenienti da Entrez Structure.
- UniSTS. Raccoglie dati di marcatura e mappatura.
- PopSet. Cataloga dati relativi a studi sulla popolazione (epidemiologia).
- Cancer Chromosomes: database citogenetici
- PubChem BioAssay: vaglio dell'attività biologica di sostanze chimiche
- GENSAT: atlante dell'espressione genica nel sistema nervoso del topo
- Probe: sequenza specifica di reagenti

Il sistema Entrez può mostrare visualizzazioni delle sequenze di geni, proteine e mappe cromosomiche. Entrez può efficientemente richiamare le sequenze, strutture e le referenze relative. Alcuni libri di testo sono anche disponibili online grazie al sistema Entrez.

LICENZE

Le Licenze Del Software

La licenza, in ambito informatico, è l'insieme delle condizioni che può accompagnare un prodotto software. Tale documento specifica le modalità con cui l'utente può usare tale prodotto, garantendo dei diritti ed imponendo degli obblighi.

La licenza è imposta da chi detiene il copyright[1] sul prodotto software; la sua validità dipende dalla presenza del diritto d'autore, questo perché solo chi detiene tale diritto può far rispettare in ogni sede la licenza stessa.

È possibile che un autore possa rilasciare un prodotto software con più licenze differenti, lasciando scegliere all'utente il tipo che preferisce; in altri casi l'autore può lasciare all'utente la libertà di scegliere la versione di una licenza che preferisce.

L'accettazione della licenza può avvenire in diversi modi:

- all'uso del programma o del sorgente. In questo caso la licenza è accettata implicitamente con l'utilizzo del software; in pratica se si usa il software vuol dire che si accetta anche la licenza, mentre se non lo si

---

1 Il copyright (termine di lingua inglese che letteralmente significa *diritto di copia*) è l'insieme delle normative sul diritto d'autore in vigore nel mondo anglosassone e statunitense (non in Italia!). Col tempo, ha assunto in Italia un significato sempre più prossimo ad indicare le "norme sul diritto d'autore vigenti in Italia", da cui in realtà il copyright differisce sotto vari aspetti. Il diritto d'autore italiano, similmente a quanto avviene in ambito internazionale ed in altri ordinamenti, è quella branca dell'ordinamento giuridico italiano che disciplina l'attribuzione di un insieme di facoltà a colui che realizza un'opera dell'ingegno di carattere creativo, con l'intento di riservargli diritti morali ed economici. È disciplinato prevalentemente dalla Legge 22 aprile 1941, n. 633 (LDA) e successive modificazioni, e dal Titolo IX del Libro Quinto del codice civile.

usa vuol dire che non la si accetta. Questo tipo di licenza è adottato da software che mettono a disposizione i sorgenti oltre gli eventuali eseguibili;

- durante la fase di installazione del software è chiesto esplicitamente se si vuole accettare la licenza indicata; in caso di risposta negativa il software non potrà essere installato. Tale licenza è usata normalmente da quei software che distribuiscono soltanto gli eseguibili;

- prima di venire in possesso del programma scaricabile on-line. Bisogna accettare la licenza prima di poter scaricare il programma, alle volte occorre compilare un *form on-line* in cui si dichiara di accettare la licenza, magari con l'obbligo di registrazione al sito dove sarà possibile effettuare il download;

- prima di aprire le custodie con i supporti di massa dove sono registrati i programmi acquistati (*Licenza a strappo*). In questo secondo caso se non si aprono i supporti è garantito, almeno teoricamente, la restituzione dei soldi spesi per l'acquisto solo se le custodie sono ancora sigillate.

È molto importante leggere le licenze prima di usare il programma perché se non si rispetta la licenza si compiono delle azioni illegali e, decadendo la licenza, non si ha più diritto né all'uso del software né a qualsiasi azione di rivalsa contro chi ci ha fornito o chi ha prodotto tale software.

Vi sono vari tipi di licenza, ideati e messi a punto a seconda del contesto in cui devono operare; in prima approssimazione le licenze e le aree di applicazione possono essere classificate come:

- licenze per il software libero
- *licenza artistica*
- licenze per il software *closed source / software proprietario*
- licenze per l'*Open Source*
- licenze per la *documentazione libera*

Il **software libero** è software pubblicato con una licenza che permette a chiunque di utilizzarlo e che ne incoraggia lo studio, le modifiche e la redistribuzione; per le sue caratteristiche, si contrappone al software *proprietario* ed è differente dalla concezione *open source*, incentrandosi sulla libertà dell'utente e non solo sull'apertura del codice sorgente, che è comunque un pre-requisito del software libero.

La *licenza artistica* (in inglese *Artistic License*) è una licenza software utilizzata per certi pacchetti di software libero, tra i più noti: l'implementazione standard di Perl e la maggior parte dei moduli di CPAN, che sono doppiamente licenziati sotto la Licenza Artistica e la GNU General Public License (GPL). È stata scritta da Larry Wall. Il nome della licenza è un riferimento al concetto di Licenza poetica.

Con il termine *software proprietario* si indica quel software che ha restrizioni sul suo utilizzo, sulla sua modifica, riproduzione o ridistribuzione, solitamente imposti da un proprietario. Queste restrizioni vengono ottenute tramite mezzi tecnici o legali.

La locuzione "software *open source*" (termine inglese che significa *sorgente aperto*) indica un software i cui autori (più precisamente: i detentori dei diritti) ne permettono, anzi ne favoriscono il libero studio e l'apporto di modifiche da parte di altri programmatori indipendenti. Questo è realizzato mediante l'applicazione di apposite licenze d'uso.

Il concetto di *documentazione libera* o di opera a contenuto libero (dall'inglese "Open Content") trae la sua ispirazione da quello di Open Source (sorgente libera): la differenza sta nel fatto che in un'opera di contenuti su Internet ad essere liberamente disponibile ed utilizzabile non è il codice sorgente del programma software che li genera, ma i contenuti editoriali generati dal programma, quali testi, immagini, musica e video.

Tenendo presente che tutti o quasi i termini presentati contengono il termine *libero*, che deriva dalla traduzione dell'inglese *free*[2], occorre specificare che la parola *libero* non implica la possibilità di utilizzare tale software in maniera indiscriminata: il software libero è comunque soggetto ad una licenza d'uso, a differenza ad esempio del software di *pubblico dominio*.

Il software proprietario può mettere in atto le sue restrizioni principalmente tramite due strade: rendere pubblico solo il codice binario del software, trattenendone il codice sorgente (in questi casi la modifica del software risulta molto difficile, ottenibile solo grazie a *disassemblatori* e ad elevate capacità informatiche) oppure tramite licenze, copyright e brevetti. Il software proprietario dispo-

---

2 Free, in inglese, significa *libero* ma anche *gratuito*; per specificare meglio il suo significato nel contesto delle licenze, gli anglosassoni usano ribadire: "*free as a free bird, not as a free beer*" ("libero come lo è un uccello, non gratis come una birra").

IX.4 - Nozioni di Informatica - Licenze

nibile gratuitamente viene chiamato *"freeware"*. Il software *"shareware"* è invece disponibile gratuitamente ma solo per un periodo di prova. Il software proprietario con un copyright che non viene più esercitato e che viene usato illegalmente dagli utenti viene chiamato *"abandonware"* e può includere o meno il codice sorgente. In altri casi il software abandonware è stato messo nel pubblico dominio dallo stesso autore o possessore del copyright ed in questi casi, se il software include il codice sorgente, è diventato software libero, non software proprietario.

Rispetto al software proprietario, la licenza d'uso del software libero permette di:

- eseguire il programma per qualsiasi scopo;

- accedere alla struttura interna del programma (codice sorgente), studiarla ed eventualmente modificarla;

- ridistribuirlo in un numero di copie illimitato.

La licenza d'uso del software libero pone in genere i seguenti vincoli:

- gli autori precedenti del software devono essere menzionati anche nelle versioni modificate, lasciando intatto il loro copyright;

- in seguito ad una modifica, non è possibile applicare una licenza d'uso incompatibile con la licenza originaria o che vada contro le norme della licenza stessa. Per esempio chiunque può riemettere del software pubblicato sotto LGPL usando la licenza GPL (tale operazione è anche chiamata *upgrade della licenza*), mentre non è possibile fare il contrario (naturalmente se non si è il detentore unico del copyright);

- normalmente, nella licenza, vi è una clausola che sancisce la non usabilità del software se non si rispetta la licenza d'uso o se una o più norme della stessa licenza non sono valide per termini di legge;

- quando si distribuisce un codice binario occorre o distribuire insieme anche i sorgenti o garantire per iscritto la possibilità a tutti gli utenti di venirne in possesso dietro richiesta ed al solo costo del supporto

Secondo Richard Stallman[3] e la Free Software Foundation da lui fondata, un

---

3 Richard Matthew Stallman (New York, 16 marzo 1953) è un programmatore, hacker e attivista statunitense. È uno dei principali esponenti del movimento del software libero. Nel settembre del 1983 diede avvio al progetto GNU con l'intento di creare un sistema operati-

software si può definire libero solo se garantisce quattro "libertà fondamentali":

- Libertà di eseguire il programma per qualsiasi scopo.
- Libertà di studiare il programma e modificarlo.
- Libertà di ridistribuire copie del programma in modo da aiutare il prossimo.
- Libertà di migliorare il programma e di distribuirne pubblicamente i miglioramenti, in modo tale che tutta la comunità ne tragga beneficio.

Un programma è software libero se l'utente ha tutte queste libertà. In particolare, se è libero di ridistribuire copie, con o senza modifiche, gratis o addebitando delle spese di distribuzione a chiunque ed ovunque. Essere liberi di fare queste cose significa (tra l'altro) che non bisogna chiedere o pagare nessun permesso.

Buona parte del software libero viene distribuito con la licenza GNU GPL (*GNU General Public License*), scritta dallo stesso Richard Stallman insieme con Eben Moglen[4] per garantire legalmente a tutti gli utenti le quattro libertà fondamentali. Dal punto di vista dello sviluppo software, la licenza GPL viene considerata una delle più restrittive, poiché impone che necessariamente ogni prodotto software derivato - ovvero, che modifica o usa codice sotto GPL - venga a sua volta distribuito con la stessa licenza. Una licenza simile, ma meno restrittiva, è la GNU LGPL (*GNU Lesser General Public License*), che permette di utilizzare il codice anche in software proprietario e sotto altre licenze *open source*, purché le parti coperte da LGPL - anche se modificate - vengano comunque distribuite sotto la medesima licenza. In genere è utilizzata per librerie software.

---

vo simile a Unix ma libero: da ciò prese vita il movimento del software libero. Nell'ottobre del 1985 fondò la *Free Software Foundation* (FSF). Fu il pioniere del concetto di *copyleft* ed è il principale autore di molte licenze copyleft compresa la *GNU General Public License* (GPL), la licenza per software libero più diffusa. Dalla metà degli anni novanta spende molto del suo tempo sostenendo il software libero e promuovendo campagne contro i software proprietari e ciò che a lui sembra una eccessiva estensione delle leggi su copyright. Stallman ha anche sviluppato molti software ampiamente usati: *Emacs*, la GNU *Compiler Collection* e lo GNU *Debugger*. Degno di nota è il fatto che ha ricevuto varie lauree *honoris causa*, tra cui quella dell'Università di Pavia, nel 2007, in Ingegneria Informatica.

4 Eben Moglen (1956) è un accademico statunitense. Professore di legge e storia legale presso la Columbia Law School di New York, è membro della Free Software Foundation per la quale opera come consulente legale. In questa veste ha partecipato alla stesura di molte delle licenze dell'organizzazione, tra cui la GNU General Public License.

Non tutte le licenze ritenute libere sono compatibili tra di loro, cioè in alcuni casi non è possibile prendere due sorgenti con due licenze libere ed unirle per ottenere un prodotto unico. Questo avviene quando non esista e non sia possibile creare una licenza che possa soddisfare i requisiti delle licenze originali. Ad esempio la licenza BSD originale, pur essendo considerata licenza di software libero, è incompatibile con la GPL; per ovviare al problema è stato necessario creare una "licenza BSD modificata" compatibile con la GPL.

Le varie licenze libere possono contenere ulteriori limitazioni per alcune situazioni particolari; per esempio la GPL prevede che si possa esplicitamente vietare l'uso del software nelle nazioni dove tale licenza non è valida o dove dei brevetti software impediscono la distribuzione di tale software.

Le licenze d'uso non vietano in genere di vendere software libero e di solito non stabiliscono minimamente il possibile prezzo di vendita.

Secondo i suoi sostenitori il software libero presenta numerosi vantaggi rispetto al software proprietario:

- essendo possibile modificare liberamente il software, è possibile personalizzarlo ed adattarlo alla proprie esigenze
- il codice sorgente è sottoposto ad una revisione da parte di moltissime persone, pertanto è più difficile che contenga bachi e malfunzionamenti. In ogni caso, è sempre possibile per chiunque tenere un indice pubblico dei problemi, in modo che gli utenti li conoscano
- se viene scoperto un baco o una falla di sicurezza, la sua correzione di solito è molto rapida
- essendo il sorgente liberamente consultabile, è molto difficile inserire intenzionalmente nel software backdoor, cavalli di Troia o spyware senza che questi vengano prontamente scoperti ed eliminati, come invece è accaduto per alcune applicazioni commerciali (esempio ne sia il caso del database *Firebird* della Borland, che conteneva una backdoor scoperta quando di tale software sono stati pubblicati i sorgenti)
- non esistendo standard proprietari, le cui specifiche sono normalmente segrete, è molto più facile costruire software interoperabile
- permettere a chiunque di modificare i sorgenti garantisce che ogni nuova funzionalità o copertura di un baco possa essere proposta da chiunque e immediatamente applicata dagli sviluppatori. Questo permette di

avere rapidamente a disposizione un software che rispetta le esigenze di chi ha richiesto le modifiche in caso di necessità

- la complessità e la vastità di alcune applicazioni di software libero (ad esempio: dei sistemi operativi) è tale che è necessario il supporto commerciale di un'azienda; il software libero si presta a creare nuove opportunità di business nel campo della formazione e del supporto, oltre che della eventuale personalizzazione del software

- collaborando con sviluppatori volontari e utilizzando il lavoro della comunità, anche le piccole e medie imprese sono in grado di sviluppare e vendere prodotti di alta qualità, senza dover ampliare il loro organico.

Di contro, secondo alcuni suoi detrattori, il software libero avrebbe delle limitazioni e degli svantaggi rispetto al software proprietario:

- essendo un lavoro volontario, lo sviluppo del software libero sarebbe più lento rispetto al software proprietario; tesi espressa da Bill Gates nella sua *lettera aperta ai programmatori dilettanti*. Bill Gates ha inoltre particolarmente criticato la GPL in quanto *licenza virale* e non economicamente sostenibile.

- alcune tipologie di software, soprattutto di nicchia, non sarebbero disponibili come software libero; infatti il software di nicchia non avrebbe abbastanza utenti per la creazione di una comunità che supporti lo sviluppo del software.

- lo sviluppo del software libero avrebbe una struttura anarchica, che porta a risultati incoerenti e ad una mancanza di uniformità e consistenza

- nonostante il codice sorgente sia liberamente disponibile, non tutti sono grado di apportarvi modifiche

Alcune di queste critiche sono talvolta frutto di un'errata comprensione del software libero. Molte persone tendono infatti a considerare il software libero come prodotto esclusivamente da volontari, mentre sono molti i casi in cui è semplicemente un modello di sviluppo adottato a livello aziendale.

La Licenza ECDL

La ECDL (European Computer Driving Licence), detta anche *Patente europea per l'uso del computer*, è un attestato che certifica il possesso di una competenza informatica di base, che si identifica con la capacità di operare al personal computer con le comuni applicazioni e la conoscenza essenziale della tecnologia dell'informazione (IT) a livello dell'utente generico. L'ECDL è riconosciuta in 17 Paesi.

Pertanto, anche se è comunemente nota col termine *licenza*, essa non è una *licenza software* ma una sorta di patente che attesta a varii livelli l'abilità nell'uso pratico di un computer. Ovviamente esistono anche altri tipi di attestazioni che un individuo può conseguire per certificare la propria abilità informatica (EUCIP, Cisco, Microsoft, Oracle, etc.), ma spesso esse vengono confuse con la *licenza* software propriamente detta (a causa della cattiva traduzione del termine inglese *licence*, che in italiano viene correttamente tradotto, invece, col termine *patente*) oppure con titoli equipollenti alla Laurea (ma non così non è perchè sono rilasciati da Enti privati e sono rivolti alla preparazione del candidato esclusivamente da parte di uno specifico *brand* commerciale).

Una sentenza del TAR del Lazio del 2004[5] dichiara che tale certificazione non ha nessuna valenza legale, ma è l'equivalente di un attestato rilasciato da una qualunque scuola privata operante sul territorio italiano.

ECDL è un programma che fa capo a CEPIS (Council of European Professional Informatics Societies), l'ente che riunisce le associazioni europee di informatica. L'Italia è uno dei Paesi membri ed è rappresentata da AICA, l'Associazione Italiana per l'Informatica e il Calcolo Automatico. Al di fuori dell'Europa, l'ECDL è conosciuta come *ICDL* (International Computer Driving Licence, ovvero *Patente internazionale per l'uso del computer*).

Per conseguire l'*ECDL Core* si deve essere in possesso della *Skills Card* (valida per tre anni dalla data del rilascio) e sostenere un esame in un qualsiasi edificio, certificato dall'AICA e chiamato genericamente *Test Center*, che si articola in sette prove corrispondenti ad altrettanti moduli, ovvero:

1. Concetti di base della tecnologia dell'informazione

2. Uso del computer e gestione dei file

---

[5] Il 14/6/2004 la sez. III*ter* del Tribunale Amministrativo del Lazio ha emanato la sentenza n. 5632/04, che, decidendo su un ricorso proposto da una società operante nel settore della formazione, ha negato valore pubblicistico alla ECDL, affermando che è del tutto equivalente alle altre certificazioni private disponibili sul mercato. Anzi, scrive il TAR, non è un titolo di studio o abilitazione riconosciuta dall'Unione europea, ma esclusivamente un marchio industriale, tutelato da un brevetto comunitario registrato anche in Italia" (cfr: Andrea Monti, PC Professionale n.162 – 9/2004).

3. Elaborazione di testi
4. Foglio elettronico
5. Database
6. Strumenti di presentazione
7. Reti informatiche

L'esame, svolto al computer, ha la durata di 35 minuti per il primo modulo, e di 45 minuti per tutti gli altri. La percentuale di risposte corrette necessaria per passare l'esame è del 75% (27 domande su 36) per tutti i moduli. Chi sostiene con successo tutti e sette i moduli consegue la certificazione "ECDL Full", mentre chi ne supera almeno quattro (a scelta) ottiene la certificazione "ECDL Start". Poiché la simulazione ha lo scopo di verificare le competenze del candidato, al suo interno non sono attive alcune funzionalità dei programmi, come la Guida in linea e la descrizione dei comandi; sono inoltre disattivate alcune combinazioni di tasti (come le combinazioni per copia, taglia e incolla) onde evitare un'interruzione accidentale dell'esame.

Da qualche anno, diverse istituzioni, in seguito a convenzioni con AICA (Ministero della Pubblica Istruzione, Ministero del Lavoro e della Previdenza Sociale, Conferenza dei Rettori delle Università Italiane), assegnano un determinato riconoscimento (sotto forma di punteggi) al diploma ECDL, cosa che ha certamente contribuito al suo successo in Italia, largamente superiore a quello ottenuto nel resto d'Europa. Ciò ha suscitato molte polemiche, poiché il punteggio fornito risulta spesso superiore a quello di un diploma statale.

TRUFFE & ALTRE STORIE

La truffa o frode informatica, detta anche frode elettronica, in generale consiste nel penetrare attraverso un pc all'interno di server che gestiscono servizi con lo scopo di ottenere tali servizi gratuitamente, oppure, sempre utilizzando il server al quale si è avuto accesso, clonare account di ignari utilizzatori del servizio.

Le frodi elettroniche presuppongono anche l'utilizzo del POS[1], un apparato elettronico di trasmissione dati che collega i singoli esercenti con la società emettitrice, e consistono proprio nell'abuso di alcune sue specifiche proprietà, come la capacità di leggere, memorizzare e trasmettere i dati delle carte di credito (e dei titolari) contenute nella banda magnetica. Esistono due specifiche operazioni illegali eseguite in presenza di un POS:

1. intercettazione dei dati, mediante apparati elettronici (*vampiri* o *sniffer*), durante l'operazione di trasmissione degli stessi per l'autorizzazione all'acquisto. L'intercettazione è finalizzata a reperire dati di carte utilizzabili per ricodificare le bande di carte rubate o false. Viene realizzata mediante un computer e appositi collegamenti che catturano i dati in uscita dal POS dell'esercente (con la sua complicità o sua insaputa);

2. dirottamento dei dati, durante la loro trasmissione per l'accredito. Il dirottamento presuppone la cattura, da parte di un computer collegato alla linea telefonica, dei dati riguardanti lo scarico del logo e la falsificazione delle coordinate di accredito del negoziante, per dirottare gli importi su un altro conto controllato dall'autore del crimine).

---

1 Il *point of sale* (in inglese "punto di vendita"), nell'uso italiano più comunemente indicato con l'acronimo POS, è un dispositivo utilizzato presso gli esercizi commerciali, che consente di accettare pagamenti tramite carte di credito, di debito e prepagate. Il dispositivo è collegato con il centro di elaborazione della banca o del gruppo di banche che offrono il servizio, affinché venga autorizzato ed effettuato il relativo addebito (in tempo reale o differito) sul conto corrente del soggetto abilitato e l'accredito sul conto dell'esercente.

X.2 - Nozioni di Informatica - Truffe & Altre Storie

La frode informatica costituisce reato con fattispecie e pene distinte da quello di frode, di recente istituzione, introdotta dalla legge n. 547/1993 e disciplinata dall'art. 640 *ter* del Codice Penale. Il delitto di frode informatica è commesso da "chiunque, alterando in qualsiasi modo il funzionamento di un sistema informatico o telematico o intervenendo senza diritto con qualsiasi modalità su dati, informazioni o programmi contenuti in un sistema informatico o telematico o ad esso pertinenti, procura a sé o ad altri un ingiusto profitto con altrui danno".

Le condotte fraudolenti poste in essere attraverso tale reato sono tre:

1. la prima consiste nell'alterazione del funzionamento del sistema informatico o telematico, ossia in una modifica del regolare svolgimento di un processo di elaborazione o di trasmissione dati; l'alterazione provoca i suoi effetti materiali sul sistema informatico o telematico.

2. la seconda coincide con l'intervento, senza diritto, con qualsiasi modalità, su dati, informazioni o programmi contenuti nel sistema, e pertanto ogni forma di interferenza diversa dall'alterazione del funzionamento del sistema. L'intervento senza diritto ha per oggetto i dati, le informazioni o i programmi. Solitamente questa seconda condotta rappresenta la modalità attraverso cui viene realizzata la alterazione del sistema informatico.

3. la terza è l'intervento sulle informazioni, ovvero sulle correlazioni fra i dati contenuti in un elaboratore o in un sistema.

L'alterazione può cadere sia sul programma, facendo compiere al computer operazioni in modo diverso da quelle programmate (ad esempio cambiando la funzione dei tasti di addizione e/o di sottrazione), così come può avere ad oggetto le informazioni contenute nel sistema informatico.

Nella storia dell'informatica, e più specificamente in quella di Internet, è capitato che gli autori di questo genere di frode venissero assunti da parte delle stesse società alle quali avevano arrecato danno, allo scopo di usare le conoscenze del trasgressore per migliorare i sistemi di sicurezza interni dell'azienda.

In contrasto con quello che riportano, ormai quotidianamente, tutti i maggiori sistemi di informazione verso il grande pubblico, non è definibile *hacker* chi si introduce in un sistema per danneggiarlo o per provocare il mal funzionamento con l'intenzione di trarne un ingiusto profitto, poiché tale tipologia di comportamento è in netto contrasto con la filosofia dell'hacking. Nel caso di acquisti o operazioni attraverso la rete Internet, le truffe possibili sono effettuate invece dai cosiddetti "*pirati informatici*" (o, in gergo, "cracker", ovvero coloro che acquisiscono i numeri della carta attraverso un'intrusione telematica). Una delle prime frodi informatiche è stata la sottrazione di fondi attuata con la cosiddetta "tecnica del salame". Consiste nella sottrazione di piccole somme da un'enorme quantità di importi accreditati altrove; di solito le vittime non si accorgono che mancano piccoli importi e comunque non si preoccupano. Attualmente le banche che permettono la gestione online dei conti correnti dicono di avere strumenti solo per intercettare operazioni al di fuori della norma. Quindi questi strumenti non sono in grado di verificare piccole operazioni per le quali un sistema misto automatico e manuale è certamente il più adatto. Il bersaglio ideale era una banca perché movimenta migliaia di conti al giorno.

LA FRODE ELETTRONICA NELLE ASTE ONLINE

Le frodi elettroniche sono cresciute in modo più che sensibile negli ultimi dieci anni, soprattutto con lo sviluppo dell'e-commerce[2] in particolare nella forma *consumer to consumer* (ovvero da utente ad utente, senza intermediazione diretta di terze parti; ad esempio nelle aste online). Le aste online rappresentano oggi il più diffuso sistema di e-commerce ma, d'altra parte, appaiono strutturalmente sensibili a possibili frodi elettroniche dal momento che ogni operazione si svolge a rischio e pericolo delle parti, in un clima di reciproca fiducia a priori ed è per questo motivo che la maggior parte dei siti di aste online richiede per cautela una iscrizione, che è generalmente gratuita.

Prendendo come esempio il notorio sito di aste online eBay[3], appare evidente come sia ovviamente preoccupazione del sito riuscire a fornire garanzie di sicurezza per le transazioni commerciali cercando di sostenere sia il venditore che

---

2 L'espressione *commercio elettronico* (in inglese: *electronic commerce* o *e-commerce*)viene utilizzata per indicare l'insieme delle transazioni per la commercializzazione di beni e servizi tra produttore (offerta) e consumatore (domanda), realizzate tramite Internet. Nell'industria delle telecomunicazioni si può intendere l'e-commerce anche come l'insieme delle applicazioni dedicate alle transazioni commerciali . Secondo una terza definizione il commercio elettronico è la comunicazione e la gestione di attività commerciali attraverso modalità elettroniche e con sistemi automatizzati di raccolta dati.
3 eBay è un sito di aste online fondato il 6 settembre 1995 da Pierre Omidyar; in Italia è arrivato nel 2001 rilevando il sito iBazar. È una piattaforma (*marketplace*) che offre ai propri utenti la possibilità di vendere e comprare oggetti sia nuovi che usati, in qualsiasi momento, da qualunque postazione Internet e con diverse modalità, incluse le vendite a prezzo fisso e a prezzo dinamico, comunemente definite come "aste online". Diversi sono i formati di vendita, che consiste principalmente nell'offerta di un bene o un servizio da parte di venditori professionali e non; gli acquirenti fanno offerte per aggiudicarsi la merce.

l'acquirente. Tra le precauzioni possibili innanzitutto il sistema di feedback rappresenta una forma di auto-garanzia tra gli utenti anche se più volte si è dimostrato un sistema di sicurezza poco attendibile e facilmente "attaccabile": proprio per questo e-Bay propone, oltre a guide a sostegno dell'utente che lo mettono in guardia dalle possibili frodi, anche un sistema di rimborso (attualmente fino a 500 €) per le transazioni effettuate con metodi di pagamento rintracciabili (come ad esempio PayPal[4]). È infatti pratica comune di ogni sito mettere in evidenza i metodi di pagamento ritenuti più sicuri: ad esempio e-Bay, oltre al già citato PayPal tende a privilegiare quei metodi in cui resta la prova della transazione (ad esempio: il Bonifico, bancario o postale, online) a discapito di alcuni metodi che appaiono vivamente sconsigliati (ad esempio: Western Union[5], Moneygram).

Tra i tentativi di frode a danno degli acquirenti più frequenti nelle aste online si ricorda:

- richiesta di pagamento tramite metodo non nominativo
- vendita di oggetti contraffatti/falsi.
- invito a concludere la transazione al di fuori di eBay
- invito a comprare "oggetti simili" a prezzi più convenienti

---

4 PayPal è un sistema di pagamento online che permette a qualsiasi azienda o consumatore che disponga di un indirizzo email di inviare e ricevere pagamenti. Registrandosi gratuitamente, è possibile aprire il proprio account che consente di effettuare pagamenti utilizzando la mail e la relativa password. Al proprio account è possibile associare una carta di credito (fino ad un massimo di otto), oppure una carta prepagata, oppure si può ricaricare senza spese dal conto corrente bancario.

5 La Western Union è una azienda statunitense di servizi finanziari e di comunicazioni, di proprietà della First Data Corporation. Uno dei servizi più importanti dell'azienda è il trasferimento di denaro (anche internazionale) fra persone o aziende. Il *core business* è il trasferimento di denaro da un paese ad un altro; per eseguire tale transazione è necessario recarsi, muniti esclusivamente di un documento di identità valido e della somma da inviare, presso uno degli sportelli Western Union; si compila un modulo e si versa la somma stabilita inserendo tutti i dati necessari (compresi i dettagli del beneficiario); a transizione avvenuta verrà rilasciata una ricevuta contenente il codice identificativo della transizione che, comunicato al beneficiario, permetterà allo stesso di riscuotere la somma inviatagli quasi in tempo reale presso uno sportello Western Union del suo Paese. Negli ultimi anni sono frequenti le truffe fatte chiedendo versamenti per acquisti online tramite Western Union. Agli utenti viene detto: "per dimostrare la tua buona fede nel venire all'appuntamento per visionare il mio bene, fai un versamento a te stesso e mandami copia della ricevuta"; è inutile nascondere il codice "segreto" dato dalla banca poiché riescono ugualmente a ritirare il denaro, quindi attenzione a richieste di questo tipo.

- falsa comunicazione di eBay o PayPal

In linea di massima, per fronteggiare il rischio di frode, è opportuno attenersi ad una serie minima di accorgimenti pratici da intraprendere durante un acquisto online:

- non è giusto diffidare dall'usare carte di credito in rete, ma è opportuno rivolgersi esclusivamente a negozi riconosciuti per qualità del servizio offerto;
- leggere sempre le clausole vessatorie;
- accertarsi delle modalità di sicurezza nelle transazioni (sistemi crittografici);
- accertarsi delle modalità di consegna e del diritto di recesso;
- non usare e-mail personale per trasmettere i dati della carta di credito ma usare le *form web* appositamente preposte;
- controllare la presenza di certificati rilasciati da agenzie specializzate che accertano il grado di sicurezza (Certification Authority, CA).

IL PHISHING

È in aumento esponenziale la truffa online, nata in Spagna e Portogallo, chiamata "phishing" Si tratta di una relativamente nuova forma di *spamming*, che solitamente ha come campo di azione le banche e l'e-commerce.

Il phishing è un tipo di frode ideato allo scopo di rubare l'identità di un utente. Quando viene attuato, una persona malintenzionata cerca di appropriarsi di informazioni quali numeri di carta di credito, password, informazioni relative ad account o altre informazioni personali convincendo l'utente a fornirgliele con falsi pretesti. Il phishing viene generalmente attuato tramite posta indesiderata o finestre a comparsa.

Il phishing viene messo in atto da un utente malintenzionato che invia milioni di false e-mail che sembrano provenire da siti web noti o fidati come il sito della propria banca o della società di emissione della propria carta di credito. Arriva dunque nella propria casella di posta elettronica un'email che sembra provenire dalla banca e vi dice, per esempio, che c'è un non meglio precisato problema al sistema di "home banking". Vi invita pertanto ad aprire la home page della banca con cui avete il conto corrente gestito via web cliccando sul link indicato nella email. Subito dopo aver cliccato sul link vi si apre una finestra (pop-up) su cui digitare la "user-id" e la "password" di accesso al vostro home banking. Dopo pochi secondi, in generale, appare un altro pop-up che vi informa che per assenza di collegamento non è possibile effettuare la connessione (può anche non comparire nulla). La frittata è fatta: avete abboccato all'amo della truffa!

I messaggi di posta elettronica e i siti web in cui l'utente viene spesso indirizzato per loro tramite sembrano sufficientemente ufficiali da trarre in inganno molte persone sulla loro autenticità. Ritenendo queste e-mail attendibili, gli utenti troppo spesso rispondono ingenuamente a richieste di numeri di carta di credito, password, informazioni su account ed altre informazioni personali. Queste imitazioni vengono spesso indicate come "siti web spoofed"[6]. Una volta all'interno di uno di questi siti falsificati, è possibile immettere involontariamente informazioni ancora più personali che verranno poi trasmesse direttamente all'autore del sito, che le utilizzerà per acquistare prodotti, richiedere una nuova carta di credito o, in genere, sottrarre l'identità dell'utente.

Non bisogna rispondere mai a richieste di informazioni personali (pin, password, ecc), anche se provenienti dal vostro istituto di credito, ricevute tramite posta elettronica. Nel dubbio, telefonare all'istituto che dichiara di avervi inviato l'email chiedendo una conferma. Gli istituti bancari e le aziende serie non richiedono mai password, numeri di carte di credito o altre informazioni personali in un messaggio di posta elettronica. L'unica circostanza in cui viene richiesto il numero della vostra carta di credito è nel corso di un acquisto online che avete voi deciso di fare.

È possibile segnalare il sospetto di abuso anche via email. Molte banche ed aziende dispongono infatti anche di un indirizzo di posta elettronica specifico per denunciare questo tipo di illeciti. Per essere sicuri di accedere ad un sito web "reale" di un istituto bancario è indispensabile digitare il rispettivo URL nella barra degli indirizzi, diffidando di link ricevuti via e-mail.

È fondamentale, poi, esaminare regolarmente i rendiconti bancari e della carta di credito se si effettuano operazioni online; in caso di spese o movimenti bancari non riconosciuti occorre informare immediatamente telefonicamente il proprio istituto bancario o la società emittente della propria carta di credito.

---

6 Lo *spoofing* è un tipo di attacco informatico dove viene impiegata in qualche maniera la falsificazione dell'identità (*spoof*). Lo spoofing può avvenire in qualunque livello della pila ISO/OSI e oltre: può riguardare anche la falsificazione delle informazioni applicative. Quando la falsificazione dell'identità non avviene in campo informatico si parla di social engineering.

In caso di sospetto di uso illecito delle proprie informazioni personali per operazioni di phishing occorre inoltre informare immediatamente la Polizia Postale e delle Comunicazioni.

METODI DI INGEGNERIA SOCIALE - LO SCAMMING

Scam è un termine che indica un tentativo di truffa con i metodi dell'ingegneria sociale (*social engineering*), effettuato in genere inviando una e-mail nella quale si promettono grossi guadagni in cambio di somme di denaro da anticipare, oppure si prospettano storie strazianti per impietosire e farsi mandare somme di denaro.

Spesso *scam* e *spam* sono strettamente correlati. Lo scam assume anche il significato di un tentativo di furto di dati informatici come password da parte di un malintenzionato che ne vorrà fare mal uso, per il furto di soldi virtuali o reali. Gli scamming avvengono generalmente tramite il web con l'uso di *Fake Login* (in italiano: "falso login"), *Fake Program* (programmi cui richiedono la password mascherandosi come programmi funzionanti che promettono un qualcosa), *Keylogger* (programma che registra i tasti premuti sulla tastiera per poi inviarli al mittente), *Cookie* (di solito questa tecnica viene usata tramite un *Password Grabber* ossia un programma che riesce a estrapolare le password memorizzate per poi inviarle al mittente, in alcuni casi i cookie vengono anche sfruttati con le sessioni Internet), o in altri casi molto più rari con *Exploit* e *BruteForce*.

Tipico è l'esempio della **truffa alla nigeriana**. Nella email ricevuta si parla di grosse somme di denaro che dovrebbero essere trasferite o recuperate da una banca estera, la quale però chiede garanzie: come la cittadinanza, un conto corrente od un deposito cauzionale. Chi scrive, perciò, chiede il vostro aiuto sia per trasferire il denaro tramite il vostro conto che per anticipare il deposito cauzionale. Come ricompensa si riceverà una percentuale del denaro recuperato.

Una variante della truffa alla nigeriana può essere svolta tramite un finto avvocato, che rappresenta il patrimonio di parenti lontanissimi mai conosciuti dalla vittima della truffa. I parenti sono morti in un incidente d'auto, d'aereo o di altro tipo. Il finto avvocato rivela alla vittima di essere andato incontro a problemi insormontabili pur di poterla trovare. Ha soltanto bisogno che la vittima gli inoltri le informazioni del suo conto corrente per potergli mandare la parte dei milioni di dollari che gli spetta. (Meccanismo tratto quasi integralmente da un episodio del famosissimo film di Totò: Totòtruffa 62)

Un'altra variante viene spacciata come "notifica di vincita" di una compagnia di lotterie, soprattutto nel Regno Unito e in Olanda, che richiede un pagamento in anticipo (...naturalmente!) per raccogliere la somma che la vittima ha "vinto".

Ancora, la truffa viene riproposta a più riprese in ambito alberghiero con cifre di denaro più plausibili. In questa variante il truffatore si propone di prenotare un gran numero di camere, cene di gala etc. e promette di versare lauti anticipi, ma per cause diverse che spaziano dalla rivoluzione in atto in un certo paese del mondo alla carta di credito bloccata chiede che sia l'albergatore a versare inizialmente una determinata somma a suo favore.

Di più modesta entità, ma non per questo meno redditizia, è un'altra truffa perpetrata nel settore della compravendita di beni usati. Il tentativo di truffa avviene soprattutto (ma non esclusivamente) per i beni alquanto rari, di nicchia, o esclusivi. La tipica situazione è quella in cui una persona reale (il potenziale truffato) mette in vendita un bene (automobile, motocicletta o altro bene) inserendo annunci sui più diffusi canali di vendita. Il truffatore quasi sempre è disponibile subito a pagare il prezzo pieno, senza contrattare. A questo punto vi sono diverse versioni:

- A) viene inviato un assegno da banca estera maggiore del prezzo pattuito al venditore, e dopo alcuni giorni viene richiesto di restituire la parte eccedente. L'assegno internazionale contraffatto è difficile da verificare, e le banche stesse possono avere difficoltà nel verificare l'autenticità;

- B) vengono richiesti dal truffatore gli estremi per effettuare il pagamento, e, una volta ricevuti, si viene informati che per diversi motivi non gli è possibile effettuare il pagamento se prima non gli viene mandata una piccola somma di denaro (ad esempio, se il paese è africano, viene richiesta una somma di denaro come pagamento di una fantomatica tassa per effettuare acquisti all'estero, e si promette di restituirne l'ammontare col pagamento finale);

- C) il truffatore/acquirente dice di essere di un certo Stato, ma di essersi ora trasferito in un altro paese e di avere quasi sempre un contatto in Italia, e crea mille sotterfugi per farsi mandare delle somme di denaro.

Un'altra variante della truffa alla nigeriana è la cosiddetta *truffa di Valentin*; è stato applicato per la prima volta nel novembre del 1999 da uno spammer russo residente a Kaluga che si presentava col nome Valentin Mikhaylin (poi cambiato in Valentin Mikhailyn, Walentin Mihailin e simili).

Tramite la tecnica dello spam, vengono inviate migliaia di e-mail che presentano una storia straziante: Valentin afferma di essere molto povero, di avere una madre (di nome Elena) malata e di non riuscire a sopportare il terribile inverno russo, per cui chiede dei soldi da inviare ad un indirizzo privato, o l'invio di CD musicali per poterli scambiare con denaro.

Bisogna precisare che nelle abitazioni della ex Unione Sovietica sono veramente molto rare le casa prive completamente di riscaldamento; a causa dei climi molto rigidi sono diffusi i più svariati sistemi di riscaldamento, più o meno efficienti e più o meno centralizzati e/o di quartiere; si ricordi, inoltre, che in quei paesi vi è una relativa abbondanza di gas naturale e petrolio, che consente di fornire alle abitazioni ed ai quartieri il riscaldamento ad una cifra economica accettabile. Già soffermandosi attentamente su questo primo aspetto si poteva notare lo stile iperbolico dello spammer, volto ad impietosire il pubblico occidentale al fine di ottenere illecitamente denaro.

Un lavoro di inchiesta svolto dal debunker Paolo Attivissimo ha portato ad una migliore comprensione della truffa, già nota ed in corso da anni, anche grazie a degli indizi che lo spammer non è riuscito a nascondere. Infatti i punti, più o meno macroscopici, che permettono una migliore comprensione dell'inganno sono tre:

1. le mail di Valentin, se analizzate nel corso della loro evoluzione, erano (e sono) contraddittorie: inizialmente si presentò come professore ed in seguito come studente di biologia. Questo perché egli aveva notato che la figura del docente, che di norma vive degnamente grazie allo stipendio, non commuoveva come quello dello studente, che appare al grande pubblico più povero e patetico. Ovviamente Valentin non ha mai provato la veridicità delle sue affermazioni e non ha mai risposto alla richiesta di invio di foto. Inoltre, rifiutava qualunque cosa oltre a soldi e vestiti, inclusi oggetti potenzialmente utili per la madre malata come dei potenti farmaci;

2. lo scambio di dischi musicali russi con dischi occidentali generava più di un sospetto, visto che la povertà gli avrebbe comunque dovuto rendere difficile trovare CD locali;

3. a seguito delle segnalazioni di numerosi utenti, a Valentin vennero chiusi numerosi account su diversi server per invio troppo massiccio di posta elettronica. Questo indicava che, nonostante la povertà sbandierata ai quattro venti, Valentin non aveva problemi a trovare mezzi informatici sofisticati ed adeguati allo scopo.

Sempre lo stesso Paolo Attivissimo, attraverso un'approfondita indagine ed avendo numerosi contatti con il truffatore, arrivò a capire meglio i meccanismi di questa truffa ed a scoprire tramite un sito internet russo che Valentin è stato in carcere in seguito ad una condanna per calunnia. Valentin stesso, dopo la pubblicazione di una prima inchiesta, è diventato aggressivo minacciando denunce, compiendo attacchi informatici e diffamazione nei confronti del giornalista informatico italiano.

Nel 2006 Valentin è tornato in azione, stavolta con il nome di "Walentin", con truffe basate sullo stesso meccanismo: il motivo del cambio del nome è da ricercare nella sua intenzione di non farsi trovare nelle ricerche compiute su Google dagli utenti insospettiti dai suoi messaggi.

Nel 2007 ulteriore cambio di identità: l'appello rimane nella sostanza identico ma cambia la firma che diventa Mrs. Elena (proprio come la madre di Valentin) Galitsina e l'indirizzo viene modificato nella via ma non nella città.

Nel 2009 la firma dell'appello diventa "Elena with my family" e la richiesta (ad un primo approccio) non fa più riferimento al trasferimento di denaro, ma all'invio di una stufa. Si tratta probabilmente di un sistema per garantire un maggior numero di contatti tramite e-mail e che si tramuta poi in una richiesta di denaro.

Un'altra forma di scam, più subdola, avviene tramite siti Internet per incontri e conoscenze. Alcune donne (di varia provenienza: usualmente Europa dell'est, Russia e Africa) mandano un messaggio di interesse alla vittima. Si instaura così un rapporto a distanza tramite email con un fitto scambio di corrispondenza. La donna, in genere, si presenta con un profilo e un'immagine avvenente e con un atteggiamento subito propenso alla costruzione di un rapporto sentimentale, sottintendendo anche un possibile scambio a livello sessuale. Sempre disponibile al dialogo, invia in genere foto a bassa risoluzione, a volte palesemente scaricate da Internet, per cui identificabili come fasulle. Dopo un certo lasso di tempo, però, viene richiesta una somma di denaro per far fronte a problemi economici come un'improvvisa malattia, un problema familiare, un prestito in scadenza, ecc. La vittima viene quindi convinta a trasferire una certa cifra tramite conto bancario o con un trasferimento di contanti con sistemi come Western Union. Subito dopo aver incassato i soldi, la donna fa perdere i propri contatti.

Ulteriore variante di scam è la truffa chiamata anche "Birthday Girl", dall'omonimo film con protagonista principale Nicole Kidman: rispondendo ad annunci su internet, si entra in contatto con una ragazza russa (o lettone, o di qualche altro paese dell'Est europeo); alle comunicazioni email seguiranno quasi subito invii di foto, dalle quali si noterà che la ragazza in questione non è avvenente, ma comunque è graziosa e molto rispettosa.

La comunicazione epistolare andrà avanti per un certo periodo, dopo del quale la ragazza si proporrà di raggiungere il malcapitato, meglio se con un contributo economico da parte sua. Cosa che verrà fatta effettivamente, ma dopo pochi giorni dal suo arrivo, invariabilmente in coincidenza con il suo compleanno, la raggiungeranno anche alcuni familiari, di regola uomini, che si proporranno per alloggiare nell'appartamento del malcapitato o, comunque, a sue spese. Non passerà ancora molto tempo che la truffa raggiungerà il suo epilogo: i "parenti" arrivati per festeggiare il compleanno della ragazza la sequestreranno, minacciandola di morte se il malcapitato di turno non provvederà a pagare un forte riscatto. La truffa prende spunto dal film, come detto, ma le cronache riportano diversi casi di questa truffa, soprattutto nei paesi dell'Occidente europeo.

Per prevenire questo tipo di truffe, è utile tenere conto di alcuni elementi comuni che devono far insospettire:

- un troppo rapido interesse della persona nei vostri confronti, inclusa la possibilità di un rapido matrimonio ;
- le domande poste dalle "vittime" non sono prese in nessuna considerazione e restano senza risposta; nomi reali, date ed eventi restano sul vago per preparare la strada all'imprevisto che giustificherebbe la richiesta di denaro;
- le foto inviate sono spesso a bassa risoluzione (come fossero già preparate) e a volte palesemente scaricate da Internet ;
- le foto inviate da uno scammer hanno tendenzialmente nomi numerici del tipo 40.jpg, 454.jpg etc;
- le donne sono spesso avvenenti e hanno perso la famiglia (spesso in un attacco ribelle o di pirati -reali!);
- la richiesta di soldi, per un quantitativo non troppo elevato (una tipica somma richiesta da uno scammer è circa di 400 euro) ;
- le email presentano una struttura costituita da una serie di frasi già fatte e preconfezionate che ripetono a seconda delle circostanze (esempio: se si allacciano due corrispondenze con due scammers diversi di nazionalità russa che dichiarano di provenire da due città differenti, le lettere

presentano, in maniera più o meno mescolata, pressoché le medesime frasi!) ;

- i messaggi sono tutti scritti palesemente con un traduttore automatico;
- dichiarano di aver trovato il vostro indirizzo email in famosi gruppi sociali, giocando sulle probabilità che vi siate effettivamente iscritti ;
- una volta che siete inseriti nelle loro liste ricevete posta non solo da una ma da diverse scammer.

Viene, infine, definito *scam* spesso nei giochi online il far pagare un determinato oggetto cifre esorbitanti rispetto al suo vero valore.

LA BUFALA (HOAX)

Una bufala indica un tentativo di ingannare un pubblico presentando deliberatamente per reale qualcosa di falso o artefatto. Si distingue generalmente dalla truffa, che invece è un reato, per la mancanza di intenzionalità da parte di chi la racconta e/o per la mancanza di profitto a scapito delle vittime.

Il termine, in particolare al giorno d'oggi, indica quelle notizie (in genere messaggi inviati per posta elettronica) contenenti comunicati o richieste di aiuto di contenuto fasullo e ingannevole. Quando tali messaggi invitano esplicitamente ad essere rispediti al maggior numero di persone, in modo da aumentarne la diffusione in maniera esponenziale, si parla più propriamente di *catena di Sant'Antonio*. A causa della modalità con cui vengono diffusi i messaggi in questo caso, molto simile alla modalità operativa di un virus (intasamento delle caselle di posta elettronica, con conseguente difficoltà o impossibilità al loro utilizzo, uso sproporzionato dei servizi internet, etc.) qualche Autore ha ritenuto di poter sovrapporre l'effetto della Catena di S. Antonio con quello di un virus informatico, classificando conseguentemente la Catena di S. Antonio come un *virus informatico*; questa definizione, tuttavia, è da ritenere valida solo in senso semantico e non tecnico.

Principalmente le bufale trattano di leggende metropolitane, che magari prendono spunto da fatti realmente accaduti (in una piccola parte dei casi si ispirano a veri casi umanitari, ma continuano a girare anche anni dopo che il caso è risolto o il destinatario degli aiuti è defunto, arrivando così a perseguitarne involontariamente i parenti); spesso riguardano virus inesistenti che eseguirebbero fantasiose operazioni distruttive (gran parte delle quali irrealizzabili da un punto di vista tecnico).

In buona sostanza si tratta di una forma particolare di *spamming*, che spesso fa leva sui buoni sentimenti delle persone che, spinte ingenuamente dal desiderio di compiere una buona azione, pur senza prima effettuare alcuna seria verifica sul contenuto, inviano copia del messaggio a tutti i propri conoscenti; in tal modo possono arrivare a sovraccaricare i sistemi di posta elettronica con migliaia di messaggi inutili. A volte questi messaggi contengono virus oppure link a siti web (anch'essi con contenuto falso e/o pubblicitario).

Sempre più spesso inoltre può trattarsi di veri e propri tentativi di truffa, specie quando contengono promesse di facili guadagni o richieste di denaro (vedi ad esempio la *truffa alla nigeriana* e la *truffa di Valentin*).

È da sottolineare che tecnicamente è impossibile "registrare il traffico email" nel senso in cui è inteso da alcune di queste forme di catena (e inoltre sarebbe violazione della privacy), per cui non va dato credito a quelle che chiedono di essere inviate a più persone possibili, in modo da accreditare soldi a qualche bisognoso (tra l'altro solitamente inesistente).

In ambito informatico è invalso l'uso di identificarle anche col nome inglese di *hoax*. Giova ricordare, inoltre, che la Netiquette vieta qualsiasi tipo di catena di Sant'Antonio.

Di seguito due esempi abbastanza famosi di bufale circolate negli ultimi tempi su internet:

«Allarme Virus! Se ricevi un messaggio con oggetto WIN A HOLIDAY non aprirlo. Formatterà immediatamente il contenuto del tuo hard disk. Si tratta di un nuovo virus non ancora conosciuto, inoltra questa informazione a tutti i tuoi amici ...»

«UN POVERO BAMBINO HA UNA MALFORMAZIONE CONGENITA CON COMPLICAZIONI E NECESSITA DI UN TRAPIANTO COSTOSISSIMO: IL COSTO DELL'OPERAZIONE È DI $ 560.000. LA LEGA PER LA LOTTA CONTRO LE MALATTIE GENETICHE PAGHERA' $0.01 PER OGNI E-MAIL INVIATA CON OGGETTO "AIUTA NICOLAS". È NECESSARIO INVIARE QUESTO MESSAGGIO IN TUTTO IL MONDO. SERVONO 56 MILIONI DI MESSAGGI PER FINANZIARE L'OPERAZIONE. NICOLAS HA BISOGNO DI NOI PER TORNARE A SORRIDERE!! SALVIAMO QUESTO BIMBO CHE LOTTA CONTRO LA MORTE ... »

In genere sono presenti citazioni di fonti autorevoli come AOL, Microsoft,

Nokia ed altri, ovviamente fasulle. È ovviamente impossibile controllare su tutti i server del mondo le email inviate e contare quelle con un determinato messaggio in oggetto.

Altro esempio famoso:

« PER FAVORE FAI CIRCOLARE QUESTO AVVISO TRA I TUOI AMICI E CONTATTI.

Nei prossimi giorni dovete stare attenti a non aprire nessun messaggio chiamato "invitation", indipendentemente da chi lo invia: è un virus che "apre" una torcia olimpica che brucia il disco fisso del pc. Questo virus verrà da una persona che avete nella lista dei contatti. Per questo dovete divulgare questa mail, è preferibile ricevere questo messaggio 25 volte che ricevere il virus ed aprirlo. Se ricevete un messaggio chiamato "invitation" non lo aprite e spegnete immediatamente il pc. È il peggior virus annunciato dalla CNN, classificato da Microsoft come il virus più distruttivo mai esistito. È stato scoperto ieri pomeriggio da MCAfee è non c'è soluzione ancora per eliminarlo. Questo virus distrugge semplicemente il Settore Zero del disco fisso dove l'informazione vitale è nascosta. Invia questa mail a chi conosci, copia questa posta e spediscila ai tuoi amici e contatti e ricorda che se lo invii a tutti, ne beneficeremo anche noi. »

Più i riferimenti sono altisonanti - CNN, Microsoft, McAfee - più è probabile che il messaggio sia fasullo. È inoltre da notare che non è presente nessun link ufficiale alle fonti citate e viene usata l'espressione *ieri pomeriggio*, anche se la mail non è datata.

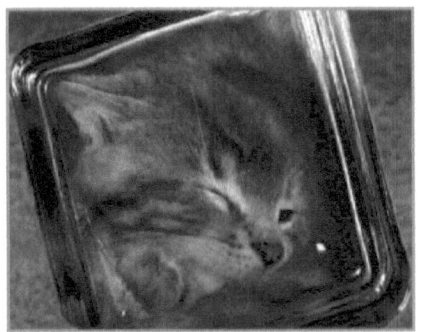

Particolarmente significativa è stata l'ondata di messaggi di indignazione contro il sito *bonsaikitten.com*, nel quale un sedicente "scienziato cinese" affermava di vendere in tutto il mondo dei kit per la preparazione di gatti in bottiglia (!).

Il sito era un'evidente burla, ma questo non è bastato ad impedire alla polizia americana (e in seguito anche a quella italiana) di ottenere la chiusura e l'oscuramento del sito. Era stato aperto anche un sito vetrina in italiano, *gattibonsai.it*, che è stato ugualmente chiuso.

Altri esempi fanno riferimento ad eventi che hanno fortemente colpito l'immaginario collettivo. Ad esempio, gli attentati dell'11 settembre 2001 hanno dato lo spunto per numerose bufale, fra cui il "Q33 NY". Il messaggio bufala afferma che il numero del presunto aereo di linea "Q33 NY", schiantatosi contro il World Trade Center, assuma un determinato significato se si usa il font Wingdings. In pratica, scrivendo con un normale font questi caratteri in un word processor (es: MS-Word) e poi cambiando il font in *Wingdings,* al posto delle lettere si ottiene:

Varie sono state le interpretazioni della simbologia. Alcuni commentatori ritennero che si trattasse di una rivendicazione degli attentati e di una minaccia agli ebrei e/o ad Israele. Altri ritennero questa una sorta di connessione (quasi profetica) fra l'aereo e gli attentati.

In realtà non è mai esistito nessun volo "Q33 NY". I numeri dei veri aerei di linea che si sono schiantati contro le Twin Towers sono infatti altri: AA11 e UA175. Esiste una corsa di autobus numero "Q33" a New York, che collega la città all'Aeroporto LaGuardia. Ad ogni modo, quella corsa non ha alcuna connessione con gli attentati dell'11 settembre 2001.

Dunque come comportarsi di fronte a questi eventi? Quando si riceve un messaggio di cui si sospetta, anche lontanamente, che possa trattarsi di una bufala la prima cosa da fare è, certamente, l'ultima cui si pensa: assolutamente niente!

Sebbene in genere si venga presi da una sorta di disagio ed ansia per il contenuto del messaggio, occorre innanzitutto leggere ed analizzare il messaggio ricevuto (non solo il testo: l'intero messaggio) in senso critico e trovare risposta ad una serie di domande che, per quanto possano sembrare banali, spesso non ci si pone: ha senso reale quello che è stato scritto? È ben inquadrato nel tempo e nello spazio? Vi sono riferimenti pratici verificabili? Solo se queste domande trovano risposte affermative ha senso cercare conferme altrove, anche sullo stesso web. Uno dei siti che maggiormente si occupa di smascherare le truffe è quello di Paolo Attivissimo, giornalista, scrittore e conduttore radiofonico, il quale nel suo sito (*attivissimo.net*) presenta una ricca casistica di bufale, tutte regolarmente smascherate con ampie giustificazioni del perchè debbano ritenersi tali.

LA CATENA DI S. ANTONIO

Una catena di sant'Antonio è un sistema per propagare un messaggio inducendo il destinatario a produrne molteplici copie da spedire, a propria volta, a nuovi destinatari. È considerato un tipo di meme[7].

Tra i metodi comunemente sfruttati dalle catene di sant'Antonio vi sono storie che manipolano le emozioni, sistemi piramidali che promettono un veloce arricchimento e l'uso della superstizione per minacciare il destinatario con sfortuna, malocchio o anche violenza fisica o morte se "rompe la catena" e rifiuta di aderire alle condizioni poste dalla lettera. È un fenomeno propagatosi anche su Internet attraverso le e-mail, malgrado diffondere questo tipo di messaggi sia una esplicita violazione della netiquette.

Le catene di sant'Antonio traggono il proprio nome (nella lingua italiana) dal fenomeno che consisteva nell'inviare per posta lettere ad amici e conoscenti allo scopo di ottenere un aiuto ultraterreno in cambio di preghiere e devozione ai santi (Sant'Antonio è considerato uno dei santi oggetto di maggiore devozione popolare). Negli anni cinquanta del Novecento erano infatti diffuse lettere che iniziavano con "Recita tre Ave Maria a Sant'Antonio..." e proseguivano descrivendo le fortune capitate a chi l'aveva ricopiata e distribuita a parenti e amici e le disgrazie che avevano colpito chi invece ne aveva interrotto la diffusione. Ancor più antica è la versione che circolava durante la prima guerra mondiale sotto forma di preghiera per la pace, che fu interpretata da ministri e funzionari di pubblica sicurezza come propaganda nemica da sopprimere.

Un mezzo alternativo di diffusione delle catene rispetto alla posta ordinaria era costituito dallo scrivere i messaggi sulle banconote (in particolare, in Italia, i biglietti da 1.000 lire). I vantaggi risultavano evidenti: la carta moneta consente di passare attraverso un numero enorme di intermediari, evitando inoltre le spese postali. Un mezzo molto utilizzato prima dell'avvento di Internet sono state le fotocopie, che eliminavano la trascrizione manuale, e in seguito i fax, che aggiunsero a questo vantaggio un notevole incremento nella rapidità di diffusione della catena.

---

7 Un *meme* è una riconoscibile entità di informazione relativa alla cultura umana che è replicabile da una mente o un supporto simbolico di memoria, per esempio un libro, ad un'altra mente o supporto. In termini più specifici, un meme è "un'unità auto-propagantesi" di evoluzione culturale, analoga a ciò che il gene è per la genetica. La parola è stata coniata da Richard Dawkins nel suo controverso libro *Il gene egoista*, ma un concetto analogo era già stato preconizzato da William S. Burroughs quando affermava che "il linguaggio è un virus".

In seguito anche gli SMS dei telefoni cellulari sono diventati veicolo di catene di sant'Antonio.

Le catene di Sant'Antonio sono un fenomeno che non solo è riuscito a sopravvivere fino ad oggi ma che ha visto una vera e propria esplosione grazie alla diffusione delle e-mail dalla metà degli anni novanta. Attraverso Internet è infatti possibile inoltrare un identico messaggio a tutti i propri conoscenti in pochi secondi, con una singola operazione ed allo stesso costo della normale connessione internet.

Quella delle catene di sant'Antonio è fin dagli albori di Internet una pratica espressamente vietata dalla Netiquette, ma rimane ugualmente diffusa attraverso persone che in tal modo dimostrano involontariamente, oltre ad una certa ingenuità, la loro scarsa o nulla conoscenza del mondo dell'informatica e della rete. È sufficiente del resto che solo una piccola percentuale dei destinatari aderisca per assicurare la propagazione della catena.

Le moderne catene di Sant'Antonio sono strettamente collegate ad altri fenomeni che hanno trovato diffusione anche su Internet come lo spam, le "bufale" e i cosiddetti "sistemi piramidali".

Le catene hanno precisi temi ricorrenti che possono essere ricondotti a:

- la classica "lettera portafortuna", spesso corredata da un breve testo educativo e moraleggiante ;
- la richiesta di aiuto per bambini malati, cuccioli da salvare, notizie sconvolgenti da diffondere ;
- la promessa di un facile e rapido arricchimento;
- la minaccia di sfortuna o di morte .

Nella quasi totalità dei casi i messaggi delle catene contengono informazioni completamente false, inventate o riadattate, in special modo quelle storie che puntano a sfruttare il lato emotivo del destinatario. Possono essere appelli di vario tipo, da appelli umanitari ad allarmi per ipotetiche emergenze. La loro diffusione è basata sulla disattenzione di quella percentuale di destinatari che, dando per scontata la veridicità delle informazioni riportate nel messaggio ("...*l'ho letto su internet...*"), lo girano immediatamente ai propri conoscenti, senza effettuare verifiche. A parte la superstizione, le minacce (di sfortuna, malocchio, morte o altro) sono sempre completamente false.

Dato che è pressoché impossibile fermare una catena, anche nella minoranza dei casi in cui l'appello è genuino la catena produce dei danni. Non di rado i parenti di persone morte da tempo per gravi malattie vengono perseguitati per anni da messaggi di persone ignare e in buona fede.

In alcuni casi le catene di sant'Antonio che chiedono di inoltrare il messaggio ad un particolare indirizzo sono utilizzate per alimentare il fenomeno illegale dello spam. Avviando una catena di questo tipo, lo spammer può ricevere di ritorno, senza fatica, migliaia di messaggi, dai quali potrà estrarre (con l'utilizzo di appositi software) un gran numero di indirizzi e-mail validi, da rivendere a caro prezzo. Questi dati verranno utilizzati per l'invio di messaggi indesiderati pubblicitari o truffaldini.

Il fenomeno è aggravato dalla noncuranza degli utenti inesperti che inoltrano il messaggio lasciando gli indirizzi di tutti destinatari in chiaro, e/o senza cancellare i dati dei destinatari precedenti o anche, addirittura, la propria firma e indirizzo. In questo modo per un malintenzionato è anche possibile risalire all'identità degli utenti, ricostruire la loro cerchia di contatti e tentare vere e proprie truffe utilizzando i metodi dell'ingegneria sociale.

Per quanto riguarda i sistemi piramidali, infine, questi sono delle varianti delle catene di Sant'Antonio in cui chi riceve la lettera deve spedire del denaro a chi è all'inizio della catena (o al vertice della piramide). Chi spedisce le lettere spera di diventare presto "vertice" e di arricchirsi velocemente e senza fatica.

RANSOMWARE

Un ransomware è un tipo di malware che limita l'accesso del dispositivo che infetta, richiedendo un riscatto (*ransom* in inglese) da pagare per rimuovere la limitazione. Ad esempio alcune forme di ransomware bloccano il sistema e intimano l'utente a pagare per sbloccare il sistema, altri invece cifrano i file dell'utente chiedendo di pagare per riportare i file cifrati in chiaro.

Inizialmente diffusi in Russia, gli attacchi con ransomware sono ora perpetrati in tutto il mondo. Nel giugno 2013, la casa software McAfee, specializzata in software di sicurezza, ha rilasciato dei dati che mostravano che nei primi tre mesi del 2013 erano stati registrati 250.000 diversi tipi di ransomware, più del doppio del numero ottenuto nei primi tre mesi dell'anno precedente. *CryptoLocker*, un worm ransomware apparso alla fine del 2013, ha ottenuto circa 3 milioni di dollari prima di essere reso innocuo dalle autorità.

I ransomware tipicamente si diffondono come i *trojan*, o *malware worm*, penetrando nel sistema attraverso, ad esempio, un file scaricato o una vulnerabilità nel servizio di rete. Il software eseguirà poi un *payload*, che, ad esempio, cripterà i file personali sull'hard disk.

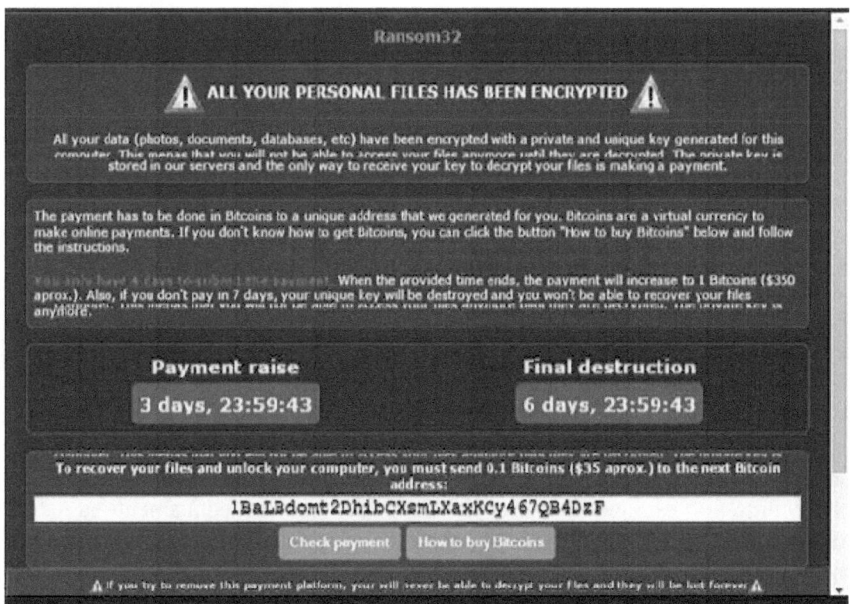

I ransomware più sofisticati utilizzano sistemi ibridi di criptazione (che non necessitano di condivisione di chiavi fra i due utenti) sui documenti della vittima, adottando una chiave privata casuale e una chiave pubblica fissa. L'autore del malware è l'unico a conoscere la chiave di decriptazione privata. Alcuni ransomware eseguono un payload che non cripta, ma è semplicemente un'applicazione che limita l'interazione col sistema, agendo sulla shell di Windows e rendendola non operativa e controllata dal malware stesso, o addirittura modificando il master boot record e/o la tabella di partizione (il che impedisce l'avvio del sistema operativo finché non viene riparata).

I payload dei ransomware fanno anche uso di *scareware* per estorcere denaro all'utente del sistema. Il payload potrebbe ad esempio mostrare notifiche che credibilmente potrebbero essere state inviate dalla polizia federale o da varie compagnie, le quali affermano falsamente che il sistema sia stato usato per attività illegali o che contenga materiale illegale, pornografico o piratato.

Altri payload imitano le notifiche di attivazione prodotto di Windows XP, affermando che il computer potrebbe montare una distribuzione di Windows contraffatta, che va quindi riattivata. Queste tattiche forzano l'utente a pagare l'autore del malware per rimuovere il ransomware, sia con un programma che decritti i file criptati, sia con un codice di sblocco che elimini le modifiche fatte dal ransomware. Questi pagamenti di solito vengono effettuati tramite bonifico, con sottoscrizione via SMS, con un pagamento online attraverso un servizio voucher come Ukash o Paysafecard, o, più recentemente, tramite Bitcoin (la valuta digitale).

Come altre forme di malware, i software per la sicurezza potrebbero non rilevare un payload di ransomware, o, specialmente nel caso di payload che producono la criptazione dei dati, riconoscerli mentre la criptazione è già in corso o completata, soprattutto se trattasi di nuove versioni sconosciute.

Recentemente, in Italia, circolano in numero sempre maggiore email di ransomware che comunicano all'utente destinatario l'avvenuta emissione di bollette di pagamento (per utenze telefoniche, elettriche, gas, etc.) in tutto e per tutto verosimili che quelle "autentiche" delle rispettive società. In pratica, una lettura attenta del contenuto del messaggio evidenzia numeri di telefono che non ci appartengono, o società con le quali non abbiano contratti di fornitura, o indirizzi di fornitura non esplicitati o altro, che fanno dedurre immediatamente la natura maligna del messaggio. Purtroppo, però, il più degli utenti che ricevono tali messaggi non leggono il dettaglio se non quando è ormai troppo tardi.

Se si sospetta che un attacco sia in corso o se esso viene rilevano nelle sue fasi iniziali, dal momento che la criptazione richiede qualche tempo prima di essere eseguita, la rimozione immediata del malware (un processo relativamente semplice) prima che sia del tutto completa potrebbe limitare i danni ai file. In questi casi, anzi, un rimedio semplice ma efficace potrebbe essere anche il semplice distacco della connessione ad internet.

Gli esperti di sicurezza hanno suggerito misure precauzionali per tutelarsi dai ransomware, come l'uso di software o di altre procedure di sicurezza per bloccare i payload noti prima della loro esecuzione, o il backup offline dei dati in aree non accessibili al malware.

Il buon senso, invece, suggerisce una serie di misure precauzionali *pre-* e *post* danno, quali ad esempio di dotarsi un backup eseguito con relativa frequenza, non fidarsi di messaggi che riceviamo via email o che compaiono a video se non verificati e verificabili (se non siamo di capire l'autenticità è sempre bene rivolgersi a qualcuno più esperto), disconnettere il cavo di rete (o la connessione, se wireless) se si sospetta la presenza di ransomware e, soprattutto, non pagare mai ed in nessun caso alcuna forma di riscatto.

Non vi è, infatti, alcuna garanzia che dopo il pagamento si possa entrare in possesso della chiave di decriptazione e, anzi, paradossalmente, si può essere accusati di riciclaggio o ricettazione.

Sicurezza Informatica

Con il termine *sicurezza informatica* si intende quel ramo dell'informatica che si occupa delle misure (di carattere organizzativo e tecnologico) tese ad assicurare a ciascun utente autorizzato tutti e soli i servizi previsti per quell'utente, nei tempi e nelle modalità previste.

Il raggiungimento della disponibilità dipende da diversi fattori che interferiscono tra utente e sistema, quali: robustezza del software di base e applicativo, affidabilità delle apparecchiature e degli ambienti in cui essi sono collocati.

Il sistema informatico deve essere in grado di impedire l'alterazione diretta o indiretta delle informazioni (generalmente indicata come *perdita di dati*), sia da parte di utenti non autorizzati, sia da eventi accidentali; inoltre deve impedire l'accesso abusivo ai dati. Si tenga presente, comunque, che in generale non è buona norma assumere che le contromisure adottate in un sistema siano sufficienti a scongiurare qualsiasi attacco.

L'interesse per la sicurezza dei sistemi informatici è cresciuto negli ultimi anni proporzionalmente alla loro diffusione ed al loro ruolo occupato nella collettività. Alcuni ex-hacker/cracker sono oggi dirigenti di società di sicurezza informatica o responsabili di questa in grandi multinazionali. Ciò sembra mostrare che per capire le strategie migliori di sicurezza informatica è necessario entrare nella mentalità dell'attaccante per poterne prevedere ed ostacolare le mosse.

Le cause di probabile perdita di dati nei sistemi informatici possono essere molteplici, ma in genere vengono raggruppate in due eventi: *indesiderati* ed *accidentali*. Tra i due, quelli indesiderati sono quelli per lo più inaspettati (anche se è prudente aspettarsi di tutto) e sono i cosiddetti *attacchi* da parte di utenti non autorizzati al trattamento di dati o all'utilizzo di servizi.

Alcuni degli eventi indesiderati che si possono subire possono essere, ad

XI.2 - Nozioni di Informatica - Sicurezza Informatica

esempio, attacchi hacking ed uso delle proprie autorizzazioni per l'accesso a sistemi da parte di utenti non autorizzati. Gli attacchi hacking, spesso conosciuti sotto il nome di *attacchi hacker*, vengono fatti tramite la rete internet, da parte di utenti chiamati appunto dalla società "hacker", che tramite l'uso di software particolari, a volte creati da loro stessi, si intrufolano abusivamente all'interno del sistema, riuscendo ad ottenere piena disponibilità della macchina, per gestire risorse e dati senza avere i giusti requisiti richiesti. L'accesso a sistemi da parte di utenti non autorizzati è simile al precedente, ma ha una forma diversa e consiste nell'uso non autorizzato di sistemi e di dati altrui; a differenza di un attacco hacker, viene usata la macchina e non la rete.

La protezione dagli attacchi informatici viene ottenuta agendo su più livelli: innanzitutto a livello fisico e materiale, ponendo i server in luoghi il più possibile sicuri, dotati di sorveglianza e/o di controllo degli accessi; anche se questo accorgimento fa parte della sicurezza normale e non della "sicurezza informatica" è sempre il caso di far notare come spesso il fatto di adottare le tecniche più sofisticate generi un falso senso di sicurezza che può portare a trascurare quelle semplici.

Il secondo livello è normalmente quello logico che prevede l'autenticazione e l'autorizzazione di un'entità che rappresenta l'utente nel sistema. Successivamente al processo di autenticazione, le operazioni effettuate dall'utente sono tracciate in file di log. Questo processo di monitoraggio delle attività è detto *audit* o *accountability*.

Per evitare invece gli eventi accidentali, non esistono soluzioni generali, ma di solito è buon senso dell'utente fare una *copia di backup* del sistema e fare un backup periodico di dati e applicazioni, in modo da poter fronteggiare qualsiasi danno imprevisto.

Le principali tecniche di attacco ad un sistema informatico possono essere riassunte nelle seguenti:

- Exploit
- Buffer overflow
- Shellcode
- Cracking
- Backdoor
- Port scanning
- Sniffing
- Keylogging
- Spoofing

- Trojan
- Virus informatici
- DoS
- Ingegneria sociale

EXPLOIT

Viene identificato col termine *exploit* un codice che, sfruttando un bug o una vulnerabilità, porta all'acquisizione di privilegi o al *denial of service* di un computer.

Ci sono diversi modi per classificare gli exploit. Il più comune è una classificazione a seconda del modo in cui l'exploit contatta l'applicazione vulnerabile.

Un *exploit remoto* è compiuto attraverso la rete e sfrutta la vulnerabilità senza precedenti accessi al sistema. Un exploit locale richiede un preventivo accesso al sistema e solitamente fa aumentare i privilegi dell'utente oltre a quelli impostati dall'amministratore.

Gli exploit possono anche essere classificati a seconda del tipo di vulnerabilità che sfruttano. Ad esempio: *buffer overflow, Heap Overflow, format string attacks, race condition, double free(), Integer overflow, SQL injection, cross-site scripting, cross-site request forgery, remote file inclusion, local file inclusion*, etc. La trattazione specifica di ognuno di questi exploit esula dallo scopo di questo scritto e, pertanto, non verrà fatta ma si rimanda in caso di interesse alla ricerca del corrispettivo termine tramite un qualunque motore di ricerca su internet.

Lo scopo di molti exploit è quello di acquisire i privilegi di root[1] su un sistema. È comunque possibile usare exploit che dapprima acquisiscono un accesso con i minimi privilegi e che poi li alzano fino ad arrivare a root.

Normalmente un exploit può sfruttare solo una specifica falla, e quando questa falla viene riparata, l'exploit diventa inutile per le nuove versioni del pro-

---

1 Nei sistemi operativi di tipo Unix si indica con root l'utente dotato di massimi privilegi, cioè l'*amministratore di sistema*, detto anche *super utente* o *superuser*. L'utente root può fare tutto ciò che si desidera sul sistema: questo può essere sia un vantaggio che uno svantaggio nello stesso momento, poiché viene universalmente ritenuto pericoloso compiere le normali sessioni di lavoro in qualità di root. Infatti un programma lanciato in esecuzione da root ha potenzialmente la possibilità di effettuare qualunque operazione sulla macchina sulla quale viene eseguito. Se lo stesso programma viene lanciato in esecuzione da un utente con privilegi non amministrativi, non potrà effettuare operazioni pericolose, come cancellare file essenziali per il sistema operativo.

gramma. Per questo motivo alcuni *blackhat hacker*[2] non divulgano gli exploit trovati ma li tengono riservati per loro o per la loro comunità. Questi exploit sono chiamati *zero day exploit*[3], e scoprire il loro contenuto è il più grande desiderio per gli attacker senza conoscenze, altrimenti detti script kiddie[4]. Gli exploit più sfruttati sono scritti nei linguaggi *perl*, *C* e *php*.

BUFFER OVERFLOW

Il buffer overflow è una vulnerabilità di sicurezza che può affliggere un programma software. Consiste nel fatto che tale programma non controlla in anticipo la lunghezza dei dati in arrivo, ma si limita a scrivere il loro valore in un buffer[5] di lunghezza prestabilita, confidando che l'utente (o il mittente) non immetta più dati di quanti esso ne possa contenere: questo può accadere se il programma è stato scritto usando funzioni di libreria di input/output che non fanno controlli sulle lunghezze dei dati trasferiti.

In pratica se, per errore o per malizia, vengono inviati più dati della capienza del buffer destinato a contenerli, i dati extra vanno a sovrascrivere le variabili interne del programma; come conseguenza di ciò, a seconda di cosa è stato sovrascritto e con quali valori, il programma può dare risultati errati o imprevedibili, bloccarsi, o (se è un driver di sistema o lo stesso sistema operativo) bloccare il computer. Conoscendo molto bene il programma in questione, il sistema operativo e il tipo di computer su cui gira, si può precalcolare una serie di dati malevoli che inviata per provocare un buffer overflow consenta ad un malintenzionato di prendere il controllo del programma (e a volte, tramite questo, dell'intero computer).

SHELLCODE

Uno shellcode è un programma in linguaggio assembly che tradizionalmente esegue una shell[6], come la shell Unix '/bin/sh' oppure la shell *command.com* sui sistemi operativi DOS e Microsoft Windows. Uno shellcode può essere utilizzato per sfruttare un bug mediante un exploit, consentendo ad un hacker o un cracker di acquisire l'accesso alla riga di comando di un computer, o più in generale di eseguire codice arbitrario.

---

2 Un *black hat hacker* (altrimenti chiamato *cracker*) è un hacker malintenzionato o con intenti criminali. Questo termine è spesso utilizzato per indicare una persona dalle grandi capacità informatiche, ma con fini illeciti; deriva dal sostantivo di significato opposto *white hat hacker*.

3 Lo *0-day* è un tipo di attacco informatico che inizia nel "giorno zero", cioè nel momento in cui è scoperta una falla di sicurezza in un sistema.

Gli shellcode sono tipicamente inseriti nella memoria del computer sfruttando dei buffer overflow. L'esecuzione dello shellcode può essere ottenuta sovrascrivendo l'indirizzo di ritorno; in questo modo quando la subroutine prova a ritornare al chiamante, ritorna invece al codice dello shellcode che apre una riga di comando che può essere usata dal cracker.

I cracker che scrivono gli shellcode utilizzano spesso tecniche per nascondere il loro attacco. Essi provano generalmente ad aggirare il modo in cui i gli *Intrusion Detection Systems* (IDS) riconoscono un attacco in arrivo. Un tipico IDS di solito cerca in tutti i pacchetti in arrivo gli spezzoni di codice tipici degli shellcode; se vengono trovati, il pacchetto viene scartato prima di arrivare all'applicazione cui è destinato. Il punto debole degli IDS è che non possono fare delle ricerche effettivamente buone poiché richiederebbe troppo tempo, rallentando così la connessione ad Internet.

Gli shellcode contengono spesso una stringa con il nome di una shell. Tutti i pacchetti in arrivo che contengono una stringa del genere sono considerati abbastanza sospetti dal punto di vista dell'IDS. Inoltre, alcune applicazioni non accettano input non-alfanumerici (ossia, non accettano nient'altro che i caratteri a-z, A-Z, 0-9, e pochi altri). Per aggirare questo tipo di misure anti-intrusione, i cracker fanno a volte uso di crittazione, codice automodificante, codice polimorfico e codice alfanumerico.

CRACKING

Con cracking si intende la modifica di un software per rimuovere la protezione dalla copia, oppure per ottenere accesso ad un'area altrimenti riservata. La distribuzione di software così reso privo di protezione (detto *warez*) è generalmente un'azione illegale a causa della violazione di un copyright. Il crack viene spes-

---

4 Termine dispregiativo utilizzato ad indicare quegli individui che utilizzano istruzioni, codici e programmi ideati da altri, al massimo con leggere modifiche, facendo intendere di essere un grande guru dell'informatica.Termine dispregiativo utilizzato per indicare quegli individui che utilizzano istruzioni, codici e programmi ideati da altri, al massimo con leggere modifiche, facendo intendere di essere un grande guru dell'informatica.
5 Termine della lingua inglese che significa letteralmente *tampone*; in italiano: *memoria tampone* o anche *intermediaria, di transito*. È una zona di memoria usata temporaneamente per l'input o l'output dei dati oppure per velocizzare l'esecuzione di alcune operazioni, ad esempio operazioni su stringhe.
6 In un sistema operativo, una shell (o terminale) è un programma che permette agli utenti di comunicare con il sistema e di avviare altri programmi. È una delle componenti principali di un sistema operativo, insieme al kernel. La shell è l'ambiente di lavoro attraverso il quale è possibile impartire al computer comandi, richiedendo l'esecuzione di programmi.

so ottenuto tramite la *ingegneria inversa*, tecnica che permette di capire la logica del software analizzando il suo funzionamento e le risposte a determinati input.

La pratica del cracking esiste da quando esiste il software, ma la modifica del software si è evoluta soprattutto nei primi anni ottanta del secolo scorso con la diffusione degli *home computer* come l'Apple II, l'Atari 80 e il Commodore 64. Con l'evolversi dei computer e dei software, i creatori di crack (detti *cracker*) hanno cominciato a raggrupparsi in squadre, conosciute col nome di "cracking crews". Con la nascita delle crew è aumentata notevolmente la competizione già presente tra i crackers, inducendo negli anni una lunga serie di attacchi ai sistemi e lo sviluppo di software come virus e spyware utilizzati per il crack di grandi sistemi informatici.

Per cracking si intende anche la violazione di sistemi informatici collegati ad Internet o ad un'altra rete, allo scopo di danneggiarli, di rubare informazioni oppure di sfruttare i servizi telematici della vittima (connessione ad Internet, traffico voce, sms, accesso a database etc..) senza la sua autorizzazione (*thiefing*).

Il termine si contrappone in realtà ad *hacking*, ma nell'uso comune il termine hacking viene spesso erroneamente utilizzato con il significato di cracking.

BACKDOOR

Le backdoor sono paragonabili alle porte di servizio (cioè, letteralmente, le *porte sul retro*) che consentono di superare in parte o in tutto le procedure di sicurezza attivate in un sistema informatico.

Queste "porte" possono essere intenzionalmente create dai gestori del sistema informatico per permettere una più agevole opera di manutenzione dell'infrastruttura informatica oppure, più spesso, da cracker intenzionati a manomettere il sistema. Possono anche essere installate autonomamente da alcuni malware (come virus, worm o trojan), in modo da consentire ad un utente esterno di prendere il controllo remoto della macchina senza l'autorizzazione del proprietario.

Un esempio celebre è il programma *Back orifice*, che attiva una backdoor sul sistema in cui viene installato, dando la possibilità a chiunque ne conosca l'indirizzo di controllare la macchina.

Oltre ad essere molto pericolosi per l'integrità delle informazioni presenti sul sistema, le backdoor installate dai virus possono essere utilizzate per condurre degli attacchi di tipo DDoS[7].

PORT SCANNING

Il Port Scanning è una tecnica informatica utilizzata per raccogliere informazioni su un computer connesso ad una rete stabilendo quali porte siano in *ascolto* su una macchina.

Letteralmente significa "scansione delle porte" e consiste nell'inviare richieste di connessione al computer bersaglio (soprattutto pacchetti TCP, UDP e ICMP creati ad arte): elaborando le risposte è possibile stabilire (anche con precisione) quali servizi di rete siano attivi su quel computer. Una porta si dice "in ascolto" ("listening") o "aperta" quando vi è un servizio o programma che la usa.

Il risultato della scansione di una porta rientra solitamente in una delle seguenti categorie:

- aperta (*accepted*): l'host ha inviato una risposta indicando che un servizio è in ascolto su quella porta
- chiusa (*denied*): l'host ha inviato una risposta indicando che le connessioni alla porta saranno rifiutate (ICMP port-unreachable).
- bloccata/filtrata (dropped/filtered): non c'è stata alcuna risposta dall'host, quindi è probabile la presenza di un firewall o di un ostacolo di rete in grado di bloccare l'accesso alla porta impedendo di individuarne lo stato.

Di per sé il port scanning non è pericoloso per i sistemi informatici e viene comunemente usato dagli amministratori di sistema per effettuare controlli e manutenzione. Rivela però informazioni dettagliate che potrebbero essere usate da un eventuale attaccante per preparare facilmente una tecnica mirata a minare la sicurezza del sistema, pertanto viene posta molta attenzione dagli amministratori a come e quando vengono effettuati port scan verso i computer della loro rete. Un buon amministratore di sistema sa che un firewall ben configurato permette alle macchine di svolgere tutti i loro compiti, ma rende difficile (se non impossibile) la scansione delle porte, ad esempio implementando meccanismi di accesso selettivo.

---

7 *Distributed Denial of Service*, dal funzionamento identico al DoS (vedi oltre) ma realizzato utilizzando numerose macchine attaccanti che, insieme, costituiscono una *botnet*, cioè un insieme di computer controllato da un'unica entità.

SNIFFING

Si definisce sniffing l'attività di intercettazione passiva dei dati che transitano in una rete telematica. Tale attività può essere svolta sia per scopi legittimi (ad esempio l'analisi e l'individuazione di problemi di comunicazione o di tentativi di intrusione) sia per scopi illeciti (intercettazione fraudolenta di password o altre informazioni sensibili). Il traffico può essere intercettato da uno degli host coinvolti nella comunicazione, indipendentemente dal tipo di interfaccia di rete su cui viene inviato.

I prodotti software utilizzati per eseguire queste attività vengono detti *sniffer* ed oltre ad intercettare e memorizzare il traffico offrono funzionalità di analisi del traffico stesso.

L'unico mezzo valido per proteggersi da questo tipo di attacco consiste sostanzialmente nella cifratura dei dati, soprattutto quelli sensibili.

Lo sniffing pone problemi di privacy in quanto viene fatto accesso senza mandato e ad insaputa dell'utente ad un computer che è sua proprietà privata nonché ad una rete che è proprietà di chi diffonde il software di accesso. In generale, infatti, l'accesso ad un'abitazione o altra proprietà privata per una perquisizione richiede un mandato della magistratura ed inoltre che tale mandato sia mostrato al proprietario del bene perquisito.

I dati forniti dall'Internet Service Provider non identificano la persona, ma l'utenza telefonica. Non necessariamente poi la persona che ha commesso il fatto è un componente del nucleo familiare, al quale è intestata l'utenza. Tramite un WISP o una rete wireless domestica è più facile che si verifichino violazioni della rete e accessi abusivi dall'esterno. La non-identificazione di chi commette materialmente il fatto esclude un nesso di causalità fra la connessione alla rete P2P e la violazione del diritto d'autore e non è una prova sufficiente per gli effetti penali previsti dalla legge. Per l'ambito penale, serve un accertamento univoco e inequivocabile della persona e delle responsabilità. Tuttavia, il titolare della utenza telefonica può essere ritenuto *responsabile* della sua sicurezza e del suo utilizzo, e rispondere dell'illecito amministrativo.

La perquisizione dei domicili e l'accesso ai tabulati telefonici (dei provider per conoscere i siti visitati) sono provvedimenti riservati a illeciti penali. In Paesi come gli Stati Uniti, dove la violazione del copyright è punita con sanzioni pecuniarie, è comunque diffusa tale prassi nelle indagini per violazioni del diritto d'autore.

Il codice penale italiano, al cap. 2 ("dei delitti in particolare"), dedica un'apposita sezione a tale tema: "Dei delitti contro la inviolabilità del domicilio" (sez. IV). Gli artt. 615 *bis* e *ter* specificano le pene per accesso abusivo ad un sistema informatico o telematico, o interferenze illecite nella vita privata. Gli strumenti che controllano il traffico web di un utente, "si mettono in ascolto" su una porta del computer non utilizzata da alcun programma e funzionano come uno "strumento di ripresa sonora" che registra tutto il traffico in ingresso e uscita dal nodo internet.

In questo caso è dato di sapere soltanto ciò che l'utente sta facendo con il browser Internet e con i programmi peer-to-peer, ma non con le altre applicazioni (se ad esempio sta ascoltando una canzone, vedendo un film, stampando un file). L'intrusione non consente un controllo o manipolazione del computer, ma comunque di "mantenervisi contro la volontà tacita di chi ha il diritto di escluderlo".

Entrando nelle reti di condivisione l'utente rende visibile una parte dei file del suo computer e inevitabilmente i file che sceglie di scaricare. Viene in questo modo a crearsi un conflitto con la normativa sulla privacy: la conservazione dei dati dei download, anche in forma aggregata e anonima, deve essere autorizzata nei confronti di chi immette file nelle reti P2P per "testarne" il gradimento del pubblico, oppure entra per perseguire in flagranza di reato chi viola i diritti d'autore.

A detta di alcuni giuristi l'accesso è più grave del reato di violazione del diritto d'autore che con esso si vuole reprimere. È stato osservato che è eccessivo uno sconfinamento nella giustizia penale e che l'entità della reclusione minima e massima non rispettano il proporzionalismo delle pene se comparate con le pene detentive di altri reati.

In questo senso, se può essere chiesto un risarcimento danni per la violazione del diritto d'autore, le persone oggetto di intercettazioni possono ottenere un risarcimento, probabilmente in misura maggiore, per la violazione dei loro diritti soggettivi.

KEYLOGGING

Un keylogger è uno strumento in grado di intercettare tutto ciò che un utente digita sulla tastiera del proprio, o di un altro, computer.

Esistono due tipi di keylogger:
- *hardware*: vengono collegati al cavo di comunicazione tra la tastiera ed

il computer o all'interno della tastiera
- *software*: programmi che controllano e salvano la sequenza di tasti che viene digitata da un utente.

I keylogger hardware sono molto efficaci in quanto la loro installazione è molto semplice e il sistema non è in grado di accorgersi della loro presenza. Quando installati fra la tastiera e il PC hanno le sembianze di un adattatore o appaiono come fossero dei cavi di prolunga. Quando sono nascosti nella tastiera risultano del tutto invisibili. Il vantaggio dei keylogger hardware risiede nel fatto che sono completamente indipendenti dal sistema operativo e sono in grado di intercettare anche le password di *bootstrap*. Questi keylogger memorizzano i tasti premuti o li inviano a dispositivi wireless. Per leggere il contenuto dei dati memorizzati localmente di solito si utilizza una combinazione di tasti o si lancia uno specifico software.

I keylogger software sono invece semplici programmi o driver di periferica che rimangono in esecuzione intercettando ogni tasto che viene digitato e poi, in alcuni casi, trasmettono tali informazioni ad un computer remoto. Spesso i keylogger software sono trasportati ed installati nel computer da *worm* o *trojan* ricevuti tramite Internet ed hanno in genere lo scopo di intercettare password e numeri di carte di credito per inviarle tramite posta elettronica al creatore degli stessi.

Un programma di keylogging può sovrapporsi fra il browser ed il World Wide Web. In questo caso intercetta le password, comunque vengano inserite nel proprio PC. La password viene catturata indipendentemente dalla periferica di input (tastiera, mouse, microfono): sia che l'utente la digiti da tastiera, sia che l'abbia salvata in un file di testo prima di collegarsi a Internet, e poi si limiti a fare copia/incolla, in modo da evitarne la digitazione, sia questa venga inserita da un programma di dettatura vocale.

Anche in caso di connessione sicura (cifrata), se sul computer è presente un keylogger che invia le password in remoto, tali password potranno essere utilizzate dalla persona che le riceve.

Per proteggersi da un Keylogger che invia le informazioni catturate in remoto si può utilizzare un *firewall* hardware o software per intercettare e bloccare la connessione del processo incriminato.

Esistono alcuni tipi di keylogger non intercettabili e quindi per evitare di essere monitorati si può utilizzare la "tastiera sullo schermo", presente in Windows XP/Vista e successivi od altri sistemi operativi tra le risorse per l'accesso facilitato, o distribuita da alcuni antivirus come Kaspersky.

SPOOFING

Lo spoofing è un tipo di attacco informatico dove viene impiegata in qualche maniera la falsificazione dell'identità (*spoof*, appunto). Lo spoofing può avvenire in qualunque livello e può riguardare anche la falsificazione delle informazioni applicative. Quando la falsificazione dell'identità non avviene in campo informatico si parla di *social engineering*.

Esistono diversi tipi di attacchi spoofing, ma in ogni caso si tratta di far credere alla vittima che si è qualcosa di diverso: un hostname, un indirizzo ethernet o altro ancora.

Quando lo spoofing coinvolge il web (server applicativo, host server o protocolli web) si parla di *web spoofing*. Nell'accezione più comune, il web spoofing riguarda la falsificazione di un server web per far credere ad un utente di essere connesso ad un certo server mentre in realtà è connesso ad un server malevolo.

La prima azione che deve effettuare un attaccante per redirigere un client verso un server falso (anche chiamato *shadow server* o *server ombra*) è di falsificare l'associazione tra l'indirizzo web e l'indirizzo IP. Dopo esserci riuscito, l'attaccante ha fatto credere al client che l'indirizzo del server vero è quello invece del server falso. L'attaccante ha costruito in precedenza un server falso che può

- contenere una copia del server vero (ogni pagina è stata copiata in locale sul server ombra)
- rigirare pagina per pagina le connessioni del client verso il server vero

In entrambi questi casi quello che ottiene l'attaccante è di fingersi il server vero, per esempio catturando credenziali di accesso. La creazione dello shadow server è uguale a ciò che si fa nel *phishing*, ma in questo caso c'è stato un preventivo attacco diretto al client.

TROJAN

Un *trojan* o *trojan horse* (in italiano: *cavallo di troia*), è un tipo di *malware*. Deve il suo nome al fatto che le sue funzionalità sono nascoste all'interno di un programma apparentemente utile; è dunque l'utente stesso che installando ed eseguendo un certo programma, inconsapevolmente, installa ed esegue anche il codice trojan nascosto.

L'attribuzione del termine "Cavallo di Troia" ad un programma o, comunque, ad un file eseguibile, è dovuta al fatto che esso nasconde il suo vero fine. È proprio il celare le sue reali "intenzioni" che lo rende un *trojan*.

In genere col termine *trojan* ci si riferisce ai trojan ad accesso remoto (detti anche RAT dall'inglese *Remote Administration Tool*), composti generalmente da 2 file: il file server, che viene installato nella macchina vittima, ed un file client, usato dall'attaccante per inviare istruzioni che il server esegue. In questo modo, come con il mitico stratagemma adottato da Ulisse, la vittima è indotta a far entrare il programma nella città, ossia, fuor di metafora, ad eseguire il programma. Spesso il trojan viene installato dallo stesso attaccante, quando prende il controllo del sistema, acquisendone i privilegi amministrativi. In questo caso il trojan serve a "mantenere lo stato di hacking", cioè a mantenere il controllo della macchina, senza che l'amministratore legittimo si accorga che alcuni programmi nascondono delle altre funzioni.

I trojan non si diffondono autonomamente come i virus o i worm, quindi richiedono un intervento diretto dell'aggressore per far giungere l'eseguibile maligno alla vittima. A volte agiscono insieme: un worm viene iniettato in rete con l'intento di installare dei trojan sui sistemi. Spesso è la vittima stessa a ricercare e scaricare un trojan sul proprio computer, dato che i cracker amano inserire queste "trappole" ad esempio nei videogiochi piratati, che in genere sono molto richiesti. Vengono in genere riconosciuti da un antivirus aggiornato come tutti i malware. Se il trojan in questione non è ancora stato scoperto dalle software house degli antivirus, è possibile che esso venga rilevato, con la scansione euristica, come probabile malware.

Un trojan può contenere qualsiasi tipo di istruzione maligna. Spesso i trojan sono usati come veicolo alternativo ai worm e ai virus per installare delle *backdoor* o dei *keylogger* sui sistemi bersaglio.

All'incirca negli anni successivi al 2001 o 2002 i trojan incominciarono ad essere utilizzati sistematicamente per operazioni criminose; in particolare per inviare messaggi di spam e per rubare informazioni personali quali numeri di carte di credito e di altri documenti o anche solo indirizzi email.

I trojan di nuova generazione hanno molteplici funzionalità, quali connessioni tramite *bot IRC*, formando appunto *botnet*, e opzioni per nascondersi meglio nel sistema operativo, utilizzando tecniche di rootkit[8]. I trojan sono sempre più dif-

---

8 Programma software creato per avere il controllo completo sul sistema senza bisogno di autorizzazione da parte di utente o amministratore. Recentemente alcuni virus informatici si sono avvantaggiati della possibilità di agire come rootkit (processo, file, chiave di regi-

fusi e non tutti riconoscibili dagli attuali antivirus, per alcuni dei quali riescono anche a impedire l'aggiornamento.

I trojan per essere più efficaci si nascondono nelle *cartelle nascoste* del sistema operativo, dove l'utente non può avere accesso. Nascondendosi in queste cartelle nemmeno l'antivirus può eliminarli agendo così nel danneggiare il computer. Se questo accade, il trojan può essere individuato e rimosso solo tramite l'eliminazione totale dei dati ad opera di un informatico esperto.

VIRUS

Un virus è un software, appartenente alla categoria dei malware, che è in grado, una volta eseguito, di infettare dei file in modo da riprodursi facendo copie di se stesso, generalmente senza farsi rilevare dall'utente. I virus possono essere o non essere direttamente dannosi per il sistema operativo che li ospita, ma anche nel caso migliore comportano un certo spreco di risorse in termini di RAM, CPU e spazio sul disco fisso. Come regola generale si assume che un virus possa danneggiare direttamente solo il software della macchina che lo ospita, anche se esso può indirettamente provocare danni anche all'hardware, ad esempio causando il surriscaldamento della CPU mediante overclocking, oppure fermando la ventola di raffreddamento.

Nell'uso comune il termine virus viene frequentemente ed impropriamente usato come sinonimo di *malware*, indicando quindi di volta in volta anche categorie diverse, come ad esempio worm, trojan, dialer o spyware.

Coloro che creano virus sono detti *virus writer*.

Dal momento che, di fatto, un virus è un programma per computer, esso è composto da un insieme di istruzioni, come qualsiasi altro programma per computer. Solitamente viene scritto con un numero molto ridotto di istruzioni, (da pochi byte ad alcuni kilobyte), è specializzato per eseguire soltanto poche e semplici operazioni ed è ottimizzato per impiegare il minor numero di risorse, in modo da rendersi il più possibile invisibile sia all'utente che al sistema operativo che lo ospita. Caratteristica principale di un virus è quella di riprodursi, e quindi diffondersi, nel computer ogni volta che viene aperto il file infetto.

Non ostante tutto questo, un virus informatico di per sé non è un programma eseguibile, così come un virus biologico non è di per sé una forma di vita. Un virus, per essere attivato, deve infettare un programma ospite, o una sequenza di codice che viene lanciata automaticamente, come ad esempio nel caso dei *boot*

stro, porta di rete) all'interno del sistema operativo.

sector virus. La tecnica solitamente usata dai virus è quella di infettare i file eseguibili: il virus inserisce una copia di sé stesso nel file eseguibile che deve infettare, pone tra le prime istruzioni di tale eseguibile un'istruzione di salto alla prima linea della sua copia ed alla fine di essa mette un altro salto all'inizio dell'esecuzione del programma. In questo modo quando un utente lancia un programma infettato viene dapprima impercettibilmente eseguito il virus, e poi il programma. L'utente vede l'esecuzione del programma e non si accorge che il virus è ora in esecuzione in memoria e sta compiendo le varie operazioni contenute nel suo codice.

Principalmente un virus esegue copie di sé stesso spargendo l'*epidemia*, ma può avere anche altri compiti molto più dannosi (cancellare o rovinare dei file, formattare l'hard disk, aprire delle backdoor, far apparire messaggi, disegni o modificare l'aspetto del video, ...)

Prima della diffusione su larga scala delle connessioni ad Internet, il mezzo prevalente di diffusione dei virus da una macchina ad un'altra era lo scambio di floppy disk contenenti file infetti o un virus di boot. Il veicolo preferenziale di infezione è invece oggi rappresentato dalle comunicazioni e-mail e dalle reti di peer to peer (ad esempio eMule).

Nei sistemi informatici che usano come sistema operativo MS-Windows è consuetudine dei virus writers usare il registro di sistema per inserire in chiavi opportune dei nuovi programmi creati ad hoc dal programmatore di virus che partono automaticamente all'avvio. Di fatto, in tema di sicurezza, uno dei principali punti deboli del sistema Windows è proprio il suo registro di configurazione. Esistono vari programmi per tenere d'occhio le chiavi pericolose del registro di Windows, i quali fondamentalmente ad intervalli di tempo regolari eseguono una scansione delle zone a rischio del registro per vedere se un nuovo virus o programma anomalo è stato aggiunto in quelle chiavi.

La scarsa conoscenza dei meccanismi di propagazione dei virus e il modo con cui spesso l'argomento viene trattato dai mass media favoriscono la diffusione tanto dei virus informatici quanto dei virus burla, detti anche *hoax virus*: sono messaggi che avvisano della diffusione di un fantomatico nuovo terribile virus con toni catastrofici e invitano il ricevente ad inoltrarlo a quante più persone possibile (attenzione a non confonderlo con le *Catene di S. Antonio!*). È chiaro che questi falsi allarmi sono dannosi in quanto aumentano la mole di posta indesiderata e diffondono informazioni false, se non addirittura dannose, portando in alcuni casi alla saturazione del servizio di posta elettronica del singolo utente o, addirittura, dei server che li gestiscono.

I sintomi più frequenti di infezione da virus informatico sono riassumibili nei seguenti:

- *Rallentamento del computer*: il computer lavora molto più lentamente del solito. Impiega molto tempo ad aprire applicazioni o programmi. Il sistema operativo impiega molto tempo ad eseguire semplici operazioni che solitamente non richiedono molto tempo;

- *Impossibilità di eseguire un determinato programma o aprire uno specifico file*;

- *Scomparsa di file e cartelle*: i file memorizzati in determinate cartelle (di solito quelle appartenenti al sistema operativo o a determinate applicazioni) sono scomparse perché cancellate dal virus. Potrebbero scomparire intere directory;

- *Impossibilità di accesso al contenuto di file*: all'apertura di un file, viene visualizzato un messaggio di errore o semplicemente risulta impossibile aprirlo. Un virus potrebbe aver modificato la *File Allocation Table* (FAT) provocando la perdita degli indirizzi che sono il punto di partenza per la localizzazione dei file;

- *Messaggi di errore inattesi o insoliti*: visualizzazione di finestre di dialogo contenenti messaggi assurdi, buffi, dispettosi o aggressivi;

- *Riduzione di spazio nella memoria e nell'hard disk*: riduzione significativa dello spazio libero nell'hard disk; quando un programma è in esecuzione, viene visualizzato un messaggio indicante memoria insufficiente per farlo (sebbene questo non sia vero e ci siano altri programmi aperti);

- *Settori difettosi*: un messaggio informa della esistenza di errori nella parte di disco sulla quale si sta lavorando e avverte che il file non può essere salvato o che non è possibile eseguire una determinata operazione;

- *Modifiche delle proprietà del file*: il virus modifica alcune o tutte le caratteristiche del file che infetta. Di conseguenza risultano non più corrette o modificate le proprietà associate al file infettato. Tra le proprietà più colpite: data/ora (di creazione o dell'ultima modifica), la dimensione;

- *Errori del sistema operativo*: operazioni normalmente eseguite e supportate dal sistema operativo determinano messaggi di errore, l'esecuzione di operazioni non richieste o la mancata esecuzione dell'operazione richiesta;

- *Duplicazione di file:* se ci sono due file con lo stesso nome ma con estensione rispettivamente EXE e COM, quello con estensione COM sarà un virus. I virus fanno così perché in caso di presenza di due file con lo stesso nome il sistema operativo eseguirà sempre per primo quello con estensione COM;

- *Ridenominazione di file:* un virus può rinominare i file infettati e/o file specifici;

- *Problemi di avvio del computer:* il computer non si avvia o non si avvia nella solita maniera;

- *Blocchi del computer:* nonostante l'apertura di pochi o nessun programma e la mancanza di un pesante carico sul sistema, questo si blocca ("crasha"), rendendo necessario l'utilizzo del Task Manager per rimuovere il task bloccato o riavviare il computer;

- *Interruzione del programma in esecuzione senza che l'utente abbia eseguito operazioni inaspettate o f*atto qualcosa che potrebbe aver provocato questo risultato;

- *Apertura e chiusura del lettore CD/DVD senza intervento dell'utente;*

- *Tastiera e/o mouse non funzionanti correttamente:* la tastiera non scrive ciò che è digitato dall'utente o esegue operazioni non corrispondenti ai tasti premuti. Il puntatore del mouse si muove da solo o indipendentemente dal movimento richiesto dall'utente;

- *Scomparsa di sezioni di finestre:* determinate sezioni (pulsanti, menu, testi etc...) che dovrebbero apparire in una particolare finestra sono scomparse, oppure non vengono visualizzate oppure ancora, in finestre nelle quali non dovrebbe apparire nulla, appaiono invece icone strane o con contenuto insolito (ad esempio nella taskbar di Windows);

- *Riavvio spontaneo del computer;*

- *Antivirus disattivato automaticamente;*

- *Programmi all'improvviso non più funzionanti o malfunzionanti;*

- *Lentezza della connessione Internet;*
- *Emissione da parte del computer di suoni (beep) insoliti;*
- *MS-Internet Explorer si blocca* o comunque funziona male dando continui errori (ad esempio non riesce a chiudere la finestra delle applicazioni).

Si tenga comunque presente che i sintomi appena descritti potrebbero essere riconducibili a cause diverse da virus. Nel caso di presenza di uno o più di questi sintomi, è comunque consigliabile l'esecuzione di una scansione antivirus del sistema o, meglio, far controllare il funzionamento del proprio computer da parte di un tecnico specializzato.

DoS E DDoS

DoS, scritto con la maiuscola al primo e terzo posto, è la sigla di *Denial of Service*, letteralmente *negazione del servizio*. Si tratta di un attacco informatico in cui si cerca di portare il funzionamento di un sistema informatico che fornisce un servizio, ad esempio un sito web, al limite delle prestazioni, lavorando su uno dei parametri d'ingresso, fino a renderlo non più in grado di erogare il servizio.

Gli attacchi vengono abitualmente attuati inviando molti pacchetti di richieste, di solito ad un server Web, FTP o di posta elettronica, saturandone le risorse e rendendo tale sistema "instabile", quindi qualsiasi sistema collegato ad Internet e che fornisca servizi di rete basati sul TCP è soggetto al rischio di attacchi DoS. Inizialmente questo tipo di attacco veniva attuato da "hacker", come gesto di dissenso etico nei confronti dei siti web commerciali e delle istituzioni.

Oggi gli attacchi DoS hanno la connotazione decisamente più "criminale" di impedire agli utenti della rete l'accesso ai siti web vittime dell'attacco. Per rendere più efficace l'attacco in genere vengono utilizzati molti computer inconsapevoli, detti *zombie*, sui quali precedentemente è stato inoculato un programma appositamente creato per attacchi DoS e che si attiva ad un comando proveniente dal cracker creatore. Se il programma maligno si è diffuso su molti computer, può succedere che migliaia di PC violati da un cracker, ovvero una *botnet*, producano inconsapevolmente e nello stesso istante un flusso incontenibile di dati che travolgeranno come una valanga anche i link più capienti del sito bersaglio. In questo caso l'attacco, più propriamente, viene chiamato DDoS, ovvero *Distributed Denial of Service*. Con l'enorme diffusione dei terminali, anche privati, nella modalità *always on*, è oggi estremamente facile realizzare un simile tipo di attacco, se i singoli zombie non sono protetti in tal senso.

Ingegneria Sociale

Con l'evoluzione del software, l'uomo ha migliorato i programmi a tal punto che essi presentano pochi *bug* (errori che i programmatori generalmente commettono quando creano un software). Per un cracker sarebbe impossibile attaccare un sistema informatico in cui non riesce a trovare bug. Quando ciò accade l'unico modo che il cracker ha per procurarsi le informazioni di cui necessita è quello di attuare un attacco di ingegneria sociale.

Un ingegnere sociale (*social engineer*), per definirsi tale, deve saper fingere, sapere ingannare gli altri; in una parola, deve saper *mentire*.

Un social engineer è molto bravo a nascondere la propria identità, fingendosi un'altra persona: in tal modo egli riesce a ricavare informazioni che non potrebbe mai ottenere con la sua identità reale. Nel caso sia un cracker, può ricavare informazioni attinenti ad un sistema informatico. Il *social engineering* è quindi una tecnica per ricavare informazioni molto usata dagli hacker e cracker esperti e dalle spie, e dato che comporta (nell'ultima fase dell'attacco) il rapporto più diretto con la vittima, questa tecnica è una delle più importanti per carpire informazioni. In molti casi il cosiddetto *ingegnere* potrà riuscire a ricavare tutto ciò che gli serve dalla vittima ignara.

Il social engineer comincia con il raccogliere informazioni sulla vittima per poi arrivare all'attacco vero e proprio. Durante la prima fase (che può richiedere anche alcune settimane di analisi), l'ingegnere cercherà di ricavare tutte le informazioni di cui necessita sul suo bersaglio: e-mail, recapiti telefonici, ecc. Superata questa fase, detta *footprinting*, l'ingegnere passerà alla fase successiva, cioè quella che gli permetterà di verificare se le informazioni che ha ricavato sono più o meno attendibili, anche telefonando all'azienda del bersaglio e chiedendo cortesemente di parlare con la vittima. La fase più importante, quella che determinerà il successo dell'attacco, è lo studio dello stile vocale della persona per la quale vuole spacciarsi (ad esempio cercando di evitare in tutti i modi l'utilizzo di espressioni dialettali e cercando di essere quanto più naturale possibile, sempre utilizzando un tono neutro e cortese). In questa fase l'attaccante avrà sempre vicino a sé i propri appunti con tutte le informazioni raccolte nella fase di *footprinting*, dimostrandosi pertanto sicuro nel caso gli venisse posta qualche domanda.

Molto spesso il social engineering viene utilizzato per ricavare informazioni su privati (*phishing*). Un esempio di azione di questo genere può essere una falsa e-mail, mandata da un aspirante ingegnere sociale fingendosi magari un amministratore di sistema, o un membro di qualche grosso ente. Vengono richiesti al malcapitato di turno *nome utente* e *password* di un suo account, ad esempio quello di posta elettronica, con la scusa di fare dei controlli sul database dell'azienda. Se la vittima cade nel tranello, il social engineer avrà ottenuto il suo obiettivo, ossia una breccia nel sistema della vittima, da cui potrà iniziare una fase di sperimentazione allo scopo di violare il sistema stesso.

KEVIN MITNICK

Non si può parlare di social engineering e non parlare di uno dei più famosi personaggi legati a questa attività: Kevin Mitnick, conosciuto in rete come "il condor", che si è distinto per avere inventato la tecnica dell'*IP spoofing*[9] e per le sue notevoli capacità, avendo eseguito alcune tra le più ardite incursioni nei computer del governo degli Stati Uniti. Catturato, fu condannato a svariati anni di carcere.

Nato in California il 6 agosto del 1963, durante l'adolescenza rispecchiava lo stereotipo dell'hacker: iniziò dai CB, piccoli lavoretti in negozi di elettronica, poi scoprì i computer e subito dopo i modem. Abbandonata la filosofia hacker, iniziò a fare cracking e scelse come nickname "Condor" dopo aver visto il film *I tre giorni del Condor*. Nel

Kevin Mitnick in un'immagine del 1995

1980, a 17 anni, subì la prima condanna penale per furto di manuali informatici (disse in seguito che gli servivano "per accrescere la sua cultura e per testare la propria competenza."). Siamo agli albori dell'informatica moderna: Internet così come lo conosciamo oggi non esiste ancora, la telefonia mobile muove i suoi primi passi; Kevin Mitnick diventa un esperto di sistemi di telecomunicazione e conosce già le falle che gli consentono di telefonare gratis in tutto il mondo (*phreaking*) riuscendo a mascherare l'origine della chiamata. Altre condanne minori seguirono alla prima nel 1983, nel 1987 e nel 1988.

---

9 Con il termine di "IP spoofing" si indica una tecnica tramite la quale si crea un pacchetto IP nel quale viene falsificato l'indirizzo IP del mittente. Nell'header di un pacchetto IP si trova uno specifico campo, il *Source Address*, il cui valore indica l'indirizzo IP del mittente; semplicemente modificando questo campo si può far credere che un pacchetto IP sia stato trasmesso da una macchina differente.

Al termine del liceo continuò gli studi informatici presso il *Computer Learning Center* di Los Angeles. Dopo pochi mesi riuscì a penetrare in tutte le procedure del sistema informatico IBM dell'Istituto e informò il corpo docente della fragilità del sistema. Fu chiamato dal preside il quale gli fece una proposta: o rendeva il sistema sicuro o sarebbe stato espulso dalla scuola per averlo forzato (un inconsapevole intervento in anticipo sulla futura politica di assunzione degli hackers che fecero le aziende qualche anno dopo).

Naturalmente Kevin scelse la prima ipotesi e si diplomò a pieni voti. Negli anni successivi (fine anni '80 e inizio anni '90) approfondisce i suoi studi di ingegneria sociale, che lui definisce come *"l'arte di convincere la gente a fare qualcosa che di norma non farebbe per un estraneo"*. Pare che l'attività di Kevin Mitnick come *social engineer* abbia causato danni alle aziende per 80 milioni di dollari, e questo semplicemente sfruttando i numerosi bug che la maggior parte dei sistemi informatici presenta. Arpanet, Bell's, Digital, Sun, Apple, Motorola sono solo alcune delle sue vittime più note.

Kevin Mitnick tra i "most wanted" dell'FBI

L'FBI, spinto dal governo statunitense posto sotto pressione dalle *Big Companies*, si mise sulle sue tracce; Mitnick, saputolo, spiò le loro comunicazioni e, quando stavano per prenderlo, scomparve prendendosi gioco di loro.

Fu tra i primi ad utilizzare la tecnica dell'IP spoofing e, con questo sistema, attaccò la rete di calcolatori di Tsutomu Shimomura, grande esperto di sicurezza informatica, con sede a San Diego. Shimomura accettò la sfida e collaborò con l'FBI per braccare il Condor.

Il 15 febbraio 1995 Mitnick venne arrestato a seguito di una caccia durata 168 giorni. Incarcerato, fu rilasciato nel gennaio 2000, ma obbligato ad un'astinenza da internet fino al 21 gennaio 2003. Nel 2002 scrisse un interessante libro, *"The art of deception"*, uscito in Italia con il titolo *"L'arte dell'inganno"*, dove descrive le varie tecniche di persuasione da lui utilizzate e sperimentate con successo. Una delle tecniche più efficaci operate dal *social engineer* consiste ad esempio nel rovistare nei cestini della carta degli uffici, alla ricerca di appunti, numeri di telefono, password appuntate, etc. La sua dichiarazione di fronte al Congresso, davanti ai senatori Lieberman e Thompson, fu: "Ho ottenuto accesso non autorizzato ai sistemi informatici di alcune delle più grandi aziende del pianeta e mi sono infiltrato con successo nei sistemi più inaccessibili mai sviluppati. Ho utilizzato metodi tecnologici ma non per ottenere il codice sorgente di svariati sistemi operativi e strumenti delle telecomunicazioni, bensì per studiarne la loro vulnerabilità e il funzionamento interno. Tutte queste attività servivano soltanto a soddisfare la mia curiosità innata, per vedere cosa ero in grado di fare e scoprire informazioni segrete su sistemi operativi, cellulari e tutto quanto mi stimolasse."

Attualmente è CEO[10] dell'azienda di consulenza e sicurezza informatica chiamata *Mitnick Security Consulting LLC*.

Le sue gesta ispirarono anche Hollywood: sulle sue attività si è basata la sceneggiatura di un film di successo uscito nel 1983, *Wargames*, con Matthew Broderick e con la regia di John Badham. Inoltre, nel 2000, esce nelle sale il film "*Hackers 2*", diretto da Joe Chappelle e con Skeet Ulrich nel ruolo di Kevin Mitnick, Russell Wong in quello di Tsutomu Shimomura e, tra gli altri attori, con Tom Berenger e Amanda Peet. Il film è tratto dal libro di Tsutomu Shimomura e John Markoff, "*Takedown: The Pursuit and Capture of America's Most Wanted Computer Outlaw—By the Man Who Did It*". Secondo molti "fan" e appassionati, il film non rispecchia molto i fatti svoltisi realmente; questo, a detta dello stesso Mitnick (nella parte censurata del suo primo libro edito in Italia col nome di *L'arte dell'inganno*), avrebbe influenzato la giuria durante il processo che stava subendo proprio durante l'uscita del film.

PHARMING

In ambito informatico si definisce *pharming* una tecnica di cracking, utilizzata per ottenere l'accesso ad informazioni personali e riservate, con varie finalità. Grazie a questa tecnica, l'utente è ingannato e portato a rivelare inconsapevolmente a sconosciuti i propri dati sensibili, come numero di conto corrente, nome utente, password, numero di carta di credito etc.

La parola deriva da "farming" (*coltivazione*), sul modello di phishing/fishing.

Ogni volta che un utente digita nel proprio browser l'indirizzo di una pagina web nella forma alfanumerica (come www.nomedelsito.it) questo viene tradotto automaticamente dai calcolatori in un indirizzo IP numerico che serve al protocollo IP per reperire nella rete internet il percorso per raggiungere il server web corrispondente a quel dominio. L'obiettivo finale del pharming è il medesimo

---

10 Chief Executive Officer - amministratore delegato

XI.22 - Nozioni di Informatica - Sicurezza Informatica

del phishing, ovvero indirizzare una vittima verso un server web "clone" appositamente attrezzato per carpire i dati personali della vittima.

Esistono almeno due metodologie di attacco, a seconda che l'obiettivo primario sia il Server DNS dell'Internet Service Provider oppure direttamente il PC della vittima:

- nel primo caso l'utente malintenzionato (cracker) opera, con sofisticate tecniche di intrusione, delle variazioni nei Server DNS dell'Internet Service Provider modificando gli abbinamenti tra il dominio (es. nomedelsito.it) e l'indirizzo IP corrispondente a quel dominio. In questo modo gli utenti connessi a quel Provider, pur digitando il corretto indirizzo URL, verranno inconsapevolmente reindirizzati ad un server trappola appositamente predisposto per carpire le informazioni. Questo server trappola è ovviamente reperibile all'indirizzo IP inserito dal cracker e l'aspetto del sito è esteticamente simile a quello vero.

- nel secondo caso l'utente malintenzionato (cracker) opera, con l'ausilio di programmi trojan o tramite altro accesso diretto, una variazione nel personal computer della vittima. Ad esempio, nei sistemi basati sul sistema operativo Windows, modificando il file *hosts* presente nella directory "c:\windows\system32\drivers\etc". Qui possono essere inseriti o modificati gli abbinamenti tra il dominio interessato (es. nomedelsito.it) e l'indirizzo IP corrispondente a quel dominio. In questo modo la vittima che ha il file *hosts* modificato, pur digitando il corretto indirizzo URL nel proprio browser, verrà reindirizzata verso un server appositamente predisposto per carpire le informazioni. Un altro metodo consiste nel modificare direttamente nel registro di sistema i server DNS predefiniti. In questo modo l'utente - senza rendersene conto - non utilizzerà più i DNS del proprio Internet Service Provider, bensì quelli del cracker, dove ovviamente alcuni abbinamenti fra dominio e indirizzo IP saranno stati alterati.

In tutto questo processo nulla può far ipotizzare alla vittima di essere connessa ad un server trappola se quest'ultimo è perfettamente somigliante a quello vero. Il cracker utilizzerà quindi a proprio beneficio i dati inseriti dalla vittima nel Server "clone".

Alla data di redazione di questo testo, per difendersi dal pharming non esistono dei programmi specifici se non i *firewall* che tentano di impedire l'accesso al proprio PC da parte di utenti esterni e programmi antivirus che bloccano l'esecuzione di codice malevolo. Per quanto riguarda invece il server DNS dell'Internet

Service Provider questo è solitamente gestito e protetto da professionisti che dovrebbero conoscere le modalità di protezione dei propri server.

Se il sito a cui ci si collega è un "sito sicuro", prima dell'accesso verrà mostrato un certificato digitale emesso da una autorità di certificazione conosciuta, che riporterà i dati esatti del sito. Questo certificato andrebbe quantomeno letto e non frettolosamente accettato. In alcuni casi il "sito sicuro" non appare come tale solo perché la banca utilizza una tecnica di incapsulamento delle pagine a frames che non mostra il lucchetto nell'apposita casellina del browser né l'indirizzo in modalità *https*.

SKIMMER

Lo skimmer è un dispositivo capace di leggere, e in certi casi immagazzinare su una memoria EPROM o EEPROM, i dati della banda magnetica dei badge.

Le caratteristiche dello skimmer fanno sì che venga usato sempre più spesso per commettere attività criminose a danno dei titolari di carte di credito e degli utilizzatori degli sportelli Bancomat.

In particolare sono due le fattispecie più comuni messe in pratica: la prima, la più nota, è messa in pratica dal malfattore che, approfittando del pagamento a mezzo carta di credito, effettua una copia dei dati contenuti nel badge a danno dell'ignaro titolare. la seconda, meno nota, avviene attraverso la clonazione del badge direttamente allo sportello Bancomat. Ciò avviene attraverso il posizionamento di uno skimmer, appositamente adattato, in corrispondenza della feritoia di inserimento della carta. Per la cattura del PIN, invece, è spesso impiegata una micro-telecamera nascosta che filma il codice digitato dall'utente.

Alcuni malfattori utilizzano, in opzione alla micro-telecamera, una tastiera aggiuntiva posta sopra quella originale dello sportello che memorizza il PIN digitato. Tale sistema non funziona con le carte RFID di nuova generazione che grazie all'architettura di sistema, consentono una identificazione radio della carta senza che avvenga il contatto della banda magnetica con il lettore.

Inoltre, per aggirare questo tipo di frode, in alcuni paesi, ad esempio nel Regno Unito, vengono usate carte con piccoli circuiti integrati con crittografia a chiave pubblica. I dati del circuito integrato non possono essere copiati dallo skimmer (che legge solo bande magnetiche), il resto dei dati come la data di scadenza e numero di carta tuttavia si, e questo già basta per effettuare tipi di transazioni che non necessitano l'uso materiale della carta, come i pagamenti su internet o per telefono.

Una volta acquisiti i dati della carta di credito e il codice PIN, lo skimmer viene collegato ad un PC e i dati sottratti illecitamente vengono trascritti su badge programmabili delle stesse misure delle carte di credito oppure usati fraudolentemente su internet.

Lo skimmer può avere caratteristiche molto variabili. Generalmente alimentato a batteria, può essere grande quanto un pacchetto di sigarette. La clonazione delle carte di credito con questa tecnica dovrebbe sparire con la sostituzione totale prevista della banda magnetica a favore di un microchip su ogni tipo di carta di debito/credito.

I Sistemi Informativi Nella Sanità

Un sistema informativo è costituito dall'insieme delle informazioni utilizzate, prodotte e trasformate da un'azienda durante l'esecuzione dei processi aziendali, dalle modalità in cui esse sono gestite e dalle risorse, sia umane, sia tecnologiche, coinvolte. Tutto questo partendo da dati che descrivono fenomeni di carattere aziendale o ambientale.

Non va confuso il *sistema informativo* con il *sistema informatico*, che indica invece la porzione del sistema informativo che fa uso di tecnologie informatiche e di automazione; il sistema informatico, infatti, è più propriamente un sistema *meccanografico* (un computer, o un insieme di più computer tra loro interconnessi), composto da hardware e software, che elabora dati e informazioni per restituire altri dati ed informazioni utili. Il *personal computer* è un esempio di sistema informatico relativamente semplice, mentre la *rete Internet* è invece un esempio di sistema informatico molto più complesso.

Come dice la parola stessa, un sistema informativo è un "insieme" di elementi (nel nostro caso: informazioni) uniti in un unico agglomerato e logicamente fortemente interconnessi tra loro. Possiamo dare una prima classificazione delle caratteristiche essenziali che connotano questo tipo di sistema:

- **Dati:** sono la componente essenziale del sistema, ma dal momento che non sono ancora stati elaborati, si presentano in uno stato primitivo.

- **Informazioni:** è l'insieme dei dati già elaborati, strettamente collegati tra di loro con un fine preciso.

- **Persone:** coloro che si occupano di raccogliere e catalogare i dati di interesse (opportunamente registrati), affinchè possano essere poi elaborati dalle strutture competenti; sono anche i destinatari delle informazioni già manipolate.

- **Strumenti:** è l'insieme delle attrezzature che sono in grado di far viaggiare le informazioni tra fornitore e acquirenti, tra diverse aziende, o in genere tra punti diversi di un'azienda. Possiamo anche inserire in questa categoria tutte quelle infrastrutture in grado di trasformare i dati in informazioni. Ovviamente al giorno d'oggi si tratta di mezzi altamente tecnologici.

- **Procedimenti:** è l'insieme delle procedure che permettono di capire in che maniera vengono raccolti ed elaborati i dati. Per ogni singola finalità, le persone di competenza devono scegliere la modalità per elaborare i dati, dal momento che ogni azienda ha una propria esigenza da soddisfare.

Già a partire dal 1970 si compiono i primi studi sull'applicazione dell'informatica ai sistemi informativi aziendali, da parte per lo più di *software house*, tesi a coprire particolari esigenze o particolari funzionalità.

Il passo successivo avviene attorno al 1980, quando si sviluppano i *Materials Requirements Planning* (MRP), cioè moduli software dedicati alle esigenze di informatizzazione legate soprattutto alle problematiche di approvvigionamento dei materiali necessari alla produzione dell'azienda, con l'obiettivo di mantenere consistenti le informazioni nelle varie fasi di pianificazione dell'approvvigionamento, trasporto e consegna dei materiali.

Negli anni a seguire iniziano a comparire i primi sistemi di *Enterprise Resource Planning* (ERP), che oggi rappresentano uno standard *de facto* all'interno dei sistemi informativi aziendali.

Infine negli ultimi anni hanno iniziato a diffondersi gli *ERP estesi* che, permettendo l'accesso controllato al sistema informativo aziendale da parte dei fornitori e dei clienti, mira a migliorare la collaboratività tra tutti i cointeressati alla realizzazione di un prodotto.

Negli ultimi anni i sistemi informativi sono entrati a far parte delle architetture telematiche nel duplice ruolo di punto di partenza tecnologico e scopo ultimo del lavoro di organizzazione delle informazioni prodotte.

Nell'azienda il sistema informativo ha il compito di:
- raccogliere i dati;
- conservare i dati raccolti, archiviandoli;
- elaborare i dati, trasformandoli in informazioni;
- distribuire l'informazione agli organi aziendali utilizzatori.

Per fare questo il sistema informativo si può avvalere di tecnologie informatiche: la parte del sistema informativo aziendale che se ne avvale prende il nome di *sistema informatico*. Oggi, con il diffondersi delle tecnologie informatiche, il sistema informatico finisce per rappresentare la quasi totalità del sistema informativo, ma, almeno a livello concettuale, il sistema informativo non implica di per sé l'uso dell'informatica; del resto prima che fossero introdotte le tecnologie informatiche già esistevano sistemi informativi.

D.I.CO.M.

il logo DICOM

Lo standard DICOM (*D*igital *I*maging and *CO*mmunications in *M*edicine, *immagini e comunicazione digitali in medicina*) definisce i criteri per la comunicazione, la visualizzazione, l'archiviazione e la stampa di informazioni di tipo biomedico quali ad esempio immagini radiologiche.

Lo standard DICOM è pubblico, nel senso che la sua definizione è accessibile a tutti. La sua diffusione si rivela estremamente vantaggiosa perché consente di avere una solida base di interscambio di informazioni tra apparecchiature di diversi produttori, server e PC, specifica per l'ambito biomedico.

Il progetto originario venne sviluppato da due associazioni statunitensi: *The American College of Radiology* (ACR), responsabile dello sviluppo tecnico-medico del sistema, e il *National Electrical Manufacturers Association* (NEMA), un consorzio di produttori responsabile tra l'altro degli aspetti inerenti eventuali violazioni di brevetti e normative. In Europa il comitato di standardizzazione ha recepito il formato DICOM in MEDICOM, così come la JIRA, associazione dei costruttori giapponesi, ne ha approvato lo sviluppo.

Nel 1985 venne ufficializzata la versione 1.0 dello standard ACR-NEMA a cui seguì nel 1988 la versione 2.0: si trattava di un primitivo standard in cui era definito il formato dei file contenenti le immagini e lo standard fisico e di protocollo per l'interconnessione punto-punto delle varie apparecchiature. Le implementazioni tuttavia furono piuttosto limitate, soprattutto a causa del mezzo fisico di connessione realizzato con tecnologie già per l'epoca obsolete. Nel 1993 lo standard ACR-NEMA si trasformò radicalmente nella versione 3.0 nella quale, mantenendo sostanzialmente immutate le specifiche inerenti al formato delle immagini, furono aggiunti numerosi servizi ed implementati i protocolli di rete TCP/IP e OSI: il nuovo standard venne identificato con il termine DICOM, e proprio l'integrazione nelle specifiche del protocollo di rete TCP/IP, ormai largamente diffuso, ne decretò un successo ed una popolarità sempre crescenti.

Occorre notare che DICOM non è solo uno standard industriale ma anche uno standard *de jure* (ISO 12052:2006). Nel passato, prima del riconoscimento come standard ISO, esisteva una certa tolleranza nell'implementazione delle specifiche, al punto che forse non esistevano apparecchiature che potessero definirsi pienamente *DICOM compliant*, nel senso rigoroso che la definizione di uno standard imporrebbe. Nella maggior parte dei casi, infatti, un'apparecchiatura risultava conforme ad una parte dello standard (ad esempio la modalità di archiviazione delle immagini), mentre adottava tecnologie proprietarie per altre funzionalità (ad esempio la gestione delle liste pazienti).

La compatibilità DICOM ed in generale di qualsiasi dispositivo DICOM compatibile deve essere certificata dal costruttore attraverso un documento autocertificativo, denominato *Conformance Statement*, che ne elenchi le funzionalità. La trattazione dettagliata del *conformance statement* che un costruttore deve emettere, per poter dichiarare una sua applicazione conforme allo standard DICOM, è contenuta nel volume 2 delle specifiche DICOM. Il buon esito di una connessione tra due apparecchiature DICOM è in prima istanza legato al confronto tra i due *conformance statement*, a meno di errori sui documenti od omissioni nell'implementazione, eventualità tutt'altro che remote.

I dati radiologici rappresentabili come immagini o le immagini vere e proprie che vengono archiviate secondo lo standard DICOM sotto forma di file vengono comunemente chiamate *immagini DICOM*. L'errore più comune che viene fatto nell'interpretazione del termine è che queste siano assimilabili ad altri formati di compressione dell'immagine (ad esempio: JPEG, GIF, etc.). In verità lo standard DICOM applicato alla codifica dei file non è nient'altro che un metodo per *incapsulare* i dati e per definire come questi debbano essere codificati o interpretati, ma non definisce alcun nuovo algoritmo di compressione. La maggior parte delle volte, l'immagine viene archiviata in forma non compressa, secondo la codifica con la quale viene prodotta, ma esistono molti software che sono in grado di produrre o interpretare file DICOM contenenti dati compressi secondo vari algoritmi (JPEG, JPEG Lossless, JPEG Lossy, vari algoritmi dello standard JPEG2000, etc.).

Un file DICOM, oltre all'immagine vera e propria, include anche un "Header". Le informazione contenute nell'Header DICOM sono molteplici, per esempio: nome e cognome del paziente, tipo di scansione, posizione e dimensione dell'immagine, etc. Le informazioni dell'Header vengono scritte in una certa quantità di byte del file DICOM, la cui misura esatta varia a seconda della quantità di informazioni memorizzate. Tutte le informazioni memorizzati nell'Header vengono catalogate in gruppi di elementi, detti anche "Tag DICOM".

Esistono numerosi programmi che consentono la visualizzazione di immagini DICOM su normali PC, spesso anche liberamente scaricabili via rete internet. Molti di questi permettono anche di eseguire sulle immagini elementari operazioni di *post-processing*, quali misure lineari e di area, cambiamenti di luminosità e contrasto, etc.

Lo standard DICOM è costituito da diversi servizi, molti dei quali implicano la trasmissione di dati su una rete. Di seguito si riportano alcuni dei principali servizi:

- STORE: viene utilizzato per inviare immagini o altri oggetti persistenti (report strutturati, ecc) ad un PACS o ad una workstation.

- STORAGE COMMITMENT: viene utilizzato per confermare l'effettiva memorizzazione permanente di un'immagine su un dispositivo (siano essi dischi RAID o supporti di backup, ad esempio: masterizzazione su un CD).

- QUERY/RETRIVE: consente ad una stazione di lavoro di trovare gli elenchi di immagini o altri oggetti e poi recuperarli da un PACS.

- MODALITY WORKLIST: consente ad una modalità, di ottenere i dettagli dei pazienti e la worklist degli esami, evitando di dover digitare manualmente tali informazioni (con i conseguenti errori causati dalla digitazione).

- MODALITY PERFORMED PROCEDURE STEP (MPPS): è un servizio complementare alla *Modality Worklist*; consente di inviare un report di un esame effettuato (inclusi i dati sulle immagini acquisite, ora di inizio, ora di fine, la durata di uno studio, dose somministrata, etc.) e fornisce al reparto di radiologia informazioni più precise sulle risorse in uso (stazione di acquisizione). Questo servizio consente alla modalità di coordinarsi meglio con i server di archiviazione delle immagini.

- PRINTING: viene utilizzato per inviare le immagini ad una stampante DICOM, di solito per stampare un film "X-Ray". E' prevista una calibrazione standard per contribuire a garantire la coerenza tra i dispositivi di visualizzazione, tra cui la stampa cartacea.

- OFF-LINE MEDIA (DICOM Files): descrive come memorizzare informazioni di diagnostica per immagini su supporti rimovibili.

Nello standard DICOM i nomi dei file sono limitati in lunghezza, ordinariamente a 8 caratteri (alcuni sistemi utilizzano erroneamente 8.3, ma questo non è conforme allo standard). Nessuna informazione deve essere estratta da questi nomi, infatti è una possibile fonte di problemi con i mezzi di comunicazione creati da sviluppatori che non hanno letto attentamente le specifiche del DICOM. Questo è un requisito fondamentale per mantenere la compatibilità con i sistemi esistenti, inoltre si raccomanda anche la presenza di una directory dei media, il file DICOMDIR, che fornisce l'indice e le informazioni di riepilogo per tutti i file DICOM sul supporto. Le informazioni DICOMDIR forniscono informazioni dettagliate su ogni file presente nel media.

P.A.C.S.

PACS è l'acronimo anglosassone di *Picture Archiving and Communication System* (*Sistema di archiviazione e trasmissione di immagini*) e consiste in un sistema hardware e software dedicato all'archiviazione, trasmissione, visualizzazione e stampa delle immagini diagnostiche digitali.

Un sistema PACS è normalmente composto da una parte di archiviazione, utilizzata per gestire dati e immagini, e una di visualizzazione, che presenta l'immagine diagnostica su speciali monitor ad altissima risoluzione, sui quali è possibile effettuare la diagnosi; i sistemi PACS più evoluti permettono anche l'elaborazione dell'immagine, come per esempio le ricostruzioni 3D (un sistema che non preveda la visualizzazione dovrebbe essere più propriamente chiamato *Image Manager*).

Una parte fondamentale, ma non visibile dall'utente finale, si occupa del colloquio con gli altri attori del flusso radiologico, utilizzando di solito i relativi profili IHE (Integrating the Healthcare Enterprise) tramite lo standard HL7 (Health Level 7). In special modo, è fondamentale la sua integrazione con il Sistema Informatico Radiologico o RIS (*Radiology Information System*), che rappresenta il software gestionale della Radiologia.

Le immagini sono ricevute e trasmesse nel formato definito da DICOM, che permette di inglobare e trattare anche testo (per esempio i referti) e documenti di vario genere, tra cui i PDF; i visualizzatori collegati sono in genere in grado di mostrare immagini e referti, ma anche di riconoscere i tipi di immagine e comportarsi di conseguenza, per esempio: applicando determinati filtri di contrasto o mostrandole in un modo predefinito. I sistemi PACS, in origine creati per gestire le immagini generate dalle CAT (Computerized Axial Tomography, meglio note in Italia come TAC, Tomografia Assiale Computerizzata), i primi sistemi diagnostici nati in digitale, oggi sono in grado di trattare tutte le immagini radiologiche digitali e, tramite speciali dispositivi detti *digitalizzatori*, anche quelle create da modalità analogiche. Da notare che le immagini ricevute non devono essere modificate in alcun modo, per poter sempre risalire all'originale trasmesso dalla modalità; l'eventuale elaborazione viene registrata in aggiunta alle altre immagini. Di solito è ammessa una compressione senza perdita di dati (*lossless*) per diminuire lo spazio occupato su disco. Proprio per garantire che ogni immagine immagazzinata nel PACS sia effettivamente quella generata dalla modalità durante l'esame, spesso il PACS spedisce tutti gli oggetti DICOM ad un sistema di archiviazione legale.

Recentemente, con l'evoluzione della tecnologia delle reti, sempre più sistemi PACS stanno passando ad una architettura di tipo web, dove l'applicazione risiede su un server, permettendo un semplice accesso alle immagini con il solo utilizzo di un comune browser sul proprio computer, ovvero senza la necessità di installazioni specifiche di software. Per la semplice distribuzione delle immagini (cioè per la loro consultazione, sia nei reparti che all'esterno dell'ospedale) il computer può essere un normale desktop, mentre per la diagnosi la stazione di lavoro dovrà avere sufficiente RAM per contenere tutte le immagini sotto esame e un'appropriata scheda grafica, in grado di pilotare i monitor diagnostici ad alta risoluzione (anche fino a 5 megapixel, per gli esami mammografici), oltre ad un processore adeguatamente potente, per la veloce manipolazione di immagini che di regola hanno misure attorno a 20 MB l'una.

In origine, le immagini venivano archiviate immediatamente su memoria di massa locale ad accesso veloce (detta anche memorizzazione *on-line*) e lì tenute per un tempo variabile tra 3 e 6 mesi; politiche automatiche del sistema le spostavano poi su DVD all'interno di un *juke-box* (nome tecnico col quale viene designato un gestore di media ottici), da dove potevano essere richiamate in automatico in caso di necessità senza intervento umano (modalità detta *near-line*), ma con tempi di risposta notevolmente superiori; in seguito, i DVD venivano periodicamente tolti dal juke-box e, contrassegnandoli con un codice generato dal sistema, immagazzinati in armadi ignifughi (modalità di memorizzazione *off-line*): in caso di necessità gli esami potevano essere immessi nuovamente nel sistema, ovviamente con intervento umano e con tempi che non potevano essere minori di qualche ora.

XII.8 - Nozioni di Informatica - I Sistemi Informativi Nella Sanità

Con la diminuzione dei costi delle memorie di massa, è diventata prassi mantenere tutte le immagini nella memoria ad accesso immediato (modalità detta *EOL, everything-on-line*) cioè su hard disk; questo, assieme alle crescenti velocità delle reti, permette un tempo di accesso alle informazioni sovente inferiore all'ordine dei secondi per una singola immagine.

Non ci si dimentichi che un tipico sistema PACS è in grado di gestire solo oggetti DICOM; tali oggetti contengono al loro interno, oltre all'immagine vera e propria, anche i dati relativi al paziente e all'esame a cui si riferiscono. Il sistema PACS registra questi dati quando riceve le immagini e li utilizza quando gli viene richiesta una lista di esami o pazienti, invece di accedere ogni volta agli oggetti DICOM; in questo modo, tutte le ricerche sono effettuate su un archivio testuale, ricorrendo a quello DICOM solo quando è necessario visualizzare o comunque spostare le immagini, con evidenti vantaggi in termini di velocità di esecuzione e di efficienza.

L'architettura della parte hardware viene progettata *ad hoc* per ogni situazione, in quanto può dipendere dal numero di reparti/ospedali coinvolti, dal loro carico di lavoro e dalle politiche di backup necessarie per mantenere la continuità del servizio. L'archivio DICOM *on-line* è di solito registrato su memorie di massa su sistemi SAN[1] o NAS[2], spesso configurati in RAID o con architettura ridondante. Ogni disco può essere sostituito in caso di problemi senza interrompere il funzionamento del sistema (*sostituzione a caldo*).

Le procedure con cui vengono ricevute e trasmesse le immagini sono definite dallo standard DICOM; in generale, il passaggio avviene sempre tra due entità: tra la modalità diagnostica che genera le immagini e il PACS, tra il PACS e un archivio remoto o una stampante e così via. Un esempio tipico di utilizzo è la procedura di *Query/Retrieve*, in cui un nodo DICOM remoto richiede una serie di informazioni, per esempio la lista degli esami di un determinato paziente; vengono passati, tramite un'associazione DICOM, i dati da ricercare (in questo caso l'identificativo del paziente) ed i campi che si vogliono avere come risultato

---

1 Una *Storage Area Network* (SAN) è una rete o parte di una rete ad alta velocità (generalmente Gigabit/sec) costituita esclusivamente da dispositivi di memorizzazione di massa, in alcuni casi anche di tipi e tecnologie differenti. Il suo scopo è quello di rendere tali risorse di immagazzinamento disponibili per qualsiasi computer connesso ad essa.
2 Un *Network Attached Storage* (NAS) è un dispositivo collegato ad una rete di computer la cui funzione è quella di condividere tra gli utenti della rete una Area di storage (o disco). Generalmente i NAS sono dei computer attrezzati con il necessario per poter comunicare via rete. Si tratta di dispositivi dotati solitamente di un sistema operativo basato su Linux e di diversi hard disk destinati all'immagazzinamento dei dati. Talvolta un sistema NAS può essere utilizzato come nodo di una SAN.

(gli identificativi degli esami); il PACS filtra i propri dati e risponde con la lista richiesta. Da tale lista, il richiedente può decidere di voler vedere le immagini di un determinato esame tra quelli trovati: questa volta la transazione conterrà l'identificativo dell'esame scelto, mentre le informazioni di ritorno dovranno essere le immagini; il PACS riconosce il comando e metterà nella coda di spedizione gli effettivi oggetti DICOM. Tutto questo avviene in modo trasparente all'utente: è infatti compito dell'applicativo creare la corretta comunicazione DICOM, interpretando le scelte che l'utente effettua sull'interfaccia grafica. Altre procedure importanti sono la *Store* (ricevimento delle immagini provenienti da una modalità), l'*autorouting* (inoltro automatico ad un altro nodo DICOM delle immagini ricevute), la *print* che permette di stampare su una stampante DICOM l'immagine assieme alle eventuali annotazioni aggiunte durante la refertazione.

La potenza del PACS risiede anche nella possibilità di analisi storiche sull'andamento di una patologia, per cui è necessario assicurare che quanto archiviato sia sempre disponibile, anche in caso di problemi hardware o avvenimenti esterni (per esempio: incendi). In più, oltre ai dati personali dei pazienti, nel PACS sono mantenuti anche dati sensibili relativi allo stato di salute: questi dati devono quindi essere protetti da perdite, o meglio: in caso di errori o di eventi distruttivi, deve essere possibile il loro recupero, oltre a garantire la continuità dell'utilizzo. La legislazione italiana (legge sulla privacy) richiede che in caso di problemi l'archivio debba essere recuperato entro un massimo di 7 giorni.

Quindi una parte importante di un sistema PACS ha lo scopo di ridurre al minimo i rischi di perdita di dati; le politiche per la sicurezza dei dati sono molteplici, ma l'elemento comune è rappresentato dall'effettuare una seconda copia di tutti i dati ricevuti: via rete ad un altro server, ad un produttore di media ottici, su unità a nastro, etc.; è importante che il sistema di recupero sia fisicamente in un'altra locazione fisica, per esempio per non essere coinvolto nello stesso incendio. Queste procedure sono indicate con il termine inglese *disaster recovery*.

Il PACS deve essere integrato con tutti gli altri attori informatici, per poter trarre il massimo vantaggio dall'informatizzazione. Per far questo utilizza sia lo standard DICOM che il linguaggio HL7[3] come previsto da IHE[4]. Nel normale

---

3 *Health Level 7* (HL7) è un'associazione *non profit* internazionale che si occupa di gestire standard per la sanità. HL7 è riferito anche ad alcuni degli specifici standard creati da questa associazione (es. HL7 v2.x, v3.0, CDA, ecc.). Fondata nel 1987 e riconosciuta dall'*American National Standards Institute* nel 1994, riunisce organizzazioni affiliate da oltre 40 paesi.
4 *Integrating the Healthcare Enterprise* (IHE) è un gruppo di lavoro internazionale che lavora in sinergia con le associazioni legate alla sanità (ACR, NEMA, EAR, ECR, SIRM, ecc.) e promuove l'uso di standard già definiti in ambito medicale. IHE non si occupa di come

flusso di lavoro della Radiologia, le interazioni in cui è coinvolto il PACS sono essenzialmente le seguenti:

- **Prenotazione:** nel caso il sistema PACS non abbia una completa architettura web, il RIS comunica al PACS via HL7 la lista degli esami previsti e nella notte precedente il PACS spedisce alla stazione di visualizzazione gli esami precedenti del paziente (*prefetch*), in modo che siano a disposizione del medico radiologo al momento dell'esame. Per un sistema web nativo, questa fase non è necessaria, in quanto tutti gli esami sono sempre disponibili via web;

- **Accettazione:** riceve l'avviso dal RIS via HL7 che il paziente è giunto in Radiologia e si predispone per ricevere le immagini, per esempio creando il paziente se non già esistente nell'archivio (alcuni PACS non necessitano di questo passaggio, in quanto possono creare il paziente all'arrivo delle immagini, utilizzando i dati all'interno delle immagini stesse);

- **Esecuzione:** la modalità diagnostica spedisce le immagini dell'esame al PACS; se sono più di una, sono organizzate in serie. I dati del paziente e dell'esame da eseguire sono comunicati dal RIS alla modalità (DICOM Modality Worklist) prima dell'esame;

- **Refertazione:** il medico radiologo accede alla propria lista di lavoro dal RIS, che richiede al PACS di aprire le immagini necessarie sui monitor di refertazione; se necessario, il medico può vedere immagini degli esami precedenti dello stesso paziente. Il referto viene scritto sul RIS, che si occupa di passarlo al PACS: questa comunicazione può essere fatta tramite un file DICOM (SR - *Structured Report*), oppure tramite un messaggio HL7. Il PACS può gestire sia il referto in formato testo che documenti firmati digitalmente.

Esistono almeno due tipi di codici identificativi univoci che attraversano l'intero flusso, riconosciuti anche dal PACS: l'identificazione del paziente e quella dell'episodio (studio); i codici corrispondenti (*PatientID* e *StudyID*) vengono usati ogni volta che è necessaria una comunicazione con un altro attore.

Esistono poi altri messaggi utilizzati dal PACS per comunicazioni al di fuori del flusso di lavoro, tra cui i più importanti sono quelli relativi all'anagrafica del paziente (messaggi ADT), scambiati quando tali dati vengono variati o creati.

---

sono fatti i componenti, ma di come possono collegarsi ed interoperare fra loro. A tale fine cerca di armonizzare l'uso degli standard esistenti (DICOM, HL7, XML, ecc.), e propone ogni anno un *connect-a-thon* fra le aziende per verificare l'interoperabilità.

Un esempio importante (descritto nel profilo IHE Patient Information Reconciliation - PIR) è l'aggiornamento di un paziente che all'arrivo in ospedale non è in grado di comunicare le proprie generalità: l'esame verrà comunque eseguito utilizzando un nome fittizio, che verrà corretto in seguito su un unico attore e propagato a tutti gli altri, tra cui il PACS, che riceverà comunicazione tramite il RIS.

Secondo la visione IHE, il PACS non ha necessità di integrarsi direttamente con il software di riferimento ospedaliero HIS, ma solamente attraverso il RIS

Di solito i produttori prevedono che il proprio PACS funzioni al meglio utilizzando il visualizzatore incluso nel prodotto. Tuttavia, un qualunque visualizzatore DICOM è in grado di colloquiare con un PACS; a questo scopo esistono prodotti commerciali per usi specifici, come la ricostruzione 3D, traumatologia oppure sistemi di diagnosi automatizzata (CAD, *Computer Aided Detection,* da non confondere con la *Computer Aided Design*, che invece si riferisce all'ambiente architettonico). Per ridurre i tempi di attesa dovuti al trasferimento delle immagini alla stazione di lavoro, spesso il visualizzatore e l'archivio agiscono in modo da presentare la prima immagine in tempi brevissimi (qualche secondo), mentre le successive immagini vengono caricate in "background", dando una sensazione di immediatezza al medico in attesa.

Esistono notevoli esempi anche tra i prodotti gratuiti e Open Source; tra questi sono senz'altro da ricordare: OsiriX, ImageJ, MicroDicom.

Secondo la definizione della Direttiva CEE 93/42 sui dispositivi medici, recepita in Italia con il decreto legislativo n.46/1997, i sistemi PACS sono *dispositivi medici*, in quanto utilizzati per effettuare diagnosi. La loro effettiva classificazione è stata spesso in discussione, dipendendo anche da scelte del produttore. A partire dal 2008, una pubblicazione della Comunità Europea ha chiarito la classificazione del PACS a seconda del suo utilizzo e delle funzionalità messe a disposizione:

- *Classe I:* funzione di solo archivio (ricerca, ricezione e spedizione) di immagini diagnostiche;

- *Classe I con funzioni di misura:* archivio con visualizzatore che permette misure (per esempio per progettazione di protesi);

- *Classe IIa:* PACS con visualizzatore utilizzabile per diagnosi (è la stessa classe a cui appartengono le pellicole radiografiche);

- *Classe IIb:* PACS con visualizzatore utilizzato per diagnosi, i cui risultati vengono utilizzati per una gestione delle modalità diagnostiche a raggi x.

Esclusa la prima voce, che è sotto la responsabilità del fabbricante, le altre richiedono per l'apposizione della marcatura CE la certificazione da parte di un organismo notificato. È stata perciò riconosciuta l'importanza del PACS nella diagnosi e cura delle patologie mediche. Da notare che non vi sono distinzioni nell'uso a seconda degli esami.

Negli stati che seguono la legislazione medicale FDA degli Stati Uniti, il PACS è inserito in Classe 2, richiedendo il procedimento 510(k); una legislazione aggiuntiva è necessaria per gli esami mammografici.

R.I.S.

Un *Sistema Informatico Radiologico*, noto anche come *R.I.S.* (acronimo dell'inglese *Radiology Information System*) è utilizzato nelle Radiologie per gestire il flusso dei dati legati ai pazienti. Le funzionalità del RIS permettono di gestire il cosiddetto "processo di refertazione", cioè quella serie di azioni od eventi che portano dall'approccio del paziente con la struttura all'espletamento del referto, oggetto dell'indagine radiologica.

Non è improprio dire che il processo di integrazione informatica di una Radiologia nell'Ospedale ruoti intorno al RIS, dal momento che tipicamente è il riferimento per il dialogo con:

- Sistemi gestionali ospedalieri
- Sistemi gestionali regionali
- Modalità diagnostiche
- Workstation di visualizzazione

Anche se nell'ottica aziendale è classificato come una delle tante applicazioni client-server da reparto, il RIS per ragioni di ordine storico legate (come per i laboratori d'analisi) al grande numero di prestazioni da gestire ha una lunga storia alle spalle, ed anche in Italia ci sono stati casi pionieristici di informatizzazioni realizzate con schede perforate.

In una Radiologia, quindi, il ruolo di un RIS è centrale: è proprio un sistema del genere che permette di individuare e di eliminare colli di bottiglia all'interno del processo di refertazione, consente di rendicontare correttamente le attività effettuate, è ausilio indispensabile alla diagnosi grazie alla gestione delle Cartelle Radiologiche informatizzate.

Il processo di refertazione parte dalla *prenotazione*, o comunque dal primo approccio alla struttura da parte del paziente, per arrivare alla *chiusura amministrativa* delle attività effettuate, e prevede diverse fasi di seguito illustrate, informatizzate o meno a seconda del contesto ospedaliero.

PRENOTAZIONE

Primo approccio dal paziente alla struttura, spesso telefonico, consiste nell'identificare una disponibilità ai fini dell'esecuzione degli esami prescritti. Potrebbe essere gestita da un *CUP* ed importata dal *RIS* (di solito tramite messaggi *HL7*) e tipicamente viene differenziata fra esterni (gestiti da segretarie) ed interni (gestiti da segretarie o da Tecnici di Radiologia - *TSRM*). Le urgenze vengono gestite con priorità differenti a seconda del loro grado. Nei casi più avanzati, il RIS è in grado di stampare lettere di conferma dell'appuntamento o di spedire email per conoscenza al medico di base.

ACCETTAZIONE

Il paziente si presenta di persona e viene identificato dal personale della Radiologia, che provvede ad inserire nel RIS i dati necessari alla rendicontazione e stampare se necessario la modulistica richiesta. Alcuni RIS prevedono anche la gestione della cassa. In questa fase, il RIS genera i riferimenti relativi all'esame, che lo individueranno nell'archivio (ad esempio il numero dello studio) secondo il protocollo DICOM.

AGENDE DI SALA o *WORK-LIST*

Importanti strumenti informatici utilizzati per la produzione del programma giornaliero di sala o per verificare l'attività del giorno.

ESECUZIONE o *ESPLETAMENTO*

Il personale in sala si accerta dell'identità del paziente e si occupa di inserire quesito clinico (TSRM) e dati anamnestici (Medico esecutore o Specializzandi). In questa fase possono venire registrati i componenti dello staff di esecuzione, importante nel caso l'esame richieda mezzi di contrasto o altri farmaci.

CONSUMO e MAGAZZINO

Normalmente a cura dei TSRM, in queste fasi vengono inseriti i dosaggi utilizzati per tarare la modalità (ove abbia senso) e ci si occupa di scaricare (anche in forma automatica, dipendente dagli esami eseguiti) il materiale dal magazzino. Ove sia previsto, vengono registrati anche i dati di dose fornita al paziente durante l'esame.

REFERTAZIONE e TRASCRIZIONE

I Radiologi, esaminando le immagini e consultando i precedenti del paziente, effettuano la refertazione. La trascrizione del referto può essere effettuata manualmente o con strumenti di riconoscimento vocale dal Radiologo stesso oppure può essere dettata su dittafoni analogici o digitali (in questo caso il file audio può essere salvato dal RIS) e demandata alle Dattilografe o a sistemi di riconoscimento vocale in differita. Tipicamente i referti vengono indicizzati per permettere la ricerca con parole chiave e vi vengono associate codifiche anatomopatologiche come l'ACR o l'ICD-9-CM[5].

FIRMA e STAMPA

Il Radiologo che ha effettuato l'indagine diagnostica o un Radiologo di sua fiducia rivede il testo inserito e provvede a validarlo con la firma autografa o con la firma digitale, rendendolo disponibile alla consegna. In un sistema completo, il RIS spedisce il testo del referto al PACS tramite un messaggio HL7 (ORU) oppure tramite file DICOM (SR). Il referto firmato resta l'unica copia opponibile a terzi.

CONSEGNA

Il personale addetto provvede a gestire la consegna dei referti e di eventuali supporti iconografici

RICERCHE e STATISTICHE

Estrazione di dati ai fini clinici o amministrativo-gestionali, con possibilità di export.

---

5 L'*International Classification of Diseases* (ICD, in italiano: Classificazione Internazionale delle Malattie) è un sistema di classificazione nel quale le malattie e i traumatismi sono ordinati per finalità statistiche in gruppi tra loro correlati. La classificazione ICD-9-CM è finalizzata a tradurre in codici alfa-numerici i termini medici in cui sono espressi le diagnosi di malattia, gli altri problemi di salute e le procedure diagnostiche e terapeutiche.

RENDICONTAZIONE

Normalmente vengono gestite rendicontazioni per i pazienti esterni (che vanno rimborsati dalla Regione) e per i pazienti interni (gestiti a livello di centro di costo o in base ai DRG).

Scheda di Dimissione Ospedaliera (SDO)

E' uno strumento informativo per la raccolta dei dati relativi ai singoli pazienti dimessi dagli istituti di ricovero ospedaliero; costituisce la sintesi delle informazioni contenute nella cartella clinica.

L'identificazione delle informazioni da rilevare attraverso la scheda di dimissione e le relative modalità di compilazione e codifica sono disciplinate dal D.M. 28.12.91 e dal D.M. 26.07.93. A far data dal 1 gennaio 2001, la nuova disciplina della SDO è stabilita dal decreto ministeriale 27 ottobre 2000, n. 380.

Centro Unico di Prenotazione

Quando si parla di Centro Unico di Prenotazione, o CUP, si pensa immediatamente all'ufficio amministrativo in ambito sanitario, presente nella ASL/ASP e nei distretti sanitari, dotato di uno sportello centrale aperto al pubblico e di numerosi sportelli periferici negli uffici dell'ASL/ASP e nelle farmacie, con la funzione di gestire le prenotazioni di visite mediche specialistiche, velocizzando l'accesso alle prestazioni sanitarie offerte dalle strutture pubbliche e private accreditate dell'area di una ASL/ASP, che consente anche di pagare il ticket sanitario della prestazione prenotata ed erogata, presso lo sportello centrale, ed in alcuni casi presso uno sportello virtuale della farmacia.

In verità col termine CUP si intende anche il software medicale che costituisce lo strumento informatico che uniforma i computer in dotazione nella ASL/ASP, per inoltrare le prenotazioni unificate nei reparti specialistici ed identificare il primo posto disponibile da assegnare in agenda al tipo di prestazione. Esso è dotato di *call center* e di sportelli *totem*, di prenotazione sanitaria virtuale, dislocati anche fuori delle sedi dell'azienda sanitaria, in luoghi frequentati dal pubblico, come ad esempio un centro commerciale.

Lo sportello totem permette di alzare la cornetta ed entrare in contatto in video conferenza con un operatore CUP che guida chi fa la prenotazione sanitaria. La videochiamata consente di appoggiare sul totem la ricetta medica mentre l'operatore CUP offre al richiedente il quadro delle disponibilità relative alle sue richieste affinché possa scegliere la soluzione a lui più rispondente. Il modulo finale di prenotazione viene immediatamente inoltrato dal totem nella rete unificata.

CupWEB è il servizio on-line realizzato da alcune ASL o ASP, allo scopo di rendere ancora più veloce l'accesso alle prestazioni sanitarie, rispetto allo sportello centrale aperto al pubblico, superando il limite dell'orario di ufficio. Con l'utilizzo del CupWEB è possibile in qualsiasi orario, anche della notte, collegarsi allo strumento informatico unificato per visualizzare lo stato di disponibilità delle agende sanitarie in tempo reale, controllando le prime disponibilità per una prestazione nelle strutture sanitarie, e quindi prenotare comodamente la prestazione sanitaria, oppure cambiare e disdire una prenotazione o un appuntamento.

LA FIRMA DIGITALE

Giuseppe Totaro

Cos'è la Firma Digitale

La firma digitale è fondamentalmente un sistema matematico che permette di correlare un autore e un documento digitale (e-mail, file di testo, fogli elettronici, etc.) al fine di rendere manifesta l'autenticità del documento informatico e garantire al destinatario sia la provenienza sia l'integrità del documento stesso.

Le firme digitali sono comunemente utilizzate per la distribuzione del software, le transazioni finanziarie e in tutti quei casi in cui occorra rilevare eventuali falsificazioni o manipolazioni dei documenti.

Un errore molto comune è pensare alla firma digitale come nome e cognome propri posti in calce ad un documento elettronico (un documento di testo, una email, etc.). Sebbene in alcuni casi questa evenienza possa assumere anche validità legale, l'equivoco nasce dal pensare alla firma digitale come, appunto, ad una firma *sic et simpliciter*. In realtà la firma digitale viene così chiamata solo perché ad essa viene associato il valore intrinseco della firma più propriamente detta, ovvero quella autografa. Per il resto le similitudini ed i punti di contatto tra firma autografa e firma digitale sono completamente assenti.

Dunque cosa è una firma digitale? E, soprattutto, come si può apporre?

In prima approssimazione, la risposta a queste domande può essere riassunta così: la firma digitale è un sistema di autenticazione per un documento elettronico e, per poter firmare digitalmente, è necessario avere un apposito software e, spesso, anche un hardware dedicato (oltre al documento da autenticare, ovviamente).

L'Ente nazionale per la digitalizzazione della Pubblica Amministrazione (DigitPA, http://www.digitpa.gov.it/) descrive la firma digitale come "il risultato di

XIII.2 - Nozioni di Informatica - La Firma Digitale

una procedura informatica (validazione) che garantisce l'autenticità e l'integrità di messaggi e documenti scambiati e archiviati con mezzi informatici, al pari di quanto svolto dalla firma autografa per i documenti tradizionali."

La firma digitale di un documento informatico o di un insieme di documenti informatici assolve sostanzialmente i seguenti requisiti:

- **autenticità** (provenienza): il destinatario può verificare l'identità del sottoscrittore. Il documento firmato deve provenire in maniera certa dal titolare della firma (il mittente), cioè dal titolare della chiave pubblica, la cui identità è certificata da una autorità di certificazione[1] (Certification Authority, CA);
- **integrità**: nessuno può modificare il documento informatico dopo la sua sottoscrizione;
- **non ripudio**: il mittente non può ripudiare un documento da lui firmato, quindi il documento informatico con firma digitale ha piena validità legale.

La riservatezza, spesso erroneamente annoverata tra i requisiti fondamentali, è una funzione facoltativa del sistema di firma digitale. Essa garantisce che il documento firmato non possa essere compreso da nessun altro se non il destinatario (ripetiamo che questa è una funzione facoltativa dei documenti siglati elettronicamente, che possono anche essere non riservati; vedi avanti).

A questi requisiti è opportuno aggiungere la certificazione temporale del documento, cioè la presenza di una data (giorno e ora) di redazione certa, certificata e non ripudiabile, condizione essenziale per i documenti legali. Questa condizione è garantita dalla *marca temporale* (vedi avanti), che può essere apposta congiuntamente alla firma digitale.

La firma digitale impiega un tipo di crittografia asimmetrica (illustrata più avanti in questo testo). Per messaggi inviati attraverso un canale non protetto/sicuro, un sistema di firma digitale correttamente e adeguatamente implementato dà al destinatario ragione di credere che il messaggio sia stato inviato dal mittente dichiarato. Pertanto, le firme digitali sono (legalmente) equivalenti alle tradizionali firme autografe, ma un sistema di firma digitale correttamente implementato è più "difficile" da falsificare rispetto al tipo tradizionale scritto a mano.

---

1 Il problema della verifica della firma ovvero stabilire se una firma sia autentica è un punto critico della firma digitale. Le autorità di certificazione garantiscono un sistema centralizzato di verifica della firma. Esistono altri sistemi che verrano descritto in seguito.

Quest'ultima affermazione può apparire come un abuso od una presunzione. In realtà, si vuole porre l'accento sul livello di sicurezza garantito da un sistema di firma digitale, tale da "competere" con la tradizionale firma autografa.

La firma digitale garantisce anche il non ripudio ovvero il firmatario non può negare di aver firmato un messaggio se la sua chiave privata rimane segreta. Inoltre, alcuni schemi di non ripudio offrono un *timestamp* per la firma digitale, in modo tale che la firma sia valida anche se la chiave primaria viene esposta ovvero perde il requisito della segretezza.

Oggi, la legge che disciplina la firma elettronica[2] in Italia è il Codice dell'Amministrazione Digitale (CAD - Decreto Legislativo 7 marzo 2005, n. 82). Maggiori informazioni relative all'introduzione delle sottoscrizioni informatiche sono disponibili sul sito del DigitPA[3].

Nelle definizioni del CAD[4] (Capo I, Principi generali - Sezione I, Definizioni, finalità e ambito di applicazione - Articolo 1, Definizioni) si fa riferimento alla firma elettronica nel modo seguente:

> *q) firma elettronica: l'insieme dei dati in forma elettronica, allegati oppure connessi tramite associazione logica ad altri dati elettronici, utilizzati come metodo di identificazione informatica;*
>
> *q-bis) firma elettronica avanzata: insieme di dati in forma elettronica allegati oppure connessi a un documento informatico che consentono l'identificazione del firmatario del documento e garantiscono la connessione univoca al firmatario, creati con mezzi sui quali il firmatario può conservare un controllo esclusivo, collegati ai dati ai quali detta firma si riferisce in modo da consentire di rilevare se i dati stessi siano stati successivamente modificati;*
>
> *r) firma elettronica qualificata: un particolare tipo di firma elettronica avanzata che sia basata su un certificato qualificato e realizzata mediante un dispositivo sicuro per la creazione della firma;*
>
> *s) firma digitale: un particolare tipo di firma elettronica avanzata basata su un certificato qualificato e su un sistema di chiavi crittografiche,*

---

2 La firma digitale implementa la c.d. firma elettronica, un termine più ampio che si riferisce a qualsiasi dato elettronico adoperato con l'intento di realizzare una firma (ma non tutte le firme elettroniche sono firme digitali).
3 Consultare il documento del DigitPA "Guida alla firma digitale".
4 Nei principi generali del CAD troviamo altre definizioni relative alla firma digitale, tra cui certificatore, chiave privata e chiave pubblica, che saranno discusse più avanti.

una pubblica e una pubblica e una privata, correlate tra loro, che consente al titolare tramite la chiave privata e al destinatario tramite la chiave pubblica, rispettivamente, di rendere manifesta e di verificare la provenienza e l'integrità di un documento o di un insieme di documenti informatici;

Questa breve analisi, prevalentemente del valore legale, dovrebbe far comprendere perché la firma elettronica è essenziale per il corretto funzionamento di istituti pubblici, che prevedono la gestione informatizzata e la trasmissione telematica di atti e documentazioni ufficiali, per i quali è necessario avere la certezza della provenienza, la non ripudiabilità, l'integrità e la data certa di emissione (in alcuni casi anche la riservatezza può essere un requisito richiesto, soprattutto viste le attuali norme sulla protezione dei dati personali). Solo utilizzando la firma digitale si può dare validità giuridica a tutti gli effetti ai documenti elettronici ed agli atti trasmessi per via telematica.

Cosa È LA FIRMA DIGITALE	Cosa **NON È** la firma digitale
È una sequenza binaria che viene allegata ad un qualsiasi documento informatico.	Non è l'immagine digitalizzata della propria firma autografa posizionata alla fine di un documento (o in un'altra parte dello stesso).
Garantisce l'autenticità del documento (indentità del sottoscrittore).	
Garantisce l'integrità del documento.	Non è uno strumento di crittografia dei documenti elettronici.
	Non è la firma elettronica

Si evince chiaramente che la firma digitale può essere considerata uno strumento molto potente e come tale deve essere usato nei modi e nei casi appropriati. Le linee guida ufficiali del DigitPA introducono ed esplicitano alcuni casi in cui sia opportuno e auspicabile l'uso della firma digitale:

"Esempi tipici dell'utilizzo della firma digitale possono essere ricercati in tutti gli adempimenti da effettuarsi verso le amministrazioni che richiedono appunto la sottoscrizione di una volontà: denunce, dichiarazioni di cambi di residenza, di domicilio, richieste di contributi, di esenzioni a pagamenti a causa del reddito o di altre condizioni particolari, ricorsi, ecc.

Fra privati può trovare un interessante impiego nella sottoscrizione di contratti, verbali di riunioni, ordini di acquisto, risposte a bandi di gara, ecc.

Ancora, la firma digitale trova già da tempo applicazione nel protocollo informatico, nella procedura di archiviazione documentale, nel mandato informatico di pagamento, nei servizi camerali, nelle procedure telematiche d'acquisto, ecc."

DEFINIZIONE

Uno schema base di firma digitale tipicamente consiste di tre algoritmi:

- un algoritmo per la generazione della chiave che produce una coppia di chiavi K(PK, SK): PK (Public Key) è la chiave pubblica di verifica della firma e SK (Secret Key) è la chiave privata, destinata ad essere conosciuta solo dal titolare, utilizzata per firmare il documento.

- un algoritmo di generazione della firma sig_K che, presi in input un messaggio M e una chiave privata SK, genera in output una firma σ per il messaggio M;

- un algoritmo di verifica della firma ver_K che, presi in input una firma σ, la chiave pubblica PK e il messaggio M, accetta o rifiuta la validità[5] della firma per il messaggio M.

Lo schema base della firma digitale costituito da (K, sig_K, ver_K) è riassunto graficamente in figura (1 e 0 rappresentano i possibili risultati ver_K ed indicano rispettivamente una firma verificata e non verificata).

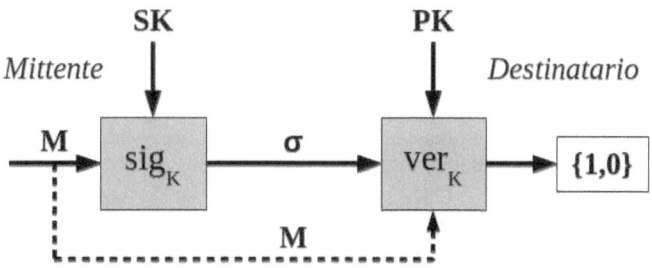

---

5 Alcuni testi parlano di autenticità della firma. In questo contesto, preferiamo parlare di validità, in quanto l'autenticità è un concetto più complesso relativo al problema della verifica dell'associazione tra chiave pubblica e utente, che sarà discusso più avanti.

XIII.6 - Nozioni di Informatica - La Firma Digitale

Sono richieste due proprietà fondamentali. In primo luogo, una firma generata a partire da un determinato messaggio e una determinata chiave privata dovrebbe permettere di verificare l'autenticità del messaggio usando la corrispondente chiave pubblica. In secondo luogo, dovrebbe essere computazionalmente impossibile generare una firma valida senza possedere la chiave privata.

Per l'utente, la firma digitale è una funzione generata da un programma, definito dalla legge "dispositivo di firma"[6], che cifra (*rende illeggibile*) una parte del documento (*l'impronta*) in un modo unico per ogni utente (*per ogni chiave utilizzata*). La chiave non è altro che il sistema con cui si può cifrare o decifrare (*rendere di nuovo leggibile*) l'impronta del documento. Nei casi in cui venga richiesta anche la riservatezza (*segretezza*) del contenuto del documento da trasmettere, la sola firma digitale non è sufficiente (la riservatezza non rientra tra i requisiti di base della firma) e quindi occorre che il documento sia anche criptato[7] con le modalità che saranno descritte più avanti.

Una chiave di un sistema crittografico permette di "chiudere" (cifrare) e "aprire" (decifrare) un documento o più in generale dei dati digitali. Quindi possiamo affermare che un sistema crittografico garantisce la riservatezza del contenuto dei messaggi, rendendoli incomprensibili a chi non sia in possesso di una "chiave" per interpretarli. Tali sistemi possono essere suddivisi in base alla tipologia di chiave che utilizzano e ne distinguiamo due tipi: *crittografia a chiave unica* (detta anche a chiave privata o simmetrica) e *crittografia a chiave doppia* (detta anche a chiave pubblica o asimmetrica). Una trattazione esaustiva della crittografia esula dagli scopi di questo libro, quindi saranno descritti solo alcuni concetti basilari.

Con i sistemi a chiave unica, un utente può criptare un documento usando una chiave che lo identifica. Solo chi dispone della stessa chiave potrà decifrare il documento ed in tal modo essere sicuro che è stato criptato[8] da quel determinato utente.

---

6 Il dispositivo di firma non è necessariamente solo un software, infatti è definito come l'insieme di dispositivi hardware e software che consentono di sottoscrivere con firma digitale documenti informatici.
7 Talvolta la terminologia adottata in crittografia genera un po' di confusione a causa dell'uso non sempre uniforme di alcuni termini. In questo capitolo, utilizziamo i verbi cifrare e criptare in modo intercambiabile ovvero come sinonimi e lo stesso avviene per i verbi decifrare e decriptare. In altri testi, si utilizzano i termini crittare e decrittare che in realtà dovrebbero appartenere alla crittoanalisi che riguarda lo studio dei metodi per ottenere informazioni in chiaro da dati cifrati senza avere accesso alla chiave segreta richiesta per effettuare l'operazione.
8 Criptare un documento non significa firmarlo. Le differenze saranno illustrate più avanti.

Ad esempio ammettiamo di avere un documento composto dalla frase "io sono un documento riservato". Un modo semplice per renderlo illeggibile è quello di criptarlo con un qualche meccanismo, una chiave di criptazione.

Utilizziamo per tale scopo il cifrario di Cesare[9], un sistema utilizzato per "offuscare" il contenuto di documenti riservati nell'antica Roma. La chiave di questo semplice algoritmo crittografico si limita allo scorrimento, lettera per lettera, di 3 posizioni (la chiave era dunque 3). Se consideriamo l'alfabeto italiano (composto da 21 lettere), il cifrario di Cesare esegue la sostituzione in base al seguente schema:

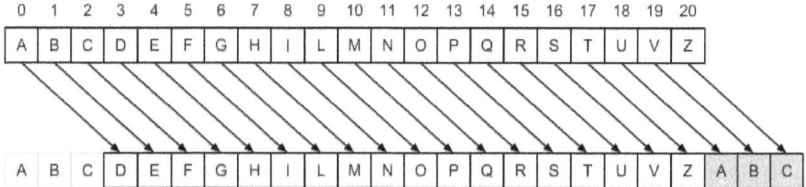

Da un punto di vista matematico, il cifrario di Cesare può essere espresso nel seguente modo:

$$f_C(i) = (i+3)\bmod 21 = j \quad , \quad \forall\, i \in \Sigma$$

dove i è un elemento di un alfabeto Σ (nel nostro esempio l'alfabeto italiano) e f_C è la funzione che, a partire da un elemento i, genera un elemento j dello stesso alfabeto. Gli elementi dell'alfabeto sono rappresentati da un numero progressivo compreso tra 0 e 20 (una sorta di indice numerico della lettera). L'operazione modulo, indicata con $\bmod$, restituisce il resto della divisione intera del primo numero per il secondo.

Quindi, applicando il cifrario di Cesare (in base allo schema di cui sopra), la frase "io sono un documento informatico" diventa "nr vrqr aq grfaphqzr nqirupdznfr". Adoperando questo semplice strumento, il documento è diventato incomprensibile e solo chi conosce la chiave usata può leggerlo. Questo esempio dimostra anche che la chiave utilizzata può essere facilmente ricostruita. In realtà, nell'ambito della crittografia a chiave privata, si utilizzano altri sistemi, ben più complessi e moderni. Alcuni algoritmi comuni sono AES, Blowfish, DES, Triple

---

9 Il cifrario di Cesare è un cifrario a sostituzione monoalfabetica, in cui si utilizza un alfabeto per il testo in chiaro e una permutazione (cioè un "riarrangiamento") dello stesso per il risultato cifrato. Un esempio di cifrario polialfabetico è il cifrario di Vigenère.

XIII.8 - Nozioni di Informatica - La Firma Digitale

DES, Serpent, Twofish.

Per la firma elettronica, i sistemi a chiave singola non possono ovviamente essere usati, in quanto richiedono la diffusione ai mittenti della chiave personale dell'utente, e quindi il rischio inaccettabile di utilizzo improprio. Pertanto, il sistema per la creazione e la verifica di firme digitali sfrutta le caratteristiche della crittografia asimmetrica.

La crittografia a chiave asimmetrica (detta anche crittografia a chiave pubblica o a doppia chiave), è basata sull'uso di una coppia di chiavi digitali attribuite in maniera univoca ad un soggetto, detto titolare della coppia di chiavi: una chiave privata o segreta, da non svelare a nessuno, con cui il titolare può decifrare i messaggi che gli vengono inviati e firmare i messaggi che invia, e una chiave pubblica, che può essere tranquillamente distribuita perché consente ad altri utenti solo di cifrare i messaggi da inviargli e decifrare la sua firma (e stabilirne quindi l'autenticità).

Risulta evidente che la chiave privata sia destinata ad essere conosciuta solo dal titolare, il quale deve impedirne l'accesso a terzi[10], altrimenti verrebbe meno il requisito fondamentale per la sicurezza di tutto il sistema ovvero la segretezza della chiave privata.

In questo sistema, ogni utente possiede una coppia di chiavi generate da un apposito algoritmo in maniera che sia impossibile ricavarne una dall'altra, con la garanzia che la chiave privata sia la sola in grado di poter decifrare correttamente i messaggi cifrati con la chiave pubblica associata e viceversa. Un possibile scenario in cui un utente vuole comunicare in modalità sicura con un'altra persona è il seguente: il mittente deve cifrare il messaggio con la chiave pubblica del destinatario; il destinatario riceve il messaggio cifrato e adopera la propria chiave privata per decifrare il messaggio.

Grazie alla proprietà della coppia di chiavi, la crittografia asimmetrica viene impiegata anche per firmare un documento elettronico, ma in una modalità che può essere definita inversa rispetto a quella appena descritta, poiché nella firma digitale la chiave privata è utilizzata per cifrare e quella pubblica per decifrare. Infatti, la chiave pubblica di un utente è la sola in grado di poter decifrare correttamente i documenti cifrati con la chiave privata di quell'utente. In altre parole, se un utente cifra un messaggio con la sua chiave privata, il messaggio cifrato ottenuto potrà essere decifrato da chiunque possieda la sua chiave pubblica, avendo così la certezza che è stato inviato dal proprietario della chiave pubblica usata per decifrare il messaggio.

---
10 Tuttavia esistono alcune soluzioni alternative (come nel caso della firma digitale remota).

Quindi, la crittografia a doppia chiave assicura che, una volta firmato il documento con la chiave privata, la firma possa essere verificata con successo esclusivamente con la corrispondente chiave pubblica, poiché la chiave privata decifra solo ciò che è stato cifrato con la rispettiva chiave pubblica e viceversa.

Nell'ambito della crittografia informatica, i metodi asimmetrici impiegano tempi più elevati rispetto ai sistemi simmetrici. La lentezza intrinseca della crittografia asimmetrica non affligge la firma digitale poiché la soluzione adottata consiste nel cifrare solo una "piccola parte" dell'intero messaggio detta impronta digitale.

Se un utente vuole apporre una firma digitale su un documento, procede nel modo seguente: calcola l'impronta digitale del documento, detta anche *message digest*, mediante una funzione di *hash* e ottiene una stringa di lunghezza relativamente piccola (128, 160 o più bit), dopodiché utilizza la propria chiave privata per cifrare l'impronta digitale. Il risultato di questa codifica è la firma.

Una funzione di hash trasforma un testo di lunghezza arbitraria in una stringa di lunghezza relativamente limitata, che rappresenta una sorta di codice di controllo relativo al testo stesso. La funzione di hash è una funzione *one-way* (cioè a senso unico, o unidirezionale), poiché dato il valore di hash ottenuto dal testo è impossibile risalire nuovamente al testo originario ovvero essa non è invertibile. Inoltre, la funzione di hash garantisce che la probabilità di collisione (ottenere da documenti diversi il medesimo valore dell'impronta) sia molto bassa.

Nella fattispecie, una funzione di hash crittografica H deve rispettare le seguenti tre proprietà:

- Dato $H(m)$, impraticabile risalire ad m (resistenza alla preimmagine);

- Dati m_1 e $H(m_1)$, impraticabile trovare $m_2 \neq m_1$ tale che $H(m_2) = H(m_1)$ (resistenza alla seconda preimmagine);

- Impraticabile individuare m_1, m_2 con $m_1 \neq m_2$ tale che $H(m_1) = H(m_2)$ (resistenza alle collisioni).

Quindi, la firma digitale prodotta dipende dall'impronta digitale (risultato della funzione di hash) del documento e dal documento stesso, oltre che dalla chiave privata dell'utente. Una volta creata la firma, essa viene allegata al documento insieme alla chiave pubblica.

XIII.10 - Nozioni di Informatica - La Firma Digitale

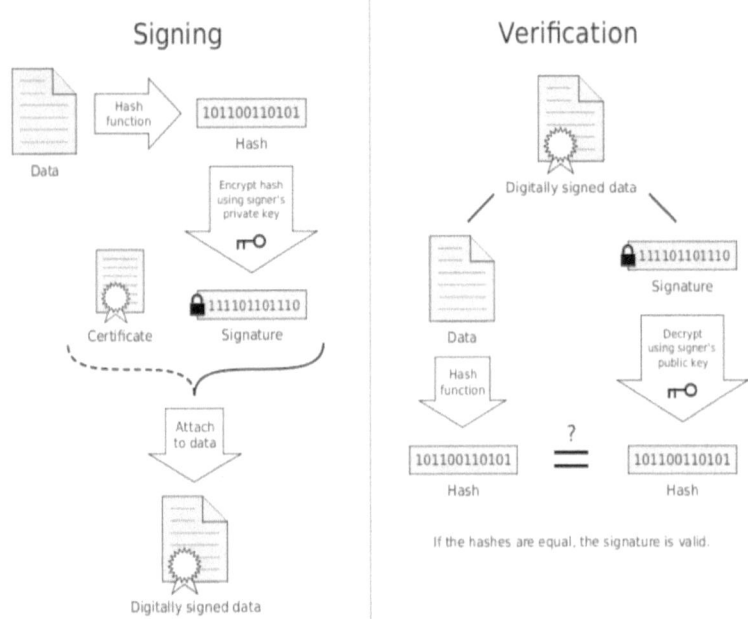

Chiunque può verificare l'autenticità di un documento: per farlo, occorre semplicemente decifrare la firma del documento con la chiave pubblica del mittente, ottenendo l'impronta digitale del documento, e quindi confrontare quest'ultima con quella che si ottiene applicando la funzione di hash al documento ricevuto; se le due impronte sono uguali, l'autenticità e l'integrità del documento sono garantite.

La firma digitale non garantisce la segretezza del contenuto del documento (si noti come tale requisito non figura tra quelli fondamentali), infatti tutti i possessori della chiave pubblica del mittente possono averne accesso. La crittografia asimmetrica di un documento informatico garantisce la riservatezza in modo che solo il destinatario a cui è indirizzato può visualizzarne i contenuti (diversamente dalla crittografia simmetrica che prevede una sola chiave per cifrare e decifrare).

La titolarità della firma digitale è garantita dai certificati digitali che collegano i dati utilizzati per verificare la firma all'identità del titolare. Quindi, un certificato digitale è un documento elettronico che attesta l'associazione tra una chiave pubblica e l'identità di una persona (fisica o giuridica) al fine di utilizzarla per operazioni di crittografia asimmetrica e/o firma digitale. Il certificatore è il soggetto che presta servizi di certificazione delle firme elettroniche o che fornisce altri servizi connessi con queste ultime; si tratta di soggetti pubblici o privati che devono aver richiesto e ottenuto il riconoscimento del possesso dei requisiti più elevati in termini di qualità e di sicurezza tramite la procedura di accreditamento prevista dal DigitPA.

Quindi, la chiave per verificare la firma è pubblica e certificata, in quanto tutti possono prelevarla da appositi registri, ed essere certi dell'identità del titolare, grazie ad un certificato ad essa allegato, rilasciato da un'autorità riconosciuta (*Certification Authority*, Autorità di Certificazione - CA).

In molti casi, può essere richiesta anche la certificazione temporale del documento ovvero la possibilità di collocare nel tempo quando è stata realizzata la firma digitale[11] di un documento. La marca temporale è un meccanismo che permette di indicare una data (giorno e ora) certa all'interno del documento ed è apposta da un software sicuro, fornito dalle Autorità di Certificazione. Il risultato della procedura informatica con cui si attribuiscono, ad uno o più documenti informatici, una data ed un orario opponibili ai terzi è detto *validazione temporale*.

La firma digitale è una "materia" molto vasta e per certi versi complessa. Un approfondimento degli aspetti legali e tecnico-scientifici, spesso correlati ed inscindibili, non fa parte degli intenti di questo libro. Tuttavia, in questa trattazione, abbiamo cercato di dare alcune nozioni di base, ponendo l'accento sui concetti chiave che caratterizzano un sistema di firma digitale adeguatamente e correttamente implementato. Non è difficile comprendere l'enorme importanza (tecnica, economica, sociale, etc) della firma digitale e, più in generale, della crittografia dei dati e delle comunicazioni.

Tale aspetto non è certamente sfuggito ai fornitori di servizi telematici, i quali hanno investito parecchio, e continuano a farlo, in questo settore che ha generato un vero e proprio business. Non vogliamo fare alcun tipo di pubblicità, ma è sufficiente fare una breve ricerca in Rete per rendersi conto dell'ampia gamma di "offerte" relative ai servizi di crittografia e firma digitale. Chiunque stesse pensando di non poter usare la firma digitale o altri strumenti di crittografia per via dei costi da sostenere, non deve rammaricarsi. In realtà, facendo una ricerca attenta ed oculata in Rete si possono osservare numerosi servizi e software di firma digitale gratuiti, utilizzabili da chiunque voglia anche semplicemente provare l'ebbrezza di firmare digitalmente i propri messaggi. Naturalmente, le caratteri-

---

11 Il servizio di Marcatura Temporale può essere utilizzato sia su file non firmati digitalmente, garantendone una collocazione temporale certa e legalmente valida, sia su documenti informatici sui quali è stata apposta una Firma Digitale: in tal caso la Marca temporale attesterà che il documento aveva quella forma in quel preciso momento temporale.

stiche (non solo economiche) del servizio scelto dipendono dalle effettive esigenze.

Un ottimo punto di partenza (e non solo) è il software *GnuPG* che costituisce una alternativa al pacchetto software *PGP* ed è una implementazione libera dello standard *OpenPGP*. Prima di illustrare i vantaggi di GnuPG, è opportuno definire brevemente PGP e OpenPGP (altrimenti il lettore potrebbe guardare con sospetto a questa serie "misteriosa" di acronimi).

PGP (che sta per: *Pretty Good Privacy*) è un software creato da Phil Zimmermann[12] nel 1991 e viene utilizzato per firmare, cifrare e decifrare testi, e-mail, file e interi dischi al fine di aumentare la sicurezza delle comunicazioni via e-mail. PGP e altri prodotti simili fanno riferimento allo standard OpenPGP per le operazioni di cifratura e decifratura dei dati. OpenPGP è un protocollo non-proprietario per la cifratura delle e-mail usando la crittografia a chiave pubblica. Esso è basato sull'implementazione iniziale di PGP ad opera di Phil Zimmermann. Il protocollo OpenPGP definisce formati standard per messaggi cifrati, firme e certificati per lo scambio di chiavi pubbliche.

A differenza di PGP, *GNU Privacy Guard* (GnuPG o GPG) è software libero[13] (significa che rispetta la tua libertà) e fa parte del progetto GNU[14], promosso dalla Free Software Foundation. GnuPG permette di cifrare e firmare digitalmente i propri dati, offre un versatile sistema di gestione delle chiavi, nonché i moduli di accesso per tutti i tipi di elenchi di chiavi pubbliche. Un importante riferimento per approfondire la conoscenza di GPG e trovare una vasta documen-

---

12 Philip "Phil" R. Zimmermann (Camden, USA, 12 febbraio 1954 - *vivente*) è stato il primo a rendere la cifratura asimmetrica, o a chiave pubblica, facilmente accessibile a tutti. Ciò portò la US Customs a renderlo il bersaglio di un'indagine durata tre anni, perché il governo statunitense sosteneva che le restrizioni all'esportazione di software per la crittografia erano state violate quando il PGP si era diffuso in tutto il mondo a seguito della sua pubblicazione su Internet nel 1991 come software libero. Dopo che il governo ebbe ritirato le sue accuse all'inizio del 1996, Zimmermann fondò la PGP Inc. Ha ricevuto numerosi premi tecnici e umanitari per la sua opera pionieristica nel campo della crittografia, tra i quali merita di essere citato il fatto che nel 1995 Newsweek lo ha nominato uno dei "Net 50", cioè una delle 50 persone più influenti su Internet.
13 Esso può essere liberamente usato, modificato e distribuito in base ai termini della licenza GNU General Public License (http://www.gnu.org/copyleft/gpl.html).
14 GNU è un sistema operativo tipo Unix distribuito come software libero: rispetta la vostra libertà. Potete installare versioni di GNU basate su Linux che sono costituite esclusivamente da software libero. Il Progetto GNU è nato nel 1984 con l'obiettivo di sviluppare il Sistema GNU. Il nome "GNU" è un acronimo ricorsivo per "GNU's Not Unix" (GNU Non è Unix) e si pronuncia gh-nu (con la g dura, come in "guardia", una sola sillaba senza pause tra la *g* e la *n*).

tazione è il sito ufficiale del progetto *http://www.gnupg.org*. L'uso del software GPG non richiede particolari doti informatiche. Infatti, anche se GPG si presenta come strumento a linea di comando, è disponibile un ricco insieme di applicazioni user-friendly e librerie che estendono ulteriormente le potenzialità del software.

Infine, chiudiamo con un interessante concetto usato in PGP, GPG e altri sistemi compatibili con lo standard OpenPGP per stabilire l'autenticità della corrispondenza tra una chiave pubblica e il suo proprietario: il *Web of Trust*. In crittografia, il Web of Trust è un modello di fiducia (*trust model*) decentralizzato e alternativo al modello centralizzato PKI (*Public Key Infrastructure*) che, per grandi linee, dipende esclusivamente da una Autorità di Certificazione.

L'associazione tra la chiave pubblica e il proprietario (o meglio il "recipiente" che contiene le informazioni del proprietario) è palesemente un aspetto critico poiché richiede necessariamente di verificare che la chiave pubblica appartenga realmente al recipiente dichiarato nella chiave. Tale verifica risulta molto semplice se conosciamo la persona che ha creato la chiave, ma in altri casi potrebbe esserci il rischio che qualcuno accidentalmente o intenzionalmente impersoni il proprietario dichiarato nella chiave. Le chiavi pubbliche sono distribuite all'interno di certificati di identità (*identity certificate*) che sono creati attraverso metodi crittografici al fine di rilevare eventuali tentativi di alterazione. Tuttavia, questo sistema non è sufficiente, poiché esso previene la "corruzione" del certificato *dopo* la sua creazione e non prima. Occorre un metodo per dimostrare anche che la chiave appartenga realmente alla persona indicata nel certificato. Di fatto, un problema in ogni sistema a chiave pubblica è proprio l'autenticazione della chiave pubblica (!).

Supponiamo di ricevere una e-mail firmata elettronicamente da una persona che, con grande fantasia, chiameremo Mario Rossi. Per verificare la firma della sua e-mail dobbiamo ottenere la sua chiave pubblica. Ma come possiamo essere certi che si tratti realmente della sua chiave pubblica? Altre persone potrebbero aver creato una chiave a suo nome.

Potremmo recarci dal presunto titolare della firma, richiedere un suo documento di identità e verificare in questo modo l'autenticità della sua chiave. Probabilmente, questo modo di agire sarebbe un metodo affidabile, ma saremmo veramente disposti a visitare una persona che risiede, ad esempio, in un altro paese (senza citare altri inconvenienti).

Invece, consideriamo la possibilità di far "certificare" (o confermare) ad altri che la chiave di Mario Rossi appartenga realmente a Mario Rossi. In altre parole, una chiave pubblica (o meglio l'informazione che collega un nome alla chiave pubblica) può essere firmata digitalmente da altri utenti che attestano l'associazione tra una persona e la chiave. Questo modello di fiducia è denominato *Web of Trust* ed è stato descritto per la prima volta da Phil Zimmermann nel 1992 (manuale di PGP versione 2.0). Esistono diverse web of trust e qualsiasi utente può far parte di più reti di questo tipo e costituire un collegamento tra questi modelli di fiducia.

Rispetto ad altre infrastrutture a chiave pubblica, questo schema è molto flessibile, poiché ogni web of trust senza un controllo centralizzato (ad esempio una Autorità di Certificazione) dipende sostanzialmente da altri utenti. Un utente di un programma compatibile con OpenPGP può semplicemente ottenere la chiave pubblica da un *keyserver*[15] e verificare direttamente l'autenticità della chiave in base alle firme di terze parti. Ovviamente la flessibilità ha un prezzo e il sistema richiede grande cautela e supervisione da parte degli utenti.

FIRMA ELETTRONICA

A differenza di quella digitale, una *firma elettronica* è definita nel Codice dell'Amministrazione Digitale (CAD) come "un insieme dei dati in forma elettronica, allegati oppure connessi tramite associazione logica ad altri dati elettronici, utilizzati come metodo di identificazione informatica": è quindi la forma più debole di firma in ambito informatico, in quanto non prevede meccanismi di autenticazione del firmatario o di integrità del dato firmato.

Decisamente più "robusta" è invece la *firma elettronica qualificata*, definita come una "firma elettronica ottenuta attraverso una procedura informatica che garantisce la connessione univoca al firmatario, creata con mezzi sui quali il firmatario può conservare un controllo esclusivo e collegata ai dati ai quali si riferisce in modo da consentire di rilevare se i dati stessi siano stati successivamente modificati, che sia basata su un certificato qualificato e realizzata mediante un dispositivo sicuro per la creazione della firma". E' quindi una forma di firma sicura, che esaudisce le richieste della Direttiva Europea 1999/93/CE, alle quali sono stati aggiunti i requisiti dell'utilizzo di un certificato qualificato e di un dispositivo sicuro di firma. In questa forma, la firma elettronica qualificata corrisponde alla "Qualified electronic signature" definita da ETSI[16].

---

15 I *keyserver(s)* sono server con un database di chiavi pubbliche e relative firme apposte da terze parti per attestare l'autenticità del proprietario.

16 L'*Istituto Europeo per gli Standard nelle Telecomunicazioni*, in inglese *European Telecommunications Standards Institute*, acronimo ETSI, è un organismo internazionale, indipendente e senza fini di lucro ufficialmente responsabile della definizione e dell'emissione di

Allo scopo di focalizzare immediatamente le differenze principali tra firma elettronica e firma digitale, si riporta un comodo specchietto pubblicato da wikipedia:

	FIRMA ELETTRONICA	FIRMA QUALIFICATA/ FIRMA DIGITALE
Creazione mediante algoritmo	Non specificato	Si
Ripudiabile in sede di giudizio	Non riconoscimento	Querela di falso
Copia indistinguibile dall'originale	Si	Si
Opponibilità in sede di giudizio	No	Si
Emessa da una C.A. Qualificata	No	Si

---

standard nel campo delle telecomunicazioni in Europa.

APPENDICI

APPENDICE A: HACKERS & CRACKERS

Se cerchiamo sul dizionario italiano la traduzione per il termine *hacker*, troviamo questa indicazione: *"Chi commette atti di pirateria informatica, intervenendo su memorie a cui non ha accesso legale per sottrarre o alterare dati."* (cfr.: *Grande Dizionario Italiano di Aldo Gabrielli, Hoepli Editore*). Se invece ci si rivolge al forum online dell'Accademia della Crusca[1] cercando il significato del termine si leggono risposte come questa: *"Ogni termine ha un significato preciso e quindi non si può usare un termine per indicare qualcosa che in realtà non è. Se l'uso comune fatto dai 'non-addetti ai lavori' è quello di storpiare il significato delle parole questo non significa che tutti si sia autorizzati a fare altrettanto. Il significato che i 'non-addetti ai lavori' associano a tale termine è da applicare invece al termine cracker. Se si vogliono usare dei termini italiani, hacker può essere tradotto come esperto informatico; mentre cracker si può tradurre come pirata informatico.".* Già queste semplici indicazioni danno l'idea della complessità dell'argomento che proviamo a trattare.

Il termine *hacker* è stato coniato dallo *slang* degli Stati Uniti ed è difficile renderne una corretta traduzione in italiano; può essere definito *hacker* una persona che si impegna nell'affrontare sfide intellettuali per aggirare o superare creativamente le limitazioni che gli vengono imposte, non limitatamente ai suoi ambiti d'interesse (che di solito, ma non obbligatoriamente, comprendono l'informatica o l'ingegneria elettronica), ma in tutti gli aspetti della sua vita.

Esiste un luogo comune, usato soprattutto dai mass media (a partire dagli anni '80), per cui il termine hacker viene associato ai criminali informatici (la cui definizione corretta è, però, *"cracker"*).

---

[1] L'*Accademia della Crusca* è sorta a Firenze tra il 1582 e il 1583, per iniziativa di cinque letterati fiorentini. Dalle loro animate riunioni, chiamate scherzosamente "cruscate", derivò il nome di "Accademia della Crusca", volto poi a significare il lavoro di ripulitura della lingua. Oggi è uno dei principali punti di riferimento per le ricerche sulla lingua italiana.

Il *New Hacker Dictionary*[2] elenca ufficialmente nove diverse connotazioni per la parola "hack" e un numero analogo per "hacker". Eppure la stessa pubblicazione include un saggio d'accompagnamento in cui si cita Phil Agre, un hacker del MIT che mette in guardia i lettori a non farsi fuorviare dall'apparente flessibilità del termine. "Hack ha solo un significato" - sostiene Agre - "quello estremamente sottile e profondo di qualcosa che rifiuta ulteriori spiegazioni."

A prescindere dall'ampiezza della definizione, la maggioranza degli odierni hacker ne fa risalire l'etimologia al MIT, dove il termine fece la sua comparsa nel gergo studentesco all'inizio degli anni '50. Secondo una pubblicazione diffusa nel 1990 dal MIT Museum a documentare il fenomeno dell'hacking, per quanti frequentavano l'istituto in quegli anni il termine "hack" veniva usato con un significato analogo a quello dell'odierno "goof" (scemenza, goliardata).

Stendere una vecchia carcassa fuori dalla finestra del dormitorio veniva considerato un "hack", ma altre azioni più pesanti o dolose - ad esempio, tirare delle uova contro le finestre del dormitorio rivale, oppure deturpare una statua nel campus - superavano quei limiti. Era implicito nella definizione di "hack" lo spirito di un divertimento creativo e innocuo.

È a tale spirito che s'ispirava il gerundio del termine: "hacking". Uno studente degli anni '50 che trascorreva gran parte del pomeriggio chiacchierando al telefono o smontando una radio, poteva descrivere quelle attività come "hacking". Di nuovo, l'equivalente moderno per indicare le stesse attività potrebbe essere la forma verbale derivata da "goof" - "goofing" o "goofing off" (prendere in giro qualcuno, divertirsi).

Più avanti negli anni '50, il termine "hack" acquistò una connotazione più netta e ribelle. Al MIT degli anni '50 vigeva un elevato livello di competizione e l'attività di hacking emerse sia come reazione sia come estensione di una tale cultura competitiva. Goliardate

Uno dei più famosi "pasticcioni": Pippo di Walt Disney (in inglese, appunto, "Goofy")

---

2 Compendio online (http://www.ccil.org/jargon/) dove sono raccolti i termini gergali dei programmatori

e burle varie divennero tutto ad un tratto un modo per scaricare la tensione accumulata, per prendere in giro l'amministrazione del campus, per dare spazio a quei pensieri e comportamenti creativi repressi dal rigoroso percorso di studio dell'istituto. Va poi aggiunto che quest'ultimo, con la miriade di corridoi e tunnel sotterranei, offriva ampie opportunità esplorative per quegli studenti che non si facevano intimorire da porte chiuse e da cartelli tipo "Vietato l'ingresso". Fu così che *"tunnel hacking"* divenne l'accezione usata dagli stessi studenti per indicare queste incursioni sotterranee non autorizzate. In superficie il sistema telefonico del campus offriva analoghe opportunità. Grazie ad esperimenti casuali ma accurati, gli studenti impararono a fare scherzi divertenti. Traendo ispirazione dal più tradizionale *tunnel hacking*, questa nuova attività venne presto battezzata *"phone hacking"*, per poi diventare l'odierno *phreacking*.

La combinazione tra divertimento creativo ed esplorazioni senza limiti costituirà la base per le future mutazioni del termine hacking. I primi ad auto-qualificarsi *"computer hacker"* nel campus del MIT negli anni '60 traevano origine da un gruppo di studenti appassionati di modellismo ferroviario, che negli ultimi anni '50 si erano riuniti nel *Tech Model Railroad Club*. Una ristretta enclave all'interno di quest'ultimo era il comitato *Signals and Power* (segnali ed elettricità) - gli addetti alla gestione del sistema del circuito elettrico dei trenini del club. Un sistema costituito da un sofisticato assortimento di relè e interruttori analogo a quello che regolava il sistema telefonico del campus. Per gestirlo era sufficiente che un membro del gruppo inviasse semplicemente i vari comandi tramite un telefono collegato al sistema, osservando poi il comportamento dei trenini.

I nuovi ingegneri elettrici responsabili per la costruzione e il mantenimento di tale sistema considerarono lo spirito di simili attività analogo a quello del *phone hacking*. Adottando il termine hacking, iniziarono così a raffinarne ulteriormente la portata. Dal punto di vista del comitato *Signals and Power*, usare un relè in meno lungo un determinato tratto di binari significava poterlo poi riutilizzare per qualche progetto futuro. In maniera sottile, il termine hacking si trasformò da sinonimo di gioco ozioso a un gioco in grado di migliorare le prestazioni o l'efficienza complessiva del sistema ferroviario del club. Quanto prima i membri di quel comitato cominciarono a indicare con orgoglio l'attività di ricostruzione e miglioramento del circuito per il funzionamento delle rotaie con il termine "hacking", mentre "hacker" erano quanti si dedicavano a tali attività.

Considerata la loro affinità per i sistemi elettronici sofisticati - per non parlare della tradizionale avversione degli studenti del MIT verso porte chiuse e divieti d'ingresso - non ci volle molto prima che gli hacker mettessero le mani su una macchina appena arrivata al campus.

A.4 - Nozioni di Informatica - Appendice A: Hackers & Crackers

Un'immagine d'epoca del TX-0 al MIT

Noto come *TX-0*[3], si trattava di uno dei primi modelli di computer lanciati sul mercato. Sul finire degli anni '50, l'intero comitato *Signals and Power* era emigrato in massa nella sala di controllo del TX-0, portandosi dietro lo stesso spirito di gioco creativo.

Il vasto reame della programmazione informatica avrebbe portato ad un'ulteriore mutamento etimologico. "*To hack*" non indicava più l'attività di saldare circuiti dalle strane sembianze, bensì quella di comporre insieme vari programmi, con poco rispetto per quei metodi o procedure usati nella scrittura del software "ufficiale".

Significava inoltre migliorare l'efficienza e la velocità del software già esistente che tendeva a ingolfare le risorse della macchina. Ed è qui che successivamente si colloca una diversa radice del termine hacker, la forma sostantiva del verbo inglese *to hack* che significa "tagliare", "sfrondare", "sminuzzare", "ridurre", "aprirsi un varco", appunto fra le righe di codice che istruiscono i programmi software.

Un hacker era quindi colui che riduceva la complessità e la lunghezza del codice sorgente, con un *hack*, appunto, una procedura grossolana ma efficace, che potrebbe essere tradotta in italiano come "zappata" o "accettata" (intesa come *tagliata con l'accetta*) o altrimenti con una "furbata". Rimanendo fedele alla sua radice, il termine indicava anche la realizzazione di programmi aventi l'unico scopo di divertire o di intrattenere l'utente, come "scrivere numeri romani" (cit.: Richard Stallman[4]).

---

3 Il TX-0 (acronimo di *Transistorized Experimental computer zero* spesso chiamato *tixo*) era un supercomputer totalmente a transistor con una memoria a nucleo magnetico di sistema della notevole capacità (per i tempi) di 64.000 parole di 18 bit. Il TX-0 venne attivato nel 1956 e rimase operativo per tutti gli anni sessanta.

4 Richard Matthew Stallman (New York, 1953-) è un attivista americano del movimento del software libero, hacker e programmatore. Nel settembre del 1983 lanciò il progetto GNU per creare un sistema operativo libero simile a Unix, egli è il principale organizzatore e creatore. Con il lancio del Progetto GNU, il movimento del software libero prese vita e nell'Ottobre del 1985 fondò la Free Software Foundation (FSF). Fu il pioniere del concetto

Un classico esempio di quest'ampliamento della definizione di hacker è *Spacewar!*[5], il primo video game interattivo. Sviluppato nei primi anni '60 dagli hacker del MIT, *Spacewar!* includeva tutte le caratteristiche dell'hacking tradizionale: era divertente e casuale, non serviva ad altro che a fornire una distrazione serale alle decine di hacker che si divertivano a giocarvi.

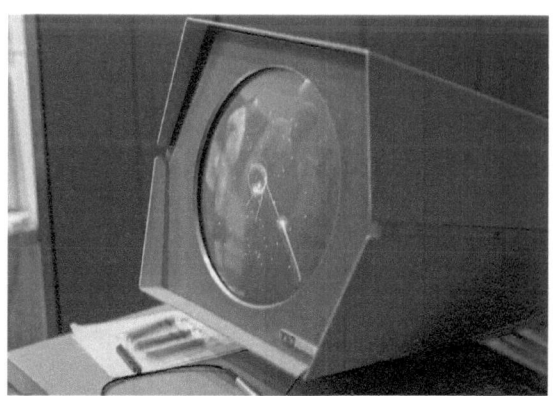

un'immagine di Spacewar! nella versione originale, che girava sul PDP-1

Dal punto di vista del software, però, rappresentava una testimonianza incredibile delle innovazioni rese possibili dalle capacità di programmazione. Inoltre era completamente libero (e gratuito). Avendolo realizzato per puro divertimento, gli hacker non vedevano alcun motivo di mettere sotto scorta la loro creazione, che finì per essere ampiamente condivisa con altri programmatori. Verso la fine degli anni '60, *Spacewar!* divenne così il passatempo preferito di quanti lavoravano ai mainframe in ogni parte del mondo.

Furono i concetti di innovazione collettiva e proprietà condivisa del software a distanziare l'attività di computer hacking degli anni '60 da quelle di tunnel hacking e phone hacking del decennio precedente. Queste ultime tendevano a rivelarsi attività condotte da soli o in piccoli gruppi, per lo più limitate all'ambito del campus, e la natura segreta di tali attività non favoriva l'aperta circolazione di nuove scoperte. Invece i computer hacker operavano all'interno di una disciplina scientifica basata sulla collaborazione e sull'aperto riconoscimento dell'innovazione. Non sempre hacker e ricercatori "ufficiali" andavano a braccetto, ma nella

---

di copyleft ed è il maggiore autore di molte licenze copyleft compresa la GNU General Public License (GPL), la licenza per software libero più diffusa. Dalla metà degli anni '90 spende molto del suo tempo sostenendo il software libero come anche la campagna contro il software con licenza e ciò che a lui sembra una eccessiva estensione delle leggi su copyright. Stallman ha anche sviluppato un numero di parti di software usati ampiamente, compreso Emacs, la GNU Compiler Collection e la GNU Debugger.

5 *Spacewar!* è considerato da tutti il primo videogioco ufficiale, sebbene altri esperimenti come *OXO* o *Tennis for Two* siano stati realizzati nel decennio precedente. Il gioco fu programmato principalmente da Steve "Slug" Russell, utilizzando alcune routine di seno e coseno della DEC. La prima versione conosciuta è datata febbraio 1962.

rapida evoluzione di quell'ambito le due specie di programmatori finirono per impostare un rapporto basato sulla collaborazione - si potrebbe perfino definire una relazione simbiotica.

Richard Stalmann in un'immagine recente

Il fatto che la successiva generazione di programmatori, incluso Richard Stallman, aspirasse a seguire le orme dei primi hacker, non fa altro che testimoniare le prodigiose capacità di questi ultimi. Nella seconda metà degli anni '70 il termine *hacker* aveva assunto la connotazione di *élite*. In senso generale, *computer hacker* era chiunque scrivesse il codice software per il solo gusto di riuscirci. In senso specifico, indicava abilità nella programmazione. Al pari del termine "artista", il significato conteneva delle connotazioni tribali. Definire *hacker* un collega programmatore costituiva un segno di rispetto. Auto-descriversi come *hacker* rivelava un'enorme fiducia personale. In entrambi i casi, la genericità iniziale dell'appellativo *computer hacker* andava diminuendo di pari passo alla maggiore diffusione del computer.

Con il restringimento della definizione, l'attività di computer hacking acquistò nuove connotazioni semantiche. Per potersi definire hacker, una persona doveva compiere qualcosa di più che scrivere programmi interessanti; doveva far parte dell'omonima cultura e onorarne le tradizioni allo stesso modo in cui un contadino del Medio Evo giurava fedeltà alla corporazione dei vinai.

Pur se con una struttura sociale non così rigida come in quest'ultimo esempio, gli hacker di istituzioni elitarie come il MIT, Stanford e Carnegie Mellon iniziarono a parlare apertamente di "etica hacker": le norme non ancora scritte che governavano il comportamento quotidiano dell'hacker. Nel libro del 1984 "Hackers. Gli eroi della rivoluzione informatica", l'autore Steven Levy, dopo un lungo lavoro di ricerca e consultazione, codificò tale etica in cinque principi fondamentali.

Sotto molti punti di vista, i principi elencati da Levy continuano a definire l'odierna cultura del computer hacking. Eppure l'immagine di una comunità hacker analoga a una corporazione medievale è stata scalzata dalle tendenze eccessivamente populiste dell'industria del software.

A partire dai primi anni '80 i computer presero a spuntare un po' ovunque, e i programmatori che una volta dovevano recarsi presso grandi istituzioni o aziende soltanto per aver accesso alla macchina, improvvisamente si trovarono a stretto contatto con hacker di grande livello via ARPANET. Grazie a questa vicinanza, i comuni programmatori presero ad appropriarsi delle filosofie anarchiche tipiche della cultura hacker di ambiti come quello del MIT. Tuttavia, nel corso di un simile trasferimento di valori andò perduto il tabù culturale originato al MIT contro ogni comportamento malevolo, doloso.

Mentre i programmatori più giovani iniziavano a sperimentare le proprie capacità con finalità dannose - creando e disseminando virus, facendo irruzione nei sistemi informatici militari, provocando deliberatamente il blocco di macchine quali lo stesso *Oz* del MIT, popolare nodo di collegamento con *ARPAnet* - il termine "hacker" assunse connotati punk, nichilisti. Quando polizia e imprenditori iniziarono a far risalire quei crimini a un pugno di programmatori rinnegati che citavano a propria difesa frasi di comodo tratte dall'etica hacker, quest'ultimo termine prese ad apparire su quotidiani e riviste in articoli di taglio negativo. Nonostante libri come quello di Levy avessero fatto parecchio per documentare lo spirito originale di esplorazione da cui nacque la cultura dell'hacking, per la maggioranza dei giornalisti *"computer hacker"* divenne sinonimo di *"rapinatore informatico"*. Contro l'originale definizione da questo momento si insinua nella conoscenza popolare l'uguaglianza *Hacker=Malvivente*.

Anche di fronte alla presenza, durante gli ultimi due decenni, delle forti lamentele degli stessi hacker contro questi presunti abusi, le valenze ribelli del termine risalenti agli anni '50 rendono difficile distinguere tra un quindicenne che scrive programmi capaci di infrangere le attuali protezioni cifrate, dallo studente degli anni '60 che rompe i lucchetti e sfonda le porte per avere accesso a un terminale chiuso in qualche ufficio. D'altra parte, la sovversione creativa dell'autorità per qualcuno non è altro che un problema di sicurezza per qualcun altro. In ogni caso, l'essenziale tabù contro comportamenti dolosi o deliberatamente dannosi trova conferma a tal punto da spingere la maggioranza degli hacker ad utilizzare il termine *cracker* - qualcuno che volontariamente decide di infrangere un sistema di sicurezza informatico per rubare o manomettere dei dati - per indicare quegli hacker che abusano delle proprie capacità.

Questo fondamentale tabù contro gli atti dolosi rimane il primario collegamento culturale esistente tra l'idea di hacking del primo scorcio del XXI secolo e quello degli anni '50. È importante notare come, mentre la definizione di computer hacking abbia subìto un'evoluzione durante gli ultimi quattro decenni, il concetto originario di hacking in generale - ad esempio, burlarsi di qualcuno oppure esplorare tunnel sotterranei - sia invece rimasto inalterato.

Nell'autunno 2000 il MIT Museum onorò quest'antica tradizione dedicando al tema un'apposita mostra, la *Hall of Hacks*. Questa comprendeva alcune fotografie risalenti agli anni '20 ed alcuni manufatti per così dire "storici", inclusa una finta auto della polizia. Nel 1993, gli studenti resero un tributo all'idea originale di hacking del MIT posizionando la stessa (finta) macchina della polizia, con le luci lampeggianti, sulla sommità del principale edificio dell'istituto.

due immagini della Hall of Hacks al MIT nel 2000

La targa della macchina era *IHTFP*, acronimo dai diversi significati e molto diffuso al MIT e attualmente la stessa macchina è esposta all'interno dell'edificio del MIT, *Ray and Maria Stata Center*. La versione maggiormente degna di nota, anch'essa risalente al periodo di alta competitività nella vita studentesca degli anni '50, è "*I hate this fucking place*" ("*Odio questo fottuto posto*"). Tuttavia nel 1990, il Museum riprese il medesimo acronimo come punto di partenza per una pubblicazione sulla storia dell'hacking. Sotto il titolo "*Institute for*

Hacks Tomfoolery and Pranks" ("*Istituto per scherzi folli e goliardate*"), la rivista offre un adeguato riassunto di quelle attività.

"Nella cultura dell'hacking, ogni creazione semplice ed elegante riceve un'alta valutazione come si trattasse di scienza pura", scrive Randolph Ryan, giornalista del Boston Globe, in un articolo del 1993 incluso nella mostra in cui compariva la macchina della polizia. "L'azione di hack differisce da una comune goliardata perché richiede attenta pianificazione, organizzazione e finezza, oltre a fondarsi su una buona dose di arguzia e inventiva. La norma non scritta vuole che ogni hack sia divertente, non distruttivo e non rechi danno. Anzi, talvolta gli stessi hacker aiutano nell'opera di smantellamento dei propri manufatti".

A questo proposito all'ingresso del MIT *Ray and Maria Stata Center* è presente un cartello intitolato "*Hacking Ethics*" che riporta 13 punti a cui dovrebbe rifarsi ogni hacker degno di questo nome. Li riportiamo lasciati in lingua originale, poiché la loro traduzione non dovrebbe far nascere particolari difficoltà:

- ✓ The safety of yourself, of others, and of property should have highest priority. Safety is more important than pulling off a hack or getting through a door.

- ✓ Be subtle. Leave no evidence you were there.

- ✓ Brute force is the last resort of the incompetent.

- ✓ Leave things as you found them or better. Cause no permanent damage during hacks and while hacking. If you find something broken call F-IXIT.

- ✓ Do not steal anything; if you must borrow something, leave a note saying when it will be returned and remember to return.

- Do not drop things without a ground crew to make sure no one is underneath.

- Sign-ins are not graffiti and should not be seen by general public. Sign-ins exhibit one's pride in having found an interesting location and should be seen only by other hackers. Real hackers are not proud of discovering Lobby 7, random basements, or restrooms. Keep sign-ins small and respect other hackers' sign-ins

- Never drink and hack.

- Never hack alone. Have someone who can get help in an emergency.

- Know your limitations and do not exceed them. If you do not know how to open a door, climb a shaft, etc. then learn from someone who knows before trying.

- Learn how not to get caught, but if you do get caught, accept gracefully and cooperate fully.

- Share your knowledge and experience with other hackers.

- Above all, exercise common sense.

Il desiderio di confinare la cultura del computer hacking all'interno degli stessi confini etici appare opera meritevole ma impossibile. Nonostante la gran parte dell'hacking informatico aspiri al medesimo spirito di eleganza e semplicità, il medium stesso del software offre un livello inferiore di reversibilità. Smontare una macchina della polizia è opera semplice in confronto allo smantellamento di un'idea, soprattutto quando è ormai giunta l'ora per l'affermazione di tale idea. Da qui la crescente distinzione tra *"black hat"* e *"white hat"* (*"cappello nero"* e *"cappello bianco"*) - hacker che rivolgono nuove idee verso finalità distruttive, dolose contro hacker che invece mirano a scopi positivi o, quantomeno, informativi.

Una volta oscuro elemento del gergo studentesco, la parola *hacker* è divenuta una palla da biliardo linguistica, soggetta a spinte politiche e sfumature etiche. Forse è questo il motivo per cui a così tanti hacker e giornalisti piace farne uso. Nessuno può tuttavia indovinare quale sarà la prossima sponda che la palla si troverà a colpire. Un *"h4x0r"* (pronuncia *"achs-or"*) è il termine *hacker* scritto in *leet*[6] (linguaggio degli hacker).

Volendo specificare tutti i vari ambiti in cui viene usato il termine *hacker*, si possono evidenziare questi significati:

- Qualcuno che conosce un modello di interfaccia di programmazione abbastanza bene da essere in grado di scrivere un software nuovo e utile senza troppa fatica, in una giornata o comunque rapidamente.

- Qualcuno che riesce ad inserirsi in un sistema o in una rete per aiutare i proprietari a prendere coscienza di un problema di sicurezza. Anche detti *"white hat hacker"* o *"sneacker"*. Molte di queste persone sono impiegate in aziende di sicurezza informatica e lavorano nella completa legalità. Gli altri vengono definiti *"black hat hacker"* sebbene spesso il termine venga connotato anche in maniera più negativa del semplice "aiutare i proprietari" e collegato al vero e proprio vandalismo.

- Qualcuno che, attraverso l'esperienza o per tentativi successivi, modifica un software esistente in modo tale da rendere disponibile una nuova funzione. Più che una competizione, lo scambio tra diversi programmatori di modifiche sui relativi software è visto come un'occasione di collaborazione.

- Un *"Reality Hacker"* o *"Urban Spelunker"* (origine: MIT) è qualcuno che si addentra nei meandri più nascosti di una città, spesso mettendo a segno "scherzi" elaborati per il divertimento della comunità.

Un Hacker in senso stretto è colui che associa ad una profonda conoscenza dei sistemi una intangibilità dell'essere, esso è invisibile a tutti eccetto che a sé

---

6 Il leet (o anche l33t, 31337 o 1337) è una forma codificata di inglese caratterizzata dall'uso di caratteri non alfabetici al posto delle normali lettere (scelte per la semplice somiglianza nel tratto) o piccoli cambi fonetici. Il termine ha origine dalla parola "élite", in inglese di pronuncia simile a "leet", e si riferisce al fatto che chi usa questa forma di scrittura si distingue da chi non ne è capace. Il leet affonda le sue radici nella sottocultura di Internet, e in particolare in IRC. Qui gli utenti scrivevano messaggi velocemente e senza badare ad errori di battitura (*teh* al posto di *the* era uno dei più frequenti). Altre volte l'intenzione era quella di far comprendere certi messaggi solo a certi utenti anche in una stanza pubblica. Il leet nasce anche dall'esigenza di memorizzare password di senso compiuto (quindi facili da ricordare) ma difficilmente riconoscibili. Inoltre i SysOp delle vecchie BBS effettuavano controlli sui file disponibili per verificare che non vi fosse materiale illegale. Per velocizzare le ricerche, solitamente, non esaminavano file per file bensì effettuavano ricerche sui nomi. Il l33t era un modo valido per rendere il file riconoscibile a chi lo cercasse, mentre sfuggiva alle ricerche dei SysOp.

stesso. Non sono certamente Hacker in senso stretto tutti coloro che affermano di esserlo; in un certo senso, gli Hacker in senso stretto non esistono, perché se qualcuno sapesse della loro esistenza per definizione essi non esisterebbero.

"*Script kiddie*" è un termine che indica un utente con poca o nessuna cultura informatica che segue semplicemente delle istruzioni o un "*cook-book*" senza capire il significato di ciò che sta facendo. Spesso viene utilizzato per indicare chi utilizza *exploit*[7] creati da altri programmatori e hacker.

Un "*lamer*" è uno *script kiddie* che utilizza ad esempio *trojan* (NetBus, subseven) per pavoneggiarsi con gli altri e far credere di essere molto esperto, ma in realtà non sa praticamente nulla e si diverte ad arrecare danno ad altri. I *lamer* sono notoriamente disprezzati dagli Hacker appunto per la loro tendenza a danneggiare gratuitamente i computer e successivamente a vantarsi di quello che hanno fatto.

Un "*newbie*" ("*niubbo*", "*novizio*") è una persona alle prime armi in questo campo.

ETICA HACKER

Pekka Himanen

L'etica hacker è una nuova etica emersa (e applicata) dalle comunità virtuali o "cyber communities" (ma non esclusivamente). Uno dei suoi grandi mentori è il finlandese Pekka Himanen.

Himanen, nella sua opera "*L'etica hacker e lo spirito dell'età dell'informazione*" (che contiene un prologo di Linus Torvalds e un epilogo di Manuel Castells), inizia per riscattare il significato originale del termine "hacker". Secondo Himanem, un hacker non è (come si crede comunemente) un criminale, vandalo o pirata informatico con grandi competenze tecniche (questo è il "cracker"), ma l'hacker è chiunque lavora con grande passione ed entusiasmo per quello che fa. Quindi il

---

7 Col termine *exploit* si identifica un codice che, sfruttando un bug o una vulnerabilità, porta all'acquisizione di privilegi o al *denial of service* di un computer.

termine "hacker" può (e deve) essere applicato ad altri ambiti come, ad esempio, quello scientifico. "Così", scrive Himanen, "al centro della nostra era tecnologica ci sono persone che si autodefiniscono *hackers*. Si definiscono come persone che si dedicano a programmare con passione e credono che è un dovere per loro condividere le informazioni e sviluppare software libero. Non devono essere confusi con i *crackers*, utenti distruttivi il cui obbiettivo è creare virus e introdursi nei sistemi degli altri: un hacker è un esperto o un entusiasta di qualsiasi tipo che può dedicarsi o no all'informatica".

Secondo Himanen l'etica hacker è una nuova morale che sfida "L'etica protestante e lo spirito del capitalismo" (opera scritta un secolo fa da Max Weber), e che si fonda su "la laboriosità diligente, l'accettazione della routine, il valore del denaro e la preoccupazione per il risultato". In confronto alla morale presentata da Weber, l'etica hacker si fonda sul valore della creatività, e consiste nel combinare la passione con la libertà. Il denaro cessa di essere un valore di per sé e il beneficio si misura in risultati come il valore sociale e l'accesso libero, la trasparenza e la franchezza.

L'etica hacker è un'etica di tipo assiologico, ovvero è un'etica basata su una determinata serie di valori. Himanen ne elenca alcuni fondamentali:

- Passione
- Libertà
- Coscienza sociale
- Verità
- Antifascismo
- Anti-Corruzione
- Lotta contro l'alienazione dell'uomo
- Eguaglianza sociale
- Accesso libero all'informazione (cultura libera)
- Valore sociale (riconoscenza tra simili)
- Accessibilità alla rete
- Attivismo
- Responsabilità
- Creatività

Si può anche consultare lo studio scritto da Paul Contreras Trillo "Mi chiamo Kohfam. Identità hacker: un'approssimazione antropologica". Secondo Contreras, i gruppi di hacker danno luogo a una configurazione sociale in rete che si caratterizza per la capacità di generare conoscenza e innovazione.

Queste configurazioni in rete, chiamate "intelligenza collettiva", presentano caratteristiche sociali basate sulla meritocrazia, il concetto di conoscenza come bene comune e la redistribuzione di questa conoscenza tra tutti i membri del gruppo. Secondo l'autore, l'organizzazione sociale dei gruppi di hacker è molto simile a quella usata dalle società primitive, con una leadership non coercitiva e sistemi di reputazione tra pari, ed è basata sull'etica hacker come caratteristica fondamentale.

APPENDICE B: SPAM

La SPAM è un tipo di carne in scatola prodotto dalla Hormel Foods Corporation, nata nel 1937.

È entrata a far parte del folklore grazie ad uno sketch realizzato dai Monty Python, intitolato proprio "Spam".

Lo spamming (detto anche *fare spam* o *spammare*) è l'invio di grandi quantità di messaggi indesiderati (generalmente commerciali). Può essere messo in atto attraverso qualunque media, ma il più usato è Internet, attraverso l'e-mail.

la scatola di carne SPAM

Origine del Termine

Il termine trae origine da uno sketch comico del Monty Python's Flying Circus ambientato in un locale nel quale ogni pietanza proposta dalla cameriera era a base di Spam (un tipo di carne in scatola). Man mano che lo sketch avanza, l'insistenza della cameriera nel proporre piatti con "spam" ("uova e spam, uova pancetta e spam, salsicce e spam" e così via) si contrappone alla riluttanza del cliente per questo alimento, il tutto in un crescendo di un coro inneggiante allo "spam" da parte di alcuni Vichinghi seduti nel locale. Il filmato originale è recuperabile tramite qualunque motore di ricerca o su YouTube, usando come parole chiavi "spam monthy python".

Il Monty Python's Flying Circus rappresenta una pietra miliare per la commedia televisiva britannica. Si tratta di una serie televisiva divisa in 45 episodi, ripartiti in 4 stagioni, originariamente trasmessa dalla BBC, dal 1969 al 1974, concepita, scritta ed interpretata da Graham Chapman, John Cleese, Terry Gilliam, Eric Idle, Terry Jones e Michael Palin, ovvero i Monty Python. Liberamente strutturato come insieme di sketch, ma con un innovativo approccio tipo "flusso di coscienza" (supportato dalle animazioni di Terry Gilliam), lo spettacolo andò oltre i confini di ciò che era considerato accettabile, sia in termini di stile che di contenuto, ed ha avuto una duratura influenza, non solo sulla commedia britannica, ma a livello internazionale.

I Monty Python's Flying Circus

Lo spettacolo prendeva spesso di mira le idiosincrasie dello stile di vita britannico (specialmente dei professionisti), ed era a volte connotato politicamente. I membri dei Monty Python avevano un'educazione di alto livello (laureati a Oxford e Cambridge), e la loro commedia era spesso acutamente intellettuale, con numerosi riferimenti a filosofi e figure letterarie.

Nello sketch, i Monty Python prendono in giro la carne in scatola Spam per l'assidua pubblicità che la marca era solita condurre. Nel periodo dell'immediato dopo guerra (della II guerra mondiale), questo alimento costava poco ed era parte integrante della dieta della famiglia tipica inglese, specialmente a prima colazione per l'*English breakfast*. Il contenuto e l'origine della carne "Spam" era un mistero. Ma sicuramente, in un certo periodo la Spam era ovunque, da qui lo sketch dei Monty's e successivamente l'adattamento informatico alla pubblicità non desiderata. Da notare l'ambientazione dello sketch, a conferma dell'epoca in questione, e il livello sociale. Infatti, John Cleese, intellettuale che legge alla fine, viene cacciato in malo modo.

Si ritiene che il primo spam via email della storia sia stato inviato il 1 maggio 1978 dalla DEC, per pubblicizzare un nuovo prodotto, e inviato a tutti i destinatari ARPAnet della costa ovest degli Stati Uniti.

Nella terminologia informatica le spam possono essere designate anche con il sintagma di *junk-mail*, che letteralmente significa *posta-spazzatura*, a rimarcare la sgradevolezza prodotta da tale molestia digitale.

Scopi

Il principale scopo dello spamming è la pubblicità, il cui oggetto può andare dalle più comuni offerte commerciali a proposte di vendita di materiale pornografico o illegale, come software pirata e farmaci senza prescrizione medica, da discutibili progetti finanziari a veri e propri tentativi di truffa. Uno *spammer*, cioè l'individuo autore dei messaggi spam, invia messaggi identici (o con qualche personalizzazione) a migliaia di indirizzi e-mail. Questi indirizzi sono spesso raccolti in maniera automatica dalla rete (articoli di Usenet, pagine web) mediante *spambot* ed appositi programmi, ottenuti da database o semplicemente indovinati usando liste di nomi comuni.

Per definizione lo spam viene inviato senza il permesso del destinatario ed è un comportamento ampiamente considerato inaccettabile dagli Internet Service Provider (ISP) e dalla maggior parte degli utenti di Internet. Mentre questi ultimi trovano lo spam fastidioso e con contenuti spesso offensivi, gli ISP vi si oppongono anche per i costi del traffico generato dall'invio indiscriminato.

Alcuni sondaggi hanno indicato che al giorno d'oggi lo spam è considerato uno dei maggiori fastidi di Internet; l'invio di questi messaggi costituisce una violazione del contratto "Acceptable Use Policy" (*condotta d'uso accettabile*) di molti ISP e pertanto può portare all'interruzione dell'abbonamento (*account*) del mittente. Un gran numero di spammer utilizza intenzionalmente la frode per inviare i messaggi, come l'uso di informazioni personali false (come nomi, indirizzi, numeri di telefono) per stabilire account disponibili presso vari ISP. Per fare questo vengono usate informazioni anagrafiche false o rubate, in modo da ridurre ulteriormente i loro costi. Questo permette di muoversi velocemente da un account a un altro appena questo viene scoperto e disattivato dall'ISP. Gli spammer usano software creato per osservare connessioni Internet con scarsa sicurezza, che possono essere facilmente dirottate in modo da immettere i messaggi di spam direttamente nella connessione dell'obiettivo con il proprio ISP. Questo rende più difficile identificare la posizione dello spammer e l'ISP della vittima è spesso soggetto di aspre reazioni e rappresaglie da parte di attivisti che tentano di fermare lo spammer. Entrambe queste forme di spamming "nascosto" sono illegali, tuttavia sono raramente perseguiti per l'impiego di queste tattiche.

I mittenti di e-mail pubblicitarie affermano che ciò che fanno non è spamming. Quale tipo di attività costituisca spamming è materia di dibattiti, e le definizioni divergono in base allo scopo per il quale è definito, oltre che dalle diverse legislazioni. Lo spamming è considerato un reato in vari paesi e in Italia l'invio di messaggi non sollecitati è soggetto a sanzioni.

ALTRI TERMINI PER INDICARE SPAM

I termini *unsolicited commercial email*, *UCE* (email commerciale non richiesta) e *unsolicited bulk email*, *UBE* (email non richiesta in grandi quantità) sono usati per definire più precisamente e in modo meno gergale i messaggi e-mail di spam. Molti utenti considerano tutti i messaggi UBE come spam, senza distinguere il loro contenuto, ma i maggiori sforzi legali contro lo spam sono effettuati per prendere di mira i messaggi UCE. Una piccola ma evidente porzione di messaggi non richiesti è anche di carattere non commerciale; alcuni esempi comprendono i messaggi di propaganda politica e le *catene di Sant'Antonio*.

SPAMMING ATTRAVERSO EMAIL

I più grandi ISP come America OnLine riferiscono che una quantità che varia da un terzo a due terzi della capacità dei loro server di posta elettronica viene consumata dallo spam. Siccome questo costo è subìto senza il consenso del proprietario del sito, e senza quello dell'utente, molti considerano lo spam come una forma di furto di servizi. Molti spammer mandano i loro messaggi UBE attraverso gli *open mail relay*. I server SMTP, usati per inviare e-mail attraverso internet, inoltrano la posta da un server a un altro; i server utilizzati dagli ISP richiedono una qualche forma di autenticazione che garantisca che l'utente sia un cliente dell'ISP. I server open relay non controllano correttamente chi sta usando il server e inviano tutta la posta al server di destinazione, rendendo più difficile rintracciare lo spammer.

Un punto di vista "ufficiale" sullo spamming può essere trovato nel RFC 2635.

SPAMMING PER INTERPOSTA PERSONA

Lo spamming per interposta persona è un mezzo più subdolo utilizzato sfruttando l'ingenuità di molta gente. Per l'esattezza si intende di solito l'invio di Email commerciali ad alcuni destinatari conosciuti e magari regolarmente iscritti ad una newsletter dello spammer invitandoli a far conoscere una certa promozione ad uno o più persone conosciute dall'ingenuo destinatario, invogliandolo magari con qualche piccolo compenso.

Grazie a questo sistema sarà l'ingenuo destinatario a "spammare" altre caselle di posta di suoi conoscenti e quindi coprendo colui che c'è dietro e che guadagnerà da questo comportamento.

I Costi

Lo spamming è a volte definito come l'equivalente elettronico della posta-spazzatura (*junk mail*). Comunque, la stampa e i costi postali di questa corrispondenza sono pagati dal mittente - nel caso dello spam, il server del destinatario paga i costi maggiori, in termini di banda, tempo di elaborazione e spazio per immagazzinamento. Gli spammer usano spesso abbonamenti gratis, in modo tale che i loro costi siano veramente minimi. Per questa ricaduta di costi sul destinatario, molti considerano questo un furto o un equivalente di crimine. Siccome questa pratica è proibita dagli ISP, gli spammer spesso cercano e usano sistemi vulnerabili come gli open mail relay e server proxy aperti. Essi abusano anche di risorse messe a disposizione per la libera espressione su internet, come *remailer* anonimi. Come risultato, molte di queste risorse sono state disattivate, negando la loro utilità agli utenti legittimi. Molti utenti sono infastiditi dallo spam perché allunga i tempi che usano per leggere i loro messaggi di e-mail.

Economia

Siccome lo spam è economico da inviare, un ristretto numero di spammer può saturare Internet con la loro spazzatura. Nonostante solo un piccolo numero dei loro destinatari sia intenzionato a comprare i loro prodotti, ciò consente loro di mantenere questa pratica attiva. Inoltre, sebbene lo spam appaia per una azienda rispettabile una via economicamente non attuabile per fare business, è sufficiente per gli spammer professionisti convincere una piccola porzione di inserzionisti ingenui che è efficace per fare affari.

Difese Contro Lo Spam

BLOCCAGGIO E FILTRAGGIO

È presente un certo numero di servizi e software, spesso chiamati antispam che i server e-mail e gli utenti possono utilizzare per ridurre il carico di spam sui loro sistemi e caselle di posta. Alcuni di questi contano sul rifiuto dei messaggi provenienti dai server conosciuti come spammer. Altri analizzano in modo automatico il contenuto dei messaggi e-mail ed eliminano o spostano in una cartella speciale quelli che somigliano a spam. Questi due approcci al problema sono talvolta definiti come *bloccaggio* e *filtraggio*. Ognuna delle tecniche ha i suoi difensori e vantaggi; mentre entrambe riducono l'ammontare di spam inviata alle caselle postali degli utenti, il bloccaggio permette di ridurre la banda sprecata, rifiutando i messaggi prima che siano trasmessi al server dell'utente. Il filtraggio tende ad essere una soluzione più accurata, poiché può esaminare tutti i dettagli del messaggio. Molti sistemi di filtraggio si avvantaggiano delle tecniche di apprendimento del software, che permette di aumentare la propria accuratezza rispetto al sistema manuale. Alcuni trovano questa tecnica troppo invadente nei riguardi della privacy, e molti amministratori preferiscono bloccare i messaggi che provengono dai server tolleranti nei confronti degli spammer.

DNSBL

Una specifica tecnica di bloccaggio comprende le DNSBL (DNS-based blackhole lists), nella quale un server pubblica liste di indirizzi ip, in modo che un server di posta possa essere facilmente impostato per rifiutare la posta che proviene da questi indirizzi. Ci sono diverse liste di DNSBL, che hanno politiche diverse: alcune liste contengono server che emettono spam, altre contengono open mail relay, altre elencano gli ISP che supportano lo spam.

FILTRAGGIO STATISTICO ED EURISTICO

Fino a poco tempo fa, le tecniche di filtraggio facevano affidamento agli amministratori di sistema che specificavano le liste di parole o espressioni regolari non permesse nei messaggi di posta. Perciò se un server riceveva spam che pubblicizzava "herbal Viagra", l'amministratore poteva inserire queste parole nella configurazione del filtro. Il server avrebbe scartato tutti i messaggi con quella frase. Lo svantaggio di questo filtraggio "statico" consiste nella difficoltà di aggiornamento e nella tendenza ai falsi positivi: è sempre possibile che un messaggio non-spam contenga quella frase. Il filtraggio euristico, come viene implementato nel programma SpamAssassin, si basa nell'assegnare un punteggio numerico a frasi o modelli che si presentano nel messaggio. Quest'ultimo può essere positivo, indicando che probabilmente contiene spam o negativo in caso contrario. Ogni messaggio è analizzato e viene annotato il relativo punteggio, esso viene in seguito rifiutato o segnalato come spam se quest'ultimo è superiore ad un valore fissato. In ogni caso, il compito di mantenere e generare le liste di punteggi è lasciato all'amministratore. Il filtraggio statistico, proposto per la prima volta nel 1998 nel AAAI-98 Workshop on Learning for Text Categorization, e reso popolare da un articolo di Paul Graham nel 2002 usa metodi probabilistici, ottenuti grazie al Teorema di Bayes, per predire se un messaggio è spam o no, basandosi su raccolte di email ricevute dagli utenti.

TECNICHE MISTE

Da qualche tempo stanno crescendo vari sistemi di filtraggio che uniscono più tecniche di riconoscimento dello spam, in modo da un lato minimizzare il rischio di falsi positivi (ovvero email regolari scambiate erroneamente per spam), dall'altro per aumentare l'efficienza del filtraggio. Si può quindi pensare di combinare il filtraggio per DNSBL con quello euristico e statistico, come alcuni programmi iniziano a prevedere, e fare così in modo di unire i pregi di ogni metodo di filtraggio e contemporaneamente ridurre i rischi grazie ai controlli multipli.

I Comportamenti Contro Lo Spam

A parte l'installazione di software di filtraggio dalla parte degli utenti, essi possono proteggersi dall'attacco dello spam in molti altri modi.

ADDRESS MUNGING

Un modo in cui gli spammer ottengono gli indirizzi e-mail è il setaccio del Web e di Usenet per stringhe di testo che assomigliano a indirizzi. Perciò se l'indirizzo di una persona non è mai apparso in questi posti, non potrà essere trovata. Un sistema per evitare questa raccolta di indirizzi è falsificare i nomi e indirizzi di posta. Gli utenti che vogliono ricevere in modo legittimo posta riguardante il proprio sito Web o i propri articoli di Usenet possono alterare i loro indirizzi in modo tale che gli esseri umani possano riconoscerli ma i software degli spammer no. Per esempio, joe@example.net potrebbe venir modificato in joe-NOS@PAM.example.net. Questo sistema è detto address munging, dalla parola "munge" tratta dal Jargon File che significa rompere. Questo sistema, comunque, non sfugge ai cosiddetti "attacchi al dizionario" nei quali lo spammer genera un numero di indirizzi che potrebbero esistere, come adam@aol.com che, se esistesse, riceverebbe molto spam.

BUG E JAVASCRIPT

Molti programmi di posta incorporano le funzionalità di un Web browser come la visualizzazione di codice HTML e immagini. Questa caratteristica può facilmente esporre l'utente a immagini offensive o pornografiche contenute nelle e-mail di spam. In aggiunta, il codice HTML potrebbe contenere codice JavaScript per dirigere il browser dell'utente ad una pagina pubblicitaria o rendere il messaggio di spam difficile o impossibile da chiudere o cancellare. In alcuni casi, messaggi del genere contenevano attacchi ad alcune vulnerabilità che permettevano l'installazione di programmi di tipo spyware (alcuni virus informatici sono prodotti attraverso gli stessi meccanismi). Gli utenti possono difendersi utilizzando programmi di posta che non visualizzano HTML o allegati o configurarli in modo da non visualizzarli di default.

EVITARE DI RISPONDERE

È ben noto che alcuni spammer considerano le risposte ai loro messaggi - anche a quelle del tipo "Non fare spam" - come conferma che l'indirizzo è valido e viene letto. Allo stesso modo, molti messaggi di spam contengono indirizzi o link ai quali viene indirizzato il destinatario per essere rimosso dalla lista del mittente. In svariati casi, molte persone che combattono lo spam hanno verificato questi collegamenti e confermato che non portano alla rimozione dell'indirizzo, ma comportano uno spam ancora maggiore.

DENUNCIARE LO SPAM AGLI ISP

La maggioranza degli ISP proibisce esplicitamente ai propri utenti di fare spam e in caso di violazione essi vengono espulsi dai loro servizi. Rintracciare l'ISP di uno spammer e denunciarlo spesso porta alla chiusura dell'abbonamento. Sfortunatamente, questo può essere difficile e anche se ci sono degli strumenti che possono aiutare, non sempre sono accurati. Due di questi servizi sono SpamCop e Network Abuse Clearinghouse. Essi forniscono mezzi automatici o semi automatici per denunciare spam agli ISP. Alcuni li considerano imprecisi rispetto a ciò che può fare un esperto di posta elettronica, ma molti utenti non sono così esperti.

Gli ISP spesso non mettono in atto misure preventive per impedire l'invio di spam, quali un limite massimo agli indirizzi di posta ai quali inoltrare la stessa e-mail, e un limite dell'ordine delle migliaia di unità alla posta elettronica inviabili in un giorno.

Talora, oltre all'accesso viene disattivata la connessione Internet. La disconnessione può essere permanente se l'abbonamento è ADSL a IP statico, bloccando l'indirizzo IP.

DENUNCIARE LO SPAM ALLE AUTORITÀ

Il metodo più efficace per fermare gli spammer è di sporgere reclamo alle autorità competenti. Ciò impegna più tempo e impegno, però gli spammer vengono perseguitati legalmente e devono pagare multe e risarcimenti. In questo modo si annulla il vantaggio economico e può tradursi in una perdita economica. In seguito le procedure da intraprendere:

1. Individuare gli indirizzi in rete da dove proviene lo spam tramite per esempio: SpamCop o Network Abuse Clearinghouse

2. Individuare lo stato dal quale è stato spedito lo spam per esempio tramite MostraIP

3. Verificare se lo stato in oggetto mette a disposizione un indirizzo di posta elettronica per esempio dalle liste pubblicate su OECD Task Force on Spam, Spam Reporting Adresses o Spam Links.

ALTRE FORME DI SPAM

Fino dal 1990, gli amministratori di sistema hanno compiuto molti sforzi per fermare lo spam, alcuni dei quali con esiti positivi. Come risultato, coloro che inviano messaggi di spam si sono rivolti ad altri mezzi.

WIKIWIKIWEB

Tutti i siti web che utilizzano il sistema wiki, come ad esempio Wikipedia, che dà ampie possibilità a un visitatore di modificare le proprie pagine, sono un bersaglio ideale per gli spammer, che possono avvantaggiarsi dell'assenza di un controllo continuo sul contenuto introdotto, per inserire i propri link pubblicitari. Sono stati creati filtri che impediscono la pubblicazione di determinati link proprio per arginare questo fenomeno. In molti casi lo scopo è quello di ottenere un miglioramento della visibilità del proprio sito sui motori di ricerca.

Su Wikipedia questo fenomeno viene contrastato in modo deciso: i link esterni sono accompagnati dall'attributo "nofollow" che indica ai motori di ricerca di non seguire il link, le pagine vengono ripristinate alla loro versione precedente all'intervento e in caso di reiterati inserimenti l'indirizzo IP viene bloccato in scrittura.

MESSAGGING SPAM

I sistemi di instant messaging sono un obiettivo comune tra gli spammer. Molti sistemi di messaging pubblicano il profilo degli utenti, includendo informazioni demografiche come l'età e il sesso. Coloro che fanno pubblicità possono impiegare queste informazioni, inserirsi nel sistema e mandare spam. Per contrastare ciò, alcuni utenti scelgono di ricevere messaggi solo dalle persone che conoscono. Nel 2002, gli spammer hanno iniziato usando il servizio di messaging integrato in Microsoft Windows, winpopup, che non è "MSN Messenger", ma piuttosto una funzione progettata per permettere ai server di inviare avvertimenti agli utenti delle workstation. I messaggi appaiono come delle normali dialog box e possono essere inviati usando qualunque porta NetBIOS, per questo il blocco delle porte provocate da un firewall comprende le porte da 135 a 139 e 445.

USENET

Le vecchie convenzioni di Usenet definiscono erroneamente lo spamming come "eccessivo invio multiplo di messaggi" (messaggi sostanzialmente simili la quale definizione esatta è flooding). Durante i primi anni del 1990 ebbe luogo una notevole controversia tra gli amministratori di server news sull'uso dei messaggi di cancellazione per il controllo dello spam. Un messaggio di cancellazione è un'istruzione ad un server delle news per cancellare un messaggio, in modo da renderlo inaccessibile a chi lo volesse leggere. Alcuni lo considerano un cattivo precedente, incline alla censura, mentre altri lo ritengono uno strumento giusto per controllare la crescita del problema dello spam. In quel periodo, dovunque il termine spam su Usenet era usato per riferirsi all'invio di messaggi multipli. Furono coniati altri termini per comportamenti simili, come un cross-posting eccessivo o pubblicità non in tema con il manifesto del newsgroup, comunque più recentemente anche questi casi sono stati catalogati con il termine spam per analogia al ben più conosciuto fenomeno della posta elettronica.

FORUM

Nei forum (o BBS) spesso per spam si intende l'invio di link riferiti ad altri forum per fare arrivare utenti, molto spesso è possibile caricare la medesima discussione nello stesso forum per attirare ancora più utenti. Altre volte si intendono erroneamente come "spam" anche i messaggi inutili e/o privi di un qualsivoglia senso logico; in questo caso, tuttavia, il termine più adatto sarebbe "flood".

BLOG

Con l'avvento ed il successo riscosso dai blog, non potevano mancare tecniche di spamming che riguardano anche questa nuova recente categoria di media. Oltre al semplice posting di link che reindirizzano il visitatore sui siti che lo spammer vuole pubblicizzare, esistono due tecniche, ben più evolute: lo spammer fa uso di una sorta di query-bombing dei sistemi multipiattaforma più noti come WordPress[3] o b2evolution[4], attaccando i database con l'inserimento continuo di messaggi pubblicitari. Le componenti di un blog più vulnerabili sono quindi quelle che sono esposte all'utilizzo pubblico: i commenti (per i quali i vari creatori dei sistemi multipiattaforma forniscono con periodicità plug-in di protezione) e gli hitlogs, ovvero il sistema di tracking dei referer (i siti che linkano la pagina in questione).

KEYWORD SPAMMING

Il keyword spamming è il termine dato all'eccessivo uso di keyword o parole chiave in una pagina web al fine di incrementarne la visibilità per i motori di ricerca. Questa tecnica è considerata una cattiva SEO.

Le nuove tecniche ed algoritmi hanno però introdotto delle funzionalità che permettono ai motori di controllare l'utilizzo ripetitivo degli stessi termini e quindi penalizzare i siti web che adottano questa forma di spam.

ASPETTI GIURIDICI

Lo spam è un reato in innumerevoli paesi, inquisito anche all'estero con richieste di estradizione. Tra gli spammer più famosi, si ricordano Laura Betterly, Brian Haberstroch, Leo Kuvayevo, Jeremy Jaynes e Sanford Wallacer.

ITALIA

La disciplina italiana concernente l'invio di posta elettronica a fini commerciali è disciplinata dall'art. 130 Codice Privacy, rubricato "Comunicazioni indesiderate". L'ambito di applicazione di detto articolo è proprio quello dello spamming, seppur la rubrica si limiti a parlare di comunicazioni indesiderate e non menzioni quelle semplicemente non richieste. Il modello di regolazione scelto dal legislatore italiano (e in generale da tutti gli stati aderenti alla Comunità Europea) è quello dell'opt-in, che prevede la possibilità di avvalersi del trattamento dei dati personali solo dopo aver ottenuto il consenso del soggetto interessato.

È inoltre vietato, sempre dall'art. 130 Codice Privacy, l'invio di comunicazioni a scopi pubblicitari, per la vendita diretta o per ricerche di mercato effettuato camuffando o celando l'identità del mittente o ancora senza fornire un idoneo recapito presso il quale l'interessato possa esercitare i propri diritti. È però prevista una deroga ai dettami di tale articolo, che consente di utilizzare le coordinate di posta elettronica, fornite dall'interessato nel contesto della vendita di un prodotto o servizio, per l'invio di ulteriori messaggi promozionali aventi ad oggetto simili beni o servizi, senza dover nuovamente chiederne il consenso.

Vi è poi nel nostro ordinamento un'ulteriore diposizione al riguardo, rinvenibile nel d.lgs. 9 aprile 2003, n.70 sul commercio elettronico. L'art. 9 afferma infatti che le comunicazioni commerciali non sollecitate trasmesse da un prestatore per posta elettronica devono, in modo chiaro ed inequivocabile, essere identificate come tali fin dal momento in cui il destinatario le riceve e devono altresì contenere l'indicazione che il destinatario del messaggio può opporsi al ricevimento in futuro di tali comunicazioni.

Va da ultimo esaminato l'impianto sanzionatorio previsto dal nostro ordinamento. Anzitutto lo stesso art. 130 comma 6 attribuisce al Garante per la protezione dei dati personali, in caso di reiterata violazione delle disposizioni previste in tale ambito, il potere di provvedere, negli ambiti di un procedimento di reclamo attivato, tramite prescrizione ai fornitori di servizi di comunicazione elettronica (IPS), adottando misure di filtraggio o altre misure praticabili nei confronti di un certo indirizzo di posta elettronica.

Di ben maggiore deterrenza appare poi l'art. 167 del Codice Privacy, nel quale si prevede che, salvo il fatto non costituisca più grave reato, chiunque proceda al trattamento dei dati personali in violazione di quanto previsto nel Codice stesso, al fine di trarne un profitto o recare ad altri un danno, è punito, se dal fatto deriva nocumento, con la reclusione da sei a diciotto mesi o, se il fatto consiste nella comunicazione o diffusione di tali dati, con la reclusione da sei a ventiquattro mesi. L'attività di spamming espone, infine, ai sensi dell'art. 161 Codice Privacy, alla sanzione amministrativa di omessa informativa (di cui all'art 13), la quale va da un minimo di tremila euro ad un massimo di diciottomila euro. La sanzione viene erogata dall'autorità Garante per la protezione dei dati personali a seguito di un apposito ricorso ai sensi degli artt. 145 ss. Codice Privacy; tale ricorso che non può essere proposto se, per il medesimo oggetto e tra le medesime parti, è già stata adita l'autorità giudiziaria.

La tutela amministrativa risulta dunque essere alternativa a quella giudiziaria, inutile dire che risulta essere anche meno soddisfacente (dal punto di vista economico) per chi se ne avvale, lasciando quindi un ruolo preminente a quella giudiziaria. La prima controversia italiana avente ad oggetto attività di spamming è stata risolta dal Giudice di Pace di Napoli, che, con sentenza 26 giugno 2004, ha riconosciuto l'illiceità di tale attività, condannando il titolare del trattamento al risarcimento del danno patrimoniale, non patrimoniale, esistenziale e da stress subito dal titolare della casella di posta elettronica.

L'assetto che deriva dalle regole appena esposte, in piena coerenza con la vigente disciplina nazionale sulla data protection, qualifica dunque il nostro come un sistema improntato al cosiddetto "opt-in" (necessità del consenso preventivo), salvo il temperamento relativo alla comunicazione via e-mail finalizzata alla vendita di "propri prodotti o servizi analoghi", ispirato ad un sistema che potremmo definire di "soft opt-out". Con particolare riferimento al tema delle comunicazioni commerciali, , l'art. 58 del Codice del consumo, D.Lgs. 206 del 2005, raccogliendo integralmente il disposto del pre-vigente D.Lgs. 185/99, ha introdotto tuttavia delle norme sostanzialmente differenti ove prevede particolari limiti all'impiego di alcune tecniche di comunicazione a distanza: 1.l'impiego da parte di un professionista del telefono, della posta elettronica, di sistemi automatizzati di chiamata senza l'intervento di un operatore o di fax, richiede il consenso preventivo del consumatore; 2.tecniche di comunicazione a distanza diverse da quelle di cui al comma 1, qualora consentano una comunicazione individuale, possono essere impiegate dal fornitore se il consumatore non si dichiara esplicitamente contrario. Mentre il primo comma prevede un sistema pienamente assimilabile all'opt-in, il secondo è invece apertamente ispirato ai meccanismi dell'opt-out. Questa regolamentazione comportava già alcuni gravi dubbi interpretativi, soprattutto per i riflessi operativi che ne derivavano: che relazione intercorre tra il consenso richiesto dalla normativa privacy e quello imposto dall'art. 58, comma 1, del Codice del consumo? Il tema è ancora oggi fortemente dibattuto, fermi però alcuni punti di riferimento che devono costituire i criteri guida per la soluzione di questo problema esegetico: a)si tratta di due consensi aventi natura diversa, per il semplice fatto che tutelano interessi diversi (quello alla riservatezza da un lato, e quello alla correttezza del comportamento del professionista dall'altro); b)comuni sono le sanzioni che derivano dalla violazione delle norme, come evidentemente dimostrato dall'art. 62 del Codice del consumo, che espressamente prevede la trasmissione al Garante Privacy del verbale ispettivo redatto dagli organi competenti a rilevare le violazioni dei diritti dei consumatori, affinché il Garante stesso irroghi le diverse sanzioni prescritte dal Codice privacy. Qualsiasi scelta nella impostazione della modulistica necessaria alla acquisizione del consenso, deve tenere dunque ben presenti la tratteggiata distinzione. Si deve comunque sottolineare che in questo tema e in virtù di quanto prima sostenuto in tema di sanzioni debba ritenersi più significativo l'orientamento del Garante Privacy il quale, in numerosi provvedimenti, ha dichiarato l'illegittimità di qualsiasi comunicazione non preventivamente autorizzata:

RILEVATO che ai sensi dell'art. 130 del Codice (salvo quanto previsto dal comma 4 del medesimo articolo) il consenso preventivo degli interessati è richiesto anche per l'invio di una sola comunicazione mediante posta elettronica volta ad ottenere il consenso per l'invio di materiale pubblicitario o di vendita diretta o per il compimento di ricerche di mercato o di comunicazione commerciale o, comunque, per fini promozionali (come quella contestata volta a rendere noti i servizi offerti attraverso un sito Internet) (Provvedimento del 20 dicembre 2006).

STATI UNITI

Dal 1997 in poi si registra negli Stati Uniti un'intensa attività a livello legislativo statale in risposta ai problemi creati dal crescente fenomeno della posta indesiderata.

Trentasei stati hanno emanato una legislazione ad hoc sul tema. Le previsioni legislative dei singoli stati sono le più disparate, alcuni dispongono che vi debbano necessariamente essere informazioni atte ad identificare il mittente, unanime è poi la previsione della possibilità per l'utente di vedere cancellato il proprio indirizzo dalla banca dati dello spammer. Gli Stati Uniti infatti aderiscono al modello di regolazione opt-out (fatta eccezione per lo stato della California e del Delaware), che di fatto rende lecito lo spamming ma consente all'utente di esprimere in ogni momento la propria volontà a che cessi l'attività di spamming sulla sua casella di posta elettronica.

Altre previsioni legislative statali generalmente condivise riguardano il divieto di porre in essere, mediante lo spamming, attività ingannevoli, falsificando alcune parti del messaggio o l'oggetto stesso. Dal momento che la quasi totalità dei messaggi è spedita in maniera transfrontaliera all'interno della federazione, si è resa necessaria un'armonizzazione tra le varie legislazioni. Alcune legislazioni statali contengono infatti delle previsioni atte ad individuare l'ordinamento competente a regolare i vari casi di spamming che coinvolgono più stati.

L'intervento più significativo e uniformante però è avvenuto a livello federale, con il Can-Spam Act del 2003 (entrato in vigore il primo gennaio 2004). Con questo provvedimento si rimette al Dipartimento di Giustizia, lo FTC, all'attourney general statale e agli ISP la facoltà di tutelare i diritti dei privati, stabilendo per coloro che violano le previsioni dello statute (tra le quali, ancora, l'inserimento di informazioni e oggetti fuorvianti o l'omissione dell'apposita etichetta prevista per i messaggi a contenuto sessuale) sanzioni pecuniarie fino a $ 2.000.000, con la possibilità di triplicare la pena nel caso in cui la violazione sia stata commessa intenzionalmente e consapevolmente. Sono previste inoltre sanzioni penali per gli spammer che inviano messaggi commerciali illeciti, a contenuto osceno, pedo-pornografico o l'identità del cui mittente è falsa o rubata. Il

Can-Spam Act prevale sulle disposizioni normative statali, ma di fatto, è stato tacciato dalla dottrina come statute per lo più "simbolico" alla luce del suo scarso impatto pratico.

APPENDICE C: MP3 & NAPSTER

MP3

Tra le novità che hanno accompagnato lo sviluppo di Internet, una delle più rilevanti è data dalla possibilità di scaricare (quasi sempre gratuitamente) musica in formato mp3.

L' *MPEG 1 Layer III* (che assegna per convenzione l'estensione *mp3* al file, sigla derivata dall'abbreviazione e crasi del nome tecnico) è uno standard per la codifica e la decodifica dell'audio digitale realizzato dal Moving Picture Expert Group (MPEG).

Il successo di questo formato è dovuto essenzialmente all'ottimo rapporto di compressione unito ad una qualità audio molto elevata. Infatti un brano prelevato da un CD audio e campionato in modalità stereo, 16 bit e 44,100 Hz occupa circa 10Mb per ogni minuto di musica; se invece comprimiamo il file utilizzando lo standard MP3 questo occuperà all'incirca un decimo dello spazio mantenendo una qualità *paragonabile* a quella dell'originale. Da notare che la qualità è "paragonabile" e non "uguale" a quella dell'originale.

La codifica avviene sulla base di un modello psicoacustico elaborato nel corso degli anni da vari enti di ricerca internazionali. Per ridurre la quantità di informazioni necessarie per la memorizzazione di un file audio si sfruttano le caratteristiche dell'orecchio umano. È noto infatti che la soglia di udibilità varia in dipendenza della frequenza e dell'ampiezza del suono con una legge non lineare, oltre determinate soglie non siamo più in grado di percepire i suoni. Un *encoder* mp3 analizza l'audio in ingresso e crea una curva di mascheratura stabilendo quali informazioni possono essere eliminate e quali invece sono fondamentali.

Quindi, per sua natura, l'MP3 è un formato di compressione *lossy*, ovvero *con perdita di dati*; di conseguenza all'aumentare del rapporto di compressione diminuisce la qualità del brano (o, in altre parole, più piccolo è il file, maggiore è la quantità di dati che sono stati rimossi e dunque perduti). Questo comporta che se si copia il file, la copia sarà perfettamente identica all'originale (caratteristica propria dei dati in formato digitale), mentre se si decodifica un file MP3 in un file *wave* e lo si codifica di nuovo ci sarà un decadimento della qualità dovuto alla perdita di dati che comporta il passaggio da wave a MP3.

I parametri più significativi che possono essere variati quando si codifica un file MP3 sono l'ampiezza di banda (*bitrate*) e la frequenza di campionamento. Variando questi due valori si possono ottenere diversi livelli di compressione e qualità.

Di particolare interesse è il bitrate, ovvero la quantità di dati utilizzata per la memorizzazione del file audio (si misura in kbps, kilobit per secondo – attenzione a non scrivere KB/sec, che non è la stessa cosa ed inoltre non è una misura conforme al S.I.); maggiore è il bitrate minore sarà la differenza tra il file compresso e l'originale.

Molto spesso si legge che un bitrate di 112 - 128 kbps corrispondono alla qualità CD. Ciò non è del tutto vero in quanto, anche supponendo di tenere costante la frequenza di campionamento a 44.100 Hz, la bontà di un file MP3 varia a seconda dell'encoder utilizzato oltre che dal bitrate.

Pertanto: quando si può dire allora che un MP3 è equivalente ad un CD?

Non c'è una risposta immediata a questa domanda, è un fatto soggettivo. Su questo argomento ci sono state numerose discussioni ma non si è giunti mai ad un risultato proprio per la soggettività della questione. Molte persone sostengono che con un buon impianto, ascoltando attentamente dei brani codificati a 128 kbps si possono notare notevoli differenze con il pezzo originale suonato da CD. A complicare poi la questione c'è il fatto che non tutti i brani sono uguali, ci sono infatti alcuni tipi di musica (ad esempio la musica classica) che necessitano di un numero di informazioni maggiori perché si sentano come l'originale.

L'unica soluzione è provare. Fate delle prove di ascolto con tracce codificate a bitrate diversi e ascoltatele sull'impianto stereo che utilizzate più spesso per stabilire quali impostazioni secondo voi sono necessarie per creare un MP3 con qualità CD. Non ascoltate troppo i pareri di persone in cerca della qualità assoluta, ciò che per loro è un pessimo MP3 per voi potrebbe suonare del tutto identico alla versione su CD (e risparmierete spazio su disco).

Un file wave (che altri non è che un file audio, che può essere ad esempio una traccia di un cd oppure una traccia digitalizzata da una sorgente analogica) occupa per ogni minuto di musica uno spazio notevole su disco, il che lo rende poco maneggevole. Gli mp3, invece, risultano essere mediamente circa 10 volte più piccoli rispetto al file wave corrispondente e questo ne fa lo strumento ideale per portarsi la musica appresso oppure trasmetterla via internet.

Inoltre il ridotto spazio necessario per memorizzarli fa si che in un unico CD audio, che di norma contiene non più di 80 minuti di musica, ci possano andare centinaia di canzoni in formato mp3, il che fa di questo standard l'ideale per trasportare con se la propria musica. A tale scopo sono in commercio numerosi lettori mp3 portatili il cui spazio di archiviazione varia in misura notevole a seconda della tecnologia impiegata per la memorizzazione dei dati.

Tra i vari lettori disponibili, alcuni sfruttano una memoria flash interna che in genere non va oltre i 64 Mb (circa 60 minuti di musica a 128 kb/sec), ma hanno il notevole pregio di non interrompere mai la riproduzione anche in presenza di notevoli vibrazioni (ciò è dovuto all'assenza di parti meccaniche in movimento). Poi ci sono i normali lettori CD portatili che possono anche leggere file MP3, il rovescio della medaglia è che bisogna possedere un masterizzatore per poter riversare i file su di un CD-R o CD-RW (se sono supportati). Infine ci sono lettori con al loro interno un vero e proprio hard disk in grado di memorizzare quantità di dati di gran lunga superiori a quelle permesse dagli altri dispositivi, il difetto è che costano sensibilmente di più rispetto ai concorrenti.

Naturalmente la ridotta occupazione su disco del file mp3 lo rende, di fatto, anche il formato ideale per diffondere la musica per mezzo di internet, semplicemente collegandolo ad un link come qualunque altro tipo di file. Questo fa si che il file possa essere facilmente scaricato sul proprio computer nel giro di pochissimo tempo, variabile a seconda della connessione con cui si accede a Internet.

Una volta scaricato il file, per ascoltarlo è necessario avere installato nel proprio computer un "player" per file mp3, cioè un software capace di riprodurre il file mp3 stesso. Solitamente questi player sono gratuiti e possono essere compresi nell'installazione di base dei principali sistemi operativi; molti player alternativi possono essere scaricati dalla rete, tra cui i più diffusi sono sicuramente *Winamp* per Windows e *Macamp* per Mac.

La quantità di mp3 disponibili in rete è vastissima e numerosi sono i siti da cui è possibile scaricare gratuitamente musica, previa registrazione; i più noti sono (o sono stati) Napster, Gnutella, Audiognome, Opennap, Imesh, ecc...ma anche solo digitando "mp3" nella input box dei più importanti motori di ricerca è possibile trovare decine di siti da cui prelevare musica. Non a caso *mp3* è una delle parole più usate nelle ricerche sul Web.

C.4 - Nozioni di Informatica - Appendice C: MP3 & Napster

NAPSTER

Sia dal punto di vista storico che da quello pratico, a causa dell'influenza che ha avuto per la sua storia, il più famoso dei siti dedicati al file sharing è sicuramente *Napster* (www.napster.com).

Napster è stato un programma di file sharing creato da Shawn Fanning con l'aiuto di Sean Parker e attivo dal giugno 1999 fino al luglio 2001. Si diffuse su larga scala a partire dal 2000.

Fu il primo sistema di *peer-to-peer* di massa, tuttavia non era un peer-to-peer puro in quanto utilizzava un sistema di server centrali che mantenevano la lista dei sistemi connessi e dei file condivisi, mentre le transazioni vere e proprie avvenivano direttamente tra i vari utenti. Di fatto questo è un sistema molto simile al funzionamento dell'*instant messaging*. Tuttavia già esistevano dei mezzi relativamente popolari che facilitavano la condivisione dei file, per esempio IRC, Hotline, e Usenet.

Shawn Fanning

La nascita di Napster è strettamente collegata alla nascita e allo sviluppo degli mp3. Prima di Napster, gli appassionati di musica che volevano scaricare i loro brani preferiti da Internet incontravano un gran numero di difficoltà.

In primo luogo i files erano difficilmente reperibili e nella maggior parte dei casi si trovavano su siti privati a cui non si poteva accedere. L'alternativa più valida era quella di scambiarsi i files (magari via e-mail o floppy!) con gli amici.

Nel 1999, proprio per superare tali problemi, l'allora diciottenne Shawn Fanning progettò e sviluppò un nuovo programma che permetteva in modo semplice ed immediato di cercare e scaricare files mp3.

Il nome *Napster* deriva dal soprannome che Shawn Fanning aveva a scuola a causa dei suoi capelli (*nap* significa, infatti,

il logo di Napster

peluria in inglese). Fanning pensò quindi di usarlo per chiamare il suo nuovo software che aveva progettato per poter scambiare mp3 con i suoi amici.

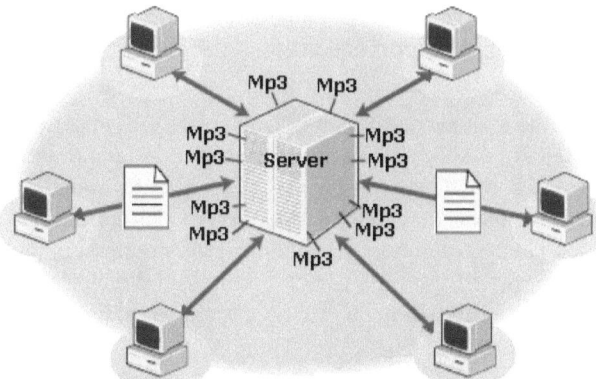

Il vecchio modello Client-Server in uso prima di Napster per il download dei files MP3

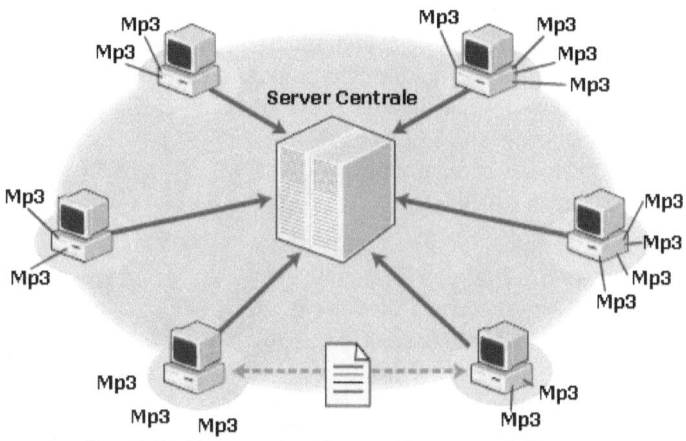

Il modello di connessione Peer-to-Peer usato da Napster

Il concetto di Napster è molto semplice ma molto efficace. Se un utente sul suo PC possiede 10 brani mp3 ed ha 3 amici che possiedono a loro volta altri 10 mp3 per uno, perchè non fare in modo di vedere ognuno i files posseduti dagli altri? In questo modo ognuno avrebbe a disposizione 30 nuovi brani mp3. Immaginate adesso che questo esempio non sia limitato a 3 amici ma esteso a centinaia, migliaia o addirittura milioni di persone che possono condividere gli mp3 posseduti gli uni con gli altri. Si avrebbe a disposizione un archivio immenso da cui attingere e ricercare musica. Se calcoliamo che alla fine del 2000 gli utenti di Napster erano circa 75 milioni, possiamo immaginare la portata di questo fenomeno ma soprattutto la mole di mp3 che viaggiavano sulla rete. Mole talmente elevata al punto che alcune università americane, stufe dei continui intasamenti della loro rete interna, arrivarono addirittura a proibire l'utilizzo di Napster ai propri studenti.

Napster di per sé è un programma molto semplice e di misure piuttosto ridotte. Appena installato, esso crea una directory condivisa che dovrà contenere gli mp3 che vogliamo condividere con gli altri utenti Napster connessi. Appena eseguito il programma, esso si connette ad un Server Centrale che non contiene alcun file mp3 ma l'indirizzo di tutti gli utenti Napster connessi in quel momento e soprattutto l'indice di tutti gli mp3 presenti nelle loro directories condivise. Ovviamente anche i brani inseriti nella propria directory condivisa verranno inseriti nel Server in questione.

Una volta connesso al Server, il programma presenta una semplice interfaccia da cui è possibile ricercare mp3 (per autore, per titolo o per altri parametri ancora). Il programma ovviamente effettua la ricerca sul database del Server Centrale e presenta una lista degli utenti connessi che possiedono il brano cercato. A questo punto è sufficiente fare un click sul brano desiderato per iniziare il download tra il computer che possiede il brano (che in questo caso diventa il *server*) ed il proprio computer (che invece diventa il *client*). E' interessante notare che nel caso in cui un altro utente scarichi un mp3 dal nostro computer, noi diventeremmo il server e l'altro computer il client.

Questo tipo di connessione tra utenti è detta *Peer-To-Peer* (o *P2P*) ed è quella che ha decretato il vero successo di Napster: non più un sito centralizzato a cui migliaia di utenti si connettono, ma una rete composta dagli utenti stessi in cui ognuno può svolgere funzioni di client o di server.

Il successo di Napster permise a milioni di utenti in tutto il mondo di scambiare liberamente la musica e diventò un fenomeno di massa soprattutto tra i giovani. Ovviamente, com'era da aspettarsi, esisteva anche un risvolto della medaglia con cui fare i conti: il mercato discografico.

Il calo delle vendite registrato dal 2000 in poi nell'industria musicale fu attribuito in parte anche a Napster che fu accusato di violare le norme sul diritto di autore (negli USA meglio noto come *copyright*). Grazie a questo software, infatti, si permetteva di distribuire (illegalmente, secondo le leggi americane) un brano musicale coperto da diritto d'autore. La normativa Americana sul copyright concede, infatti, solo all'autore il diritto di riprodurre e distribuire il proprio lavoro. Napster, di fatto, veniva accusato di permettere la copia del materiale senza l'autorizzazione da parte dell'autore.

In realtà si sarebbe dovuto procedere contro tutti gli utenti che illegalmente avevano duplicato del materiale, ma, ovviamente, trattandosi di milioni di persone, fu più facile accusare solo Napster. Agli inizi del 2000, dunque, le *Major* (le maggiori industrie discografiche americane, ovvero Universal, Sony, Emy, Bertelsmann e Warner) chiedono un risarcimento a Napster pari a 100.000 dollari per ogni brano musicale diffuso attraverso la rete. Shawn Fanning si difende facendo appello alla Costituzione Americana e constatando che lo scambio di files tra 2 utenti è privo di scopo commerciale e quindi va considerato ad uso personale e privato, ovvero non violando alcun diritto d'autore.

Tra sentenze ed appelli si arriva al 6 Marzo del 2001, data in cui il verdetto finale viene reso pubblico: le case discografiche si impegnano a segnalare i brani coperti da copyright che non devono più comparire sul Server Centrale. Questa soluzione, però, si rivela un fallimento visto che gli utenti continuano a scambiarsi i brani ma camuffando nei loro files sia l'autore che il nome del brano. Canzoni come "Bad" di Michael Jackson diventano "Bed" di Micky Jack! In questo modo gli MP3 non vengono fermati dai filtri e lo scambio continua. L'industria discografica ovviamente non ci sta e cita nuovamente Napster.

I sostenitori di Napster furono sconcertati a causa del processo. Per loro, sembrava che il file sharing fosse la caratteristica principe di internet e consideravano Napster essenzialmente un motore di ricerca. Molti notarono che qualsiasi tentativo di chiudere Napster avrebbe spinto gli utenti ad utilizzare altri mezzi per lo scambio di file su internet (cosa che puntualmente è avvenuta mediante software peer-to-peer come *Kazaa*, *Winmx* e *eMule*). Analogamente i sostenitori di Napster erano sconcertati da come i media descrivevano il servizio, come se fosse un sito web invece che un programma, e questo faceva credere che Napster fosse esso stesso un distributore di file musicali protetti da copyright, piuttosto che un programma che facilitava la condivisione degli stessi.

Nel luglio 2001, un giudice ordinò ai server Napster di chiudere l'attività a causa della ripetuta violazione di copyright. Il 24 settembre 2001 la sentenza fu parzialmente eseguita. L'accordo prevedeva che Napster pagasse come indennizzo 26 milioni di dollari come risarcimento per i danni del passato, per utilizzo non autorizzato di brani musicali e 10 milioni di dollari per royalties future. Per poter pagare queste parcelle, Napster tentò di convertire il servizio da gratuito a pagamento. Un prototipo fu testato nella primavera del 2002, ma non fu mai reso pubblicamente disponibile.

Il 17 maggio 2002, Napster venne acquistato da Bertelsmann AG per 8 milioni di dollari.

Secondo i termini dell'accordo il 3 giugno 2002 Napster chiese l'applicazione del Capitolo 11 al fine di mettersi sotto protezione delle leggi degli USA. Il 2 settembre 2002, un giudice fallimentare bloccò la vendita a Bertelsmann imponendo a Napster di liquidare i suoi asset secondo le disposizioni contenute nel capitolo 7 che regolavano i casi di bancarotta negli U.S.A. La maggior parte dei dipendenti di Napster venne licenziata e il sito web chiuse affiggendo la scritta: "Napster era qui".

La sconfitta di Napster (che oggi è un normale sito a pagamento per il download di musica) ovviamente non ha arrestato del tutto lo scambio in rete degli mp3 e nuovi programmi sono nati per la distribuzione gratuita. Tra questi vale la pena menzionare *GNUTELLA*, un clone di Napster che usa il Peer-To-Peer ma senza un server centrale. L'indice dei files mp3 disponibili viene infatti ricreato di volta in volta ad ogni nuovo utente connesso.

Oltre a questo, è importante sottolineare che GNUTELLA è un software *Open Source*, ovvero è stato sviluppato senza scopi commerciali e di lucro ed i suoi sorgenti sono presenti sulla rete e disponibili per tutti. Di fatto, quindi, non essendoci un vero proprietario responsabile del software, nessuno è perseguibile legalmente come invece è successo con Napster e Shawn Fanning. L'obiettivo perseguito da GNUTELLA e dai suoi creatori è quello stesso per cui la rete è nata, ovvero condividere informazioni con gli altri utenti. L'informazione può essere di qualsiasi tipo, quindi dal semplice documento di testo al file mp3, al divx delle nostre vacanze.

Ogni utente ha la possibilità di condividere quello che desidera con gli altri, un file, una directory o teoricamente anche tutto il suo hard disk. Questa libertà è quella che gli utenti di GNUTELLA e la maggior parte degli utenti internet non vogliono perdere. Il P2P è perfetto per questo tipo di ideologia in cui non c'è una tecnologia centralizzata che potrebbe essere usata per controllare gli utenti a scapito della loro privacy.

Appendice D: ccTLD

Si riporta l'elenco dei ccTLD (country code Top Level Domain) accreditati al momento di redazione del presente testo. Nella consultazione si tenga presente che spesso i ccTLD vengono adoperati in maniera impropria, ovvero invece di indicare l'appartenenza ad un determinato Stato o dipendenza territoriale, vengono adoperati come se fossero dei *gTLD* (generic Top Level Domain), soprattutto a causa della somiglianza fonetica con il settore che interessa l'utente. Un esempio per tutti: il ccTLD .tv indica propriamente lo Stato polinesiano insulare Tuvalu, ma è molto frequentemente usato per indicare i siti web dei programmi tv o delle stazioni televisive.

ccTLD	Paese/Regione	Note
.ac	Isola di Ascensione	
.ad	Andorra	
.ae	Emirati Arabi Uniti	
.af	Afghanistan	
.ag	Antigua e Barbuda	
.ai	Anguilla	
.al	Albania	
.am	Armenia	
.an	Antille Olandesi	
.ao	Angola	
.aq	Antartide	Definita nel Trattato Antartico, come l'insieme delle terre situate a sud del 60° parallelo sud.
.ar	Argentina	

ccTLD	Paese/Regione	Note
.as	Samoa Americane	
.at	Austria	
.au	Australia	Include le Isole Ashmore e Cartier e Isole del Mar dei Coralli.
.aw	Aruba	
.ax	Isole Åland	
.az	Azerbaigian	
.ba	Bosnia ed Erzegovina	
.bb	Barbados	
.bd	Bangladesh	
.be	Belgio	
.bf	Burkina Faso	
.bg	Bulgaria	
.bh	Bahrain	
.bi	Burundi	
.bj	Benin	
.bm	Bermuda	
.bn	Brunei	
.bo	Bolivia	
.br	Brasile	
.bs	Bahamas	
.bt	Bhutan	
.bv	Isola Bouvet	Non in uso (dipendenza norvegese; vedi .no).
.bw	Botswana	
.by	Bielorussia	
.bz	Belize	
.ca	Canada	
.cc	Isole Cocos (Keeling)	(Territorio australiano: da non confondere con le isole Cocos di

ccTLD	Paese/Regione	Note
		Guam).
.cd	RD del Congo	Ex Zaire, o Congo Kinshasa.
.cf	Rep. Centrafricana	
.cg	Rep. del Congo	
.ch	Svizzera	(Confœderatio Helvetica, Confédération helvétique)
.ci	Costa d'Avorio	
.ck	Isole Cook	
.cl	Cile	La registrazione del dominio richiede la presenza in Cile.
.cm	Camerun	
.cn	Cina	Solo per la Repubblica popolare cinese; Hong Kong e Macao hanno un TLD separato.
.co	Colombia	
.cr	Costa Rica	
.cu	Cuba	
.cv	Capo Verde	
.cx	Isola di Natale	
.cy	Cipro	
.cz	Rep. Ceca	
.de	Germania	(Deutschland)
.dj	Gibuti	
.dk	Danimarca	
.dm	Dominica	
.do	Rep. Dominicana	
.dz	Algeria	(Dzayer)
.ec	Ecuador	
.ee	Estonia	(Eesti) Disponibile solo per marchi registrati e imprese delll'Esto-

ccTLD	Paese/Regione	Note
		nia.
.eg	Egitto	
.er	Eritrea	
.es	Spagna	(España)
.et	Etiopia	
.eu	Unione europea	Limitata alle sole istituzioni, aziende, singoli individui e Unione Europea (o in altre regioni d'oltremare o autonomi di paesi terzi).
.fi	Finlandia	
.fj	Figi	
.fk	Isole Falkland	
.fm	Micronesia	Usato per alcuni siti web di radio, situati al di fuori della Micronesia, in particolare Last.fm
.fo	Isole Fær Øer	
.fr	Francia	Può essere utilizzata solo da organizzazioni o le persone con una presenza in Francia (compresi d'oltremare).
.ga	Gabon	
.gb	Regno Unito	raramente utilizzato; il ccTLD primario usato è .uk per il Regno Unito.
.gd	Grenada	
.ge	Georgia	
.gf	Guyana francese	(vedi anche .fr).
.gg	Guernsey	
.gh	Ghana	
.gi	Gibilterra	
.gl	Groenlandia	

ccTLD	Paese/Regione	Note
.gm	Gambia	
.gn	Guinea	
.gp	Guadalupa	Ancora utilizzati per le isole di Saint-Barthélemy e Saint-Martin (vedi anche .fr).
.gq	Guinea Equatoriale	
.gr	Grecia	
.gs	Georgia del Sud e isole Sandwich meridionali	
.gt	Guatemala	
.gu	Guam	
.gw	Guinea-Bissau	
.gy	Guyana	
.hk	Hong Kong	Regione amministrativa speciale della Repubblica della Cina.
.hm	Isole Heard e McDonald	
.hn	Honduras	
.hr	Croazia	(Hrvatska)
.ht	Haiti	
.hu	Ungheria	
.id	Indonesia	
.ie	Irlanda	(Éire) Disponibile solo per l'Irlanda per marchi registrati e imprese. Le società straniere possono registrare il dominio se hanno affari in Irlanda.
.il	Israele	
.im	Isola di Man	
.in	India	Sotto INRegistry dal mese di aprile 2005 (ad eccezione di: gov.in, mil.in, ac.in, edu.in, res.in).

ccTLD	Paese/Regione	Note
.io	Territorio britannico dell'oceano Indiano	
.iq	Iraq	
.ir	Iran	
.is	Islanda	(Ísland)
.it	Italia	Riservato ad aziende e privati nell'Unione Europea.
.je	Jersey	
.jm	Giamaica	
.jo	Giordania	
.jp	Giappone	
.ke	Kenya	
.kg	Kirghizistan	
.kh	Cambogia	(Khmer, ex Kâmpŭchea)
.ki	Kiribati	
.km	Comore	
.kn	Saint Kitts e Nevis	
.kp	Corea del Nord	Conosciuto anche come Repubblica Democratica di Corea.
.kr	Corea del Sud	
.kw	Kuwait	
.ky	Isole Cayman	
.kz	Kazakistan	
.la	Laos	(Attualmente è commercializzato come il dominio non ufficiale di Los Angeles).
.lb	Libano	I domini devono essere registrati da una società in Libano.
.lc	Santa Lucia	
.li	Liechtenstein	

ccTLD	Paese/Regione	Note
.lk	Sri Lanka	
.lr	Liberia	
.ls	Lesotho	
.lt	Lituania	
.lu	Lussemburgo	
.lv	Lettonia	
.ly	Libia	
.ma	Marocco	
.mc	Monaco	
.md	Moldavia	
.me	Montenegro	
.mg	Madagascar	
.mh	Isole Marshall	
.mk	Macedonia	
.ml	Mali	
.mm	Myanmar	
.mn	Mongolia	
.mo	Macao	Regione amministrativa speciale della Repubblica della Cina.
.mp	Isole Marianne Settentrionali	
.mq	Martinica	(vedi anche .fr).
.mr	Mauritania	
.ms	Montserrat	
.mt	Malta	
.mu	Mauritius	
.mv	Maldive	
.mw	Malawi	
.mx	Messico	
.my	Malesia	I domini devono essere registrati

ccTLD	Paese/Regione	Note
		da una società in Malaysia.
.mz	Mozambico	
.na	Namibia	
.nc	Nuova Caledonia	(vedi anche .fr).
.ne	Niger	
.nf	Isola Norfolk	
.ng	Nigeria	
.ni	Nicaragua	
.nl	Paesi Bassi	Primo TLD assegnato ad un paese.
.no	Norvegia	I domini devono essere registrati da una società in Norvegia.
.np	Nepal	
.nr	Nauru	
.nu	Niue	Comunemente usato per siti web danesi, olandesi e svedesi, perché in quelle lingue nu vuol dire adesso.
.nz	Nuova Zelanda	
.om	Oman	
.pa	Panamá	
.pe	Perù	
.pf	Polinesia francese	Con Clipperton (vedi anche .fr).
.pg	Papua Nuova Guinea	
.ph	Filippine	
.pk	Pakistan	
.pl	Polonia	
.pm	Saint-Pierre e Miquelon	
.pn	Isole Pitcairn	
.pr	Porto Rico	

ccTLD	Paese/Regione	Note
.ps	Palestina	PA controllata da Cisgiordania e Striscia di Gaza.
.pt	Portogallo	Disponibile solo per i marchi registrati e le imprese portoghesi.
.pw	Palau	
.py	Paraguay	
.qa	Qatar	
.re	Riunione	(vedi anche .fr)
.ro	Romania	
.rs	Serbia	(vedi anche ex .yu ancora in uso).
.ru	Russia	(vedi anche ex .su ancora in uso).
.rw	Ruanda	
.sa	Arabia Saudita	
.sb	Isole Salomone	
.sc	Seychelles	
.sd	Sudan	
.se	Svezia	
.sg	Singapore	
.sh	Sant'Elena	
.si	Slovenia	
.sj	Svalbard e Jan Mayen	Non in uso (dipendenza norvegese; vedi .no).
.sk	Slovacchia	
.sl	Sierra Leone	
.sm	San Marino	
.sn	Senegal	
.so	Somalia	
.sr	Suriname	
.ss	Sudan del Sud	
.st	São Tomé e Príncipe	

ccTLD	Paese/Regione	Note
.su	URSS	Ancora in uso.
.sv	El Salvador	
.sy	Siria	
.sz	Swaziland	
.tc	Turks e Caicos	
.td	Ciad	
.tf	Terre australi e antartiche francesi	Raramente utilizzato (vedi anche .fr).
.tg	Togo	
.th	Thailandia	
.tj	Tagikistan	
.tk	Tokelau	Utilizzato anche come servizio gratuito di dominio pubblico.
.tl	Timor Est	Il vecchio codice .tp è ancora in uso.
.tm	Turkmenistan	
.tn	Tunisia	
.to	Tonga	Spesso usato non ufficialmente per BitTorrent, Torino, Toronto o Tokyo.
.tp	Timor Est	Codice ISO cambiato in .tl ma il codice .tp è ancora in uso.
.tr	Turchia	
.tt	Trinidad e Tobago	
.tv	Tuvalu	Molto usato dalle emittenti televisive. Venduti domini anche per pubblicità.
.tw	Taiwan	Usato per la Repubblica di Cina, cioè per l'Isola di Taiwan e le isole Penghu, Kinmen e Matsu.
.tz	Tanzania	

ccTLD	Paese/Regione	Note
.ua	Ucraina	
.ug	Uganda	
.uk	Regno Unito	
.us	Stati Uniti	(Comunemente usati dagli Stati dell'U.S. e dai governi locali invece del TLD .gov).
.uy	Uruguay	
.uz	Uzbekistan	
.va	Città del Vaticano	
.vc	Saint Vincent e Grenadine	
.ve	Venezuela	
.vg	Isole Vergini britanniche	
.vi	Isole Vergini americane	
.vn	Vietnam	
.vu	Vanuatu	
.wf	Wallis e Futuna	(vedi anche .fr).
.ws	Samoa	ex Western Samoa.
.ye	Yemen	
.yt	Mayotte	(vedi anche .fr).
.yu	Jugoslavia	Ora usati per Serbia e Montenegro.
.za	Sudafrica	(Zuid-Afrika).
.zm	Zambia	
.zw	Zimbabwe	

APPENDICE E: STUPIDARIO DA ESAMI

Lo scopo dello studio del contenuto di questo libro è, per lo studente, ovviamente, mettersi nella condizione di poter sostenere e superare brillantemente i relativi esami di profitto. Molto spesso, però, lo studente medio e tipico dei vari Corsi di Studio in cui ho avuto l'onore di impartire qualche nozione di questa materia è notevolmente pratico nell'uso del computer per via delle attività quotidiane, sia ricreative che "professionali", e pertanto sviluppa una sorta di "reazione preventiva" nei confronti dell'apprendimento di alcuni concetti tecnici. L'effetto finale di questa condizione, per la maggior parte delle volte e per la maggior parte degli argomenti trattati, comporta un pensiero che molto spesso investe lo stesso studente e che suona più o meno nei termini di *"ma questa cosa la so già"*, *"questo lo conosco bene"*, *"ma perché devo studiare una cosa che già so usare con profitto"* e simili.

Invece, come già scritto in varie parti del testo, lo scopo di questo libro non è di impartire nozioni che sicuramente, per pratica consolidata o per attitudine personale, sono già patrimonio della propria conoscenza in quanto facenti ormai parte delle conoscenze di "pubblico dominio" e, ormai, della routine quotidiana di ognuno di noi, bensì quello di inquadrare dal punto di vista tecnico, ancorchè formale, le stesse nozioni che già possediamo, per arrivare a fare di noi stessi non colui che *"fa per pratica"* ma colui che *"fa per conoscenza"*.

Capita allora che, durante gli esami di profitto, alcuni discenti fraintendano o confondano le nozioni che hanno ormai come proprie con quelle acquisite, con risultati a volte esilaranti, mentre alcune volte un non proprio ottimale uso della lingua italiana provoca gli stessi risultati. Altre volte, infine, l'approssimativa e forzata traduzione direttamente dalla lingua inglese (traduzione, per così dire, "maccheronica") o una sorta di "fusione" tra ciò che si sa e ciò che si studia provoca dei risultati veramente inattesi.

A puro scopo di intrattenimento e, ovviamente, nel pieno rispetto della privacy, si riportano alcune (solo alcune, non preoccupatevi...) delle più simpatiche "perle" che mi sono capitate durante la correzione dei compiti scritti di informatica nei vari corsi di insegnamento, insieme con alcune osservazioni che, spero, possano far godere di tali "perle" anche a coloro che non hanno ancora la necessaria dimestichezza con la materia.

CATTIVO USO DELL'ITALIANO

L'italiano, si sa, è una lingua complessa. Ma quando alla complessità della lingua si associa un momento di distrazione e/o la frammistione con le espressioni od il costrutto tipici della forma dialettale vengono fuori espressioni come:

> ...poi si continua a dividere per 2 fino ad agguantare lo zero...

(per gli "italiani": *agguantare*, in siciliano, ha il significato di "prendere", "afferrare")

> ...e quindi i tre parametri devono avere entrambi valore uno...

(in quanto, come noto, 1 + 1 = 3)

> ...La stampante ha origini antiche e, ovviamente, nel tempo ha subito importanti modifiche...

(come noto, infatti, le stampanti usate dai Romani erano poco pratiche...)

> ... lo scopo della stampante è quello di ricopiare nero su bianco un discorso...

(evidentemente non si ammettono stampanti a colori !)

> ...in informatica si usa il sistema numerico ottonale, cioè in base otto...

(il nome, infatti, non è "ottale" e non è neanche dovuto all'uso dell'ottone per costruire le tabelline...)

> ...un bit è l'unità anatomica in informatica...

(è evidente che lo studente stava studiando anche anatomia...)

> ... un nome utente viene risoluto...

(evidentemente si intendeva scrivere che il nome utente viene *risolto*, ovvero interpretato).

Altre espressioni *simpatiche* dovute all'uso improprio dei termini italiani:

> ...I touchscreen sono schermi sensibili al tocco delle sole dita della mano, in particolare del pollice...

(è quindi escluso che si possa toccare un touchscreen con l'alluce...)

> ...L'utilizzo del touchscreen permette al proprietario di interagire con il pc senza tastiera o mouse...

(da cui deriva che l'uso di un pc è limitato al solo proprietario, sono esclusi amicizie e prestiti a qualsiasi titolo...)

> ...Secondo me la procedura di eseguimento di una ricetta può essere paragonata ad un algoritmo...

(probabilmente sarebbe stato meglio scrivere *esecuzione di una ricetta*, ma forse sembrava un uso cruento...)

> ...La backdoor è un sistema di infiltrazione all'interno di un sistema informatico...

(quasi ci fosse una perdita d'acqua dentro il computer; sarebbe stato meglio scrivere *accesso* o *penetrazione*)

> ...La ram contiene i dati in via di esecuzione da parte del plotone di istruzioni...

(...ovvero: abbiamo condannato a morte la ram...)

> ... e, come tutti i software applicativi, non è posseduto dal computer...

(qua, invece, si evidenzia la natura infernale del computer)

> ...una licenza è l'insieme dei diritti legali che danno il possesso di un software al computer stesso...

(...ecco fatto: se comprate un programma con licenza il computer non è più vostro...)

> ...se voglio salvare una quantità di 1,87 GB di dati devo decidere se salvarle in un dispositivo di massa o nella memoria centrale...

(...l'importante è il desiderio di salvare i dati, dove non ha importanza...)

> ...lo scopo principale delle reti è di mettere in commistione i computer...

(...*in commistione*?!? forse era meglio scrivere *in comunicazione*...)

> ...la rete man permette di connettere i computer all'aria cittadina...

(infatti è notorio che l'aria di città non fa funzionare meglio i computer...)

> ... esistono diverse misure di cautela che è necessario adottare onde evitare di adescare alle trappole dei crackers...

(ovvero: non prendiamoli in giro e rispettiamo i crackers ed il loro lavoro...)

PROBLEMI DI TRADUZIONE DALL'INGLESE

Se l'italiano è complesso, evidentemente altrettanto difficoltoso è anche la traduzione dalla lingua inglese. Infatti, come si può dedurre dagli esempi seguenti, spesso una traduzione affrettata o maccheronica oppure un tentativo di sviluppare i termini corretti della sigla produce risultati invero inaspettati:

> ...La CPU, o Central Progressing Unit, ...

(...viva il progresso, certamente, ma in verità la "p" starebbe per *processing*...)

> ...www, che significa world wild web, ...

(...e non world *wide* web, come ci ha insegnato Sir Tim Berners-Lee...)

> ...Nelle stampanti inkjet si utilizza il tonner...

(...tra i quali molto usata è la varietà "pinna gialla"...)

> ......questo tipo di attività viene svolto dal Webmister...

(che è una via di mezzo tra un programmatore ed un allenatore...)

La non buona conoscenza della lingua inglese, insieme con alcune influenze provenienti dai media, poi, porta anche ad una strana miscellanea di termini, come:

[domanda originale]

Illustrare le differenze tra mailing-list, distribution-list e newsletter.

[trascrizione del candidato]

> Illustrare le differenze tra mellin-list, distribuscion-list e news...

[domanda originale]

Definire la workstation....

[trascrizione del candidato]

> Definire la workfashion...

(...dove, probabilmente, la *workfashion* tende a sottolineare il carattere *fascinoso* di queste macchine...)

> [domanda originale]
>
> cos'è uno spreadsheet?
>
> [trascrizione del candidato]
>
> *cos'è uno splitshit?*

(...per motivi di decenza, lasciamo alla fantasia del lettore la traduzione del termine *splitshit* ...)

Alcune volte si è un po' distratti e si confondono definizioni ed effetti, fornendo espressioni descrittive quanto meno ambigue, quali:

> *...La sigla HD determina uno stato di definizione risolutiva...*

(HD, in verità, significa High Definition...)

oppure si perde proprio il filo del discorso e ci si ritrova spiazzati, fornendo risposte che, nella forma più classica in sede d'esame, indicano carenze a monte indipendenti dalla volontà dello studente, come ad esempio:

> [domanda] cos'è il bus di sistema?
>
> [risposta] *mi spiace ma nelle dispense non ho trovato il bass di sistema.*

(...il "bass" di sistema?!? NO, nelle dispense non c'è sicuramente...)

CATTIVA CONOSCENZA DELLA TECNOLOGIA

Ma sicuramente le migliori "perle" si trovano quando il candidato tenta di esprimere con parole sue i concetti appena studiati, al di là delle (evidenti) limitazioni di conoscenza della tecnologia, portando a risultati davvero notevoli:

> ...Fra i nuovi dispositivi di memoria, vi sono quelli oleografici...

(dove, probabilmente, l'olografia viene usata forse in bagno d'olio...)

> ...Le memorie rom sono più lente, in particolare hanno un tempo di scrittura molto lungo...

(infatti, come noto, essendo le ROM delle memorie di sola lettura il loro tempo di scrittura è praticamente infinito...)

> ...Il codice booleano è un meccanismo di scrittura basato su tre semplici regole: and, or e not...

(...e tale meccanismo, come ci tramanda Leonardo, permette di scrivere in maniera strana le frasi di uso comune per non essere portato a conoscenza della gente...)

> ...e stampa dei fogli utilizzando delle testine imbevute di inchiostro...

(...la difficoltà è tutta nell'imbibire preliminarmente di inchiostro le testine...)

> ...queste stampanti hanno un laser in grado di riscaldare l'inchiostro, raffreddarlo e passarlo sul foglio...

(...ma perchè l'inchiostro viene prima riscaldato, poi raffreddato -come?- e solo successivamente viene passato sul foglio non è dato sapere...)

> ...Sarebbe il caso di eseguire una frammentazione del computer, per eliminare tutti i dati...

(...è infatti lapalissiano che frammentando il computer in piccoli pezzi tutti i dati vengano irrimediabilmente eliminati per sempre...)

> ...La porta and è il prodotto fra uno o più segnali di entrata...

(questo è un concetto zen: provate a fare il prodotto di un numero solo...)

> ...Le stampanti inkjet sono un tipo di stampante in cui si ha fuoriuscita di gocce d'inchiostro...

(quindi se la vostra stampante inkjet perde gocce d'inchiostro non preoccupatevi: è il regolare funzionamento...)

> ...nelle stampanti inkjet l'inchiostro può fuoriuscire per via delle cariche piezoelettriche...

(..."cariche piezoelettriche"?!? E' una nuova scoperta: lo studente ha sicuramente sottoposto il suo studio all'Accademia di Stoccolma...)

> ...La stampante [inkjet, ndr] che usa il procedimento termico subisce un aumento di temperatura tale che questa si apra e rilasci l'inchiostro; quella che usa il procedimento piezoelettrico, invece, riceve una "scossa" di tipo elettrico che permette il rilascio dell'inchiostro...

(quindi: se stampate con una inkjet "termica" vedrete la stampante aprirsi per fusione sotto i vostri occhi, mentre se la vostra inkjet è "piezoelettrica" prenderete la scossa...)

> ...Il touchscreen è dotato di fotoresistori sensibili alla pressione del dito sullo schermo...

(..."fotoresistori sensibili alla pressione"?!? Un'altra nuova scoperta: l'avrà brevettata...?)

> ...Per driver si intende un dispositivo ... che riconosce, ad esempio, il campo magnetico generato che, trasformato dal microchip interno, viene inviato al PC e riconosciuto dal driver che lo reindirizza alla macchina...

(non è chiaro? È una sorta di circolo vizioso: rileggete e vi sarà chiarissimo...)

> ...La stampante a sublimazione utilizza la carta lucida per intingere l'immagine che vogliamo stampare...

(...altra nuova scoperta: la carta (lucida) "intinge" le immagini che deve stampare, anche se non sappiamo bene dove, però...)

> ...La carta termica si caratterizza per il fatto che, se sottoposta in un punto ad un'ingente quantità di calore, tale punto tende a diventare più scuro...

(attenzione, dunque, che la carta termica -e solo quella!- si brucia se la sottoponete a forte calore, per esempio sul fuoco...)

> ...formattare un disco significa determinare la posizione dei dati in maniera casuale...

(...così siamo assolutamente certi di non sapere dove sono finiti i nostri dati...)

> ...la piastra madre possiede una propria memoria che trasforma i dati in impulsi elettrici i quali scompaiono dopo lo spegnimento del computer, quindi ha bisogno di strumenti coadiuvanti...

(cioe: dopo la "memoria dell'acqua", anche la piastra madre ha una propria memoria, ma per ripristinarla dopo lo spegnimento del pc è necessaria la fisioterapia o, forse, qualche forma di chemioterapia...)

> ...il bus di sistema è l'interfaccia uomo-macchina...

(in quanto, come noto, l'uomo dialoga con il computer parlando direttamente nel bus, o forse premendo con le dite sul bus...)

> ...un byte, che è l'informazione più piccola, è costituito da 8 bit, e contiene 255 caratteri in standard ascii...

(...tutto chiaro, no? L'informazione più piccola è costituita da 8 dati e contiene 255 caratteri...)

> *...si possono salvare in un DVD, che hanno la capacità circa 26 volte quella di un CD...*

(in verità la capacità tipica di un DVD è poco più di 7 volte quella di un CD, ma non vi preoccupate se ancora non trovate questi nuovi e capienti DVD in commercio: lo studente si è riferito ad un tempo futuro...)

> *...si chiama periferica tutto ciò che è lontano dal l'hard-disck...*

(...il quale, evidentemente, non è una periferica esso stesso; insomma: in periferia si trova la periferia...)

> *...il numero di bus presenti in un sistema è legato al numero di periferiche collegate e regolano la potenza delle periferiche stesse...*

(...credevate di sapere tutto sui pc? Ricredetevi, questi sono i pc del futuro...)

> *...il clock è molto importante perchè se dotato di potenza può aumentare la qualità del computer...*

(insomma: è una sorta di Viagra del pc...)

> ...Il personal computer è il tipico computer da casa, anche se soffre del difetto che può perdere facilmente i dati, soprattutto quando affetto da virus...

(...perciò occhio a quello che salvate sul pc di casa; sarà meglio farlo sul pc di qualche amico o su quello dell'ufficio...?)

> ...il monitor crt presenta lo svantaggio di emettere onde elettriche, rilevabili facendo scorrere la mano sullo schermo; tali onde stancano la vista e gli occhi e, quindi, presentano una definizione dei colori minore...

(...ecco spiegato perchè alcune persone perdono la vista e prendono la scossa quando toccano lo schermo del pc...)

> ...mentre il principale svantaggio del collegamento in rete consiste nel fatto che i computer che non sono collegati in rete non posso fare accesso ai dati di quelli collegati in rete...

(...sembra ovvio, ma forse non lo è poi così tanto...)

[domanda] quali fattori influenzano le prestazioni di un computer?

[risposta] I fattori che influenzano principalmente le prestazioni di un computer sono la frequenza regolata dal clock (orologio del sistema), che misura il numero di giri in un secondo della CPU...

(...questo è sicuramente il progetto top secret di un nuovo pc, da utilizzare forse in formula 1...)

[domanda] Scrivere un'espressione logica che fornisca come risultato VERO, qualunque sia il valore iniziale delle variabili.

[risposta] L'alunno X va a scuola quando indossa una maglietta verde o un maglione giallo. Se non indossa ne' un una maglietta verde ne' un maglione giallo, va comunque a scuola.

(...logica ineccepibile...)

CONFUSIONE NELLO STUDIO

Quando la stanchezza dello studio si associa alla confusione dovuta, magari, al contemporaneo apprendimento di altre materie si possono ottenere delle simpatiche crasi o delle fusioni di concetti, alcune volte attendibili, altre volte veramente degne della migliore fantascienza...

Vengono riportati, di seguito, alcuni brani in tema e tratti direttamente dai compiti, ma senza commenti (...sono necessari?)

> ...collegamento tramite dispositivi wireless, termine che deriva dall'inglese e fa riferimento ad un tipo di comunicazione che fa uso di onde radio a bassa potenza anche se il termine è stato utilizzato ed allargato a tutti quei dispositivi che utilizzano i più rari raggi gamma; un dispositivo wireless è costituito da un ricevitore, un trasmettitore, e dagli elementi deputati alla trasduzione elettromagnetica che sono i laser, le antenne ed i fotorivelatori...

...Un monitor LCD è un monitor costituito da cristalli liquidi [...] che creano l'immagine tramite un bombardamento di fotoni sullo schermo e possono causare il fenomeno del refresh, per cui si ha una visione dell'immagine spezzata...

...la differenza tra monitor crt ed lcd è che nel primo viene utilizzato lo stesso principio dei raggi catodici utilizzato nelle comuni televisioni, mentre i secondi sono uno schermo piatto che utilizza liquidi particolari (non ostante siano liquidi presentano una struttura cristallina)...

...In informatica esistono misure di capacità della memoria, come il 7 bit e l'8 bit. Inizialmente fu usato solo il 7 bit, in seguito i generatori di hardware e software usavano l'ascii, che sarebbe l'8 bit che corrisponde a 10 alla 27. Il 7 bit di solito viene usato solo per complessi semplici...

... Il software di base, la cui precipua funzione è circoscrivibile all'insieme di funzioni base di un sistema elettronico garanti della corretta esplicazione di funzioni software organizzativamente più complessi, implementa in sé programmi quali sistema operativo, compilatori ed interpreti e librerie...

...L'operatore "and" dal punto di vista circuitale viene rappresentato come due interruttori aperti posti in serie che chiusi impediscono il passaggio della corrente che comincierà a circolare solo se entrambi vengono chiusi...

...L'hard-disk memorizza i dati attraverso un nastro circolare magnetico che, ruotando, produce rumore e si surriscalda...

...Il "codice di Cesare" venne introdotto durante gli anni in cui non era possibile comunicare con i computer che usiamo oggi perchè questi non erano ancora stati inventati...

...Lo scanner è un dispositivo che individua una superficie piana, la interpreta come un insieme di pixel e la restituisce sotto forma di immagine digitale...

...Lo scanner è uno strumento che permette, attraverso la proiezione dei pixel dell'immagine che mettiamo al suo interno, di sviluppare un'immagine digitale con gli stessi pixel...

Il "codice di Cesare" ... è dovuto a Gaio Giulio Cesare...

> In ambito medico o sanitario un joystick può essere utilizzato per guidare e spostare le diverse parti dei macchinari a seconda se essi posseggono determinate caratteristiche, collegandolo all'apposita macchina che rappresenta pur sempre un sistema informatico...

Bibliografia & Fonti Iconografiche

fonti bibliografiche consultate

Angelo Recchia-Luciani, Vincenzo Di Lecce: "Medicina & Informazione", 2001, Gruppo Editoriale Infomedia

"Boole, George." Encyclopædia Britannica. 2008. Encyclopædia Britannica Online. 15 June 2008 http://www.britannica.com/eb/ article-9080664.

Varie voci da wikipedia versione italiana e versione inglese, giugno2008 ÷ settembre 2016, http://it.wikipedia.org/ - http://en.wikipedia.org/

Varie voci da WindoWeb, marzo 2011, http://www.windoweb.it/

"Napster e dintorni", marzo 2011, http://www.caldaiasicura.it/corriere.asp?cat=2&id=29

DICOM, da http://it.wikipedia.org/wiki/DICOM

La classificazione ICD9-CM, da http://www.softwaremedico.it/ICD9-CM_Main.asp

http://scienceline.org/2012/01/okay-but-how-do-touch-screens-actually-work/

http://www.chassis-plans.com/white_paper_resistive_touchscreen_technology.html

http://www.electrotest.com.sg/cap_touch.htm

siti consultati come fonti iconografiche

alibaba.com
allgamers.fr
apav.it

atlargeinc.com
blog.gamersweb.it
blogs.oracle.com

2 - Bibliografia & Fonti Iconografiche

bmanuel.org
brendangannon.net
c64italia.altervista.org
canon.it
computermemoryupgrade.net
csse.monash.edu.au
cwsandiego.com
davincivault.com
downloadblog.it
edaboard.com
electricsynergy.blogspot.com
enciclopediaweb.it
en.wikipedia.org
favrin.net
fotopressonline.it
foto-blog.it
gamer.ru
gaskb.net
gizmodo.com
gmtechnologies.ie
ikaro.net
informaticaitaliana.blogspot.com
it.wikipedia.org
i-tech.com.au
jogostorrent.net
lauralieff.com
maps.thefullwiki.org
members.cox.net
microscience.on.ca

mondoemule.blogspot.com
myshopping.com.au
neoseeker.com
offertagratis.com
pacificgeek.com
playmanija.lt
plusd.itmedia.co.jp
preisroboter.de
quebarato.com.br
quitech.it
schuhfried.at
shoplocal.com
shoppydoo.it
skycollins.com
tag-electronic.com
tecni-consolas.com
tomshw.it
tonerdolummerkezi.net
trovacomputer.it
uk.shopping.com
vatgia.com
virtualpcdoctor.com
wacom.com
winvaria.it
winarco.com
wikimouse.wordpress.com
xataka.com
zone-numerique.com

Si è cercato in tutti i modi di non infrangere alcun diritto d'autore, utilizzando secondo le regole il materiale bibliografico ed iconografico disponibile. Ci si rende tuttavia disponibili per eventuali correzioni in caso di errori e/o omissioni.

www.ingramcontent.com/pod-product-compliance
Lightning Source LLC
Chambersburg PA
CBHW020720180526
45163CB00001B/47